글 / 로 / 벌 / 시 / 대

# 인간행동의 이해

윤대혁

Understanding of human behavior

publishing and culture
피앤씨미디어

# 머리말

Understanding of Human Behavior

태고로부터 분업과 협업을 통해 노동의 효율성을 증대시킬 수 있는 지혜와 방법을 터득하였던 인간들은 조직화된 활동을 통해 분업과 협업, 경제발전과 문화의 발달 및 삶의 질을 지속적으로 향상시켜 왔다. 현대를 살아가는 인간은 누구나 조직구성원의 일원으로써 삶을 영위해야만 한다. 물고기가 물을 떠나 생존할 수 없듯이 현대생활에서 경제적·사회적·심리적으로 조직만큼 자신의 삶에 중요한 영향을 미치고 있는 실체가 또 어디 있겠는가?

인간과 조직의 문제는 곧 생존의 문제요, 삶의 질의 문제며 미래에 대한 꿈이기도 하다. 그러기에 현대인들은 성공적인 조직을 만들고 싶어 하고, 성공적인 조직의 구성원이 되고자 하며 경영학을 전공하는 수많은 학도들은 성공적으로 조직을 관리하는 경영자로서의 꿈을 키워가고 있다.

어떻게 하면 성공하는 경영자가 될 수 있을까? 경영학을 연구하고 학습하는 궁극적인 목표는 강한 조직을 설계하고 만드는 것이며, 이를 통해 조직 전체의 유효성과 능률성을 제고시킴은 물론 조직구성원들의 삶의 질이나 만족감, 행복감을 증진시키는 데 있다. 이를 위해서는 무엇보다 인간행동에 대한 깊은 이해가 전제되어야 할 것이다.

그동안 수많은 경영자들이 급변하는 환경 속에서 강한 조직을 만들기 위해 얼마나 많은 노력을 하여왔던가? 유능한 경영자나 리더를 영입하거나 교체하기도 하였고, 때로는 다양한 형태의 새로운 조직구조를 설계하거나 리더십의 스타일이나 경영관리방식에 극적인 변화를 주어 보기도 하였다. 이와 같은 노력에도 불구하고 대부분의 경영자들은 강한 조직을 만드는 일에 왜 실패하고 말았을까? 인간행동에 대한 깊은 이해가 전제되지 않는 한 그 해답을 찾기란 어려울 것이다.

본서는 경영자로서의 자질과 능력을 기르고, 강한 조직을 설계하고, 효율적이고 성공적인 조직 관리를 위해 요구되는 인간행동에 대한 심도 있는 탐구와 이에 대한 해답을 찾는 데 주안점을 두고 집필하였다.

본서는 대학이나 대학원에서 한 학기 교재로 사용할 수 있도록 전체 내용을 4부로 구성해 보았다. 제1부는 인간과 조직에 대한 이해를 돕고자 제1장 인간본성, 제2장 조직이란 무엇인가, 제3장 인간과 조직행위의 본질, 제4장 조직과 인간행동 연구의 발전에 대해 논의해 보았고, 제2부는 개인수준에서의 인간행동을 이해하기 위해 제5장 개인차, 제6장 지각, 제7장 학습, 제8장 태도, 제9장 가치관, 제10장 Personality, 제11장 Motivation의 문제를 다루었다. 그리고 제3부는 집단차원에서의 인간행동을 이해하기 위해 제12장 집단행동의 이해, 제13장 communication과 의사결정, 제14장 리더십, 제15장 갈등관리에 대해 논의하였으며, 마지막 제4부는 조직수준에서 인간행동을 이해하기 위해 제16장 조직문화, 제17장 조직혁신, 조직개발, 조직변화에 대해 논의해 보았다.

본서는 저자가 각별한 애정과 관심을 가지고 집필하였으나 표현방법이 미숙하여 서술 면에서 미흡한 부분이 많을 것이라 사료된다. 그리고 이러한 점에 대해서는 향후 독자 여러분의 아낌없는 질타와 편달 있기를 바란다. 미흡한 부분에 대해서는 향후 연구·노력하여 보다 충실한 내용이 될 수 있도록 보완할 것을 다짐한다.

끝으로 본서의 출간을 위해 수고하신 피앤씨미디어 박노일 대표님과 임직원 여러분에게도 깊은 감사를 드린다.

2016년 8월

저자 올림

# 차 례

Understanding of Human Behavior

## 제 1 부 인간과 조직

### 제1장 인간본성의 이해



### 제2장 조직이란 무엇인가?

## 제3장 인간과 조직행동의 본질



## 제4장 조직과 인간행동 연구의 발전

# 제 2 부 개인수준의 인간행동 이해

## 제5장 개 인 차



## 제6장 지 각

## 제7장 학 습



## 제8장 태 도

## 제 3 부 집단수준의 인간행동 이해

### 제12장 집단행동의 이해

## 제13장 커뮤니케이션과 의사결정

## 제14장 리더십



## 제15장 갈등관리

## 제 4 부 조직수준의 인간행동 이해

### 제16장 조직문화

## 제17장 조직혁신과 변화

제 1 부

# 인간과 조직

Human Behavior

# 제1장

# 인간본성의 이해

인간의 본질이 무엇이며 어떤 것인가를 탐구하고 인간상을 유형화하려는 시도는 예로부터 많은 학자들에 의해 연구되어져 왔다. 조직내 인간행동을 분석하고, 이해하고, 예측하고, 통제하기 위해서는 무엇보다도 먼저 인간본성에 대한 이해가 전제되어야 한다. 대체로 인간은 사고하고 만들며 동시에 뜻을 찾는 존재로 인식하여 왔다.

본 장에서는 인간본성을 이해하기 위한 여러 논의들을 정리해 봄으로써 인간행동 이해의 초석을 마련코자 한다.

## 1. 희랍철학에서의 인간이해

희랍철학은 탈레스(Thales, 624~545 BC)에 의해서 시작되었다. 이때의 철학은 자연철학이었다. 자연철학자들이 주장하고 있는 핵심 내용은 다음과 같다.

탈레스는 만물의 근원은 '물'이라고 주장하였다. '물'은 자유롭게 모양을 바꿀 수도 있고, 그 상태가 쉽게 변화할 수도 있다. 따라서 모양이나 상태가 쉽게 변화할 수 있는 물이야말로 지구상의 모든 물질을 이루는 근본 원소라고 생각하였던 것이다. 그러나 아낙시메네스는 만물의 근원을 '공기'라고 하였고, 피타고라스(Pythagoras)는 '수(數)'라고 하였으며, 데크리토스(Demokritos)는 만물의 근원을 '원자'라고 하였다. 그리고 헤라클레이토스(Heraclitos)는 만물의 근원은 '불'이라고 하였는데, 그는 만물은 흐르며 아무것도 한결같은 존재로 머물러 있지 않는다고 하였다. '동일한 강물에 발을 두 번 담글 수는 없다'라는 그의 말의 의미는 강의 한 지점에서 조금 전 내가 들어갔던 물은 이미 하류로 흘러갔기 때문에 지금의 물이 아니며, 그동안에도 나 역시 변화했기 때문에 같은 강물에 발을 두 번 담글 수는 없다는 뜻이다.

엠페도클래스(Empedocles)는 모든 물질의 근원으로 탈레스가 주장했던 물, 아낙시메네스의 공기, 헤라클레이토스의 불을 그대로 인정하면서 새로이 '흙'을 추가하여 물·공기·불·흙의 4가지 원소들을 근원적인 원소인 리조마타(rizomata)로 제시하였다. 이러한 4원소들은 원초적이고 궁극적인 것으로, 새로 생성되거나 소멸, 변화하지 않으며 서로 동등한 지위를 가지고 있는데 이 리조마타들의 서로의 관계는 어떠한가?

원소가 하나일 때에는 이러한 문제는 제기될 이유가 없으나 원소가 4가지나 되기 때문에 이러한 문제는 불가피한 것이 되었다. 엠페도클레스는 4원소 자체는 불변하지만 존재들은 사랑, 곧 필리아(philia)[1]와 증오, 곧 네이코스(neikos)[2]는 2가지의 힘에 의한 통합과 분리로 인해 생겨나고 사라지면서 세계를 만들어 간다고 하였다. 여기에서 사랑은 결합시키는 힘이고, 증오(투쟁)는 떼어내 버리는 힘인 셈이다. 이러한 이론에 의해 엠페도클레스는 그리스 철학사상 처음으로 만물의 생성 변화의 원리를 제시하였던 것이다.

원소들은 처음에는 완전히 결합하여 공(sphairos) 모습을 이루어 아무런 구별이 없어지나 증오의 힘이 점점 세어져서 마침내 4원소로 갈라지는데 사랑이 다시 힘을 얻게 되어 본래의 공으로 되돌아가며 이러한 과정이 영원히 반복된다는 것이다.

1 필리아(philia)는 우정을 의미하는 희랍어로서 서로 끌어 당겨 화합을 이루게 한다. 사랑을 의미하는 희랍어에는 아가페(무조건적인 사랑), 스토로게(숙명적인 사랑), 필리아(우정 즉 동질적 감정에 의한 사랑), 애로스(이성간 주고받는 사랑) 등이 있다.

2 네이코스(neikos)는 투쟁을 의미하는 희랍어로서 서로를 분리시켜 불화를 도모케 한다.

이와 같은 반복되는 과정 속에서 증오로 갈라진 원소들이 소용돌이 속으로 끌려들어가 천체를 만들며 이후 계속되는 소용돌이로 인해 천체에는 대기가 형성되고 대기의 회전으로 인해 흙에서 물이 분리된다고 하였다.

햇빛이 땅에 비추면 생물들이 생겨나는데 처음에는 불완전하고 괴이한 모습이었다가 오랜 시간이 흐른 다음 제대로 된 형태를 갖추게 된다는 것이다. 또한 달빛을 간접적인 것으로 파악하기도 하였는데 그에 의하면 진정한 지식은 감각에 의해서가 아니라 이성에 의해 얻어진다고 하였다.

그는 자신의 4원소설을 물질 이외의 정신세계나 의학의 분야에도 적용하였다. 그는 생명체의 살, 뼈, 피 등의 차이를 4원소의 혼합 비율 차이로 생각하였으며, 우리들의 감각은 튀어나온 미세한 원소조각들이 육체 기관의 통로(porio)에 들어가서 형성되어 외계를 감지하게 된다고 주장했다. 그는 4원소가 본래는 신(神)의 곁에 있던 영혼이었으나 부정한 짓을 저질러 지상에 떨어졌지만 신성한 힘을 지니고 있는 것이라고 생각했다.

그에 의하면 불멸하는 영혼이 육체에서 풀려나 저 세상으로 갈 때까지는 윤회를 거듭하면서 정화의 과정을 거쳐야 하는데 죄를 지은 자는 죽을 수밖에 없는 수많은 육체를 전전하면서 3만 절기를 떠돌아다니다가 결국 4원소 중의 한 원소에서 다른 원소로 왔다 갔다 할 수밖에 없다는 것이다. 이러한 형벌에서 벗어나기 위해서는 영혼의 정화가 꼭 필요하며, 특히 동물의 살코기를 먹어서는 안 되는데, 이는 동물의 영혼이 한때 인간의 육체 안에 거주했을지도 모르기 때문이라는 것이다.

자신을 부정(不淨)했기 때문에 천계에서 쫓겨난 어느 신(神)으로 여긴 그는 자신도 정화되어야 할 영혼이라고 생각했다. 이에 그는 자신도 본연의 신과의 합일을 기하려 했다.

희랍철학은 이러한 자연철학에서 출발하였으나 소크라테스(Socrates)에 의해 인성철학이 탄생하게 되었는데 이때부터 인간은 자기 자신을 아는 것이 보다 중요하다고 생각하여 인간본질 이해에 더욱 노력하게 되었다. 따라서 이 시기의 희랍철학을 대표하는 플라톤(plato), 아리스토텔레스(Aristotle), 플라티누스(platinus)가 주장하는 인간본성에 대한 이해를 살펴보기로 하자.

먼저 그리스의 철학자 플라톤(plato, 427~346 BC)은 인간은 영혼과 육체의 두 가지 요소로 구성되어 있는데 이들 중 더욱 중요한 것은 영혼(soul)이라고 하였다. 육체는 영혼을 잠시 담는 그릇에 지나지 않고 영혼은 신적(神的)인 동시에 죽지 않으며[3] 여러 신(神)들의 도움을 얻어 영주(永住)할 복지(福地)를 찾아 행진하는데 플라톤은 그곳을 '실재의 평지'라고 불렀다.[4]

고(故)로 인간의 육체는 비본래적(非本來的)이요, 상대적이요, 변하고 죽어서 없어질 것이나 영혼은 불멸의 본질을 가지고 있어서 실재의 세계, 이데아(Idea)의 세계에 가기를 원해서 끊임없는 상승을 계속하여 종국에는 '실재의 평지'에 도달하고야 만다는 것이다. 따라서 플라톤은 인간의 본질을 신적인 존재로 이해하였던 것이다.

한편, 아리스토텔레스(Aristotle, 384~322 BC)는 영혼 안에 두 가지 부분이 있다고 보고 그것을 이성적인 것과 비이성적인 것으로 구분하였다. 후자는 모든 물리적 존재의 기초가 되는 데 대하여 전자는 관조(觀照)[5]와 자아충족에서 존재한다고 하였다.

이러한 이성(理性)은 신적(神的)인 것이며, 인간은 신적인 이성을 가지고 있기 때문에 신적인 존재라고 할 수 있다는 주장이다.[6]

그리고 신플라톤학파의 대표자라 할 수 있는 플라티누스(platinus, 204~269)는 철저하게 플라톤(plato)의 인간관을 답습하는 동시에 더 관념론적 인간관을 가졌다. 그는 실제로 존재하는 것에는 세 가지 종류가 있는데 일자(一者, The one)와 이성(nous)과 영혼(soul)이다. 여기서 일자를 신(神)이라고 한다면 이성(理性)은 중간적인 존재이고, 영혼은 인간에 해당된다. 이 영혼 안에는 상향적 요소와 하향적 요소가 있는데 전자는 언제든지 Nous와 합일이 되기를 추구하는 반면에, 후자는 현실세계와 동일하게 되어 감상적 세계를 형성한다. 그러나 인간의 최종적 목적은 Nous와 합일이 될 것과 그 단계를 넘어서 모든 존재의 근원인 일자와 하나가 되는 데 있다고 하였다. 이것은 플라톤의 실재의 평지의 사상에 따르고 있다. 이

3 A. E. Taylor: plato: *The Man and his work*, London, 1926, p. 307

4 A. E. Taylor, *The plain of Reality*, London, 1926, p. 307

5 觀照란 지혜로서 사실을 비추어봄을 의미함.

6 B. Russell, *History of western philosophy*, London, 1947, pp. 192-194. 아리스토텔레스가 인간은 이성적 동물이라고 한 그 이성은 여기서 지적한 이성을 말한다.

와 같이 희랍철학은 아리스토텔레스의 노력에도 불구하고 대체로 이원론적(二元論的) 원리에 따르며 매우 낙관적인 인간 이해를 가졌던 것이다.

## 2. 맹자의 성선(性善)과 마음

맹자(孟子)는 공자(孔子)의 사상을 계승·발전시켜서 인간의 도덕적 기준으로서 인(仁)·의(義)를 중시하고 도덕성립의 근거로서 성선설을 내세웠다. 또한 도덕에 기초한 정치, 즉 덕치(德治)를 주창하고 민주주의 요소가 깃든 왕도정치(王道政治)를 역설하였다.[7]

맹자는 도덕성이야말로 인간의 본성을 이루고, 따라서 인간을 다른 동물과 구별하는 척도가 된다는 의미에서 도덕성을 인간의 본성이라고 정의하였다. 즉, 공자가 덕(德)이라고 불렀던 도덕성, 곧 닦아서 완성하여야 할 인간성을 맹자는 성(性)이라고 하였는데, 이는 인간 안에 있는 욕망을 배제한 인간고유의 도덕성만을 성(性)으로 본 것이다.

인간의 지혜가 발달하지 못했던 맹자 당시에 있어서 소박하고 조야(粗野)[8]하며 식색지욕(食色之欲)에만 급급한 민중과 악정(惡政)을 일삼는 치자(治者)계급의 사람들을 윤리적인 인간으로 선도하고자 절대적 두려움과 존경의 대상인 하늘(天)을 빌어, 하늘은 인륜덕목의 부여자(賦與者)이자 상선벌악(賞善罰惡)하는 주재자(主宰者)로 믿게 하였다. 따라서 사악(邪惡)한 생각을 품거나 반인륜적(反人倫的) 행위를 할 때는 하늘이 벌을 내리고, 착한 행위를 할 때는 하늘이 복(福)을 내린다는 내용의 하늘 중심적 인륜사상은 매우 효과 있는 방편책이었다. 그러나 인간의 지혜가 발달하게 되면서 인륜 덕목(人倫德目)의 근거를 인간의 순수한 도덕심에서 찾지 않을 수 없게 되었다. 왜냐하면, 한편으로는 덕목들이 만일, 하늘이 인간에게 부여한 것이어서 실천에 있어서 하늘의 상벌(賞罰)에 대한 공포나 희구(希求)가 동기가 된다면 인간의 인간다움, 즉 도덕심은 말살되고 말 것이며, 다른 한

7 高仁杓, 孟子 性善說의 人性構造(慶北大學校, 1978); 李基奭, 孟子(서울: 弘新文化史, 1993).

8 조야(粗野): 됨됨이가 촌스럽고 천박함.

편으로는 인간에게 도덕심이 없다면 인간의 행위에 대한 하늘의 응보(應報)가 일치되지 않을 때 이러한 덕목들은 곧 멸시를 받아 지켜지지 않을 것이며, 덕목들이 지켜진다 하더라도 결국 자신의 이익을 위해서만 지켜질 것이기 때문이다. 그러므로 맹자는 인(仁)·의(義)·예(禮)·지(智)의 덕목을 사람의 마음으로부터 그 근거를 찾지 않을 수 없었던 것이다.

마침 고자(告子)와의 성변(性辨)이 발단의 계기가 되어 인(仁)·의(義)·예(禮)·지(智)를 실천할 수 있는 재질(才質)이 인간의 마음 내부에 생득적(生得的)으로 갖추어져 있다는 것을 체계적으로 전개하게 되었다.

즉, 맹자가 말하는 사단(四端)이란 성인이 될 수 있는 네 가지 도덕적 단서 혹은 근거가 되는 인(仁)·의(義)·예(禮)·지(智)를 말하는 것인데, 이 사단(四端)은 후천적으로 습득된 것이 아니라 선천적으로 지닌 천부의 인간성이라는 것이다.

그런데 맹자가 제시한 사단(四端)의 내용을 구체적으로 살펴보면 다음과 같다.

첫째, 곤경에 처한 사람을 차마 볼 수 없는 마음(不忍之心)과, 그런 사람을 볼 때 자연히 우러나오는 측은히 여기는 마음(惻隱之心)

둘째, 부당한 일을 보았을 때 부끄러워하고 미워하게 되는 마음(羞惡之心)

셋째, 자기보다 나이든 사람을 보면 공경하며 사양하게 되는 마음(恭敬之心, 辭讓之心)

넷째, 옳고 그름을 판단하게 되는 마음(是非之心)

이는 누구나 자연스럽게 느끼게 되는 자연적인 마음의 상태를 지칭하고 있다.

따라서 인간은 측은(惻隱), 수오(羞惡), 사양(辭讓) 시비(是非)의 마음을 다하면 인(仁)·의(義)·예(禮)·지(智)의 덕을 이룰 수 있으니 인성이 금수(禽獸)의 식색지성(食色之性)과 다름을 알고, 인성(人性)이 금수의 식색지성(食色之性)을 초월한 도덕성임을 알아 하늘이 절대적 인륜성(人倫性)임을 믿고 깨닫게 된다는 것이다.

따라서 사단(四端)의 착한 마음을 가지고 인(仁)·의(義)·예(禮)·지(智)를 실천할 수 있는 재질(才質)을 기르는 것은, 그 자체가 절대적 인륜성(人倫性)인 하늘의 경지에로 나아가고자 하는 인간의 바람(所望)인 것이다. 그러므로 사람은 요절장수(夭折長壽)의 외적이고 운명적인 것에 관심을 버리고 오로지 도덕적 재질(才質)을 길러 인륜성(人倫性)에로 나아가는 것이 천명(天命)에 순응하는 것이라 하였다.

인간의 본심(本心) 혹은 마음 안에 뿌리박혀 있는 사단(四端)이라는 도덕성이 인간의 본성을 특징하면서 이것이 인간에게 올바르게 살고자 하는 방향성을 내재적으로 지니게 한다는 것이 맹자의 주장이다. 즉, 마음에 뿌리박힌 도덕성인 사단(四端)을 인성(人性)으로 규정한 것이다.

이러한 성선설은 자성수기(自省修己)를 전제로 하여 자율적 수양을 매우 강조하고 있는데, 이는 현실적으로 많은 사람들은 물질에 대한 욕심과 반도덕적인 불인(不仁)·불의(不義) 때문에 그 도덕적 본성을 상실하고 있기 때문이다. 그래서 그 상실한 본성에로의 복귀, 즉 인(仁)·의(義)·예(禮)·지(智)의 실천을 위한 수양, 곧 부단한 자성수기(自省修己)가 필요하게 되는 것이다.

맹자는 사람이 무엇을 하든지 마음을 다할 때 성공하는 것처럼, 사단(四端)을 확충하는 일에 있어서도 흐트러진 마음(放心), 잃어버린 마음을 다시 찾는 일(求放心)이 급선무라고 역설하였다. 그리고 맹자는 "인(仁)은 사람의 마음이요 의(義)는 사람이 걸어갈 길이다. 사람이 그 길을 버리고 따라가지 아니하고, 그 마음을 잃고도 구할 줄 모르니 슬픈 일이로다"라고 탄식하면서 잃어버린 마음, 상실된 도덕성을 다시 찾아야 한다고 강조하고, 학문이란 다른 것이 아니라 바로 그 잃어버린 마음을 다시 찾는 일이라고까지 하였던 것이다.

## 3. 순자의 성악(性惡)과 마음

순자(筍子)는 인간의 본성을 악(惡)하다고 보았으며 개인과 사회와 국가의 관계를 완성시키는 척도와 표준으로서 예(禮)를 강조하였다. 그리고 인간을 교육에 의해 교화(敎化)시키고 예로서 다스려야 한다고 주장했다.

순자는 인간이 타고난 본능적인 감정이나 욕망을 성(性)이라 지칭하서, 인간이 이러한 본능적인 감정이나 욕망만을 따라서 이익이 되는 것, 이로운 것만을 좋아하여 추구하거나 오관으로 느끼는 여러 가지 욕망의 충족만을 위해서 행동한다면, 다툼이 생기고 사회질서가 물란 해 진다고 보았다. 그러므로 예(禮로)써 그러한 본능적인 감정이나 욕망을 교화해 나가야만 원만한 인간관계가 이루어지며, 사회와 국가의 질서가 바로 서고 평안해질 수 있다는 것이 순자의 예치사상(禮治思想)인 것이다.9

순자는 인간 안에는 욕(欲)과 지(知)와 능(能)이 있다고 보았다. 즉 인간 안에는

(1) 육체를 키우고 보존하려는 욕망 및 감정적인 면과,

(2) 경험을 종합하여 사리를 분별할 수 있는 지성, 즉 인지능력,

(3) 그리고 사리에 맞는다고 판단된 것을 행함으로써 의(義)에 이를 수 있는 행위능력이 있다고 보았다.

이 중에서 순자는 타고난 그대로의 것, 저절로 그러한 것이라는 의미에서 욕(慾)만을 성(性)으로 규정하고, 인지능력인 지(知)와 행위능력인 능(能)은 계속 키워나가야 할 것이라고 했다.

순자는 사람이 태어나면서부터 가지고 있는 욕(慾)을 성(性)이라 하고, 성(性)의 좋아함, 미워함, 기뻐함, 분노함, 슬퍼함, 즐거워함 등을 정(情)이라고 하였다. 또 마음이 그것을 위해 선택하는 것을 생각(慮)이라고 하여 性, 情, 心을 분명히 구별하여 정의하고 있다. 물론 여기에서 말하는 性은 생각하고 선택하여 의사결정을 하는 마음을 제외한 정성(情性)만을 지칭한 것이다. 즉 맹자가 말한 性은 이성(理性)을 지칭한 데 반해서 순자가 말하는 性은 본능과 욕망을 지칭한다고 할 수 있다.

그런데 순자가 말하는 이러한 性은 두 가지 의미로 이해할 수 있는데, 좁은 의미에서는 욕망을 지칭하고, 넓은 의미에서는 욕망뿐만 아니라 인식능력인 지(知)와 행위능력인 능(能)까지를 포함하는 것이다. 즉 “태어난 그대로 내가 어떻게 할 수 없는 것이 성”이라는 경우의 性은 욕망만을 지칭하고, “내가 어떻게 할 수 없는 것이지만 변화될 수 있는 것”이라고 하여 가르쳐서 변화시킬 수 있는 가능성을 제시한 경우의 性은 지(知)와 능(能)까지를 포함한다고 볼 수 있다.10

순자는 인간을 하나의 자율적인 유기체로 보면서, 교육을 통하여 변화시킬

9 鄭炳碩, 荀子의 禮論硏究(嶺南大學校, 1982; 鄭長澈, 荀子(서울: 惠園出版社, 1993), 趙炳泰, 東西洋 經營管理思想의 統合的 接近에 관한 硏究, 東亞大學校 停年退任紀念論文集, 1997).

10 金勝惠, 原始儒敎, 서울: 民音社, 1990, p. 239.

수 있는 인성의 내적 요인의 주체가 되는 마음이야말로, 사람의 오관과 모든 분별 행위의 주재자가 되어야 한다고 말한다.

순자는 마음의 절대적 자율성과 인식능력을 강조하면서도, 마음을 쟁반 위의 물에 비유하여 욕심이 일어날 때마다 그 판단능력이 흐려질 수 있다고 말한다. 즉, 인간구조의 세 측면인 욕(性)과 심(知)과 능(行)은 각기의 고유한 활동분야를 가지고 구별되면서도 서로 밀접한 관계에 있어서, 자율적인 마음이지만, 내적 욕망이나 사회적 편견에 영향을 받을 때는 올바른 판단을 내리지 못하게 된다는 것이다. 이렇게 자율적인 인식능력을 가진 마음도 역시 선천적인 상태만으로는 부족하기 때문에 계속하여 교육하고 키워나가야 한다는 것이다.

이상에서 살펴본 바와 같이 순자는 心과 性 그리고 情을 구별하고 있다. 그래서 순자가 성악이라고 말할 때의 性은 생각하고 선택하여 의사결정을 하는 마음을 제외한 정(情)만을 지칭한 것이다. 그러므로 그의 주장에서 성이 악하다고 하는 것은, 사람이 만일 희·노·애·락·애·오·욕(喜·怒·哀·樂·愛·惡·慾)의 7정(情)만을 따르고, 인간관계를 규정하는 절도(節度)의 표준인 예(禮)를 따르지 않는다면 그런 행위는 악한 것이 된다는 것이다. 즉 인간은 원래 태어나면서부터 이로운 것을 좋아하고 남을 시기하거나 미워하는 속성을 지니고 있으므로, 거기에만 순응하도록 그냥 놓아두면 쟁탈과 다툼이 생기고 음란이 생기며 사회가 혼란해진다는 것이다.

그러므로 모름지기 성인(聖人)의 예의지도(禮儀之道)를 본받아, 사양하는 마음과 공경하는 마음을 갖도록 사람들을 교육시킴으로써, 원만한 인간관계를 이루고 사회질서를 바르게 할 수 있다는 것이 순자의 이른바 예치(禮治)인 것이다.

이렇게 사람에게는 희·노·애·락·애·오·욕의 情이 있기 때문에, 만일 사람들이 그러한 본능적인 감정만을 따르면 사람들 사이에 다툼이 생기고 사회적인 혼란을 초래하게 된다. 그런데 다른 한편 사람에게는 그러한 본능적인 감정이나 욕망뿐만 아니라 도(道)를 알 수 있는 인지능력과 그에 합치되는 행동을 할 수 있는 행위능력도 있다. 그러므로 사람은 예로써 교육될 수 있고 또 모름지기 교육되어야만, 사람 사이에 다툼과 시기가 없어져서 인간관계가 원만해지고 상부상조, 상호협동의 관계가 성립될 수 있다. 결국 이러한 논리가 순자 사상의 핵심 내용이라 할 수 있다.

이러한 순자의 사상은 상호협동과 원활한 인간관계를 통한 다스림의 강조라는 측면에서, 인간관계론에 의한 관리기법과 동열에 있다고 할 수 있겠다. 또한 禮에 의한 관리는 인간의 자율성이라는 측면에서 맹자의 덕치(德治)보다 약하고 후술하는 한비(韓非)의 법치(法治)보다 강하다는 점에서 인간관계론의 자주성과 비슷한 수준으로 볼 수 있을 것이다.

## 4. 한비자의 인간이해와 법치사상

한비자(韓非子)는 인간을 이기적이고 타산적인 존재로 파악하여 인(仁)·의(義)와 도덕을 근본적으로 부정한다. 다시 말해 맹자의 성선설과 덕치를 배척하고 순자의 성악설에서 진일보하여 모든 인간행동을 이해타산(利害打算)이란 척도로 설명하고 있다.

인간본성의 심층에는 자기에게 이로운 것만을 추구하는 욕망이 있어서, 모든 인간관계는 이런 이해타산으로 얽혀진 관계가 되는데, 개인들 간의 이러한 이해관계가 늘 상충되기 때문에 다툼이 생기고 조직의 질서가 문란해지며 사회의 혼란이 발생한다고 본다.

한비자는 인간행동의 동기를 심층적으로 분석해 보면, 그 밑바닥에는 이기적이고 타산적인 본능이 깔려 있어, 심지어는 부자, 부부, 형제, 군신 간에도 이런 이해관계가 개재되어 있음을 부인할 수 없다고 주장하였다. 예컨대 수레를 만드는 사람은 사람들이 부유해지기를 바라고, 관(棺)을 만드는 사람은 사람들이 많이 죽기를 바란다. 이것은 수레를 만드는 사람은 도덕심이나 인정이 많고 관을 만드는 사람은 비정해서가 아니라, 사람들이 부유해지지 않으면 수레가 많이 판매되지 않을 것이고, 사람들이 죽지 않으면 관이 많이 판매되지 않을 것이기 때문이라는 것이다. 이렇듯 이익이 된다면 원수와도 친해지고 손해가 된다면 부자나 형제처럼 가까운 사이도 소원해질 수 있다고 하면서, 인간의 이기심(利己心)과 타산성(打算性)을 지적하였다.

원래부터 인간이란 노고(勞苦)를 싫어하고 편안을 좋아하며, 오직 자기에게 이로운 것만을 추구하고 조금이라도 손해가 되는 일을 피하려는 성향을 지니고 있다는 한비자의 사상은, 인간을 Maslow의 생리적·안전적 욕구 수준의 존재로 파악하였다고 볼 수 있으며, 이는 인간은 경제적·이기적 목적만을 추구하여 행동한다고 보는 테일러의 경제인적인 인간관이나 McGregor의 X이론적 인간관과도 동열에 놓을 수 있을 것이다.

그리고 군주는 모름지기 세상 공론에 귀 기울이지 말고, 측근 중신이나 유설가(遊說家), 학자나 민중에게 좌우되지 않고 관리들의 근태를 감독하고 상공을 장악하여 상벌을 엄격히 해야 된다는 그의 지도자론은 이른바 전제적·독선적 리더십에 해당된다고 볼 수 있을 것이다.

또한, 한비자는 인간의 본성은 이기적이고 타산적이며 악에 기우는 경향이 있으므로 덕이나 예(禮)나 인(仁)이나 애(愛)로써가 아니라 오직 법과 형(刑), 엄격한 상벌로써 통제하고 제어하는 것이 효율적이라고 주장했다.

이렇게 한비자는 인간의 이해타산적인 본성과 이기주의적인 성향 때문에 다툼이 생기고 사회의 질서가 문란해진다고 보고, 그것을 다스릴 수 있는 최선의 방책을 법(法)으로 보았던 것이다.

인간의 애정이나 인정, 의리나 예의, 도덕으로써가 아니라 오직 법과 형벌로써 인간을 다루어야 한다는 한비자의 사상은, 경제적 인간관을 가정한 과학적 관리법에서 임금이라는 물질적 유인을 사용하여 인간행동을 통제하려 했던 McGregor의 X이론적인 인간관과 동열에 놓고 그의 사상을 이해할 수 있겠다.

## 5. 중용사상의 이해

중용(中庸)이란 치우치지 않고 기울지도 않으며, 지나침도 못 미침도 없는 평상(平常)의 도리(道理)라고 말할 수 있겠다.

순자는 중용지도(中庸之道)에 대하여 “중용은 하나의 도(道)인데 도(道)의 예(禮)는 불변하는 것이고, 도(道)의 용(用)은 무궁한 변화에 다 적용된다”고 하였다. 다시 말해 중용은 하나의 불변의 원리이지만, 개개의 현상에 고루 적용될 수 있는 것으로써 마치 저울대가 수평을 이루도록 저울추를 움직여 가운데에 놓는 것과 같이, 이는 치우침이나 지나침이나 모자람이 없음을 뜻하는 말이라고 하였다.

중용의 첫머리에 보면 "하늘이 명한 것을 성(性)이라 하고, 그 본성을 따르는 것을 인간의 도리(道理)라고 하며, 도리를 가르치는 것을 교(敎)라고" 하여 天과 性, 그리고 도리와 가르침의 관계를 잘 설명하고 있다. 즉, 하늘로부터 부여된 것, 선천적으로 타고난 것이 性이고, 이 천부적인 본연의 性을 잘 따르는 것이 인간의 도리인데, 인간이 타고난 기품(氣稟)과 자질의 상이(相異)함은 이러한 천부적인 본연의 性을 따르는 데 제약조건이 된다. 하지만 제각기 다른 기품과 자질은 비록 선천적이긴 하지만, 절대불변의 것은 아니어서, 후천적인 수양에 의해 달라질 수 있으며, 따라서 성을 제대로 따르는 것, 즉 도리의 실천을 위해 가르침이 필요하게 된다는 것이다.

여기에서 말하는 가르침은 사람에게 없는 것을 주입시키는 것이 아니라, 사람 안에 내재되어 있는 것을 계발·교육해 준다는 의미로 이해하면 좋을 것이다.

중용의 근본은 중화(中和)에 있다고 할 수 있다. 여기에서 중(中)은 희(喜)·노(怒)·애(哀)·락(樂)·애(愛)·오(惡)·욕(慾)의 감정이 일어나지 않은 상태를 말하고, 화(和)는 희(喜)·노(怒)·애(哀)·락(樂)·애(愛)·오(惡)·욕(慾)의 감정이 일어나서 모두 태도에 맞는 것을 의미한다.

다시 말해 희·노·애·락·애·오·욕의 감정이 일어나지 않은 상태가 곧 천부적인 본연의 성(性)이며, 이런 천부적인 성(性)은 아직 나타나지 않았으므로 어느 한쪽으로도 치우치거나 지나침과 모자람이 있을 수 없다는 의미에서 중(中)이라고 부르게 되는 것이다. 그러나 인간은 감정의 동물이어서 희·노·애·락·애·오·욕의 감정이 없을 수 없고, 이것이 발현되고 나면 지나침이나 모자람이 나타나 도(度)에 넘치거나 못 미치는 게 된다.

그러므로 희·노·애·락·애·오·욕의 감정을 천부적인 본연의 성(性)을 따라서 잘 발현되도록 하면, 지나침이나 모자람이 없이 절도(節度)에 맞게 되는데, 이것이 바로 바람직한 인간관계에서 사람들이 따라야 할 길이라 할 수 있겠다.

그리고 중용은 시중(時中)이라고도 하는데 이때의 '시중(時中)'은 단순 산술평균적인 중(中)을 취하는 것이 아니고, 인간관계나 처신 혹은 의사결정이나 업무처리에 있어서 모든 상황과 형편을 고려하여 가장 바람직하고 가장 알맞은 최적의 처리를 한다는 의미로 보아야 할 것이다.

이렇듯 중용은 시간과 장소, 사물과 제반 상황을 고려하여 최적화를 구하는 개념으로 이해될 수 있지만, 그렇다고 해서 안이한 타협이나 절충 혹은 무사안일주의나 적당주의를 중용이라고 해석하고 이해하면 곤란하다. 中은 천하의 정도(正道)이며 천하의 정리(定理)이므로 중용은 그런 타협이나 절충 혹은 적당주의와는 엄격히 구별되어야 한다. 중용은 기계적, 폐쇄적이거나 정태적, 고정적인 개념이 아니고 유기적·개방적·동태적·상황적응적인 개념인 것이다.

이러한 중용지도(中庸之道)는 일상생활에서 언제 어디서나 실행하여야 할 인간의 도리이며, 쉽게 누구나 실천할 수 있는 평범한 일이면서도 성인(聖人)도 제대로 실천하기 어려운 것이기도 하다.

따라서 중용지도(中庸之道)는 “다른 사람과 처지를 바꾸어 생각하라(易地思之)” “자신을 대하듯 다른 사람을 대하라” “자신이 원하지 않는 것은 남에게 하지 말라”는 등의 교훈에 근거할 때 비로소 그 실천이 가능하게 될 것이다.

## 6. 샤인(Schein)의 인간본성 이해[11]

인간의 본성에 대한 기본적인 가정들은 이를 연구하는 학자들에 따라 다양하게 논의되어 왔는데 샤인(Schein)은 조직구성원들은 실존인으로서 욕구를 발산하려고 한다는 사실을 조직인 가설에서 적나라하게 나타내고 있는데 구체적인 내용을 살펴보면 다음과 같다.

첫째, 합리적 경제인(rational economic man)에 대한 가정으로써 인간은 신뢰할 수 없고 경제적 보상에 의해 동기화되는 타산적인 존재로 이해한다. 따라서 종업원에 대한 기본적인 시각의 기초는 다음과 같다.

종업원은 경제적 유인에 의해 동기화되기 때문에 경제적 이익만 주면 어떤 행동이든 요구할 수 있고 또한 수용할 것이라고 가정한다. 또한 경제적 유인은 조직의 통제하에 있기 때문에 종업원은 조직에 의해 동기화되고 조작되며 통제되는

11 김석회, 21세기 조직행동, 무역경영사, pp. 73~75.

수동적 특성을 지닐 수밖에 없다는 것이다.

둘째, 사회적 인간관(social man)에 대한 가설이다. 메이요(E. Mayo) 교수 팀에 의한 호손연구는 비공식집단에 의해 만들어지는 규율이나 감정이 작업성과나 제품의 품질 등에 직접적인 영향을 미친다는 점에서 새로운 '사회인의 가설'을 낳게 하였다. 타비스톡(Tovistock)연구에서도 기계시스템 자체만으로는 조직의 합리적 운영이 불가능하고 작업조직 자체만이 아닌 사회적 조직의 재설계를 할 수 있을 때, 조직은 효율적으로 운영될 수 있다는 사실이 밝혀지고 있다.

셋째, 자기실현적 인간관(self-actualization man)에 대한 가설이다. 호손실험 이후 기업경영에서는 인간관계의 중요성이 강조되었고, 이에 따라 사회적 욕구를 지향하는 경영관리 방식이 일반화되면서 구성원의 사기향상에는 크게 영향을 미쳤다고 볼 수 있다. 그러나 이를 통해 생산성을 향상시키지는 못하였다.

산업현장에서 노동 자체에 대한 의미의 상실은 소외감, 무력감, 무의미감을 유발시키면서 노동의 생산성을 저하시키는 주요한 원인이 되었었다. 따라서 산업현장에서는 직무수행을 통해 생활의 질을 추구하고 성취감을 맛봄으로써 근로생활의 질(quality of working life)을 개선하려는 노력이 시도되게 되었다. 매슬로우(Maslow)나 허즈버그(Herzberg) 등에 의해 자기실현욕구가 중시되면서 직무수행을 통해 자신의 삶의 중심 가치를 실현하려는 사람들이 증가하게 되면서 자기실현적 인간관은 크게 확산되게 되었다.

넷째, 복합인(complex man)에 대한 가설이다. 앞에서 논의된 바와 같이 인간의 욕구는 매우 다양하고 복잡하다. 또한 인간의 욕구는 일련의 계층성을 형성하면서 상황에 따라 수시로 변화한다. 이와 같은 인간의 욕구는 상호작용을 통해 복잡한 동기유형이나 가치, 목표 등으로 결합되고 있기 때문에 어느 특정한 한 가지 요인만을 가지고 인간의 행동을 이해하고 설명할 수는 없다는 것이다.

따라서 현대의 조직인은 경제인이자 사회인이며, 자기실현인의 모습을 모두 포괄하는 복합인으로서의 특성을 갖는다고 보아야 할 것이다.

## 토의문제

1. 맹자, 순자, 한비자의 인간본성에 대한 논의의 공통점과 상이점은 무엇인가?
2. 인간관에 대한 학자들의 견해를 정리하고 논의해 보자.
3. 맹자의 성선설과 순자의 성악설에 대해 논의해 보자
4. 중용지도란 무엇인가? 이를 실천하기 위한 방법론에 대해 논의해 보자.
5. 인간에 대한 기본가정이 갖는 경영·관리상에 의의에 대해 논의해 보자.

Human Behavior

# 제2장 조직이란 무엇인가?

## 1. 조직화된 인간행동

인간은 태어나면서부터 가정과 사회, 학교, 병원, 은행 등 수많은 조직과 더불어 희(喜)·노(努)·애(愛)·락(樂)을 함께하면서 자신의 삶을 이어가고 있다. 인간 삶 속에서 조직이 왜 탄생하였는지 그 이유와 속성을 이해하고, 인간행동론의 학문적 특성과 연구하는 방법 그리고 인간행동 연구에 영향을 미치고 있는 여러 환경요인들에 관한 지식을 습득해 보기로 하자.

인간은 태고로부터 분업과 협업을 통해 노동의 효율성을 증대시킬 수 있는 지혜와 방법을 터득하였다. 다시 말해 인간은 조직화된 활동을 통해 분업과 협업, 경제발전과 문화의 발달 및 삶의 질을 지속적으로 향상시켜왔다.

일찍이 경제학의 시조라 일컬어지는 아담 스미스(A. Smith, 1723~1790)[1]는 부

1 아담 스미스(A. Smith, 1723~1790)는 스코틀랜드의 가터디에서 출생함. 그의 사상은 중상주의자들이 주장하는 것처럼 금, 은과 같은 화폐가 국가의 부가 아니라 연년 생산물이 부이며, 부의 원천은 토지 그 자체가 아니라 노동임을 강조하면서 부의 증대, 즉 노동생산성의 증대를 위해 분업의 필요성을 강조함. 특히 무역이론의 기초인 절대생산시별을 주장하였음.

(富)의 증대, 즉 노동생산성의 증대를 위해 분업이 필요함을 강조하였다. 한 사람의 노동자가 하루에 1개의 핀을 만들기도 어려운데 제조공정을 18개로 나누어 10인이 역할을 분담하여 생산 활동을 한 결과 하루에 48,000개의 핀을 생산할 수 있었다.

이처럼 현대사회에서의 크고 작은 모든 조직들은 조직구성원들의 조직화된 활동을 통해 그 조직의 성장과 발전을 이끌어가고 있다. 고대 수렵생활을 했던 인간들도 자체방어와 효율적인 수렵생활을 위해 무리를 지어 활동하였고, 이집트인들은 피라미드의 건설[2]과 나일강의 범람을 통제하기 위해 조직화된 활동의 필요성을 깨달았다. 중국의 황제들은 만리장성을 쌓고, 치산치수(治山治水)사업을 위해 조직화된 활동을 전개하였으며, 로마인들은 군대를 결성하고 제국을 통제하기 위해 조직화된 활동의 필요성을 깨달았던 것이다.

이처럼 인간이 다른 동물과는 달리 고도의 진화를 지속할 수 있었던 것은 바로 도구의 사용과 분업의 발견 때문이었을 것이다. 원시 고대인들이 조직화된 분업 활동을 하였다는 증거는 여러 곳에서 발견되고 있다. 예컨대 사냥을 할 때에도 몇 사람은 벼랑 쪽으로 짐승을 몰아오고, 몇 사람은 벼랑 밑에 지키고 있다가 돌을 던지고 누군가는 돌칼로 짐승의 가죽을 벗겨 고기를 나누었을 것이다. 각자가 개인플레이를 해서는 그렇게 큰 짐승을 잡을 수가 없다. 크로마뇽인은 지금부터 2만 년 전에서 제4빙하기가 끝나는 9천 년 전까지 살았고, 프랑스의 라스코 동굴의 벽화는 17,000년 전 그들이 남긴 것이다. 캄캄한 동굴 속의 높은 천장과 벽에 1,400여 마리의 동물그림을 그리는 노동은 화가 이외에도 횃불을 밝히는 사람, 물감(약 50여 가지 색으로 알려져 있음)을 만든 사람, 사다리를 만든 사람 등 각자 자기 일에 전문화하지 않고는 이뤄질 수 없는 것들이었다.[3] 또한 동물그림 앞에서 제사만 지낸 것이 아니라 훈련전문가는 효과적인 수렵방법과 창으로 그려진 동물의 급소를 찌르는 훈련도 시켰을 것이다. 현대기업의 전문화와 다를 바가 없다.

2 BC 2551~2528년경에 세워진 고대 이집트의 체옵(Cheops) 왕의 피라미드는 13에이크 면적에 2~15톤 무게의 바위 덩어리를 250~300만 개 쌓아 만든 거대한 무덤이다. 이 무덤을 만들기 위해 나일강 하구에서 약 사흘 길이나 되는 채석장에서 8,000여 명의 채석단에 의해 깨지고 운반되어 건설되었다. 이러한 피라미드 1개를 건설하는데 동원된 연 인원 20만 명의 인부가 10년 동안 일을 해야 하는데 나일강변에는 이러한 피라미드가 약 90개 이상이 있다. 돌기둥 한 개를 세우려면 약 300명의 인부가 동시에 밧줄을 당겨야만 가능한 일이다.

3 G. Camps, *La Prehistoire*, Paris: Perrin, Librairie Academique, 1982, pp. 162-176.

원시 고대인들 또한 현대인들과 마찬가지로 분업의 위력을 깨달았기 때문이었을 것이다.[4]

## 2. 조직의 개념과 속성

인간은 노동의 효율성 때문에 분업과 협업을 통한 조직화된 활동을 수행하여 왔으며, 조직화된 활동을 수행하기 위해 모인 집단을 우리는 조직이라고 부른다. 그러나 앞으로 우리가 논의하게 될 조직이란 단순한 사람들의 모임이나 집단을 의미하는 것은 아니다.

가족이나 관광그룹, 경영학부 A반, 고스톱 멤버, 승강기 안에 있는 사람들 등… 이들도 조직으로 볼 수 있는가?

경우에 따라 우리는 빌딩 속에서 일하고 있는 회사원들뿐만 아니라 그들이 사용하고 있는 컴퓨터 하드시스템까지도 조직으로 보기도 한다. 과학시간에는 세포조직이나 분자구조도 조직으로 설명한다. 그러나 인간행동론에서 연구대상으로 삼고 있는 조직은 행정기관, 교육기관 등과 같은 추상적인 조직이 아니라, ○○○주식회사, ○○대학교 등과 같은 조직화된 활동을 수행하고 있는 구체적인 행동집단을 의미하는 것이다.

조직의 개념을 상식적으로 판단하기 어려울 때는 학자들의 얘기를 들어 볼 필요가 있다. 미국 뉴저지주 벨 전화회사의 사장이었던, 근대조직의 창시자로 지칭되고 있는 바나드(C. I. Barnard, 1886~1961)는 "조직이란 공헌할 의욕을 가진 두 사람 이상이 공통의 목표를 달성하기 위해 상호작용하는 협력체계"[5]로 보았다.

그리고 전통적인 조직이론가의 한 사람인 브라운(A. Brown)은 조직이란 보다 효과적인 관리를 위해 조직구성원의 직무와 그 직무의 상호관계를 규정하는

4 S. P. Robbins and T. A. Judge, *Organizational Behavior*, 12th ed. NJ: Prentice Hall, 2007, pp. 478-481.

5 C. I. Barnard, *The Functions of the Executive*, Cambridge, MA; Harvard University Press, 1938, p. 73; M. C. Suchman, "Managing Legitimacy: Strategic and Institutional Approaches," *Academy of Management Review*, July 1995, pp. 571-610.

것이라고[6] 조직의 개념을 정의한 바 있다. 전통적인 조직 연구의 중심과제는 경영목적 달성에 필요한 각 구성원의 직무를 명확하게 규정하고, 일정한 권한과 책임을 배분함으로써 직무와 직위의 상호관계를 명확히 하는 것이었다.

카츠와 칸(D. Katz & R. Kahn)은 조직은 공동목표를 달성하기 위해 구성원들이 상호작용하는 집단으로서 내부적으로도 서로의 관계를 규정하고 조정하는 장치가 필요하지만, 다른 한편으로는 살아 있는 개방시스템(open system)으로서 변화하는 환경에 적응하는 구조도 갖추고 있다고 하였다.[7] 따라서 이들은 조직과 환경의 경계선(boundary)에 있는 조직구성원들의 환경과의 교류활동의 중요성을 강조하면서 경계활동을 위해 만든 하부구조들이 조직의 중요한 구성체들이라고 하였다. 예컨대 재화나 용역을 생산하는 시스템, 이를 지원해 주는 보조시스템, 이들을 운영하는 유지시스템 등이 있다.

이처럼 조직에 대한 개념은 조직을 연구하는 학자들이 제각기 자신들의 이론체계에 맞추어 조직의 개념을 정의하였기 때문에 주장하는 학자들과 함께 그 체계 속으로 깊이 들어가야만 논의된 개념을 정확하게 이해할 수 있겠지만, 이들의 개념정의를 통해 나타난 공통적인 조직의 속성은 다음과 같다. [8]

첫째, 조직이란 인간의 집단이다. 기업이라는 조직에는 사람(조직구성원)과 생산설비, 건물, 직무수행 절차, 규정과 규칙 등이 있다. 그러나 여기에서 조직구성원인 사람이 빠진다면 조직은 형성될 수 없다. 생산설비, 건물, 직무수행 절차, 규정과 규칙 등은 모두 조직의 목적을 달성하기 위한 수단 내지 도구일 뿐 조직 그 자체는 될 수 없는 것이다. 학회나 동호회에는 기계도 건물도 없지만 특정 목표를 가진 사람들의 집합이기 때문에 조직으로 볼 수 있다. 따라서 조직의 핵심은 사람인 것이다. 설령 조직구성원이 빈번하게 교체되는 경우에도 조직 내 사람이 존재하는 한 그 조직은 영속성을 갖게 되는 것이다.

둘째, 조직에는 공동의 목표가 있어야 한다. 개개인의 능력의 한계나 비효율성의 문제를 해결하기 위한 수단으로서 사람들은 조직을 만든다. 조직구성원 모

---

6 A. Brown, *Organization of Industry, A Formulation of Principle*, Prentice-Hall, 1947, p. 26.

7 D. Katz and R. L. Kahn, *The Social Psychology of Organizations*, New York; Wiley, 1966.

8 D. Katz and R. L. Kahn, *op. cit.*, 1978.

두가 힘을 합쳐 공동의 목표를 달성함으로써 조직구성원들은 개인적 목표달성이나 유익을 창출할 수 있기 때문에 조직구성원으로서의 부여된 역할과 책임을 다하게 되는 것이다.

셋째, 조직은 체계화된 구조와 절차를 확립하여야 한다. 아무리 유능한 조직구성원들이 모였다 하더라도 무질서하게 행동한다면 작업의 능률성을 높인다거나 의도된 조직의 목표를 달성하는 것은 어렵게 된다. 따라서 조직은 구성원 각자의 역할과 역할에 따른 권한과 책임을 배분·확정하고, 직무수행에 필요한 절차와 방법, 규정과 규칙 등을 체계화시킨 다음 이를 기준으로 상호작용을 하면서 공동의 목표를 달성해 가는 것이다.

넷째, 조직은 환경변화에 적응할 수 있어야 한다. 오늘날의 조직은 개방시스템(open system)으로서 다른 생물체와 마찬가지로 환경 속에 존재하며 환경과의 상호작용을 통해 생존하고 있다. 환경변화에 적응하지 못하는 생물들이 도태되듯이 환경변화에 적응하지 못하는 조직은 존속과 성장이 불가능해진다. 따라서 오늘날의 기업조직들은 환경적응을 위해 고객, 공급자, 경쟁사 등 이해해관계자 집단과 긴밀하게 교류하면서 정보와 기술을 공유하고, 기업환경에 적합한 재화와 용역을 생산·공급하면서 긴밀한 유대관계를 유지하기 위해 노력하고 있다.

다섯째, 조직은 각자의 경계(boundary)를 갖는다. 모든 조직은 환경 속에 존재하면서 환경과 밀접한 교류를 하고 있지만 나름대로의 경계선을 갖는다. 이러한 경계를 통해 우리는 누가 조직 내의 구성원이고, 누가 조직 밖의 사람인지를 구분할 수 있게 된다. 조직에서 경계역할(boundary role)을 담당하고 있는 조직구성원들은 환경과의 교류활동에서 중요한 역할을 담당하게 된다. 예컨대 고객과 대면접촉 하는 판매원은 고객의 욕구와 필요를 신속하게 조직에 알려주어야 하고, 조직은 이를 반영시켜 적절한 조치를 강구함으로써 고객의 불편이나 불만을 해소시킬 수 있으며 더 나아가 고객의 유지·확보가 가능하게 된다.

지금까지 논의된 제 요소들이 조화롭게 작용하고 있을 때 우리는 조직이라고 말하지만, 이를 좀 더 구체적으로 살펴보면 그 내용은 더욱 복잡하게 전개된다.

조직 내 구성원들끼리 연결된 상태를 조직으로 볼 것인지, 각자가 담당하고 있는 업무의 연결 상태를 조직으로 볼 것인지, 아니면 조직구성원 각자와 그들이 맡은 업무와의 관계를 조직으로 볼 것인지 등 여러 가지 관점이 논의될 수 있다.

특히 크로지에(M. Crozier)는 조직을 정태적 고정체로 보지 않고 구성원들의 권력게임 행동에 따라 수시로 변화하는 동태적 변동체로 파악하고 있다.[9]

## 3. 사회생활과 조직의 영향

조직이 사회생활에 미치는 영향은 매우 복잡하고 다양하다. 조직은 여러 자원을 결합하고, 재화와 서비스를 생산·공급하며, 생활환경을 제공하고, 생활환경에 중대한 영향력을 행사한다. 인간의 삶 속에서 나타나는 크고 작은 긴장, 갈등, 좌절감, 스트레스, 행복감, 만족감, 성취감 등 이 모든 심리적인 요인들뿐만 아니라 경제적 빈부의 격차를 유발하는 중요한 요인이 되기도 한다.

따라서 오늘날 산업사회에서는 모든 활동이 조직을 중심으로 이루어지고 있다. 경제성장의 원동력이라 할 수 있는 기술혁신(Innovation)도 조직을 통해 이루어지며, 대규모화로 인한 복잡한 경영기능도 조직을 통해서 효과적으로 수행되고 있다. 이처럼 건전한 조직은 경영활동을 용이하게 하며, 기업의 성장과 다각화를 촉진하고, 기술적 발전을 효과적으로 이용할 수 있게 하며, 인간다운 생활을 고무하고 창조성을 자극한다.

### 1) 조직 활동의 순기능

모든 조직은 환경이 요구하는 활동과 기능을 수행하여야 한다. 환경이 원치 않는 기능과 역할을 수행하는 조직은 도태되어 사라질 수밖에 없다. 따라서 모든 조직은 환경이 요구하는 순기능을 수행하면서 생존하고 발전하게 된다.

조직이 목적을 달성하기 위해서는 여러 가지 자원을 필요로 한다. 이러한 자원들은 조직을 통해서 쓸모 있는 자원으로 변화되고 이용된다. 조직이 수많은 자원들을 결합하고 활용하여 사회가 필요로 하는 재화와 용역을 생산하고 공급한다. 목재나 시멘트, 철광석, 유휴노동력이나 자원들 이 모든 것들이 조직을 통해

9 M. Crozier, *L` acteur et le Systeme*, Paris: Le Seuil, 1977.

인간생활에 유용한 자원으로 변화되고 활용되는 것이다. 조직은 첨단의 기술과 지식, 정보를 이용하여 끊임없이 혁신적인 신제품이나 서비스를 창출하고 공급하면서 경제발전이나 사회발전을 이끌어 가고 있다.

### 2) 사회 환경에 미치는 영향

조직은 사회 전반에 걸쳐 많은 영향을 미치게 된다. 조직은 환경에 의해 영향을 받기도 하지만 환경을 변화시키기도 한다. 새로운 조직은 구성원의 사고나 태도, 가치뿐만 아니라 조직의 문화를 변화시켜 새로운 풍토와 분위기를 조성하기도 한다. Microsoft와 Google이 사회 환경을 어떻게 바꾸었는지 생각해 보면 우리는 조직이 사회에 미치는 영향이 어떠한가를 쉽게 짐작할 수 있게 된다. 우리 사회에 존재하는 기업조직, 행정조직, 의료조직, 교육조직, 군 조직, 정부기관 등 수많은 크고 작은 조직들이 제각기 그 기능과 역할을 제대로 수행할 수만 있다면, 경제·사회 발전은 물론 우리의 삶의 질 또한 크게 향상될 수 있을 것이다.

### 3) 개인 삶에 미치는 영향

"인간은 사회적 동물"이라는 말이 의미하듯이 인간은 조직에 의존하여 일상의 삶을 살아가고 있다. 아기가 출생하는 산부인과, 유아원이나 유치원, 학교, 병원, 예식장, 회사, 양로원, 공원묘지, 교회, 사찰 등 이 모든 것들이 조직화된 활동을 통해 움직이고 있으며 우리는 아침에 일어나 식사를 하고, 제각기 다양한 활동을 수행하다가 잠자리에 누울 때까지 수많은 조직들의 산출물을 이용하게 된다.

이렇게 많은 조직들이 비효율적으로 움직인다면 나의 삶은 어떻게 변할까? 형편없는 식당, 병원, 학교, 회사, 지하철, 교회, 사찰 등을 이용할 수밖에 없을 것이고, 많은 위험과 불안이 상존하게 된다. 그렇게 되었을 경우 우리의 삶은 불행해 질 수밖에 없다.

일상의 삶에서 느끼는 행복감, 만족감, 성취감, 유쾌감, 긴장, 고통, 불안, 스트레스 등 이 모든 것들이 조직생활과 무관하지 않다는 것을 우리는 잘 알고 있다.

이처럼 현대사회에서의 조직생활이란 개인의 삶의 질이나 경제력, 사회적 신분 및 심리적 여러 요인들까지 좌우하는 핵심 변수이기 때문에 우리는 가족이나 친구 못지않게 조직을 소중한 존재로 인식하고 조직을 합리적·효율적으로 관리할 수 있는 능력과 조직생활에 잘 적응할 수 있는 지혜를 필요로 한다.

**토의문제**

1. 인간 생활의 질과 분업에 대해 토의해 보자
2. 조직과 인간생활에 대해 토의해 보자.
3. 현대사회에서 조직의 영향력에 대해 토의해 보자.

Human Behavior

제3장

# 인간과 조직행동의 본질

## 1. 조직행동의 개념과 목적

조직행동론(theory of organizational behavior)이란 조직행동[1]에 관한 지식을 얻기 위해 조직행동을 연구하는 학문이다. 다시 말해 조직이 추구하는 목표를 달성하기 위해서 조직에서의 인간행동에 대한 원인을 규명하고 이해함으로써 미래에 대한 인간행동을 예측할 수 있는 과학적이고 체계적인 능력을 갖출 수 있게 하는 학문이 바로 조직행동론인 것이다.

일반적으로 경영학에서는 기업조직을 연구대상으로 하고 있기 때문에 인간행동론은 경영성과의 실현을 통해서 조직의 유효성(effectiveness)과 능률성(efficiency)을 제고시키는데 연구의 초점이 두어진다.

여기에서, 조직의 유효성이란 "조직이 최종적으로 달성하고자 하는 객관적인

1 행동(行動)은 움직이는 동적요소를 강조한 개념인데 반해 행위(行爲)는 사람이 행하는 짓이라는 정적요소를 강조하는 측면이 강하다. 또한 행동은 자극에 반응하는 무의식적 요소를 포함하지만 행위는 도덕적 성질을 띤 의식적 요소를 강조한다. organizational behavior는 이상의 모두를 포함하는 개념이기 때문에 구분이 필요 없으며 본서에서는 '행동'으로 통일하여 사용하기로 한다.

결과의 달성정도"를 의미하는데, 이것은 사외지향적인 개념이며 조직이 환경변화에 능동적으로 적응하기 위해 올바른 일을 하는 것을 의미한다. 따라서 조직유효성은 조직의 목표가 달성되는 정도이고, 전체적인 합리성을 확보하는 것이며 사회적 균형을 이루는 것을 의미한다.

이와 같은 조직의 유효성을 증대시키기 위해서는 ① 조직이 필요로 하는 일체의 자원을 효율적으로 관리하여야 하고, ② 조직구성원들이 조직목적 달성에 능동적·적극적으로 기여하게 하여야 하며, ③ 우수한 제품과 서비스를 창출하여야 한다. 그리고 ④ 환경변화에 능동적으로 대처하여 적응할 수 있어야만 한다.

이와 같은 조직의 유효성을 측정하기 위한 방법에는 적응성(adaptiveness), 합리성(rationality), 이용도(utility), 생산성(productivity), 사기(morale), 제도적 수용성(institutionalization) 등과 같은 개념을 활용한다.

한편, 능률성(efficiency)이란 조직구성원들에게 개인적 만족을 주어 협력의지나 공헌의욕을 갖게 함으로써 조직목표 달성을 위한 구체적인 경영활동을 수행하게 함은 물론 업무수행 과정에서 투입하는 제 요소를 최소화하면서 산출요소의 크기나 가치를 증대시켜 결과적으로는 잉여가치를 극대화시키려는 것을 의미하는데 이는 ① 사내지향적인 개념이며, ② 조직목표 달성을 위해 올바르게 직무를 수행하는 것이며, ③ 시간이나 필요한 자원을 어떻게 하면 최소화할 수 있는가의 문제이다. 따라서 능률성이 높다는 것은 투입량(input)에 비하여 산출량(output)이 높다는 것을 의미하게 된다.

따라서 조직의 능률성은 조직유효성에서 얻게 된 경영성과를 조직구성원들에게 되돌려줌으로써 조직구성원들이 조직목표 달성에 보다 적극적으로 참여하게 될 때 실현되는 것으로서 구성원들이 일정수준의 산출을 위하여 투입(input)의 최소화를 지향하는 태도를 견지하면서 조직 활동을 할 때 성취될 수 있다.

결론적으로 조직은 유효성과 능률성을 확보함으로써 지속적인 성장과 발전이 가능하다. 따라서 조직은 유효성을 먼저 확보하여야 하고, 모든 활동이 능률적으로 이루어질 수 있도록 노력하여야 한다. 이처럼 유효성과 능률성의 목표는 생산성 개념을 대표하는 노동생산성과 경제성을 제고시킴으로써 쉽게 실현될 수 있다.

그리고 조직에서의 인간행동은 조직구성원들이 조직 내·외에서 행하는 일체의 행동에 초점을 두고 분석함으로써 그들의 바람직한 행동을 조장하고 바람직하지 못한 행동은 수정하는 데에 역점을 둔다. 그렇기 때문에 조직에서의 인간행동 연구는 기업이라는 조직이 추구하는 목표인 이윤을 실현하기 위하여 조직의 유효성과 조직의 능률성을 함께 도모함으로써 조직의 목표와 조직구성원의 개인목표를 함께 달성하도록 하는 데에 필요한 이론과 실무를 제공한다. 따라서 조직에서의 인간행동 연구는 학제적인 접근을 통하여 학문의 틀을 규범적, 인본적, 낙관적, 긍정적으로 이끌어 가는 것을 특성으로 하게 된다.

## 2. 조직행동론의 연구대상

조직행동론(organizational behavior theory: OB)은 무엇을 연구하는 학문인가? 모든 학문연구에서는 인식대상과 경험대상이 분명해질 때 연구대상이 확립된다. 인식대상이란 조직의 어떤 측면을 파악하느냐의 문제로서 조직행동은 조직 속의 인간행동의 측면을 주요 인식대상으로 보고 있다. 따라서 이러한 측면의 문제와 함께 그런 측면을 어떻게 연구하는가 하는 관점의 문제가 분명해질 때 조직행동의 연구대상은 확고해 진다.

다시 말해 조직행동의 인식대상이 조직 속의 인간행동의 측면이라고 했으나 이것이 조직행동의 연구대상을 분명하게 만들어 주는 것은 아니고, 이러한 인식대상과 더불어 경험대상이 분명해질 때 비로소 연구대상이 확립된다. 여기에서 경험대상이란 조직 속의 인간행동을 어떤 원리에 따라 추구하느냐의 문제로서 여기에는 조직유효성의 원리, 능률성의 원리, 인간성 존중의 원리 또는 감정의 논리가 있다.

일반적으로 조직론(organization theory: OT)에서는 조직의 형태(구조)를 연구대상으로 보거나 환경에 적응하면서 존속·유지·발전하고 있는 조직 그 자체를 연구대상으로 삼는 거시조직론과 조직 내의 개인행동과 집단행동을 연구대상으로 삼고 있는 미시조직론을 함께 논의하게 된다. 물론 조직행동도 그 구성원이 행하는 행동의 결과이기 때문에 개인행동과 조직행동은 상호 불가분의 관계가 있다.

그림 3-1 | 가조직행동 연구대상의 수준인 |

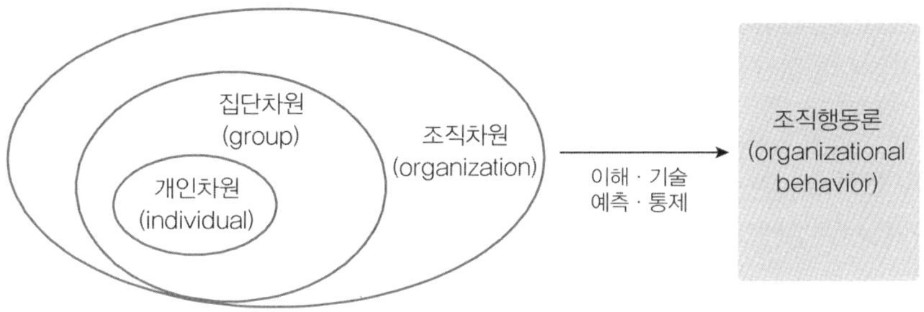


따라서 미시조직론과 거시조직론의 경계를 명확하게 구분하기란 쉬운 일이 아니다.

조직행동의 연구대상인 조직내 인간행동은 너무나 다양하고 많기 때문에 이를 연구하는 학자들 간에도 일치된 견해를 보이고 있는 것은 아니다. 일반적으로 조직행동 연구는 인간행동을 개인차원, 집단차원, 조직차원의 범주로 구분하여 접근하면서 개인차원에서는 연구의 관점을 개인행동의 영향요인인 지각, 학습, 태도, 가치관, 퍼스낼리티(personality), 모티베이션(motivation) 등에 두며, 집단차원에서는 집단의 의의, 집단갈등, 스트레스(stress), 집단역학(group dynamics)에 두고 있다. 그리고 조직차원에서는 환경이 조직행위에 미치는 영향을 파악하고, 리더십(leadership), 커뮤니케이션(communication), 의사결정, 조직문화, 조직변화(조직개발) 등에 연구의 초점을 둔다. 따라서 조직행동론은 개인행동, 집단행동, 조직행동을 이해·기술·예측·통제하기 위한 학문이라고 말할 수 있다.

## 3. 조직행동론의 학문적 성격

조직행동론은 인간의 행동을 연구대상으로 하여 조직 속의 인간행동을 이해하고, 분석·기술·설명·예측·통제함으로써 바람직한 행동을 유도할 뿐만 아니라 바람직하지 못한 행동을 통제하기 위한 제 기법을 체계적으로 연구하는 학문이다. 따라서 다음과 같은 학문적 특성과 성격을 지닌다.

첫째, 조직행동론은 실천(응용)학문이다. 조직내 인간의 행동이 왜(what), 어떻게(how) 일어나는지를 설명하고, 그러한 지식을 경영실무에 적용하여 조직의 목표를 효과적으로 달성시키는 데 공헌하는 학문이다.

둘째, 조직행동론은 인간중시의 학문이다. 인간은 조직과 더불어 생활하고 있기 때문에 조직의 성과가 향상되면 궁극적으로는 조직구성원의 삶의 질이나 행복감의 증대도 가능하게 된다. 따라서 조직행동 연구의 결과는 개인적인 만족감이나 근로생활의 질(quality of working life: QWL)을 향상시키는 데 도움이 되며, 이를 통한 조직유효성이나 능률성의 향상, 조직목표와 개인목표의 조화문제 등을 해결할 수 있는 실마리를 제공하게 된다.

셋째, 조직행동론은 종합과학으로서의 성격을 지닌 학문이다. 조직행동은 조직 속의 인간행동을 연구하는 학문이기 때문에 인간에 대한 연구인 심리학, 사회학, 인류문화학, 사회심리학 등과 깊은 관련이 있다. 따라서 조직행위론 연구에서는 이들 학문들이 발견한 지식들을 원용하거나 도움을 받게 된다.

넷째, 조직행동론에서는 인간을 개인적 인격과 조직인격을 지닌 양면적인 존재로 이해한다.

다섯째, 조직행동론은 상황적응적(contingency approach)인 성격의 학문이다. 여러 사회과학에서 개발한 과학적 연구조사방법을 활용하여 조직체에 대한 정확하고도 객관적인 이론과 개념을 도출하려고 하며 보편적인 조직이론이나 원리를 추구하기 보다는 조직행위에 작용하는 여러 요인들 간의 상호관계를 중시하는 상황 적합성을 강조한다.

**표 3-1** 조직행동론의 학문적 성격

| 성 격 | 요 점 |
|---|---|
| 실천(응용)학문 | 인간행동이해, 조직목표달성에 공헌 |
| 인간중시의 학문 | 삶의 질, 행복감 증대(인본주의 지향) |
| 분석수준 | 개인, 집단, 조직체 |
| 종합과학의 성격을 지닌 학문 | 행동과학의 활용 |
| 양면적 존재로서의 인간 이해 | 개인적 인격과 조직인격 |
| 상황적합적인 성격의 학문 | 외부환경의 발견 및 구명(究明)에 관심 |

## 4. 조직행동 관련 학문

조직행동론은 행동과학으로서 인간관계론을 비롯하여 심리학·사회학·문화인류학 등을 중심으로 발전하여 왔다. 뿐만 아니라 경제학·산업심리학·정치학·역사학 등에 의한 영향도 많이 받아 왔다. 따라서 조직행동론은 이들 학문들의 축적된 지식을 활용한 관련제학적인 접근이 요구되는 학문이다.

따라서 오늘날의 조직행동론은 심리학·문화인류학·산업심리학 등을 중심으로 하는 행동과학과 정치학·사회학·경제학·역사학 등과 같은 사회과학을 주된 기초로 하여 과학과 이론의 원리에 크게 의존하는 독자적인 학문영역을 구축하게 되었다.

### 1) 인간관계론

테일러(F. W. Taylor, 1911)의 과학적 관리에 대한 비판에서 비롯된 메이요(E. Mayo) 교수 팀에 의해 진행된 호손실험(1924~1932)의 연구결과는 인간관계론(Human Relations)이라는 새로운 학문을 태동하게 만들었으며 이후 행동과학(behavioral science)으로 발전하게 되었고 더 나아가 오늘날의 조직행동론의 탄생을 가져오기도 하였다.

다시 말해 호돈실험의 결과는 노동생산성을 좌우하는 것은 물리적 작업환경이나 작업조건뿐만 아니라 인간의 감정과 태도에 의해 크게 영향을 받는다는 사실을 확인하였다. 따라서 인간은 경제적 측면 이외에도 사회적·심리적 측면을 지닌 복합적인 존재이기 때문에 경제적 유인뿐만 아니라 자신의 감정이나 직장 상황 등의 제 요인에 의해서도 크게 영향을 받는 존재라는 것이다.

인간으로서의 개인은 혼자서 성취할 수 없는 목적을 달성하기 위해 자발적으로 협동시스템(cooperation system)에 참여한다. 따라서 인간은 협동시스템의 참가자로서의 측면과 개인적인 동기에 따라 자신의 활동이나 노력을 제공할 것인지의 여부에 관한 선택적 의사결정을 하는 독립적인 인격을 가지는 이면적인 존재로서 파악된다.

### 2) 심리학

조직행동론 발전에 가장 큰 영향을 미친 학문은 심리학(psychology)이다. 특히 심리학은 개인행동의 이해와 예측에 많은 관심을 갖고 있기 때문에 조직행동론의 지식체계에 크게 공헌할 수 있었다. 오늘날에도 학습심리학자(learning theorists), 성격심리학자(personality theorists), 상담심리학자(counseling psychologists) 및 조직심리학자(organizational psychologists)들이 새로운 이론으로 조직행위론 발전에 크게 기여하고 있으며 이들 중 조직심리학자들의 활동과 공헌이 특히 주목을 받는다.

### 3) 사회학

사회학(sociology)이란 사회에 관한 학문(science of society)인데 다른 사회과학과 마찬가지로 학문적 역사는 짧지만 조직행동론 발전에 많은 영향을 미쳤다. 사회학은 꽁트(A. Comte)에 의해 시작되었으나 이후 뒤르켕(E. Durkheim)과 베버(M. Weber) 등에 의해 크게 발전하였다.

특히 베버의 관료제이론(theory of bureaucracy)과 벤자민 프랭클린의 "프로테스탄티즘과 자본주의 정신"은 사회학의 발전에 크게 공헌하였다. 사회학의 주된 관심 영역은 사회·제도·조직 및 집단 내의 사회적 행동 등이다.

심리학자들이 주로 개인행동의 연구에 주안점을 두었다면, 이들 사회학자들은 조직 내에서 어떤 역할을 수행하고 있는 개인들 간의 사회시스템(social system)을 연구대상으로 한다. 즉 사회학은 인간행동을 연구대상으로 하되 동료작업자들과의 관련하에서 인간행동을 연구한다는 의미이다. 보다 구체적으로 말하면 사회학자들은 공식적이고 복잡한 조직 내의 집단행동에 관심을 두고 있으며, 집단역학·사회화과정·공식조직이론 및 관료제 조직·지위·신분·권력 및 갈등 등의 발전과 연구에 크게 공헌하였다.

### 4) 사회심리학

사회심리학(social psychology)은 비교적 새로운 학문분야로서 대인간 행동(interpersonal behavior)을 연구대상으로 한다. 다시 말해 사회심리학은 사회 환경과 관련된 개인행동에 대해 연구하는 학문이다. 사회 환경 중에서도 특히 개인 및 집단의 행동에 주안점을 둔다.

사회심리학자들의 연구대상이 되고 있는 주요 분야는 변화의 관리문제, 태도의 측정·이해와 태도 변화, 의사소통, 집단의사결정 및 집단행동을 통해 개인의 욕구를 충족시킬 수 있는 수단과 방법에 관심과 주안점을 둔다.

### 5) 인류학

인류학(anthropology)은 문화에 따른 비교가치·규범·태도뿐만 아니라 거시적 조직 환경 등의 연구에 많은 영향을 미치고 있다. 특히 문화인류학(cultural anthropology)은 시대와 장소에 따른 인간문화의 기원과 역사, 그들의 진화와 발전, 그리고 인간문화의 구조와 기능을 다루는 학문이다. 따라서 인간의 행동에 있어 문화의 역할, 국가 내지 조직구성원의 기본적인 가치·태도 및 수용 가능한 행위와 규범의 차이 등을 이해할 수 있게 한다.

### 6) 정치학

정치학(political science)은 정치 환경 내에 있는 개인과 집단의 행동을 연구하는 학문이다. 따라서 정치학은 조직행위론의 주요 연구 과제라 할 수 있는 갈등구조나 권한 배분의 문제 및 개인이 어떻게 자기의 이익을 위해 권력을 활용·조작하는가에 대한 이해를 갖게 한다.

## 5. 조직행동 연구의 전제

조직행동을 연구함에 있어서는 다음과 같은 전제(가정)을 깔고 접근해야 하는데 이는 조직 자체는 항상 변화한다는 점과 행동의 문제를 해결하는 데는 유일 최선(one best)의 해결책만이 존재하는 것이 아니라 점 때문이다.

첫째, 조직은 끊임없이 변화하는 특성을 갖는다. 조직은 외부환경의 변화에 따라 생존을 위해 끊임없이 변화되어야만 한다.[2] 따라서 조직행동을 연구하는 학자들은 조직이 어떻게 형성되고 언제 변화하는지, 환경과 어떻게 상호작용을 하고 있는지에 관심을 갖는다. 오늘날 개방시스템으로서의 모든 조직은 외부환경으로부터 투입물을 받아 변환과정을 거쳐 무엇인가의 산출물을 환경에 내놓는 활동을 반복하면서 성장과 발전을 추구하고 있다.

둘째, 조직을 관리함에 있어서는 보편타당성을 지닌 유일최선의 방법이나 수단은 있을 수 없다. 조직을 관리함에 있어 요구되는 조직구성원의 사기, 동기부여, 직무만족의 문제나 효과적인 리더십, 커뮤니케이션, 대인관계 등에 대한 많은 연구의 결과들이 있지만 진리는 하나가 아니다. 예컨대 미국기업에서의 효율적인 리더십이 한국기업에서는 효율적인 리더십이 되지 않을 수 있고, 도시근로자의 사기앙양 방법과 농촌근로자의 사기앙양 방법이 다를 수 있기 때문에 모든 상황

2 D. Katz and L. Kahn, *The Social Psychology of Organizations*, NY: John Wiley, 1966; E, K, Khalil, "Noeling: Fad Cycles, Cultural Development and Identificational Slips", *The American Journal of Economics and Sociology*, Vol. 54, Issue 4, 1995, pp. 428-438.

에 통용되는 조직행동에 관한 이론이나 지식은 있을 수 없다. 따라서 조직행동연구는 상황론적 접근법(contingency approach)으로 다가가야 하는 것이다.

인간은 다른 동물처럼 반사작용만을 하는 것이 아니다. 인간은 복잡한 상황조건으로부터 영향을 받으면서 상황에 따라 적절하게 대처하는 방식으로 행동을 한다. 따라서 조직관리 문제를 얘기할 때에는 "~ 한 상황이라면 그렇다", 혹은 "다른 상황이 아니라면 이러할 것이다"라는 식의 설명이 필요한 것이지 직설적이거나 단언적인 해석은 금물이다. 이러한 맥락에서 앞으로 학습하게 될 수많은 조직행위에 관한 이론들을 실무에 적용함에 있어서는 극단적이거나 양비론적인 태도를 버려야 한다. 왜냐하면 대부분의 이론들은 연속선상에서 설명이 될 수 있고 논의될 수 있는 내용들이기 때문이다.

**표 3-2** 조직행동 이론의 기본가정

| 전제 | 요점 |
|---|---|
| • 조직은 끊임없는 변화한다.<br>• 유일최선의 수단과 방법은 있을 수 없다.<br>• 인간은 반사작용만을 하지 않는다.<br>• 행동이론은 연속선상에서 설명되어야 한다. | • 조직은 환경변화에 따라 생존을 위해 변화한다.<br>• 구성원의 사기, 동기부여, 직무만족, 효과적인 리더십, 커뮤니케이션, 대인관계 등 많은 연구결과가 있지만 진리는 하나가 아니다.<br>• 인간은 상황에 따라 적절하게 대처하는 방식으로 행동한다. ~한 상황이라면 그렇다. 다른 상황이 아니라면 이러할 것이다.<br>• 조직행위이론은 극단적·양비론적 태도를 버려야 한다. |

## 토의문제

1. 조직행동 연구의 핵심과제는 무엇인가?
2. 유효성과 능률성은 어떻게 확보될 수 있는가?
3. 개인차원, 집단차원, 조직차원의 인간행동에 대해 토의해 보자.
4. 조직행동론의 인접 학문의 특성에 대해 토의해 보자.

Human Behavior

제4장

# 조직과 인간행동 연구의 발전

## 1. 관리활동이란 무엇인가?

기업은 원료나 재료, 자금, 시간, 정보, 사람, 기계설비 등의 제 자원을 투입하여 변환과정(process)을 거치면서 부가가치를 창출할 수 있는 산출물인 재화나 용역을 끊임없이 생산·공급하면서 지속적인 성장과 발전을 추구해 나간다.

대부분의 학자들은 관리자가 공통적으로 수행해야 할 본질적인 기능[1]은 ① 계획화(planning), ② 조직화(organizing), ③ 지휘(directing)·충원(staffing)·지도(leading), ④ 조정(coordinating), ⑤ 통제(controlling)라고 주장하고 있다. 여기에서 계획화(planning)란 예측·목표·방침·전략·절차·예산·실시 등의 순서에 의한 장·단기 계획을 수립하는 것을 의미하고, 조직화(organizing)는 조직구성원에게 개별적인 과업을 부여하고, 질서나 체계를 확립하기 위한 권한과 책임을 확정하고, 의사결정 및 커뮤니케이션 경로의 설정 및 상호작용관계를 확정짓는 것을 의미한다. 그리고 충원(staffing) 기능은 학자에 따라 지휘(directing)기능 또는 지도

1 Samuel C. Certo, *Principles of Modern Management; Functions and Systems*(Wm. C. Company Publishers, 1980), pp. 10-11.

(leading) 기능으로 표현하기도 한다. 여기서 충원(staffing)이란 확보해야 할 인적자원의 유형을 결정하고, 유능한 인적자원을 선발하고 채용하는 것으로서 이에는 조직구성원의 교육 및 훈련이나 개발, 업적평가 등의 기능이 포함된다. 지휘(directing) 기능은 조직구성원들에게 동기를 부여하고 사기를 진작시켜 긍정적·적극적인 근무태도를 확립하는 것을 의미하며, 지도(leading) 기능은 종업원의 업무진척의 종용이나 시기진작, 동기유발, 바람직한 조직분위기나 풍토조성 등의 수행기능을 말하는데 이상에서 설명한 충원과 지휘 및 지도 기능은 대부분의 조직행동을 연구하는 학자들이 동일·유사 개념으로 이해하고 있다. 그리고 조정(coordinating) 기능은 조직 내 갈등이나 불협화음 등을 해소하고 개인목표와 조직목표의 조화를 이루려는 활동이다. 끝으로 통제(controlling) 기능은 계획대로 모든 활동이 진행되도록 하기 위한 것으로서 이에는 표준설정, 판매할당, 질적 기준, 생산수준, 표준과 실적간의 차이를 분석·검토, 올바른 지침의 수립 등의 기능이 포함된다.

일찍이 페이욜(H. Fayol)은 기업의 규모나 업종, 성격에 관계없이 경영자가 수행해야 할 고유직능을 '물질에 관한 직능'과 '인간에 관한 직능'으로 대별하였는데 물질에 관한 직능에는 ① 기술 활동(technical activities), ② 상업 활동(commercial activities), 보전활동(security activities), 회계활동(accounting activities), 관리활동(managerial activities)이 있고, 인간에 관한 직능에는 ① 계획 직능(planning function), ② 조직 직능(organizing function), ③ 지휘 직능(directing function), ④ 조정 직능(coordinating function), ⑤ 통제 직능(controlling function) 등을 포함시켰다.[2]

그리고 미국의 귤릭(L. H. Gulick)은 경영관리직능의 순환과정(management cycle)으로서 POSDCORB(Planning(계획), Organizing(조직), Staffing(요원배치), Directing(지휘), Controling & Coordinating(통제 또는 조정), Reporting(보고), Budgeting(예산))을 제안한 바 있는데 지금까지 미국경영학에서는 이러한 일곱 가지 요소를 전통적인 관리직능의 순환과정으로 이해하여 왔으나, 미국경영학회(American Management Association: AMA)가 실증연구를 통하여 하위직급에는 PDS 방식 중, 계획(plan), 실시(do), 평가(see)의 과정이 있고, 상위직급에는 POC 방식 즉, 계획화(planning),

2 추헌, 현대경영학원론, 형설출판사, 1991, pp. 44-48.

조직화(organizing), 통제화(controlling) 과정이 있다고 제안함으로써 오늘날에는 목표관리(MBO)의 전형적 방안으로 이를 활용하게 되었다.[3]

## 2. 합리성을 강조한 초기의 연구들

19세기 후반부터 기업경영의 초점은 성장으로부터 유효성(effectiveness)·효율성(efficiency)의 문제로 전환되었다. 조직이 대규모화되면서 통제의 어려움을 극복하기 위해 새로운 경영개념이나 관리기법을 추구하게 되면서 등장한 것이 고전주의 관리이론들이다.

### 1) 테일러(F. W. Taylor)의 과학적 관리

미국경영학의 출발은 1900년대 초 테일러(F. W. Taylor)의 과학적 관리법(principles of scientific management)으로부터 시작되었다. 테일러의 과학적관리란 조직적인 태업을 없애고, 작업능률을 증진시키기 위해 시간연구(time study)와 동작연구(motion study)를 통해 얻어진 결과를 과업의 토대로 설정하며 차별적 성과급제도 아래서 그 과업을 관리하는 것을 말한다.

테일러는 과학적 관리법의 효율적 운용을 위해 ① 시간연구의 원리, ② 성과급제의 원리, ③ 계획과 작업의 분리 원칙, ④ 작업의 과학적 방법의 원리, ⑤ 경영통제의 원리, ⑥ 직능적 관리의 원칙 등을 주장하였고, 공장관리를 위한 기본원칙으로서 ① 공정한 최고의 과업 설정, ② 작업수행 상에 따른 표준화된 제 조건 부여, ③ 과업을 달성하였을 때의 높은 보수지급, ④ 과업실패 시 손실부담의 원칙 등을 제시하였다.

이와 같이 테일러는 종래의 주먹구구식 작업방식을 조직화된 지식으로 대체하였고, 집단행위에 있어서 알력이나 불협화음 대신에 조화를 유지하였으며, 무질서한 개인주의보다는 인간들의 협동을 달성코자 하였으며, 생산량의 제한보다는

3 추헌, 조직행동론, 형설출판사, 1994, pp. 6-8.

최대한의 생산량을 위해 작업을 하면서 근로자들이 자신과 회사의 무한한 번영을 위해 가능한 최선을 다하도록 개발시켰다.

테일러의 일생동안의 주요관심사는 생산의 효율성을 제고하여 기업의 입장에서는 비용을 감소시키고 이윤을 증대시킬 뿐만 아니라 높아진 생산성으로 근로자들에게 높은 임금을 지급할 수 있도록 하는 것이었다.

테일러는 근로자들이 더 많이 생산하면 직장을 잃게 되지 않을까 하는 두려움 때문에 직무를 태만하고, 꾀를 피우며, 불필요한 일거리를 만들어 가면서 실제 생산할 수 있는 것보다 더 적게 생산하는 관경을 보고 경험하면서 느낀바가 많았다. 그는 자신의 경험으로부터 근로자들의 비합리적인 노력만 제거한다면 생산성의 제고가 가능하다는 것을 확신하였고, 비능률성의 문제는 경영자와 근로자 양측의 무지에서 비롯된 문제로 인식하면서 이러한 무지를 해결하기 위해 "공정한 1일 작업량" 및 "공정한 1일 임금"이 어떤 것인지를 깨우쳐 주려고 노력하였다.

### 2) 포드(H. Ford)의 동시관리

포드는 1903년도에 자동차공장을 설립하여 대중용 차인 T형 자동차를 생산하여 그의 경영철학을 실현한 인물이다. 그는 종래의 기업의 소유개념을 부인하고 저가격과 높은 임금(low price and high wage)을 기초로 기업을 사회에 대한 봉시기관으로 정의하면서 기업의 목적은 이윤추구에 있는 것이 아니라 사회봉사에 있다고 주장하였으며 이윤은 봉사의 결과로 얻어지는 것이라고 하였다. 이러한 그의 경영철학을 포디즘(Fordism)이라고 한다.

이와 같은 포드의 공장관리 방식은 과학적 관리의 꽃이라고 할 수 있을 정도로 컨베이어시스템을 사용한 소위 3S운동 – 표준화(standardization),[4] 간소화(simplification),[5] 전문화(specialization)[6] – 을 실천하기에까지 이르렀다.

4 표준화(standardization)란 생산 활동에 필요한 표준을 설정하여 이를 고정시킴으로써 생산관리의 기능인 계획과 통제의 통일적 질서를 확립시키는 조직적인 과정이다. 이를 통해 대량생산, 원가절감, 기술발달 촉진, 품질향상 등의 효과를 기대할 수 있다.

5 간소화(simplification)란 한 제품의 구성품목을 제거하는 것으로서 제품의 불필요한 종류의 품목, 형태, 크기, 치수 등을 생략 또는 축소하는 것을 말한다. 간소화가 촉진되면 생산기간의 단축, 창고관리에서의 간접비 절감, 재료구매 사무의 간소화, 질 좋은 제품을 값싸게 구입하는 등의 이점을 얻게 된다.

과학적 관리에서 논의된 대부분의 것들이 오늘날까지 조직행동의 중요한 몫을 차지하고 있는 것은 사실이다. 그러나 과학적 관리방식은 인간을 기계처럼 취급하면서 경영에서의 인간적 요소를 무시했다는 비판을 받고 있지만, 공정한 보상, 노사화합, 과업의 합리적 할당 등은 인간적 요소를 배제한 것이 아니다. 다만 경제적인 욕구만을 지나치게 강조하였고, 인간의 내면에 존재하는 다양한 다른 욕구들을 간과했던 것은 사실이다.

### 3) 페이욜(H. Fayol)의 일반관리론

관리이론의 진정한 시조는 프랑스의 공업가인 페이욜(H. Fayol, 1841~1925)일 것이다. 그는 1916년 "산업일반관리론(*Administration Industrielle Generale*)"이란 저서에서 관리원칙을 날카롭게 파헤쳤다.[7] 테일러가 일선감독자의 입장에서 효율적인 관리문제를 다루었다면, 페이욜(H. Fayol)은 경영자의 입장에서 공장전체 또는 조직전체를 효율적으로 관리하는 원칙을 발견한 인물이었다.

페이욜은 어렸을 때부터 관리자의 가정에서 자랐고, 일류학교에서 경영교육을 받았으며 젊어서 관리자가 되어 81세까지 실제 조직을 관리했던 인물로서 그가 제시한 14가지의 관리원칙들은 상호 모순되는 원칙도 있고, 지나치게 이상적인 것도 있지만, 당시의 초보적인 상황에서 오늘날 강조되고 있는 경영이념까지 관리원칙으로 삼았다는 것은 그의 탁월한 경영능력을 입증한 것이라고 볼 수 있다. 페이욜은 개별적으로 수행되는 산업 활동이 〈그림 4-1〉에서 보는 바와 같이 6개의 부분으로 나누어질 수 있다고 보았다.

이들 여섯 개의 활동을 기업 규모의 대소나 업종, 업태에 관계없이 기업경영에 있어서 불가결한 고유의 직능으로 인식하고, 명확히 지적한 것은 페이욜의 학설에 있어서 커다란 특색이며 공헌이라 할 수 있다.

따라서 관리활동은 기업의 전반적인 활동 계획을 수립하고, 인적·물적 자원

---

6 전문화(specialization)란 특정 제품을 전문적으로 생산케 하는 과정을 말하는 것으로 분업의 원리를 기초로 한다. 전문화를 통하여 작업의 숙련도와 능률향상, 생산원가 절감 등의 효과를 기대할 수 있다.

7 Fayol은 이 책의 마지막 시리즈를 완간하지 못하고 세상을 떠났다. 이 책은 1916년에 불어로 출간되었으나 1949년에야 비로소 영어로 번역되어 미국에 보급되었다.

그림 4-1 | 산업 내에서의 관리자의 활동 |

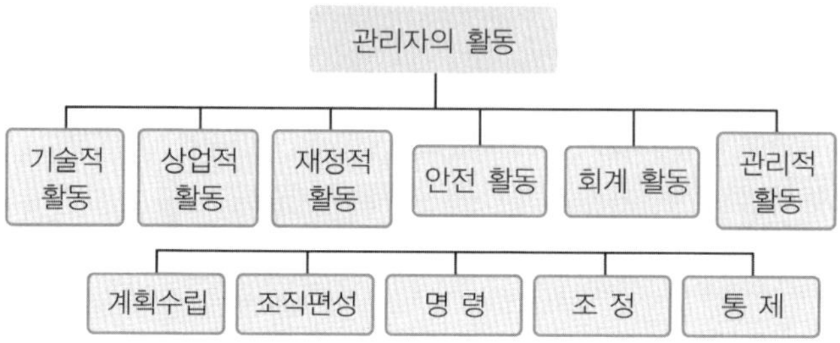


을 조직화하며, 노력을 조정해서 제 활동을 조화하는 것이라고 할 수 있다.

이와 같은 관리활동 즉, 관리기능은 기업의 경영자만의 고유한 것이 아니라 모든 사회집단에서도 존재하며, 이 관리기능은 여섯 개의 경영기능 중의 하나에 불과하지만 다른 다섯 개의 기능에 비해 가장 중요하다고 지적하였다.

페이욜은 관리기능이 실제로 수행되어 소위 좋은 관리가 성립되기 위해서는 제각기 관리행위가 원리적인 것이 되어야 한다고 주장하면서 다음과 같은 14개의 일반관리 원칙을 제시하였다.

그림 4-2 | 페이욜의 관리원칙 |

| |
|---|
| ① 직무의 분업화, ② 권한과 책임의 일치, ③ 규정과 제도화, ④ 명령의 통일, ⑤ 행동의 일관성 |
| ⑥ 개인목표와 조직목표의 일치성, ⑦ 성과에 따른 보상의 공정성 유지, ⑧ 조직의 통합화와 조정, ⑨ 수직계층화, ⑩ 조직구성원 간의 순서와 질서 |
| ⑪ 정의와 공평 그리고 평등의 지배, ⑫ 직무이동의 제한, ⑬ 주도와 자율의 원칙, ⑭ 단결과 의사소통의 원활화 |

이와 같은 페이욜의 일반관리론은 그 후 우니(J. D. Wooney), 라일리(A. C. Reiley), 어윅(L. Urwick) 등 많은 학자들에 의해 보다 현실적인 관점에서 새로운 내용이 보완되어 고전적 조직관리론의 체계가 한층 강화되었으며, 바나드(C. I. Barnard)나 사이먼(S. A. Simon)의 조직이론의 밑바탕이 되어 주었다.

현대 경영에서 계획을 수립하고, 조직화하며, 지휘하고, 통제하는 과정의 중요성을 강조하게된 것은 Fayol, Follett, Mooney, Urwick 등의 일반 관리이론으로부터 이루어졌다고 볼 수 있다. 이들은 경영자가 관리원칙을 적절히 활용함으로써 생산성을 향상시킬 것이라고 믿었다. 물론 페이욜의 관리원칙에는 한계가 있다. 페이욜 자신도 자신의 관리원칙이 절대적인 것은 아니라고 했지만, 후세 사람들은 페이욜의 관리원칙은 엄격한 과학적 근거도 없이 단지 개인의 경험이나 사례로부터 이루어진 것이라고 비판하고 있다.

현대 경영이론의 특성은 여러 원칙들을 잘 활용하여 과학적이고 합리적인 경영을 할 수 있는 기법을 전개하는 것이다. 즉, 과학적 경영관리를 위하여 실증적인 연구를 하고 이를 체계적으로 이론화한 것이 현대 경영학이라고 말할 수 있겠다.

### 4) Weber(M. Weber)의 관료제론

고전적 관리이론의 또 다른 영역은 관료적 경영(bureaucracy management)이다. 테일러의 이론이 감독자가 작업인부를 관리하는 좁은 의미에서의 관리에 관심을 두었다면, 페이욜은 조직의 전체적인 관리기능 즉, 오늘날 우리가 말하는 경영에 관심을 두었고, 20세기 초 독일의 사회학자 막스 베버(M. Weber, 1864~1920)는 조직내 작용하는 권력관계를 연구하여 조직의 권한구조(authority structure) 이론을 정립하여 조직연구에 크게 공헌하였다.[8]

Weber의 관료제 이념형이론(theory of ideal type)은 조직의 구조적인 측면을 다룬 연구이며, 관료제 조직은 "합리성을 강조한 대규모의 조직모형"이라고 정의할 수 있다. Weber는 그동안 사회조직은 전통적, 세습적 혹은 카리스마적인 권력자에 의해 지배되어 온 경우가 많았고, 이로 인해 많은 모순과 비용을 초래할 수

8 M. Weber, *The Theory of Soial and Economic Organization*, NY: Free Press, 1947.

밖에 없었다고 하였다. 따라서 미리 정해진 규칙과 법에 따라 운영되는 관료제 조직(합법적 조직)이야말로 시대와 공간을 초월하여 가장 합리적이라고 하였다.

Weber는 자신의 사상을 종합하여 저술로 남기지 못하였기 때문에 그의 사상을 종합하고자 한 최종적인 시도의 일부 단편만이 그의 사후 20여 년 뒤인 1946~47년에 영어로 번역되었다. 이 때문에 그의 저술을 영어로 읽는 사람들은 가끔씩 모호하고 상호 모순적인 듯이 보이는 내용을 담은 방대한 문헌에 당혹해 하는 경우가 많다. Weber의 대표적인 저술인 「프로테스탄트 윤리와 자본주의 정신」(*The Protestant Ethic and the Spirit of Capitalism*, Allen & Unwin, 1930)외에 나머지 책들은 후대 학자들이 편역한 것들이다.

관료제(bureaucracy)의 어원은 bureau(사무실, 책상)와 cracy(kratia: 관리, 지배)의 합성어로서 사무실 책상에서 미리 규정과 절차를 정해 놓고, 현장실무를 수행하는 구성원은 그에 따라 행동해야 한다는 의미이다.

Weber가 주장하는 조직 관리의 모델이 되는 규정과 절차에는 ① 합법성의 원리, ② 분업의 원리, ③ 정실배제의 원칙, ④ 고용의 보장, ⑤ 수직계층의 원리, ⑥ 문서화, 공식화의 원리 등이 있다. 따라서 관료제는 다른 형태의 조직과는 달리 관리하는 과정에서 다음과 같은 특성을 갖게 된다.

첫째, 기능적 전문화에 의한 분업이 이루어진다. 공식적인 의무인 과정이 집단구성원들에게 분업과 기능적 전문화를 통하여 배분되고, 과업을 배분하는 방법이 공식적으로 구비되어 있으며, 적재적소의 인사배치가 운용되어진다.

둘째, 잘 정의된 권한계층을 갖는다. 관료제는 계층(hierarchy)의 원리에 따라 직위가 배열되어 있으며, 하위직은 상위직의 통제하에 놓이게 된다. 이러한 특성은 조직구성원 모두에게 통제력을 발휘하게 되며, 전문화와 분화에 의하여 효과적으로 달성된다.

셋째, 관료제하에서의 합법적인 권한과 권력은 제도적인 규칙 또는 규정에 근거를 둔다. 합법적인 권한을 행사하는 지배자는 선거되거나 임명되며, 제정된 규칙이나 규범에 의하여 지배자의 명령이 정당화된다. 또한 하위자의 복종도 상위자의 인격에 의해서가 아니라 제정된 규칙에 의하여 누구에게 얼마만큼 복종해야 하는가가 결정된다.

넷째, 관료제는 대인관계의 비개인성을 특징으로 한다. 합리적인 의사결정을 위해 다른 사람과 접촉할 때 사사로운 감정을 덮어 두고 공식적이고 비개인적인 태도를 갖는다.

다섯째, 기능수행에 필요한 추상적인 규칙체계를 갖는다. 관료제는 합리성을 유지하면서 공식적 기능을 지속적으로 수행하기 위해 조직 관리의 통일성과 조정을 확보하게 하는 공식적인 규칙체계를 요구한다. 즉, 관료제에서의 의사결정은 추상적인 규칙, 규정, 절차의 일관적인 체계에 의하여 규정된다. 그리고 모든 사무는 문서기록을 통하여 객관화된다.

이상에서 살펴본 바와 같이 관료제는 고도로 전문화되고 비인격화된 행동패턴을 형성하고, 권한행사에서 개인의 주관적인 이해를 배제하며, 조직목적에 합리적인 행동패턴을 갖게 한다는 의미에서 합리적인 조직모델이 된다고 볼 수 있지만, 인간의 정서적·감정적인 측면을 배제하고 규정과 절차만을 강조함으로써 ① 경직화 및 환경변화에의 부적응, ② 조직구성원의 소외유발, ③ 무사안일주의, ④ 비용의 이중부담, ⑤ 목표와 수단의 전치현상 초래, ⑥ 서면주의·형식주의, ⑦ 구성원들의 심리적 불안야기 등의 역기능을 초래하게 되는 단점을 갖기도 한다.

## 3. 인간성을 강조한 연구들

개인의 합리성과 경제적 동기를 가정하여 고전적 이론가들은 관리의 기술적 접근 방법을 발전시켰다. 그들은 과학적인 직무설계, 경영관리, 조직구조 아래서 인간은 경제적 유인으로 말미암아 능률을 증대시키고, 기업의 생산성이 향상된다고 믿었다.

경영관리에 대한 행동과학적 접근방법은 일반적으로 인간은 사회적이며, 자기실현적인 속성을 지니고 있다고 하는 것이다. 구체적으로 인간은 직무를 수행함에 있어 다음과 같은 사실에 근거하여 행동한다고 가정한다.

첫째, 사회적 관계에 대한 만족 욕구

둘째, 소속 집단의 압력에 대한 반응

셋째, 개인적 성취욕구 등이다.

이러한 기본적 가정은 호손연구와 욕구계층이론에 근거하여 형성되었다.

### 1) G. Elton Mayo의 호손실험과 인간관계론

호손실험(Hawthorne Experiment)은 미국의 서부전력회사(Western Electric Company)의 시카고 호손공장(Hawthorne Plant)에서 약 5년간(1927년~1932년)에 걸쳐 수행되었던 연구로서 종업원을 중시한 인간관계론적 관점과 행동과학적 접근법을 이끄는 결과를 가져왔다.

이 연구는 물리적 작업환경이 개인의 작업결과에 어떠한 영향을 미치는가를 살펴보기 위한 것이었는데 이러한 시도는 결국 테일러가 제시한 과학적 관리의 첫 번째 원칙을 검증하는 것이었다.

1923년~1927년 사이에 국립연구조사위원회는 서부전력회사와 공동으로 조명과 기타 작업조건이 근로자와 그들의 생산성에 어떠한 영향을 주는가에 대한 연구를 실시하였다.[9]

조명도를 높였을 때 생산성은 올랐고, 그때 실험을 돕던 조교가 조명도를 다시 원 위치시켜보자고 제안했다. 과학적이라면 그 경우 생산성은 다시 떨어져야 한다. 그러나 조명을 다시 어둡게 했음에도 불구하고 생산성은 오히려 높아졌다. 실험의 실패를 선언하려던 차에 의문이 생긴 실험자들이 종업원들에게 그 원인을 물어본 결과 "우리 팀이 실험집단으로 선택된 것 같아서 자부심으로 열심히 일했다"는 것이었다. 다시 말해 생산성의 변화(인간행동의 변화)는 작업환경 등 외부에 있는 것이 아니라 집단 내에서 인간끼리 관련된 심리적 요소와 더 밀접한 관계가 있음을 알게 되었던 것이다. 그래서 메이요는 뢰슬리스버거(F. J. Roethlisberger) 및 몇몇 학자들과 함께 그 연구를 계속했고, 생산성을 좌우하는 것은 권한체계나 규정준수가 아니라 상사나 동료와의 인간관계, 집단 내의 분위기, 비공식 집단의

---

9 조명실험은 1927년 Harvard 팀이 참여하기 4년 전인 1924년에 Western Electric Company가 전국학술연구협의회(National Research Council)의 협조를 얻어 당회사의 기사인 펜녹(G. A. Pennock)이 행한 실험을 의미하고 있으나, 이는 실험상의 실패를 수정하기 위한 작업이 요청되어 Mayo를 중심으로 한 2차 실험이 행하여졌기 때문에 엄밀한 의미에서 볼 때 인간관계의 실험이라고 할 수 없다.

활동 등이 더 중요하다는 사실을 발견하였던 것이다.[10] 호손연구가 밝혀낸 주요 내용을 종합하여 정리해 보면, 종업원의 태도는 감정에 따라 변화하며, 개인적인 상황과 직장의 상황에 따라 변함을 발견하게 되었다. 따라서 인간 조직은 사회적인 조직으로서 공식 조직과 비공식 조직으로 구성되며, 비용의 논리(logic of cost)와 능률의 논리(logic of efficiency)를 강행하려면 비공식 조직의 감정의 논리(logic of sentiment)의 저항을 가져오게 되어 생산능률의 저하(低下)를 가져온다는 것이다. 더욱이 비공식 조직 가운데는 어느 특유한 행동기준이 발생하고 또한 집단적 압력에 의하여 집단 구성원의 행동이 강력히 통제되고 있다는 사실이다. 또한 종업원은 그러한 조직의 구성원이 됨으로써 개인적 만족과 행복을 찾고 있다는 것이다. 즉, 거기에는 개개 종업원이 합리적·경제적 이해타산(利害打算)을 초월한 모종(某種)의 힘이 작용하고 있다는 사실이었다.

이 같은 사실은 부분적으로는 새로운 발견이 아닐는지도 모른다. 다만 종합적으로 그리고 객관적으로 입증했고, 종업원의 태도, 감정, 행동을 개념적으로가 아니라 현실적으로 이해하는 새로운 입장을 개척했으며 그 중요성을 많은 사람에게 널리 인식시키는 계기가 되었다는 점에서 호손 실험의 역사적 의의를 찾을 수 있는데 이를 요약하면 다음과 같다.

① 호손 연구는 모든 사회과학연구의 중요한 것 중의 하나이며 의심의 여지없이 경영학, 특히 조직행동론에서 유일한 가장 중요한 기반을 제공했다는 공헌을 인정받고 있다.[11]

② 호손 연구는 종업원이 단순한 기계의 연장이 아니라는 사실을 말해 줌으로써 경영학 연구와 경영사상의 발전에 있어 하나의 커다란 전환점(turning point)이 되었다.

③ 호손 연구는 경영 관리자와 경영 연구가들로 하여금 전통적인 관리자들의 기술적·구조적인 관심에서 벗어나 사회적·인간적 관심이 생산성 향상의 핵심이라고 관리의 지향성을 바꾸도록 도와주었다.

---

10 호손실험은 4단계에 걸친 실험으로써 제1차 조명실험(1924. 11.~1927. 4.), 제2차 계전기 조립작업 실험(1927. 4.~1929. 6.), 제3차 면접실험(1928. 9.~1930. 5.), 제4차 배전기 권서작업 관찰실험(1931. 11.~1932. 5.)이다.

11 J. M. Ivancavich & M. T. Matteson, *Organizational Behavior*, Irwin, 1992(3th), p. 8; S. P. Robbins, *Management*, Prentice Hall, 1994(4th), p. 48.

④ 호손 연구는 전통적인 관리자들의 단순한 인간관계의 관점을 부정하고 오히려 복잡한 사회적 측면이 생산성과 집단 구성원간의 관계에 미치는 영향력을 강조함으로써 경영학 영역의 초점을 바꾸었다.

호손실험 이후 이들의 주장은 인간관계론(Human Relations)이라는 명칭을 얻게 되었고, 경제적 욕구의 충족에서 벗어나 인간의 사회적 욕구를 충족해 주어야 한다는 관리기법이 1950년대에 이르기까지 인간관계운동이라는 이름하에 조직체 경영에 널리 이용되었다.

효과적인 인간관계를 창조하는 사회적·심리적 요인을 체계적으로 발견하려는 인간관계 운동의 최초의 계기를 이룬 호손연구는 위에서 살펴본 바와 같이 역사적인 의의와 공헌에도 불구하고 다음과 같은 문제점과 한계점이 지적되고 있다.

(1) 조사연구가 비과학적이며, 내리는 결론이 자료에 의해 충분히 뒷받침되지 못하고 있다.

(2) 연구논자들이 자신들의 발견을 지나치게 일반화하려는 경향이 있다.

(3) 환경적인 요인들을 충분히 고려하지 못했다.

(4) 인간의 일면성을 지나치게 강조하고 있다. 즉 '경제인'의 인간관에 대한 부정이 지나치다. 모든 종업원의 근로동기가 경제적인 것에 있는 것이 아닐뿐더러 인간관이 점차 발전하므로 '사회인'의 인간관이 등장함은 한편으로는 자연스러우나 모든 사람의 근로동기가 사회적 용구의 충족에 있는 것이 아니다. 경제적 욕구를 강하게 지닌 종업원도 얼마든지 있을 수 있음을 간과하고 있다.

(5) 비공식조직을 지나치게 강조한 나머지 공식조직에 대한 관심이 희박하고, 이를 지나치게 경시했다. 종업원이 지니고 있는 욕구, 특히 고차원 욕구의 충족도 중요하나 그에 못지않게 중요한 것이 공식조직의 목적달성 임에도 불구하고, 특히 두 가지가 동시에 중시되어야 함에도 불구하고 공식조직의 목적을 경시하고 있다.

(6) 인간관계론의 접근은 조직과 환경과의 조화 및 변화관계로 다루지 않고 조직 및 조직구성원의 내재적인 면을 연구하게 되었다. 따라서 조직의 목표달성은 전적으로 내적 요인에 의해서 추구된다고 보았기 때문에 조직 외적 환경적응과 그에 대한 변화전략을 수립할 수가 없었다.

(7) 인간관계론의 접근은 구성원 간의 협동이나 원활한 관계만을 강조함으로써 갈등의 건설적이고 긍정적인 측면을 무시하고 있다. 즉, 발전에 대한 욕망은 개선과 개혁에 대한 갈등으로 표시될 수 있으며 그 갈등을 해소하기 위해서는 좀 더 효과적인 방안을 추구하게 되는데 이 접근방법에서 갈등은 하나의 불만요소로 취급하게 된다.

(8) 인간관계론의 접근은 조직과 집단구성원을 자기발전과 자아성취를 위한 선의의 경쟁관계로 보는 것이 아니라 서로를 견제하고 능률을 올리지 못하게 하는 상대적 입장으로 파악하였다. 즉, 비공식조직이 공식조직에 반하는 세력으로 분류하여 서로 각각의 욕구수준을 달리함으로써 서로 다른 자아성취를 한다고 판단하였다.

아홉째, 가장 대표적인 것으로 양호한 인간관계를 유지하고 사회적 욕구의 만족을 통해 종업원을 만족시키면 생산성(업적)이 높아진다는 단순한 준거의 기준(unitary frame of reference)에 입각한 보편타당성의 이론이다.

종업원은 경제적 욕구가 강하므로 경제적 욕구를 충족시켜 주면 생산성이 높아진다고 보는 보편타당성의 이론인 고전이론이 오류를 범하고 있듯이 이 이론도 잘못을 범하고 있다. 또한 이윤추구를 목적으로 한다는 점에서 여타의 조직과는 구분되는 기법에서 종업원의 만족이 중요한 목적이기는 하나 추구해야 할 유일한 목적으로 생각할 수 없다. “인간관계가 기업의 번영에 우선하지 않는다”는 주장[12]이 이를 잘 말해 주고 있다.

## 2) 초기 인간관계론의 성립과 발전[13]

호손실험을 통하여 인간의 노동능률은 물적 근로조건 그 자체보다도 오히려 인간관계에 의해 보다 많은 영향을 받는다는 사실을 발견하였다. 즉, 인간노동의 능률을 좌우하는 것은 물적인 요인이 아니고 종업원들이 회사나 관리자들에 대해서 가지고 있는 감정이나 기분, 태도와 같은 그 자신의 비논리적인 인간적 요인이

12 R. M. Hodgetts, *Modern Human Relations at Work*, 4th(South－Western, 1990), p. 59. 日本經營協會 編,トラツカの經營哲學, 日本經營協會 綜合研究所, 1992, p. 89.

13 윤대혁, 인간관계와 커뮤니케이션, 탑북스, 2010, pp. 70－72.

그림 4-3 | 인간관계론의 성립과정 |

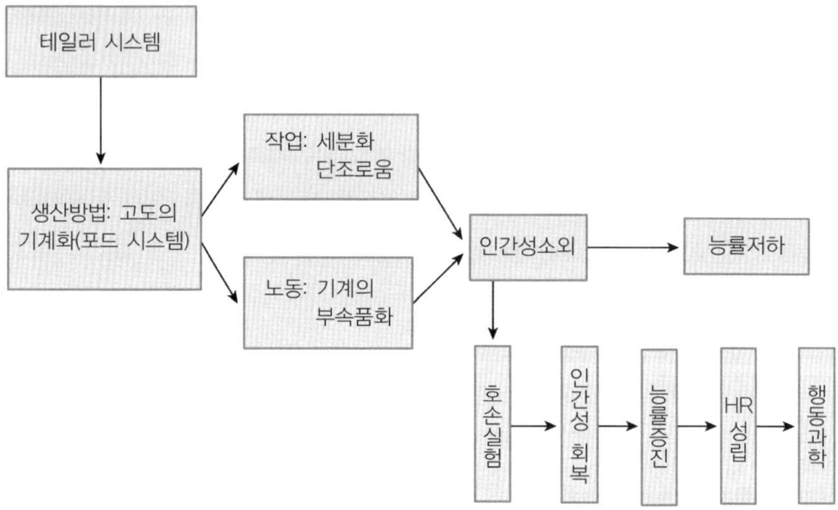


라는 것이다. 그래서 직장에서는 무엇보다도 좋은 인간관계를 확보하는 것이 제일 중요하다는 이론을 확립하게 된 것이다. 그러므로 과학적 관리법의 아버지를 테일러(F. W. Taylor)라고 한다면 인간관계론의 아버지는 메이요(E. Mayo)라고 할 수 있는 것이다.

과학적 관리법에서 호손실험에 의한 초기(전통적) 인간관계론의 성립까지의 과정을 요약하면 다음 〈그림 4-3〉과 같이 나타낼 수 있다.

이와 같이 성립된 초기 인간관계론은 종래 강조되어 온 능률의 논리(logic of efficiency), 비용의 논리(logic of costs)를 등한시하고, 종업원의 인간으로서 갖는 비합리적인 감정의 논리가 인간관계를 통하여 작용한다는 점을 중시하였으며, 경제인의 가설을 부인하고, 종업원을 소속집단에 대한 소속감과 심리적인 안정감 등 사회적인 욕구를 갖는 사회인으로 규정하였다.

호손실험의 결과에 기반하여 전개된 전통적 인간관계론의 이론적 특성을 보다 간략하게 정리·요약하면 다음과 같다.

(1) 기술적 기능보다는 사회적·인간관계적 기능을 강조했다. 종래에 강조했

던 기술적 기능만으로는 호손연구에서 발견된 행동을 처리하기에는 불충분하기 때문이다.

⑵ 사회인의 가설을 도입하였다. 고전이론이 '경제인'이나 '기계인'의 가설에 근거하여 임금에 의한 생산성 증대를 기대한 반면 전통적 인간관계론은 감정을 지닌 '사회인'의 가설에 근거하여 생산성을 종업원의 사기에 의해 증대시키려 했다.

⑶ 이와 관련하여 '사기(士氣: morale)의 개념을 도입했다. 즉 직장에서의 인간적 만족도가 높을수록 사기(근로의욕)가 높아지고 생산성도 높아진다는 것이다.

⑷ '감정의 논리(logic of sentiments)'를 도입했다. 인간 행동의 한계를 극복하는 것은 테일러의 과학적 관리가 입각했던 '비용의 논리(logic of costs)'와 페이욜의 관리 과정론이 입각했던 '능률의 논리(logic of efficiency)'에 입각한 공식 조직이 아니고 '감정의 논리'를 행동기준으로 하는 비공식 조직임을 강조했다.

이때의 공식 조직은 논리적인 데 비해 인간관계론의 연구 대상이 되는 비공식 조직은 심리적이고 비논리적이거나 몰논리적인 특성을 지닌다.

⑸ 전통적 인간관계론은 종업원의 사기가 높으면 자동적으로 생산성이 높아진다는 기본적인 전제에 입각하여 조직의 생산성을 높이기 위해서는 종업원을 만족시키고 행복하게 해 주어야 한다고 주장한다. 그래서 인간관계가 좋은 경영자는 생산성을 높일 것이라는 관점이 일반적인 진리였다.

이와 같은 전통적 인간관계론은 당시까지 지배적이었던 고전이론의 문제점을 극복하려는 시도에서 이루어진 것으로 경영의 이론과 사상에서 하나의 붐을 일으키면서 여러 가지 측면에서 지대한 공헌을 하였을 뿐 아니라, 특히 인간행동을 사회학적, 심리학적, 정신위생학적 등 여러 과학적 분야에 걸쳐 이를 종합적으로 연구하려는 행동과학론을 탄생케 하였다.

전통적 인간관계론은 조직에 있어서 비공식적 인간관계, 즉 조직의 사회적 상호작용 과정에서 자생적으로 생성(生成)된 모든 유형의 행위와 규범에 초점을 둔 것이었으나, 행동과학은 조직의 공식적 측면과 비공식적 측면을 다 같이 포함하여 조직 전체를 인간의 조직활동 내지 집단 과정으로 보고 그것을 객관적으로 측정하고 연구하려는 것이다.

이러한 행동과학은 오늘날 인간관계 중심의 행동과학과 의사결정 중심의 행동과학의 두 방향으로 발전되고 있다. 전자는 메이요의 인간관계론을 기초로하여 발전되고 있는 동기부여의 문제가 중요시되고 있다. 이에 반해 후자는 근대조직론의 흐름으로서 조직에 있어서 의사결정 과정을 행동과학으로 해석하고 설명하려는 것이다. 즉, 조직 내의 인간행동에서 비공식적 조직인 인간관계가 중요한 것이 아니고 공식적 목표달성을 위한 의사결정이 중요하다는 것이다.

또한 인간관계 중심의 행동과학에서는 경제적 인간관을 중시했던 과학적 관리론이나 의존적 인간관을 강조했던 전통적 인간관계론과는 달리 자립적 인간관을 중시한다. 그리하여 행동과학에서는 자기 성취욕구에 기초를 둔 동기이론을 강조하고 있다.

### 3) 현대적 인간관계론의 등장[14]

1920년대~1930년대에 걸쳐서 호손실험을 바탕으로 하여 생산성, 사기(morale) 및 인간관계의 상호관계를 밝힌 메이요 그룹(Mayo group)에 의한 인간관계론을 초기 인간관계론이라 하고, 1950년대에 걸쳐서 전개된 매슬로우(A. H. Maslow)의 욕구계층이론, 아지리스(C. Argyris)의 미성숙·성숙이론, 리커트(R. Likert)의 참가적 관리 시스템론, 멕그리거(D. McGregor)의 X·Y이론, 허즈버그(F. Herzberg)의 2요인 이론, 블레이크와 무턴(R. R. Blake & J. S. Mouton)의 메니지리얼 그리드(managerial grid)이론, 그리고 공식조직에 있어서의 의사결정과정을 행동과학적으로 해명코자한 마치와 사이먼(J. G. March & H. A. Simon) 등과 같이 인간의 행동을 강조한 인간행동학파(the human behavior school)에 속하는 논자들의 관점을 '현대적(또는 후기) 인간관계론'이라고 하는데 이는 '전통적 인간관계론'에 기반하고 그것을 더욱 발전시킨 이론으로서 의사결정론, 모티베이션론 및 리더십 이론 등이 포함된다.

현대적 인간관계론은 초기(전통적) 인간관계론의 이론적 결함을 시정하기 위하여 등장하게 된 새로운 이론으로서 전통적 인간관계론에서 파악된 사회인 모델을 포괄하고 있을 뿐만 아니라 나아가서는 고차원의 욕구를 지닌 존재로서의 인간관을 이론의 바탕으로 삼고 있는 데 그 특징은 다음과 같다.

---

14 전게서, pp. 72~74.

첫째, 종업원의 욕구로서 자아실현 욕구를 중시하고 이를 충족시켜 주기 위한 참여 내지 자주관리의 시스템을 강조하고 있다.

둘째, 공식조직과 비공식조직을 구별하지 않고 행동과학의 입장에서 조직이나 관리시스템을 사람과 사람과의 관계에서 형성되는 사회적 시스템으로 간주하는데 그 특징이 있다.

현대적 인간관계론은 1960년경부터 미국에서 인사·노무 관리에 응용되기 시작했다. 예컨대 채용 관리나 교육·훈련 관리에 전제가 되는 종업원의 욕구 분석, 직무 만족의 분석뿐만 아니라 모티베이션, 리더십 등의 기법이 도입되었으며, 기술 혁신에 대응하기 위한 전문 관리자에 대한 자기계발의 기법 내지는 작업 직에 대한 직무확대 기법, 종업원 태도 조사 및 감수성 훈련(sensitivity training) 등의 기법이 발달하게 되었다.

인간관계론에 대한 관심은 1970년대에 절정에 이르렀고, 70년대 후반에는 '인간관계론'이라는 어휘가 '조직행위론'으로 일반화되었다.

'조직행위론'은 인간행동론에 속하는 '전통적 인간관계론'에 기반하고 그것을 더욱 발전시킨 이론으로 표현을 바꾸면 그것은 '현대적 인간관계론'이라고 할 수 있다. 그리고 '인간관계론'과 '조직행위론'에서 다루는 주제는 대체로 유사하지만 개인과 조직 어느 쪽에 관심과 비중을 더 두는가에 따라 다소 달리 전개되고 있을 뿐이다.

데이비스(K. Davis)는 현대적 인간관계론은 두 개의 측면을 지니고 있는데 그 하나는 실증연구를 통하여 인간행동의 인과관계를 이해하고 규정하여 명확하게 하는 일과 관련된 것이고 또 다른 하나는 실제적인 상황에 이와 같은 지식, 즉 행동과학에서 얻은 지식을 적용하는 방법과 관련된 것이다. 이때 전자를 조직행위론이라 하고, 후자를 인간관계론이라 하는데 이들은 상호 보완관계에 있다고 주장한다.

## 4. 상황을 강조한 연구들

전통적인 조직이론은 환경이나 조건에 관계없이 모든 조직에 공통적으로 유효하다고 인정되는 조직구조나 관리원칙을 확립하는 데 노력을 기울였다. 그러나 상황론적 접근은 종래의 보편주의를 부정하고(one best한 유일최선의 조직) 모든 환경에 유효한 최선의 조직이나 관리원칙은 있을 수 없으며, 환경이나 조건이 달라지면 유효한 조직도 달라진다는 것이다.

오늘날의 조직 환경은 과거 어느 때보다도 복잡하고 다양하다. 즉, 조직의 규모나 환경, 시장상황뿐만 아니라 조직구성원의 특성도 매우 다르기 때문에 사용기술이나 전략에 따라 조직의 유효성은 크게 변화될 수밖에 없다.[15] 그리하여 1960년대 말부터 1970년대 중반까지의 조직행위이론은 상황변수와 조직특성 변수간의 적합관계를 구명하는 데 노력을 집중하였을 뿐만 아니라 조직규모와 분업화, 시장변동성과 집권화, 기술다양성과 공식화 사이에 어떤 상관관계가 존재하는지를 재검증하고, 보다 세련되고 더 적합한 조합을 찾기 위해 노력을 경주하여 왔다. 따라서 이러한 연구추세는 기본적인 사고의 변화는 물론 연구영역의 확장을 가져와 거시적인 조직행동론의 발전에 새로운 계기를 마련하게 되었던 것이다.

### 1) 시스템이론(System Theory)

시스템적 접근(system approach)이란 조직이라는 전체로서의 시스템을 구성하는 하위시스템들이 상호관련성을 가지면서 다시 하나의 전체적 개념으로 통합되어야 한다는 사고와 그 방법론을 말하는데 행동과학(behavioral science)이 심리학이나 사회학, 인류학 등 사회과학을 중심으로 한 종합적인 학문으로 발전하는 데는 시스템이론(system theory)이 크게 공헌하였다.

15 H. L. Tosi, Jr., and J. W. Slocum, Jr., "Contingency Theory: Some Suggested Directions," *Journal of Management*, Spring 1984, pp. 9–26; J. M. Shepard and J. G. Hougland, Jr., "Contingency Theory: Complex Man or Complex Organization?" *Academy of Management Review*, July 1978, pp. 413–427.

오늘날의 모든 학문은 고도로 세분화되어 연구되어지고 있다. 학자들은 제각기 한 분야의 전문성을 가지고 자기 나름대로의 목적과 방법을 가지고 열심히 연구하고 있다. 예컨대 어떤 학자는 시계의 문자판을 연구하고, 어떤 학자는 톱니바퀴를 연구하고, 또 다른 학자들은 시계바늘만을 연구한다고 하자 그래도 시계의 구조를 알 수는 없다. 이렇듯 서로 나누어진 분과학(分科學; disciplines)들은 그런대로의 단점이 있다.

제2차 세계대전 후 독일의 생물학자 베르탈란피(L. Von Bertalanffy)가 과학과 사회가 발전할수록 여러 학문분야 간의 교류가 증진되어야 한다며 모든 분야를 통합할 수 있는 공통적인 사고의 틀로서 제시한 것이 바로 시스템이론이다.[16] 이와 같은 시스템이론의 등장은 모든 학문의 공통성과 상호간의 연관성을 인식시켜줄 뿐만 아니라 상호교류와 이해를 증진시키는 계기가 되기도 하였다. 특히 전체성 개념과 상호관련성 개념은 조직행동을 연구함에 있어 개인과 집단 그리고 환경간의 상호관계와 여러 상황변수들을 체계적·종합적으로 연구할 수 있도록 기본적인 연구 관점과 접근방법을 제시함으로써 이 분야의 학문발전에도 크게 기여하였다.

시스템(System)이란 원래 라틴어의 'systema'(여러 개의 조합)에서 유래한 단어로서 두 개 이상 여러 개의 단위가 서로 연결되어 상호작용하며 하나를 이루고 있는 것을 의미하는데 이를 연구하는 학자들의 연구목적이나 관점에 따라 개념의 정의를 다소 다르게 하고 있다.

일반적으로 시스템은 "복잡하지만 통일된 전체를 이루는 상호 관련된 부분의 집합", "조직화된 또는 복잡한 전체, 복잡한 전체를 구성하는 사물이나 부분의 집합" 또는 "구성인자 간의 유형화되고 기계적인 관계로 구성된 것" 등으로 정의되어 왔다. 프렌치(W. French)는 "시스템이란 어떤 하나의 목적을 가지고 이를 성취하기 위하여 여러 구성인자가 유기적으로 연결되어 있는 상호작용하는 결합체"라고 하였고[17] 보울딩(K. E. Boulding)에 의해 전개된 일반시스템이론(general system theory)은 물리학, 생태학, 사회학에 있어서 지식을 통합하는 수단으로 시스템이

16 임창희, 조직행동, 비엔엠북스, 2008, p. 39.

17 W. French, *The Personnel Management Process*(Boston: Houghton Mifflin 1974), pp. 34-35.

론을 원용하고 있다.[18]

조직연구에 있어서 시스템이론은 일반시스템이론과 시스템개념을 근거로 성립되었는데 일반시스템이론은 여러 학문영역에 걸쳐 과학적인 지식을 통합하는 기초로서 제시되었다. Boulding은 "일반시스템이론은 고도로 일반화된 순수한 학문과 특정학문분야의 이론과의 사이에 있는 이론적인 모형구축(model building)의 수준을 의미 한다"고 하였다. 그리고 일반시스템이론은 종합과학적인 성격을 띤다. 일반시스템이론의 형성에 크게 공헌한 학자는 베르탈란피(L. Von Bertalanffy)이다. 그는 조직을 모든 생명체의 기본으로 보았고, 전체의 중요성을 강조하였으며, 또한 전체는 단순한 부분의 집합이 아니라고 주장하였다. 또한 시스템을 생물적 시스템과 물리적 시스템으로 구분함으로써 시스템을 개방체계(open system)와 폐쇄체계(closed system)로 분류하는 데 크게 기여하였다.

이와 같은 시스템이론은 1950년대부터 여러 학문분야로 확산되었고, 경영학분야에는 로젠즈웨이그(J. Rosenzweig), 존슨(R. Johnson) 등이 소개하여 오늘날에는 일반시스템이론으로 응용되고 있다.

이상에서 논의된 관점에 따라 기업조직을 하나의 시스템으로 본다면, 기업조직내의 집단은 하위시스템(sub-system)이 되고, 개인은 하위-하위시스템(sub-sub system)이 되며, 사회는 상위시스템(supra-system)이 된다. 따라서 기업조직은 환경과의 투입과 산출이라는 상호작용을 계속하면서 조직내부에서는 여러 개의 하위시스템들이 서로 얽혀서 상호작용하고 있기 때문에 이를 감안하여 기업조직을 연구해야만 한다. 다시 말해 효율적인 경영을 위해서는 기업조직을 인간시스템, 기술시스템, 조직구조시스템, 관리시스템으로 구분하여 접근하면서 기업조직내의 하위시스템간의 조화와 적합성, 그리고 외부시스템과의 조화와 적합성의 문제를 먼저 구명(究明)해야 할 것이다.

### 2) 상황이론(Contingency Theory)

상황이론은 1960년대 이후 등장한 이론으로서 시스템이론의 추상성과 일반

18 K. E. Boulding, "General System Theory, The Skelton of Science," *Management Science*, 1956, pp. 200-202.

성을 극복하고 이를 조직이나 경영의 보다 현실적인 이론으로 변형시킨 것이라고 말할 수 있다. 시스템이론이 경영이나 조직현상에 대한 보다 명확한 이해를 가져온 것은 사실이지만, 현실적 문제해결에 대한 실천적 요구에는 별로 부응하지 못했다. 왜냐하면 시스템이론이 사고의 방법으로서는 매우 좋았지만 이 개념을 실제에 응용하여 조직운영과 관련된 해결책을 제시하기에는 지나치게 추상적이고 복잡했기 때문이다. 따라서 조직을 연구하는 학자들은 이론적 정교함이 다소 부족할지라도 실천적 의미가 크게 나타날 수 있도록 시스템이론을 각색해야 할 필요성을 느끼게 되었던 것이다. 즉, 조직은 유효성을 높이기 위해 하위시스템간의 적합관계, 조직과 환경간의 적합관계가 모색되어야 한다는 것이다.

로렌스와 로쉬(P. R. Lawrrence and J. W. Lorsch)는 상황이론은 “여러 가지 환경의 변화 및 요구에 효과적으로 대응하기 위하여 조직은 어떠한 특징을 갖추어야 할 것인가를 규명하기 위한 이론”이라고 하였고, 카스트와 로젠즈웨이그(E. E. Kast and J. E. Rosenzweig)는 “조직과 환경 간의 상호작용관계뿐만 아니라 조직 내에서의 하부시스템 간의 상호관계성도 이해하려고 하며, 여러 변수들 간의 상호관계성에 대한 패턴을 규명하려 한다”고 하여 조직의 다변수적 성격을 강조하였다.

이와 같은 상황이론의 기본적인 개념은 상황변수와 조직특성변수 간의 적합·부적합이라는 개념인데 이들의 관계를 도식화하면 그 내용은 〈그림 3-4〉와 같다.

특히 상황이론에서는 복잡한 하위시스템들 중에서도 조직유효성에 중요한 영향을 미치는 것들의 관계만을 집중적으로 연구하는 양상을 보였는데, 초기 연구에서는 구조시스템이 조직유효성에 중요한 영향을 미친다는 전제 아래 구조와 환경, 구조와 기술, 구조와 조직규모와의 관련성을 중점적으로 연구하였다.

이처럼 상황이론은 실체로서 조직시스템과 환경과의 상호관계뿐만 아니라 조직의 하위시스템 간의 상호관계를 이해하고 예측하려는 의도를 말한다. 이것은 조직의 다변량적 성격을 강조하며, 그러한 변수들이 변화하는 상황과 특정한 상황에서 어떻게 작용하는가를 해석하고 이해하고자 한다. 이러한 접근방법은 특정한 상황에서 성공할 확률이 가장 높은 조직설계전략을 제시함으로써 경영자에게 도움을 주게 된다.

조직연구에서 상황이론의 출발점은 우드워드(J. Woodward) 및 번즈와 스톨

그림 4-4 | 상황이론의 연구모형 |

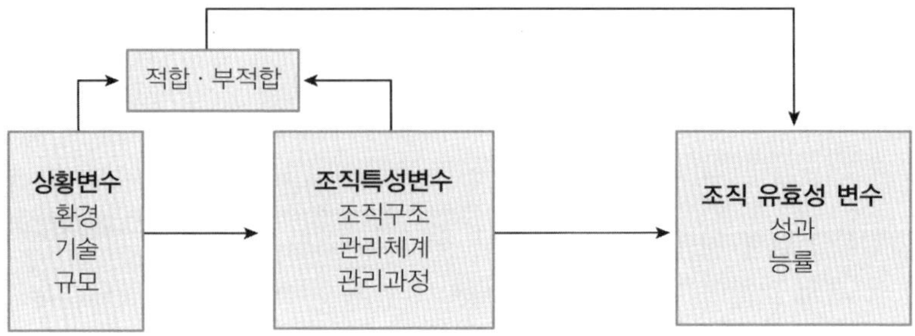


커(T. Burns and G. M. Stalker)에 의해 타비스톡 연구소(Tavistock Institute)에서 시도된 몇몇 실증연구로부터 일반적인 인식이 되었다. 이들의 선구자적인 노력이 톰슨(Thompson) 및 로렌스와 로쉬(P. R. Lawrence and J. W. Lorsch)에 의해, 그리고 최근에는 에스톤 그룹(Aston group)과 페로우(C. Perrow)에 의해서 보다 정교화 되었다.

### 3) 전략적 상호작용 이론

최근 조직행동을 이해하는 데 유용한 새로운 연구접근법으로서 상호작용적 접근법이 시도되고 있는데, 이는 상호주의 심리학(interaction psychology)에서 출발된 것이다. 인간의 행동은 그가 지닌 특성과 상황 간에 오가는 끊임없는 상호작용의 산물이라는 것이다. 다시 말해 상황이 일방적으로 인간의 행동을 결정하는 것이 아니고 인간과 상황의 지속적인 상호작용이 인간의 행동을 결정하게 된다는 것이다. 따라서 상호작용적 접근(inter-actionalism)에서는 인간이 다양한 상황을 어떻게 감지하고, 선택하고, 해석하고, 변화시키는가에 관심의 초점을 두게 된다.

인간은 누구나 개인행동이든 집단행동이든 상황에 의해 피동적으로 움직이는 객체가 아니라 능동적이고 주도적으로 상황을 선택하고 바꾸기도 하는 주도자(주체)이다. 그렇기 때문에 상황이 변화된다고 해서 곧바로 그의 행동이 변화되는 것이 아니고 그가 지닌 성격과 태도에 따라 상황에 대한 인식이 달라질 수 있을 것이며 이러한 인식을 근거하여 그의 행동은 영향을 받게 된다는 것이다. 따라서 개인이 조직에 들어오면 그가 지닌 태도와 행동이 조직을 만들게 되고, 그 조직은 다시 그 속에서 활동하는 구성원들의 태도와 행동에 영향을 미치며 이러한 상호 작용이 계속 반복되면서 조직은 존속하고 있는 것이다.

1960년대 이후 프랑스의 크로지에(M. Crozier)를 중심으로 "조직구성원들의 행동은 합리성이나 조직의 규정에 따라 움직이는 것이 아니며, 그렇다고 자신의 심리적 만족을 충족하는 방향으로만 움직이는 것도 아니다"라는 주장[19]이 설득력을 얻고 있다.

대부분의 조직구성원들은 조직이익과 무관하게 자신들의 개별적인 이해관계에 따라 조직 내에서 행동을 하게 되는데 이를 개인의 전략적 행동(strategic behavior)이라고 할 수 있을 것이다. 보다 구체적으로 개인의 전략적 행동이란 조직내 규정이나 규칙, 설비나 자원, 상사, 부하 동료 혹은 고객까지도 개인적인 이익이나 목적을 위해 이용하는 것으로서 이러한 사적 이익을 추구하는 행동이 지나칠 경우 규제나 처벌을 받기도 한다. 예컨대 근무시간 중에는 조직구성원은 조직이 요구하는 공적인 일을 해야 하지만 사적으로 시간을 활용하기도 한다. 틈을 내어 인터넷에서 주식거래를 한다든지, 쇼핑을 하기도 하며 게임이나 오락을 즐기기도 한다. 출장 중에 시간을 내어 친인척을 방문하기도 하고 친구를 만날 수도 있다. 이처럼 개인은 조직이익과는 무관하게 자신의 이익이나 목적을 위해 활용할 수 있는 기회를 최대한 활용하려고 하는 원칙이 상존하면서 조직은 움직여지고 있다는 것이다.

이러한 원칙은 조직을 위한 합리적인 원칙도 아니고 구성원 간의 대인관계에서 심리적 만족을 얻으려는 원칙과도 다르다.

조직구성원들은 조직으로부터 미움이나 규제를 받지 않을 만큼만 노력하면서 자신의 사적인 이익을 위해 조직이 제공하는 규정과 자원을 활용하고 있다는 것이다. 물론 권한이나 영향력이 큰 사람들은 사적인 이익을 많이 챙길 수 있겠지만, 권한이나 영향력이 적은 사람들은 약간만 사적인 이익을 챙기려고 하여도 쉽게 들어나 상사나 동료의 제지를 받을 수 있다. 그렇기 때문에 조직구성원들은 조

19 M. Crozier, *L`acteur et le systeme*, Paris: Le Seuil, 977.

직 내에서 자신의 영향력을 강화시키려고 노력하면서 부족한 권력은 거짓으로라도 과장해 보이려고 하는 정치적인 행동을 하게 되는 것이다.

이와 같은 관점은 시스템이론이나 상황이론보다 더 복잡하며 아직 조직행동의 여러 분야에서 활발하게 진행된 것은 없지만 향후 조직행동을 연구하는 사람들에게는 많은 시사점을 제시하고 있다고 본다.

## 5. 조직과 인간행동 연구의 최근동향

초기의 조직과 인간행동 연구는 조직을 폐쇄적인 시스템(closed system)으로 보고, 조직 내에서 구성원들의 심리적인 만족감을 제고시키기 위한 노력만을 강조하여 오다가 조직을 개방시스템(open system)으로 인식하면서부터는 외부환경에 적합한 조직의 구조나 구성원의 변화능력에 관심과 노력을 집중하여 왔다. 그러다가 1980년대 이후에는 조직 전체의 분위기(풍토)가 개인과 조직구성원들의 인간관계에 미치는 영향이 강조되면서 조직문화와 조직풍토의 중요성이 새로운 이슈로 부각되기 시작하였다.

이와 동시에 인간관계를 강조하는 일본식 경영의 장점들이 서양의 조직이론가들에게 신선한 충격을 주면서 조직현상을 합리적인 기준으로만 파악하려는 구조·기능주의적 패러다임에서 벗어나려는 움직임이 강하게 나타나기도 하였다. 종래 비합리적인 것으로만 인식되어 왔던 신념, 공동체의식, 신바람 등의 문화적인 요소가 기업 경쟁력의 원천이 될 수 있다는 인식이 확산되면서 문화적인 요소를 조직성과에 도움이 되는 방향으로 활용해야 한다는 강한 주장으로까지 이어지게 되었다.

21세기가 되면서 전 세계는 시장경제를 중심한 다자간협상, 개방화·세계화가 급진전 되면서 무한 경쟁이 가속화되고 있다. 능력(성과) 위주의 경쟁원리가 강조되고, 합리적인 구조조정이 상시화되고, 상황에 따라 수시로 변화할 수 있는 가상조직 등이 활성화되면서 이제 기업조직은 새로운 환경을 맞이하고 있다.

그러나 인간이 없는 가상조직이나 전자상거래의 한계가 드러나고, 전자적인

그림 4-5 | 조직행동 연구의 순환발전 추이 |

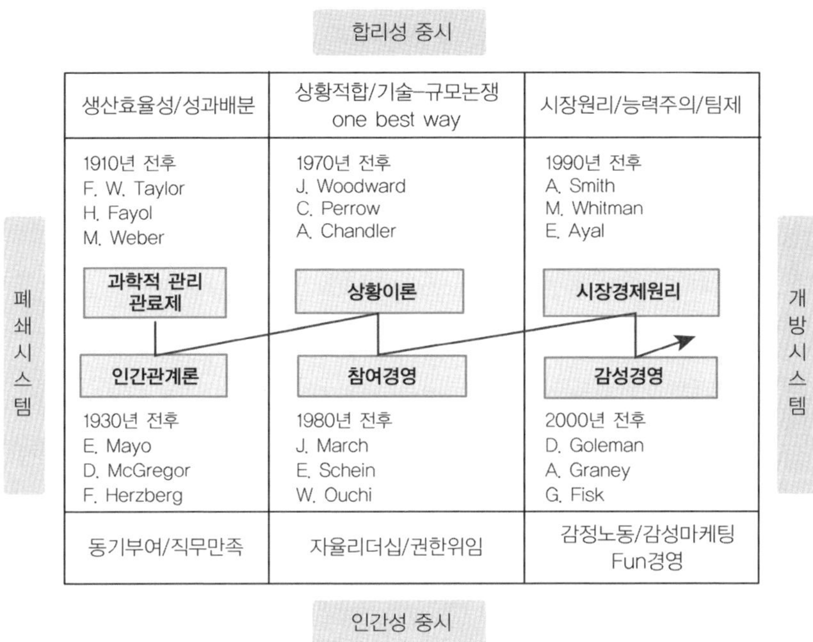


자료: 임창희, 조직행동, 비엔엠북스, p. 50.

커뮤니케이션이 가져온 인간관계의 부작용이 논의되면서 최근에는 감성경영과 펀(fun)경영이 강조되고 있다.

이처럼 1900년대 초 현대적 조직(인간)행동에 대한 연구가 시작된 이래 오늘에 이르기까지 조직을 바라보는 관점이나 이상적인 조직관리 모델들은 수없이 많은 변화를 거듭하여 왔다. 인간행동론에 대한 연구를 종합적으로 정리해 보는 의미에서 전체적인 연구의 흐름을 조명해 보면 그 내용은 〈그림 4-5〉와 같다.

〈그림 4-5〉에서 보는 바와 같이 조직유효성을 위해 합리성을 강조하는 분위기와 인간성을 강조하는 분위기가 지난 100여 년간 순환적으로 교체되어 왔음을 알 수 있다. 이를 단계별로 정리해 보면 다음과 같다.

◇ 제1단계: 효율성이 강조된 시기(1910년대)

1910년대에는 테일러의 과학적 관리법과 페이욜의 관리일반이론, 베버의 관료제이론 등과 같은 소위 고전이론을 바탕으로 조직의 효율성 제고와 합리적인 경영을 위한 연구 활동이 공식적인 조직구조를 대상으로 이루어졌던 시기이다.

이 시기의 조직 관리의 목적은 생산성을 높이는 것이었으며, 생산성은 합리적인 직무설계와 구조체계에 연관되어 나타나고 있음을 강조하였다. 따라서 조직 구성원보다는 조직체가 항상 연구의 중심이었고, 거시적인 관점에서 이상적인 구조모형을 설계하고 유일최선(one best way)의 관리방법이나 관리원칙을 제시하려고 노력하였다.

◇ 제2단계: 인간성이 강조된 시기(1930년대)

조직행동론의 관점에서 보면 고전이론은 그 요소 및 원칙이 서로 중복되고 '과학적'인 방법으로 그 이론적 근거를 제시하는 데 불충분하다는 비판을 받는다. 사이먼(H. A. Simon)은 관리원칙들의 가장 치명적인 결점은 대부분의 원칙들이 중복되거나 상충되는 원칙이 많아 실제 적절히 적용할 수 있는 원칙은 하나도 없다는 것이다. 또한 그는 전통적 이론들이 피상저기며 지나친 단순화와 현실감의 부족으로 그들 자신을 권위의 기제(mechanism of authority)에 가두어 놓았다고 말하고 있다.

또 하나의 비판은 고전이론이 단지 개인적인 경험과 제한된 관찰에 근거를 두었다는 점이다. 이와 같은 고전이론에 대한 비판은 필연적으로 새로운 사조의 도전을 받게 되었는데 그것이 바로 호손실험을 계기로 등장한 인간중시의 경영이론이다.

호손실험은 미국경영학의 중심을 인간중시의 경영으로 바꾸어 놓았고 지난 수십 년간 인간중시의 경영이념과 기법들은 경영학에 많은 영향을 미쳐 왔다.

인간관계론에서는 공식조직보다는 비공식조직에 연구의 초점을 맞추고, 조직구성원의 행동과 상호관계를 지배하는 비공식조직과 조직구성원의 사기 및 직무만족을 중시한다. 따라서 조직의 능률과 합리성보다는 구성원의 직무만족감이나 조직몰입을 중시한다. 이는 직무만족과 조직몰입이 생산성과 직접적인 상호관련이 있음을 전제하고 있기 때문이다.

◇ 제3단계: 유연성이 강조된 시기(1970년대)

조직행동론의 성립은 과학적 관리론, 인간관계론에 이어서 이루어지며, 이 과정에 시스템이론과 행동과학의 인접학문들이 기여하게 된다. 이렇게 성립된 조직행동론은 시스템이론을 기초로 한 상황이론의 편입을 계기로 더욱 발전하게 되어 거시 조직행동론으로까지 그 연구의 영역을 확장시키게 되었는데 이러한 발전과정을 단순화시켜 보면 그 내용은 〈그림 4－6〉과 같다.

이시기에는 행동과학과 시스템이론의 뒷받침을 받아 조직행동론이 태동하였고, 조직과 인간행동의 복잡성이 환경에 대한 적응성이나 유연성을 더욱 강조하게 되었다. 특히, 시스템이론에서는 효율적인 시스템 설계를 위해 전체성의 최적화 문제나 환경과의 상호작용을 중시하여 개방시스템을 강조하게 되었다. 조직내부의 효율성과 조직과 환경과의 상호작용의 적합성이 조직의 성과를 좌우하기 때문에 이 시기에는 상황론적 관점에서 많은 연구가 이루어졌으며, 지금까지의 실증연구들이 주로 경제적 성과만을 강조하였으나 상황이론의 등장으로 성과변수의 확장과 체계화가 이루어져 사회적 성과까지도 성과변수에 포함시키게 되었다. 또한 양적기준과 더불어 질적 기준도 고려함으로써 보다 정교한 연구와 경험적 일반화를 제고시켜 통합이론으로 발전할 수 있는 기틀을 마련하였다고 볼 수 있겠다.

그림 4-6 | 조직행동론의 발전과정 |

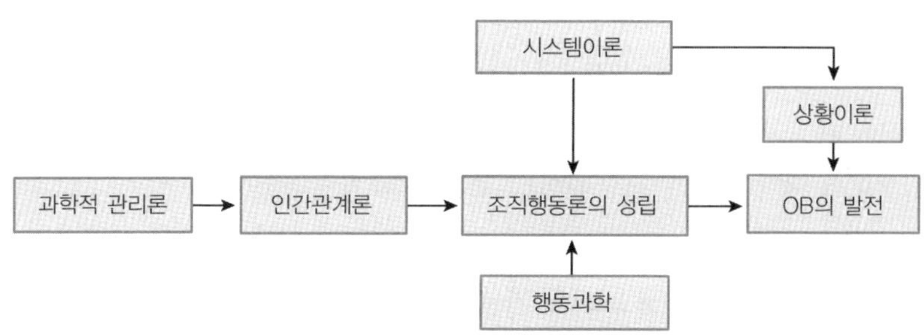

◇ 제4단계: 구성원의 참여가 강조된 시기(1980년대)

이 시기에는 분권관리의 중요성이 강조되면서 일상적인 업무에 대한 결정권한이 하급자에게 대폭 위양되고, 조직구성원들이 기업경영에 참여할 수 있는 기회가 확대되는 등 경영참여를 통한 근로의욕 향상과 조직 활성화가 촉진되었던 시기이다.

일반적으로 전통적 경영에서는 인간을 수동적·도구적인 존재로 인식하고 조직구성원은 스스로 조직문제를 해결하고 타인에게 중요한 영향을 행사할 수 있는 능력이 없다고 전제하여 왔다. 그러나 마치(J. G. March)와 사이먼(H. A. Simon)은 조직구성원은 의사결정자이고 문제해결자이며 인식과 사색의 과정이 조직에서이 인간행동의 설명에 중심적 역할을 한다고 보았다. 그는 인간은 자기의 태도·가치·목적을 가지고 있기 때문에 조직을 활성화시키기 위해서는 조직구성원들의 적극적·능동적인 주체로서의 참여가 절실하게 요구되며, 이들이 조직행동시스템에 참여하도록 하기 위해서는 동기부여와 동인이 필요하다고 보았다. 그리고 개인목적과 조직목적 간에는 모순이 있기 때문에 종업원의 태도와 사기문제가 조직행동을 설명하는데 중심적인 중요성을 갖는다고 하였다.

한편, 샤인(E. H. Schein)은 복잡한 인간관을 제시하면서 인간의 욕구나 동기에 관한 초기의 연구들은 경제적·합리적 인간관이나 사회적 인간관, 그리고 자기실현적 인간관 등에 입각하여 조직을 관리하였으나 이들은 모두 인간의 '발달성'을 간과하고 말았다는 것이다. 다시 말해, 인간의 사고방식, 동기, 욕구, 능력, 태도 및 가치관은 생애를 통해 변화하고 발전하기 때문에 매우 복잡하고 다양하다는 것이다. 따라서 그는 조직에서의 인간행동을 설명하려는 동기이론이나 모형은 여러 가지가 있을 수 있다고 전제하면서도 그들이 조직 내의 문제를 해결하는 데 부분적으로밖에 옳지 않으며, 일반화하기가 어렵다고 주장하면서 조직구성원들의 의사결정이나 경영활동에서의 참여의 중요성을 강조하였다.

조직구성원들이 조직문제 해결에 참여할 경우 그들은 성취감, 책임감, 도전의식을 갖게 되고 긍정적인 태도를 가지면서 자발적으로 업무를 수행하게 된다고 하였다. 그리고 일본식경영의 장점을 미국경영에 접목시키려고 시도했던 오우치(W. Ouchi)의 Z이론에서도 조직에서의 인간성의 중시와 구성원의 참여 및 협동의 중요성을 강조하고 있다. 따라서 이 시기에는 참여경영이 강조되었던 것이다.

◇ 제5단계: 창의성과 협동이 강조되는 시기(1990년대)

1990년대에 접어들면서 산업은 고도화되었고 조직은 대규모화 되었다. 경영의 효율성을 제고시키기 위한 수단으로써 사업부조직이 활성화되었다. 또한 대규모화된 조직을 효율적으로 통제하기 위한 수단으로써 각종 규정과 절차의 확립을 전제로 하는 관료주의적인 경영방식이 보편화되기에 이른다.

특히 이 시기에는 시장원리에 입각한 경쟁이 가속화되면서 능력 위주의 경영관리를 강조하게 되었고, 경쟁력 제고와 환경변화에 대한 적응능력을 높이기 위해 조직구성원의 지식·정보의 공유체제를 강조하였다.

따라서 조직은 구성원의 능력을 최대한 활용할 수 있는 프로젝트 조직이나 매트릭스 조직과 같은 역동적이고 혁신적인 팀 중심의 조직이 활성화되면서 조직구성원의 협동과 창의성은 더욱 강조되게 되었다.

◇ 제6단계: 감성이 중시되는 시기(2000년 전후)

20세기 말의 기업환경은 눈에 보이는 것들(visible thing)을 대상으로 이성과 계량화에 기초하여 기술적 역량이나 성과를 중시하였다. 새로운 세기가 시작된 이후에도 기업환경은 기술적 역량을 더욱 강조하고 성과를 중시함에 따라 개인 및 조직 간에는 치열한 경쟁이 이뤄지고 있다. 그러나 이러한 이성적 경쟁으로 말미암아 조직 내 구성원들의 감정이나 정서는 점차 메말라가고 있다.

따라서 눈에 보이는 것들을 합리적으로 관리하면서 기술적 역량을 바탕으로 경쟁력을 제고시키는 데는 한계를 느낄 수밖에 없다. 이러한 한계를 극복하고 조직의 지속적인 성장을 이끌어 내기 위해서는 조직구성원의 따스한 가슴을 자극하는 감성엔진과 감성역량을 배양할 필요가 있다.

왜냐하면 조직의 성패를 좌우하는 것은 결국 사람이며, 모든 조직은 사람들로 구성되어지고, 사람들에 의해 움직여지며, 조직의 목표도 결국은 사람을 위한 것이기 때문이다.

지식기반사회에서는 지식(knowledge)과 지적자본(intellectual capital)의 중요성이 강조된다. 지식은 사람들의 머릿속(뇌)에 있는 것으로서 인간의 지적능력을 통해 활용될 때만이 가치가 부여된다. 그럼에도 불구하고 많은 경영이론가들은 부서의 기능이나 비즈니스 프로세서에 관련된 정보와 지식의 관리에만 관심을 가질 뿐, 지식을 가치 있게 만드는 사람들에게 동기를 부여하여 그들의 열정과 추진력을 이끌어 내는 데는 무관심하거나 소홀했던 것이 사실이다.

오늘날 조직에서의 인간행동을 연구하는 많은 학자들은, 지난날 소위 성공했던 조직에서 찾아 볼 수 있었던 조직특성들, 즉, 조직구성원들의 적극성과 열정, 미래비전과 애사심, 화기애애함, 온정적분위기와 온화함, 상호존중감과 신뢰감 등과 같은 많은 긍정적인 감성요인[20]들이 지식, 지적재산권, 정보기반 등과 같은 지식자본과 함께 미래 기업이 갖추어야 할 가장 중요한 핵심역량임을 강조하고 있다.

특히 최근에는 기업경영에서 감정노동(emotion labor), 감성마케팅(emotional marketing), Fun경영 등의 중요성이 강조되면서 이에 대한 연구 또한 활성화되고 있는 추세다.

## 토의문제

1. 초기 인간행동 연구의 주안점에 대해 토의해 보자.
2. 기업경영의 합리성과 인간성에 대해 토의해 보자.
3. 기업경영의 창의성과 협동에 대해 토의해 보자.
4. 참여경영과 감성경영에 대해 토의해 보자.
5. 현대기업경영과 관료제에 대해 토의해 보자.

20 영어의 'Emotion'은 감성(emotional quotient; 감성지수) 또는 정서(emotional connection; 정서적 유대)로 번역되며 학자들에 따라 감성자본(emotional capital)이란 용어를 사용하기도 한다.

제2부

# 개인수준의 인간행동 이해

Human Behavior

## 제5장

# 개 인 차

인간의 행동을 이해·설명·예측·판단하기 위해서는 개인의 행위를 형성하는 데 영향을 미치는 심리적인 변수로 지각, 학습, 태도, 퍼스낼리티 등의 개념을 이해해야 할 뿐만 아니라 모티베이션이나 강화 같은 개념이 주요한 과제가 된다.

따라서 이러한 개념을 어떻게 체계적으로 이해하여 조직유효성을 증진할 수 있는지를 알아보고자 한다.

경영자가 조직의 유효성(effectiveness)과 능률성(efficiency)을 확보하려면, 경영자는 조직구성원의 행동을 분석하고 이해하며, 나타날 것으로 예견되는 행동들을 예측하여 이를 통제할 수 있어야 한다. 인간의 행동을 이해하기 위해서는 무엇보다 먼저 인간행동에 영향을 미치는 제 변수들에 대한 이해가 전제되어야만 한다. 인간은 동일한 환경 속에서도 개인의 특성에 따라 다른 생각과 다른 행동을 하게 된다.

일반적으로 인간행동에 대한 가정은 레윈(K. Lewin)의 장의 이론(the field theory)을 가지고 설명할 수 있는데, 그는 인간행동(behavior)을 개인(Person)의 특성과 환경(environment)과의 상호작용의 함수관계로 인식하였다.

$$\text{인간행동(B)} = \int (\text{개인(P)} \cdot \text{환경(E)})$$

그림 5-1 | 개인행동의 영향변수 |

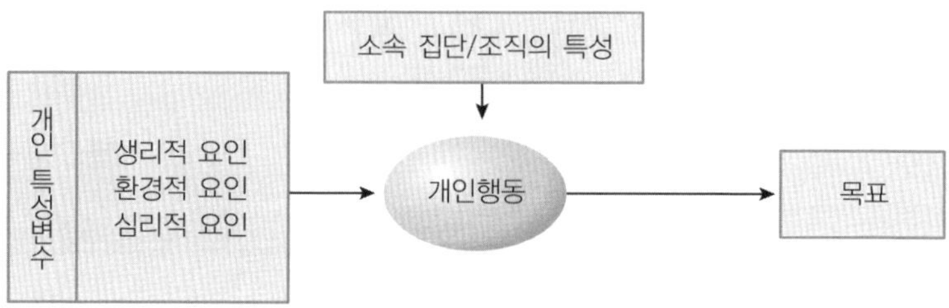


이처럼 인간의 행동은 개인의 특성과 환경특성과의 상호작용의 결과로 나타날 수 있지만, 여기서 환경특성이 동일하다고 전제한다면 인간의 행동은 그가 지닌 생리적·심리적·환경적 변수들의 영향에 의해 결정된다고 볼 수 있다.

## 1. 개인행동의 유사성과 차이성

인간의 행동을 분석해 보면, 여러 측면에서 다른 사람들과 많은 유사한 특성을 지니고 있으면서도 또 다른 측면에서는 다른 사람들과 구별될 수 있는 자신만의 고유한 특성을 지니고 있음을 알 수 있다.

힉스(H. G. Hicks)는 인간은 개인 간의 유사한 특성을 지니고 있음에도 불구하고 동일한 환경 하에서 서로 다른 행동특성을 보이며, 때로는 유사한 환경에서도 개인은 동일한 행동을 하지 않는 특이성도 지니고 있음을 지적한 바 있다.

### 1) 인간행동의 유사성

인간은 동서고금을 막론하고 다른 사람과 많은 점에서 유사성(similarities)을 지니고 있다. 인간은 신체적인 면에서도 서로 유사한 측면이 많지만, 심리적·정서적 측면에서도 많은 유사성을 지닌다. 운동경기를 함께 즐기고, 영화나 연극, 드라마를 보면서 동일한 감정을 공유하기도 한다. 사랑하는 사람과 헤어지면 흥분하고 괴로워하며 슬픈 표정과 기쁜 표정 등 인간이 가지는 모든 감정은 어느 정도 유사성을 지닌다. 이처럼 희(喜)·노(怒)·애(哀)·락(樂)·애(愛)·오(惡)·욕(慾)과 같은 인간의 감정이나 행동에는 누구나 쉽게 예측할 수 있는 많은 유사성이 존재한다. 따라서 타인의 행동을 이해하고 예측하고 통제하는 것이 가능하게 되는 것이다.

힉스(H. G. Hicks) 등은 다음과 같은 몇 가지 측면에서 인간은 서로 유사한 공통성(common characteristics)을 지니고 있음을[1] 지적하고 있다.

첫째, 인간은 다른 동물과 비교할 수 없을 정도로 탁월한 지적(intellectual)능력과 육체적(physical)능력 그리고 감성적(emotional)능력을 소유하고 있다.

여기에서 지적능력이란 어떤 문제를 해결하기 위해 생각하고 추리해 낼 수 있는 능력으로서 어휘력, 지각력, 추리력, 공간지각력, 기억력 등의 종합이라고 할 수 있으며, 이러한 것들은 주로 선천적이며 유전적인 성격이 강하지만, 때로는 후천적으로 개발되거나 약화되기도 한다.[2]

그리고 육체적 능력이란 팔의 완력이나 다리의 힘, 어깨의 힘 등을 의미하는 것으로서 고도의 복잡한 기술이 필요한 업무보다는 덜 복잡하고 단순한 직무에서 매우 중요한 역할을 하게 된다.

끝으로 감성적 능력 또는 지성지능(emotional intelligence)이란 얼마나 똑똑한지 혹은 얼마나 유능한지를 나타내기보다는 자신과 다른 사람들을 얼마나 잘 다루는지의 능력을 의미한다. 즉 다른 사람의 정서(felling)와 감성(emotional)을 잘 알아채고 이해하고 조정할 수 있는 능력으로서[3] 창의성과 매우 밀접한 관련성을 갖는다.

---

1 H. G. Hicks & C. R. Gullett, *Management*, McGraw-Hill, 1987(4th), p. 163.

2 R. A. Weinberg, "Intelligence and IQ," *American Psychologist*, February 1989, pp. 98-104.

3 K. S. Law, C. Wong and J. S. Lynda, "The Construct and Criterion Validity of Emotional Intelligence and Its Potential Utility for Management Studies," *Journal of Applied Psychology*, Vol. 89, 2004, pp. 483-497.

둘째, 인간은 자신이 알고 있다는 것을 알 수 있는 자기반사력을 갖고 있다. 따라서 인간은 자신의 생각이나 행동에 대해 옳고 그름을 스스로 진단하고 평가할 수 있는 능력을 갖게 되는 것이다.

셋째, 인간은 원활한 의사소통을 위해 언어라는 수단을 사용하다. 물론 다른 동물들도 그들 나름대로의 의사소통의 방법은 있겠지만, 인간처럼 풍부한 어휘를 구사하고 정교한 내용의 커뮤니케이션을 할 수는 없다.

넷째, 인간은 현재와 미래를 생각하고 행동하고 준비하며, 더 나아가 존재의 의미를 깨닫고 이해하면서 무한한 미지의 세계를 희구하는 종교생활을 영위하고 있다.

### 2) 인간행동의 차이성

인간은 지적·육체적·감성적 능력의 차이뿐만 아니라 사고와 행동, 가치와 태도에 있어서도 차이가 존재한다. 일란성 쌍둥이라 할지라도 동일하지는 않다. 따라서 모든 인간은 존귀한 존재로서 그 가치를 인정받아야 마땅한데 이를 개인차의 법칙 또는 심리학의 제1법칙이라고도 한다.

이러한 개인차는 동기부여와 관련되고, 욕구, 가치관, 태도 등에 영향을 미쳐 개인특성의 차이를 갖게 하는 것이다. 이처럼 모든 인간은 다른 사람과 구별되는

그림 5-2 | 개인차의 영향요인 |

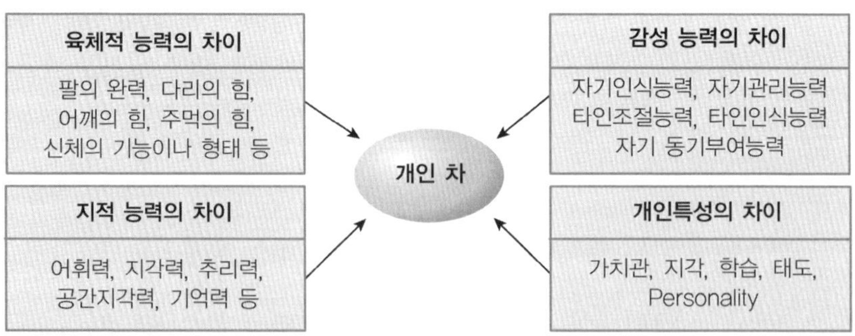

차이성을 지니고 있을 뿐만 아니라 주어지는 여건이나 환경에 따라 다른 반응을 나타내기도 한다.

## 2. 개인행동의 연구 모델

개인차로 인해 인간은 동일한 환경과 상황에서도 서로 다른 사고와 행동을 하게 된다. 이러한 행동상의 차이는 성과나 목표달성에도 직접적인 영향을 줄 수 있기 때문에 이에 대한 이해와 연구가 필요한 것이다.

<그림 5-3>에서 보는 바와 같이 인간의 행동은 그가 지닌 능력과 생리적·심리적·환경적 요인 및 감정의 상태에 따라 행동의 방향이나 유형을 결정하게 되고, 그 결과로 인해 개인의 성과나 목표달성의 정도가 나타나게 되는 것이다.

인간행동을 연구하는 학자들은 인간의 마음의 느낌을 감정(emotions)과 기분(mood)으로 구분하여 설명하고 있는데,[4] 여기서 감정이란 어떤 대상(사람, 사물,

그림 5-3 | 개인행동의 연구모델 |

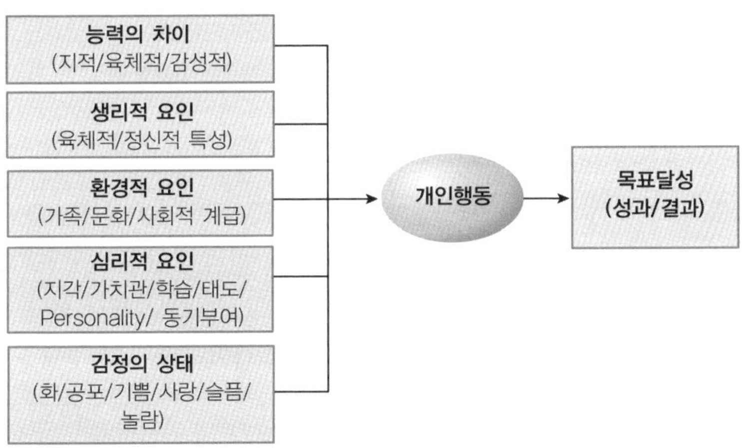


4 임창희, 조직행동, 비엔엠북스, 2008, p. 72.

그림 5-4 | 감정의 6가지 범주 |

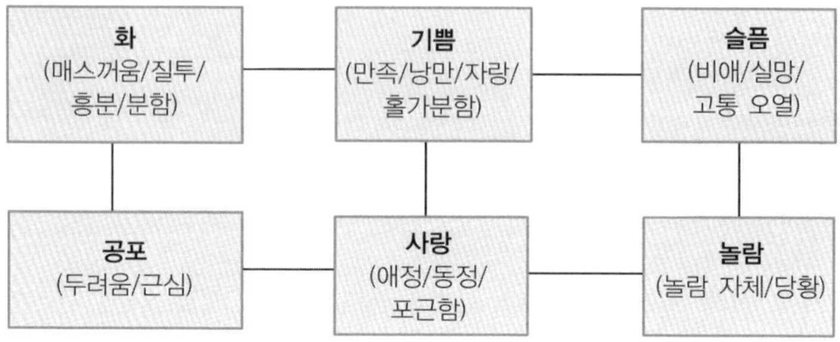


사건)에 대해 반작용으로 나타나는 느낌(feelings)을 말한다. 신바람이 나고, 행복한 느낌이 들고, 겁나고, 기쁘고, 흥분이 되고, 상처받고, 떨리는 느낌은 모두 인간의 감정이다. 그리고 배신감을 느끼거나, 화가 치솟거나, 우울해 지는 것도 모두 인간의 감정이다. 이러한 감정은 다음과 같은 속성을 갖는다.

◇ **감정의 대상**: 감정은 항상 원인이 있으며 그 원인은 감정을 변화시킨 요인인데 예를 들면, 상사, 거래처, 승진, 사건·사고 등이다.

◇ **감정의 유형**: 감정의 유형에는 여러 유형이 있는데 일반적으로 다음과 같은 여섯 가지 유형으로 구분한다.[5]

◇ **공통적 표현**: 사람들이 감정을 표현하는 방식은 전 세계 공통적이다.

◇ **문화적 차이**: 감정을 어느 정도까지 발산하고 또 남들이 어느 정도까지 수용하는지는 문화에 따라 다르다.

한편, 감정은 특정대상이나 사안에 대해 느끼는 것이지만, 기분(mood)은 특정한 대상이 없이 막연하게 가지게 되는 느낌이다. 따라서 감정에는 구체적인 원인이 있으나 기분에는 구체적 원인이 없다. "상사가 나를 무시해서 화가 난다"는 것은 감정이지만, "오늘은 왠지 맥이 빠진다"고 한다면 이는 기분상태를 말하는

5 H. Weiss and R. Cropanzano, "Affective Events Theory: A Theoretical Discussion of The Structure, Causes, and Consequences of Affective Experiences at Work." In B. M. Staw and L. L. Cummings(Eds.), *Research in Organizational Behavior*, vol. 18, pp. 1–74, Greenwich, CT: JAI Press, 1996; 임창희, 전게서, pp. 72–73에서 재인용.

것이다.

이상에서 살펴본 바와 같이 개인행동에 영향을 미치는 변수들은 매우 복잡하고 다양하다. 따라서 본서에서는 중요성이 높다고 판단되는 학습, 지각, 태도, 가치관, Personality, Motivation 등의 심리적인 영향변수들을 중심으로 살펴보기로 한다.

## 3. 개인행동의 연구방법

### 1) 인간행동의 정신분석학적 이해

인간행동에 대한 정신분석학적 접근은 프로이트(S. Freud, 1856~1939)를 비롯하여 융(C. G. Jung), 프롬(E. Fromm), 아들러(Alfred Adler), 호니(Horney) 등과 같은 신프로이트 학파(neo-Freudian)에 속하는 사람들에 의해 발전되었는데, 이들의 특징은 인간의 본능을 중요시하는 데 있다. 프로이트는 인간의 정신세계가 의식(conscious)의 세계, 전의식(preconscious)의 세계 및 무의식(unconscious)의 세계로 구성되어 있다고 보았다.

의식적인 지각이나 사고과정, 감정, 자아상을 지배하고 있는 의식의 세계는 빙산의 일각에 지나지 않으며, 무의식(unconscious)의 세계는 수면 아래 보이지 않는 거대한 빙산과 같은 존재로서 감추어져 있으나 생각해 낼 수 있는 추억들의 저장, 억제된 감정, 무의식적인 죄의식, 열등감, 자아의식 등이 내재하고 있는 곳으로서 여기에는 인간의 본능적인 충동의 원천으로서 무의식세계의 핵이라 할 수 있는 원초아(id)가 있고, 현실세계와 교호작용을 하면서 인간의 성격을 관리하고 통제하며 행동이 일어나는 배출구라 할 수 있는 자아(ego)부분과, 전통적인 가치나 이상을 내면적으로 대표하면서 쾌락보다는 완성을 지향하는 초자아(super ego)부분이 있다. 초자아는 일반적으로 양심으로 간주되며 도덕적·윤리적 차원을 추구한다.

프롬(E. Fromm)은 인간의 천부적 충동을 선한 것으로 보고 그 같은 선한 본성을 실현하기 위하여 투쟁적인 관계보다는 생산적 관계와 조화를 지향하는 사회를 건설해야 한다고 주장하였다. 따라서 본능적이고 충동적인 이드(id)중심의 인간보다는 Ego나 Super-ego를 보다 중요시하는 사회적 인간에 큰 관심을 가졌다. 프롬은 사회주의적 인본주의(socialist humanism)를 통해서 갈등이 없는 인간·사회관계를 이룩할 수 있다고 보았으며, 그것은 인간의 내면 깊숙한 곳에 있는 무의식의 세계 속에서 가능하다고 보았다.[6]

### 2) 인간행동의 실존론적 이해

실존론적인 인간이해는 실존철학(existentialism)의 사상에 기초하여 인간행동을 자아실현을 지향하는 의식적·의지적인 노력의 표현으로 본다. 몰개성화 및 무관심을 강요하는 환경에서는 인간은 누구나 자기의 정체성(identity)을 스스로 확립하고 자신의 존재(existence)를 스스로에게 의미 있고, 가치 있는 존재로 만들려고 하는 노력을 하게 되는데 이러한 과정은 실존적 경험을 통해 이루어진다는 것이다.

### 3) 인간행동의 인지론적 이해

레윈(K. Lewin), 하이더(Heider), 페스틴저(L. Festinger) 등에 의해 주도된 인지주의 심리학에서는, 인간의 의식적인 면을 중요시함으로써 합리적으로 사고하는 인간관(homo sapiens)을 가정한다.[7] 예컨대 인지학파에서는 행동이 유발되는 환경과 상황, 즉 현상을 중요시함으로써, 그 당시에 행위자가 느낄 수 있는 인지과정을 행동의 주요 유발요인으로 여긴다.

따라서 인지론적인 접근에서는 인간의 행동을 자극(stimulus)에 대한 인지적 반응(cognitive reaction)으로 이해한다. 여기에서 인지(cognitive)란 하나의 정보를 알게 되는 행동을 의미하는데, 인지를 통해 알게 된 정보는 하나씩 독립적으로 존

6 E. Fromm, *Beyond the Chains of Illusion: My Encounter with Marx and Freud*(New York: Simon & Schuster, 1962), pp. 13-26.

7 K. Lewin, *A Dynamic Theory of Personality*(New York: McGraw-Hill, 1935), p. 210; 김석회, 21세기 조직행동, 무역경영사, 2001, p. 70에서 재인용.

재하는 것이 아니라 이미 인지된 다른 정보들에 의해 수정되기도 하고, 그들을 수정하기도 하면서 그들과 관련을 맺어 하나의 인지시스템(cognitive system)을 형성하게 된다.

이와 같이 인지론적 인간행동의 이해에서는 균형과 조화를 중시함으로써, 조직화된 지각과정을 통하여 장의 상태를 최상의 것으로 유지하려 한다. 생리적으로 항상성(homeostasis)을 유지하려는 인체에 있어서와 같이 심리적으로도 인지부조화(cognitive dissonance)나 불균형이 나타날 때 개인은 현실을 변화시키든지 아니면 태도를 고침으로써 인지의 균형을 유지하려고 한다.

인지부조화로 심리적 불균형에 빠지면 인간은 이성으로서 참고, 용서하고, 잊고 그리고 합리화함으로써 인지의 균형을 찾는다. 이와 같은 노력은 갈등으로부터의 해방을 촉구하려는 시도로 이해되며, 하이더의 균형이론, 레윈의 갈등상황이론 그리고 페스틴저의 인지부조화이론 등이 이를 잘 설명해 주고 있다.

### 4) 인간행동의 행태론적 이해

행태론적 심리학은 파블로프(I. Pavlov)와 손다이크(E. Thorndike)가 "인간의 행동은 외부에서 주어지는 자극에 대한 조건반사적 반응"으로부터 나타나게 된다는 연구에 기초하여 성립되었고, 그 후 스키너(B. F. Skinner)가 행동의 결과가 조건반사적 행동을 강화한다는 연구를 추가함으로써 인간행동에 관한 하나의 독자적인 이론으로 체계화되기에 이르렀다.

형태론적인 접근에서는 "인간의 행동은 자극에 의해 조건화(고전적 조건화)될 뿐만 아니라, 행동의 결과에 의해서도 조건화(조작적 조건화)되는 하나의 반응"이라고 본다. 다시 말해 행동의 결과에 대한 판단이 이후의 동일한 자극에 대한 행동을 결정한다고 봄으로써 행동의 결정에 있어서 강화과정을 중시하게 되었다. 따라서 이를 강화론적 모델(reinforcement model)이라고도 한다.

**그림 5-5** | 인간행동의 형태론적 이해 |

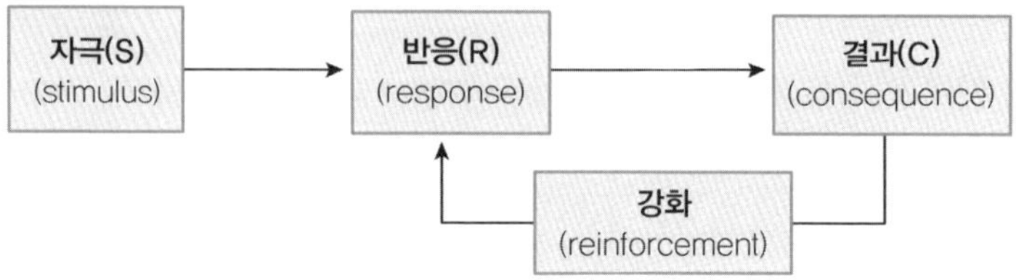


### 5) 인간행동의 사회학습론적 이해

반두라(A. Bandura)는 사회학습론적 접근을 통해 인간행동에 대한 이해를 시도한 대표적인 학자로서 그는 "인간의 행동은 인지적 요인, 행위적 요인 및 환경적 요인을 지속적인 상호작용의 관점에서 고찰할 때 가장 잘 이해할 수 있다"고 주장하였다. 다시 말해 인간의 행동은 개인특성(개성, 능력)과 환경과의 상호작용을 통하여 이루어지는 것이라고 보았다.

**그림 5-6** | 인간행동의 사회학습론적 이해 |

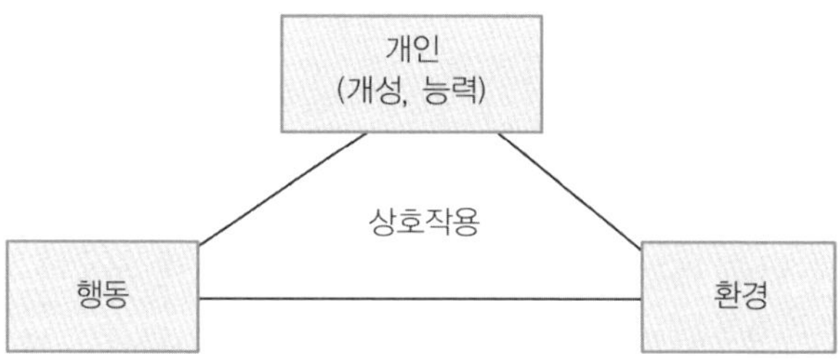

## 토의문제

1. 조직행위론의 학문적 성격에 대해 논의해 보자
2. 인간행동을 연구하기 위한 다양한 방법들이 갖는 특성에 대해 논의해 보자.
3. 개인행동에 영향을 미치는 변수에는 어떤 것들이 있는가? 그리고 이들 변수의 상호관계에 대해 논의해 보자.
4. 조직행위론의 연구대상에 대해 논의해 보자.
5. 개인행동의 연구모델이 갖는 특성에 대해 논의해 보자.

Human Behavior

# 제6장 지 각

## 1. 지각의 개념

개인차를 만드는 중요한 요인의 하나는 지각이다. 모든 사람은 서로 다른 자신의 눈으로 사건· 사물이나 현상을 보게 된다. 따라서 인간은 동일한 환경 속에서 동일한 내용을 보고 들어도 서로 다른 생각과 행동을 할 수 있게 되는 것이다. 이러한 지각(perception)의 개념에 대해서는 이를 연구하는 학자들의 연구목적이나 관점에 따라 다양하게 정의되고 있는데, 쉬네이크(M. E. Schnake)는 "지각이란 사람이 환경에 대한 정보를 받아서 해석하는 과정"이라고 하였고, 스티어스(R. M. Steers)는 "지각이란 사람이 자극에 대해 의미를 부여하기 위하여 자극을 체득하고, 선택·조직화하며 해석하는 과정"이라고 하였다. 또한 로빈스(S. P. Robbins)는 "지각이란 사람이 환경에 의미를 부여하기 위해 감각적인 인상을 조직화하고, 해석하는 과정"이라고 했다.

이상의 논의를 종합해 보면, 지각(perception)이란 개인이 외부로부터의 감각적 자극에 대해서 의미를 부여하고, 심리적 영상(mental image or impression)을 형성하기 위하여, 투입된 자극을 선택(selection), 조직화(organizing), 해석(interpreting)하

는 심리적 과정을 의미한다고 할 수 있겠다.[1]

## 2. 지각의 중요성

지각·학습·태도·성격·능력·욕구와 같은 개인행동에 영향을 미치는 변수들은 우리가 환경을 어떻게 보고, 그 환경의 자극에 어떻게 반응하는가에 영향을 미칠 뿐만 아니라 과업수행에도 중대한 영향을 미치고 있기 때문에 오늘날 개인행동연구에서는 중요한 변수로 인식되고 있다.

지각이 개인행동연구에서 중시되고 있는 이유[2]를 살펴보면 다음과 같다.

첫째, 객관적 '현실세계'와 '지각된 세계' 간에는 차이가 있다.

둘째, 조직구성원은 서로가 서로를 지각하고, 타인에 의해서 지각되어진다.

셋째, 지각상의 차이가 의사소통을 왜곡시킬 수 있다.

넷째, 지각상의 차이로 갈등이 촉진된다.

다섯째, 인간은 객관적인 사실보다 지각된 바에 따라 주관화된 객관성을 가지고 현실을 인식하고 행동한다.

따라서 개인행동을 연구하고 이해하기 위해서는 먼저 지각에 대한 이해가 전제되어야만 한다.

---

1 B. Berelson and G. A. Steiner, *Human Behavior*, New York: Harcourt, Brace & World, 1964, p. 88; S. P. Robbins, *Organizational Behavior: Concepts, Controversies, and Applications*, 2nd ed., Englewood Cliffs, N. J.: Prentice-Hall, 1983, p. 109.

2 신유근·백삼균·한인수 공저, 조직행위론, 한국방송통신대학출판부, 1995, p. 52.

## 3. 지각의 과정

환경으로부터 자극이 지각되어 반응으로서 행동이 나타날 때까지에는 많은 복잡한 심리적 과정을 거치게 된다. 또한 감각적 자극을 선택하고 조직화하는 데에도 개인적 차이가 있을 수 있기 때문에 동일한 외부환경이라도 개인 나름대로의 독특한 지각이 형성될 수 있다. 즉 개인의 전문지식의 영역이나 배경, 경험 등의 차이에 따라서 지각하는 바는 달라질 수 있다. 그리고 개인의 행동은 각 개인의 독특한 지각에 입각하여 이루어지기 때문에 모든 사람은 서로 다른 자신의 눈으로 세계를 바라보게 되는 것이다. 같은 정보, 사건 또는 상황에 직면해서도 사람들은 흔히 상당히 대조적인 해석이나 반응을 취하는 것은 바로 이러한 이유 때문이다.

개인의 행동과 연관시킨 하나의 시스템으로서의 지각과정을 그림으로 나타내 보면 〈그림 6-1〉과 같다.

그림 6-1 | 시스템으로서의 지각과정 |

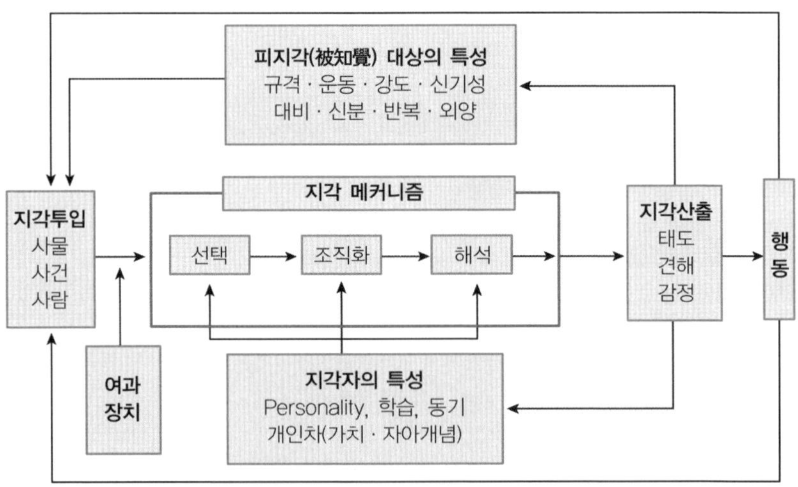

〈그림 6－1〉은 환경 속의 사람, 사물 및 사건들이 우리들의 지각영역에 수용되고, 또한 이들 지각 투입이 어떻게 선택·조직·해석되어지는가 하는 과정을 보여주고 있다. 이와 같은 지각과정은 다음과 같은 요소들로 구성되어 있다.

### (1) 여과장치(filtering)

지각메커니즘의 작동과정의 첫 번째 단계라 할 수 있는 여과장치는 오관을 통하여 투입되는 내용이 자신에게 얼마나 중요한가, 얼마나 의미가 있는가, 얼마나 관련성이 있는가에 따라 지각투입의 강도나 내용이 다르게 된다. 일반적으로 자신에게 중요하지 않고, 의미가 없고, 관련성이 없는 내용은 모두 여과되어 지각메커니즘으로 투입되지 않는 반면, 자신에게 중요하고 의미가 있고 관련성이 있는 내용들은 그 강도에 비례하여 지각투입의 강도가 결정된다.

### (2) 수용(reception)

지각 투입은 우리의 감각기관을 통해 수용된다. 즉 환경 속의 사물, 사건 및 사람 등이 시각, 청각, 촉각, 후각 및 미각 등을 통해서 우리의 지각영역으로 들어온다. 이때 개인은 생리적인 감지기능에 따라 정도와 성격을 달리하면서 자신에게 유리하고 관련 있는 것만을 선택하여 수용하게 된다. 이처럼 감지과정이 주어진 자극을 선택적으로 수용하게 되는 것은 나름대로의 심리적 영역(threshold)을 가지고 있기 때문이다. 따라서 개인은 자극의 강도가 자신의 심리적 영역수준보다 낮을 경우에는 그것을 감지할 수 없게 된다. 이와 같은 심리적 영역은 개인의 목적과 욕구, 경험과 태도에 의해 양향을 받고 있기 때문에 동일한 자극이라 할지라도 그것을 감지하는 강도에는 개인차가 있게 마련인 것이다.

### (3) 처리(processing)

인간의 오관(五官)에 의해 외부로부터 수집되어 선택된 정보(자극)는 지각메커니즘에 의하여 처리된다. 즉 지각자에게 의미 있는 것으로 조직화되어 해석하는 과정을 거치게 된다.

일반적으로 감지된 자극은 대부분 완전하지 못한 부분적인 조각들로 존재하기 때문에 이를 조합하거나 재구성하여 보다 구체적이고 완전한 사물이나 형상으로 만들어 의미를 찾게 되는데 이러한 과정을 조직화라고 한다.

지각대상을 조직화하는 과정에서는 그림과 배경, 지각적 집단화, 지각항등성, 지각맥락, 지각방어 및 공격, 지각분화 등의 형상구성이 이루어진다.

① 그림과 배경의 원리(figure-ground principle)

일반적으로 사람들은 지각하는 과정에서 의미 있게 눈에 띄는 부분에 대해서만 관심을 기울이고, 나머지 부분은 중요하지 않은 것으로 간주하게 된다. 이를 그림-배경의 원리라고 한다.

여기에서 그림이란 지각자가 의미를 두는 부분이고, 배경이란 중요하게 생각하지 않는 부분을 말한다. 따라서 사람들이 무엇을 지각했다고 하는 것은 그것을 배경으로부터 분리한 다음 그에 대해 의미를 부여하고 해석을 내린 결과의 상태를 뜻하는 것이다.

② 지각적 집단화(perceptual grouping)

이는 지각자가 수용한 자극을 어떤 방식을 통하여 의미 있는 형태로 조직화하는 것을 지각적 집단화라고 하는데 여기에는 연속성, 근접성, 유사성, 완결성과 같은 원칙이 적용된다. 형태심리학에서는 이것을 게스탈트 과정(gestalt process)이라고 한다.[3]

- **근접성**(proximity): 가까이 있는 자극끼리 한데 묶어 지각하는 경향성을 말한다. 예컨대 집단구성원들 가운데는 헌신적인 사람들이 있음에도 불구하고 불만건수가 많다는 이유로 그 집단을 문제 집단으로 간주하려는 것이나 특정 부문에서 일하는 사람을 하나의 집단으로 인식하는 것은 근접성에 해당된다.
- **유사성**(similarity): 자극들이 근접해 있다면, 그중에서도 유사한 자극들 끼리 한데 묶어 지각하는 경향을 말한다. 예컨대 경기장의 운동선수들의 유니폼 색깔에 따라 동일한 집단으로 인식하는 것은 이에 해당된다.
- **완결성**(closure): 실제 존재하지 않는 것을 전체적인 하나의 완결된 형태로 지각하는 것으로써 예컨대 불완전한 그림이나 글씨를 의식적으로 보충하여 완전한 그림이나 문장으로 지각하는 것이나 조직에서 몇 가지 불완전한 정보를 가지

3 게스탈트(gestalt)란 독립적으로 존재하는 여러 부분을 어떻게 하나의 '의미 있는 전체'로 지각하게 되는지를 이해시키기 위해 사용하는 심리학적 용어이다.

고 있음에도 불구하고 이것을 의식적으로 보충하여 하나의 완전한 틀을 만들어 의사결정을 하려는 것이 이에 해당된다.

• **연속성**(continuity): 어떤 형태가 규칙성을 가지고 있다면, 그 패턴을 계속 유지할 것으로 지각하는 경향이다. 즉 연속성은 시각적 요소들이 방향과 관련지어 연속적 직선이나 곡선을 형성하기 위해 집단화하는 경향이다.

• **공통성**(commonality): 함께 움직이고 있는 대상들은 주변과는 별개인 하나의 집단으로 지각하는 경향을 말한다.

• **단순화**(simplification): 지각자의 눈에 덜 띄는 정보는 빼버리고 지각하려는 경향을 의미한다.

③ 지각항등성(consistency)

지각항등성이란 지각대상이 변화하고 있는데도 불구하고 대상들을 비교적 안정적이고 변화하지 않는 것으로 지각하는 경향을 말한다. 예컨대 석탄은 항상 검게 지각하고, 코끼리는 항상 크게 지각한다. 이처럼 자신이 가지고 있는 지식이나 경험을 근거로 하여 사무를 판단하게 됨으로써 지각항등성이 나타나게 되는 것이다.

④ 지각방어(perceptual defense)와 지각공격(perceptual offense)

지각방어란 개인적·문화적으로 용납될 수 없거나 갈등을 일으키는 맥락 속의 상황적 사건 내지 자극들에 대해 인식하기를 거부하거나 왜곡시키는 것을 말하고, 지각공격은 자극이 자신에게 호의적이든 비호의적이든 모든 자극을 수용하는 것을 말한다.

⑤ 지각맥락과 지각분화

지각맥락이란 지각상황에 대한 참여와 전후관계의 이해 없이는 지각 불가능한 것을 말하고, 지각분화란 지각이 분화되어 어느 한쪽으로 치중함으로써 다른 측면을 제대로 판단하지 못하는 지각편중현상을 말한다.

### (4) 영향요인(influences)

지각 메커니즘은 내적 요인과 외적 요인에 의해서 영향을 받게 된다. 내적 요인이란 지각자의 특성으로서 성격, 학습, 경험, 동기, 개인차 등을 포함한다. 그리고 외적 요인은 규격(size), 강도(intensity), 대비(contrast), 반복(repetition), 운동(motion), 신기성(novelty), 신분(status) 및 외양(appearance)과 같은 지각 대상의 특성이다.

#### (5) 지각산출(output)

지각산출은 태도, 견해 및 감정 등으로 나타난다. 이들 산출 요소는 지각자의 행동을 결정할 뿐만 아니라, 또한 지각 투입 요소들이 장래에 지각되게 될 방식에도 영향을 미치게 된다.

#### (6) 반응(reaction)

지각자의 행동은 피지각 대상으로부터의 반응을 유발한다. 이러한 반응들은 피지각 대상에 새로운 의미를 부여하기 위하여 처리될 일련의 새로운 투입 요소들을 형성하게 된다.

## 4. 지각과정의 영향요인

지각자는 지각과정에서 내·외적인 영향변수들에 의해 많은 영향을 받게 된다.[4] 일반적으로 논의되고 있는 내·외적인 영향요인은 다음과 같다.

### 1) 내적 영향요인

#### (1) 성격(Personality)

성격(personality)은 사람들이 무엇을 어떻게 지각할 것인가에 영향을 미친다. 지각자가 외향적인 성격의 소유자인지, 내향적인 성격의 소유자인지, 낙관론자인지, 비관론자인지에 따라 사물을 바라보는 관점이나 인식방법에는 차이가 있다.

4 K. H. Chung and L. C. Megginson, *Organizational Behavior: Developing Managerial Skills*, New York: Harper & Row, Publishers, 1981, p. 112

일반적으로 성실한 사람은 성실하지 않은 사람보다 외적 환경이 주는 신호에 더 많은 관심을 기울이는 경향이 있다. 반대로 덜 성실한 사람은 충동적이고, 무관심하며, 무책임하다. 그들은 자신이 처해 있는 환경을 매우 불안정하게 본다. 이러한 견해는 그들이 지각적 선택을 하는 방식에 영향을 미친다. 반면에 좀 더 성실한 사람은 지각한 내용을 좀 더 깔끔하게 분류하고 조직화한다. 이렇게 함으로써 그들은 자료를 좀 더 빠르고 조직화된 방식으로 찾아 볼 수 있다. 다시 말해 그들은 지각을 선택하는 데 주의 깊고 기술적이며 잘 훈련되어 있다.

### (2) 학습과 경험

학습과 경험은 지각형성에 많은 영향을 미친다. 예컨대 어떤 사람과 좋은 관계를 유지한 경험이 있다면 설혹 그가 변했다 할지라도 과거의 경험이 그 사람을 평가하는 데 도움을 준다. 과거의 경험은 타인지각뿐만 아니라 자기지각에도 영향을 주어 성공한 경험이 많을수록 자기능력을 높이 평가하고, 실패한 경험이 많은 사람은 자신감을 잃게 된다. 또한 학습은 지각적 세트의 개발을 결정한다. 지각적 세트란 같거나 비슷한 대상에 대한 과거 경험에 기초한 특별한 해석을 기대하는 것을 말한다.

조직에서 관리자들이 의사결정을 할 때 그들의 기능적 배경(예: 회계, 엔지니어링, 마케팅, 생산)에 의해 영향을 받는다. 따라서 어떤 환경이 주어질 때 그들은 자신의 경험과 가치관 측면에서 문제를 해석하는 경향이 있다.

### (3) 동기

동기는 개인이 지각하는 데 중요한 역할을 하는 또 하나의 변수이다. 특정시점에서 어느 한 개인이 갖는 긴급한 욕구와 욕망은 지각에 영향을 줄 수 있다. 예컨대 샤워 중에 전화벨이 울리고 있다. 샤워를 중단하고 물을 떨어뜨리면서 전화를 받겠는가? 만일 중요하고 긴급한 전화를 기다리고 있을 경우에는 어떠하겠는가? 당신의 의사결정은 당신의 기대와 동기에 의해 영향을 받는다.

일반적으로 사람들은 욕구충족을 도와준다고 약속하는 것들이나, 과거에 받았던 보상들을 잘 지각한다. 조금 방해되는 것(개짓는 소리 등)은 무시하는 경향이 있지만, 위험한 사건(화재발생 등)에는 빠르게 반응한다. 동기와 지각과의 관계를 보면, 기분 좋은 사건을 기분 나쁜 사건보다 좀 더 효율적이고 정확하게 처리하는 경향이 있는데 이를 '낙천적 원칙'이라고도 한다.

#### (4) 가치

사람은 누구나 평소 자신이 깊은 관심을 두고 있는 사건이나 사람을 쉽게 지각한다. 예컨대 어머니가 수많은 아이들 가운데서도 자기 아이를 쉽게 찾아낸다든지, 여러 사람들 가운데서 지위가 높은 사람이 쉽게 지각되는 것은 모두 이 때문이다. 이와 같이 존재가치가 큰 물체가 실제보다 더 크게 지각되는 경향이 있는데 이를 '지각 강조'라고 한다.

### 2) 외적 영향요인

지각과정에 영향을 미치는 외적인 요인에는 다음과 같은 것들이 있다.

① **규모**(size): 대상물(자극)이 클수록 더 쉽고 빨리 지각된다. 이를 '규모의 원칙(principle of size)'이라고 한다. 신문광고에서 전면광고가 몇 줄의 광고보다 더 많은 효과를 기대하는 것도 이 규모의 원칙에 따른 예가 된다.

② **강도**(intensity): 대상물이 강도가 강할수록 더 잘 지각된다. 이를 '강도의 원칙(principle of intensity)'이라고 한다. 소리를 높이 지르거나 조명을 강하게 하면 그렇지 않을 때보다 더 많은 주의를 하고 지각을 하게 된다. TV광고에서 보면 이 원칙을 살려 다른 정규 프로그램보다 큰 소리로 방송하고 있다.

③ **대조**(contrast): 대상물이 바탕으로부터 튀어나오거나 기대하지 않았던 모습으로, 말하자면 다른 자극과 다를 때 더 많은 주의를 기울이게 되고 지각하게 된다. 이를 '대조의 원칙(principle of contrast)'이라고 한다. 지면에서 색감을 달리하거나 메시지의 내용을 비정상적으로 거꾸로 쓰거나 아무렇게나 배열하는 경우가 이에 해당하는 예이다.

④ **신기성**(novelty)**과 익숙함**(familiarity): 신기하거나 익숙한 외적인 상황은 주의를 크게 집중할 수 있다. 말하자면 익숙한 무대에서 새로운 사건 또는 새로운 무대에서의 익숙한 대상물·사건은 많은 주의를 끌어 지각하게 한다. 이를 '신기성의 원칙(principle of familiarity)'이라고 한다.

⑤ **동태성**(motion): 움직이는 대상물은 정지 상태에 있는 대상물보다 더 많은 주의를 끌어 지각하게 한다. 이를 '동태성의 원칙(principle of motion)'이라고 한다.

⑥ **반복성**(repetition): 반복되는 외적인 자극은 단 한 번의 자극보다 더 많은 주의를 끌어 지각하게 한다. 이를 '반복성의 원칙(principle of repetition)'이라고 한다.

이상과 같은 내·외적인 영향요인들을 논할 때 유념해야 할 두 가지 사실은 다음과 같다.

첫째, 외적인 영향요인 가운데서 움직임과 반복성의 두 가지는 동태적 속성(dynamic properties)에, 그리고 여타의 것들은 물리적 속성(physical properties)에 속한다.

둘째, 규모가 크고, 강도가 높고, 배경(바탕)과 크게 대조적이고, 신기하고, 익숙하고, 움직임이 강하며, 반복적인 것일수록 그렇지 않은 것들보다 자극이 강하여 지각에 크게 영향을 미친다.

### 3) 귀인에 의한 영향요인

일반적으로 사람에 대한 지각에 영향을 미치는 요인은 선택적 지각에 영향을 주는 요인과 동일하다. 내·외적 요인이 모두 사람에 대한 지각에 영향을 미친다. 그러나 한 사람이 다른 사람을 어떻게 지각하느냐에 영향을 미치는 요소들은 지각되는 사람의 특성이나 지각하는 사람의 특성 및 지각하는 상황이나 전후 관계로 분류하여 논의할 수 있다. 다시 말해 지각과정에 미치는 영향요인을 그것이 어디에 귀인(attribute)되는가에 따라 다음과 같이 구분한다.

#### (1) 지각하는 사람(perceiver)의 특성

사람이 대상물(자극)을 보고 그것을 해석하려고 할 때 그 해석은 지각하는 사람 개인의 특성(속성)에 크게 영향을 받게 된다. 가장 중요한 영향 요인이라 할 수 있는 귀인의 특성에는 여러 가지가 포함된다. 논자에 따라 자아개념(self-concept), 인지의 구조, 반응의 돌출(salience) 및 타인과의 과거의 경험 등이 거론되기도 하고 동인(motive), 과거의 학습(경험) 및 Personality 등이 거론되기도 하며 또한 태도, 동인, 관심사, 경험 및 기대 등이 거론되기도 한다. 예컨대 Personality가 지각에 미치는 영향에 관한 몇 개의 연구는 다음과 같은 결과를 제시하고 있다.

• 안전한(secure) 사람은 타인을 차가운 존재라기보다는 따뜻한 존재로 지각하는 경향이 있다.

• 사려 깊은 사람은 사물을 흑백논리(黑白論理)로 지각하거나 타인을 극단적으로 판단하려 하지 않는 경향이 있다.

• 자신을 받아들이는 사람은 거절하는 사람보다 타인을 호의적으로 대하는 경향이 있다.

• 자신을 받아들이는 사람은 타인이 자기를 좋아하고 필요로 하며 받아들인다고 지각한다.

• 성격적 특성이 유사한 사람을 지각할 때는 그렇지 못한 사람을 지각할 때보다 더욱 정확하다.

### (2) 지각되는 사람(perceived) 또는 대상물(object, target)의 특성

지각의 대상을 사람으로 할 때 지각되는 사람의 특성(속성)이 그의 지각에 영향을 미치는데 이에는 그의 신체적 외관(appearance), 언어적·비언어적 의사소통 및 그의 직위와 직업 등에 기인하는 것들이 포함되기도 하고, 제스처 또는 얼굴 표정과 같은 신체적인 것과 음질, 교육수준 및 주택의 위치 등과 같은 사회적인 것과 연령, 성(性), 직업, 종교 및 민족 등과 같은 역사적인 것들이 포함되기도 한다. 이와 관련하여 루탄스(F. Luthans)는 보다 직접적으로 다음과 같은 설명을 하고 있다.

• 지각되는 사람의 직위는 그 사람에 대한 타인들의 지각에 크게 영향을 미친다.

• 지각되는 사람은 통상 지각하는 사람의 지각 활동을 단순화하기 위해 직위와 역할 등의 두 가지 범주로 구분된다.

• 지각되는 사람의 가시적인 특성은 그 사람에 대한 타인들의 지각에 크게 영향을 미친다.

한편, 지각의 대상을 물체로 할 때 지각되는 대상물의 특성(속성)이 지각에 영향을 미친다. 이에는 앞에서 살펴본 바 있는 외적인 영향요인, 즉 지각의 대상이 되는 대상물의 규모, 강도, 대조, 신기성, 동태성 및 반복성 등이 포함된다.

### (3) 지각이 이루어지는 상황(situation)의 특성

위에서 거론한 지각하는 사람이나 지각되는 사람(또는 대상물)은 같다고 하더라도 상황(환경)이 다르면 지각이 달라진다. 캄캄한 새벽에 서재에 홀로 앉아 원고를 쓰는 사람이 밖에서 들려오는 참새의 소리를 때로는 기쁜 마음으로 받아들이기도 하고 때로는 짜증스럽게 받아들일 수도 있다. 이처럼 상황이 지각에 영향을 미치는데 이에는 다음 〈표 6－1〉에서와 같이 공통성을 찾을 수 없는 여러 가지가 포함된다.

**표 6-1** 상황특성의 구분

| 논자 | 구분 |
|---|---|
| Michell / Larson(88) | • 첫인상 / 만나는 장소 / 동반하는 사람 / 만남의 시간의 장·단 |
| R. M. Steers(91) | • 조직의 역할 / 사건이 일어나는 장소 |
| M. Dalton et als.(92) | • 감정 상태 / 시간 / 장소 / 연령 / 빈도 |
| S. P. Robbins(93) | • 작업무대 / 사회적 무대/대상물을 보는 시점 |

이상의 논의를 종합적으로 정리해 보면 다음과 같은 결론을 얻을 수 있다.

첫째, 모든 지각자의 특성(속성)의 상이함으로 인해 동일상황에서 동일대상(사람, 사건, 물체)을 다르게 지각할 수 있는 것이다.

둘째, 지각되는 대상의 특성이 다르기 때문에 동일한 사람이 동일한 상황에서도 달리 지각될 수 있다.

셋째, 지각이 이루어지는 상황이 다르면 같은 사람도 동일한 대상을 다르게 지각할 수 있다.

## 5. 지각오류

지각은 여러 가지 요인에 의하여 영향을 받으면서 형성된다. 이 과정에서 다음과 같은 오류(errors), 곡해(distortions) 또는 장애(barriers)가 발생할 수가 있다.

### 1) 고정관념(stereotyping)

고정관념(stereotyping)이란 집단의 개인차를 무시하고 한 개인을 그가 소속된 집단의 평가에 기반하여 일반화하려는 경향성[5]을 의미한다. 즉, 고정관념은 지각의 과정을 단순화하여 다른 사람을 일반적 범주화(範疇化)와 지각된 유사성에 기반 하여 그도 그 같은 특성을 지닐 것이라고 긍정적·부정적으로 귀인시키려는 (판단하는) 경향을 말한다.

**【예】**
- 성 별: 여성은 감성적이고 남성은 지성적이다.
- 연령별: 젊은이는 버릇없고, 혁신적이며 늙은이는 예의바르며 보수적이다.
- 직업별: 모든 노동자는 게으로고 무책임하며 모든 교수는 열심히 연구하며 책임감이 강하다.
- 국적별: 프랑스인은 감정적이고, 미국인은 합리적이다.
- 신체별: 키 큰 사람은 싱겁고, 작은 사람은 야무지다. 뚱보는 어수룩하며 빼빼는 야무지다. 피부가 검은 사람은 성욕이 강하고 흰 사람은 성욕이 약하다.

물론 이와 같은 일반화는 장점이 없는 것은 아니나 위의 예에서 알 수 있듯이 반드시 모든 사람이 그렇지는 않으며 오히려 상반된 경우도 얼마든지 있을 수 있기 때문에 지각 오류를 범하게 된다.

5 K. M. Bartol & D. C. Martin, *Management*, McGraw-Hill, 1994(2nd), p. 448.

### 2) 후광효과(halo effects)

이는 고정관념과 깊이 관련되어 한 사람의 좋은 자질 또는 행동의 단면을 보고 그 사람의 모든 것을 좋게 평가하려는 경향성을 말한다. 즉, 관찰한 지각내용(자질과 행동)이 관찰하지 않은 것들에까지 지각적 영향을 미치는 경향을 '후광효과' 또는 '현혹효과'라고 한다.

긍정적인 좋은 특성을 가지고 좋게 평가하려는 경향성을 후광효과라고 한다면, 이와는 반대로 나쁜 특성이나 특질로 인해 지각 대상자의 모든 것을 부정적으로 평가하려는 경향을 '뿔 효과'(horne effect)라고 한다.

예컨대, 신입사원의 선발 인터뷰에서 '후광효과'가 작용하는 것은 흔히 있는 일이다. 시장조사원의 직무를 담당하려고 지원한 지원자가 단정치 못한 옷차림을 하고 왔다면, 인터뷰 담당자는 그 같은 단일 특성만으로 그 사람을 비전문적 태도와 최저의 능력을 가진 책임감 없는 사람으로 지각하는 경우가 좋은 예가 된다. 사실 그 지원자는 책임감이 높고, 전문성이 있으며, 능력 있는 사람일 수도 있을 것이다. 이 경우에 일어나고 있는 것은 단일 특성, 즉 용모가 그 개인에 대한 인터뷰 담당자의 일반적 지각의 다른 특성들을 유린(무효화)하고 있는 것이다.

**표 6-2** 후광효과와 뿔 효과

| 효과 | 실제모습 | 착각 |
| --- | --- | --- |
| 후광효과 | 빼어난 용모<br>고급승용차, 우수한 학벌 | 유능한 사람으로 간주<br>집안이 좋다고 생각 |
| 뿔 효과 | 남루한 옷차림<br>소형승용차, 떨어지는 학벌 | 무능한 사람으로 간주<br>사회적으로 뒤떨어졌다고 생각 |

### 3) 투사(projection)

사람들은 흔히 다른 사람들도 나와 유사할 것이라고 판단한다. 말하자면 타인들도 나와 같은 생각을 하고 느끼며 또한 나와 같은 특성을 지니고 있다고 가정한다. 이 같은 경향을 '투사' 또는 '자신과의 유사성 효과(similar-to-me effect)'

라고 한다. 사람들은 자신의 속성을 타인들에게서 찾아볼 수 있다고 생각하며 흔히 타인을 나 자신의 환상(reflection)인 것처럼 보게 된다. 사기꾼은 타인도 사기꾼이라고 믿고 거짓말쟁이는 타인도 거짓말쟁이라고 믿게 되는 것들이 이 오류의 예가 된다. 자신의 잘못을 객관적인 평가나 분석 없이 타인에게 적용하려 하는 것이 투사의 오류이다. 전통적인 투사의 오류는 관리자의 욕구와 부하의 욕구가 같다고 전제(前提)한다.

### 4) 지각적 방어(perceptual defense)

사람은 지각상의 혼란을 야기하거나 위협을 주는 자극을 회피하거나 체질하는 경향이 있다. 다시 말해 자신의 신념을 위협하거나 그것에 도전하는 정보는 들어오지 못하게 하는 경향이 있다. 오히려 사람은 자신의 관점을 지원해 주는 정보(자극)를 선택하는 경향이 있는데 이 같은 경향성(메커니즘)을 '지각적 방어'라고 한다. 예를 들면 어떤 부하직원을 승진시키기로 결심한 관리자가 동료들의 생각

그림 6-2 | 인간행동의 방어 메커니즘 |

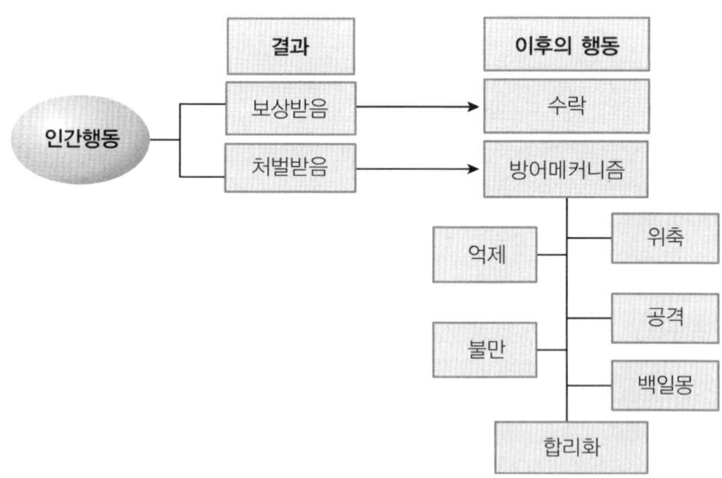


자료: J. L. Massic & J. Douglas, *Management*, Prentice-Hall, 1992(5th), p. 25.

과 다를 때 자신의 결심에 유리한 정보만을 선택하고 그 결심을 흔들리게 하는 덜 유리하거나 불리한 정보를 부정할 수 있다.

### 5) 선택적 지각(selective perception)

사람은 자신의 현재의 신념, 가치관 또는 욕구를 강화하거나 이들에 일치하는 상황 또는 사람의 측면에 주의를 집중하는 경향이 있다. 다시 말해 사람은 주변에 있는 모든 사람, 대상물 또는 사건에 주의를 기울일 수 없고 특출한 것에만 주의를 기울이고 지각하게 된다.

사람은 흔히 자신이 원하는 바를 듣고 보려 하는데, 이 같은 경향을 '선택적 지각'이라고 한다.

### 6) 기대(expectation)

기대의 오류는 지각하는 사람의 기대가 그 대상(지각되는 사람)에게 실제로 나타나게 만드는 과정을 의미하는 것으로 '지각의 준비(conceptual readiness)' 또는 '자아충족적 예언(self-fulfilling prophecy)'라고도 한다. 이 과정은 자극대상(다른 상황 또는 사람)을 자신의 기대와 일치하도록 지각하게 한다.

이 같은 기대효과는 특히 우리가 타인의 행동을 해석하는 경우에 강력하게 나타난다. 예컨대, 대중 앞에서 "김××는 문제아야"라고 말하면 이는 그에게 문제아처럼 행동하게끔 면허증을 준거나 다름없으며 사창가에 있는 여인을 숙녀로 대접해 주면(my fair lady) 그녀는 숙녀처럼 행동하게 된다. 즉, 숙녀와 창녀의 차이는 그녀가 어떤 행동을 하는가에 있지 않고 어떤 대접을 받는가에 있다. 이와 같은 현상을 심리학자들은 피그말리온 효과(Pygmalion effect)라고 한다.

## 6. 지각오류의 감소방법

지각(知覺)은 앞에서 살펴보았듯이 여러 가지 서로 다른 요인에 의해 영향을 받으며 각종 오류가 발생할 수 있다. 모든 사람은 정도의 차이는 있어도 지각상의 많은 오류를 범하게 된다.

그러나 자신의 지각을 주관적 실재가 아닌 객관적 실재에 가깝게 하고, 타인들의 지각내용과 거의 동일하게 할 수 있는 몇 가지 방법이 있다. 이들 방법을 동원하면 오류를 완전히 제거하여 객관적인 실재를 지각할 수는 없다고 해도 상당한 오류를 줄여서 실제에 가까운 것을 지각할 수는 있게 된다.

렌돌프(W. A. Randolph)는 지각오류를 줄일 수 있는 방법으로서 다음과 같은 다섯 가지를 제시하였다.

① 지각의 과정이 어떻게 작용하는지를 눈여겨보면 오류가 어디서 일어나는지를 알 수 있기 때문에 오류의 영향을 극소화시킬 수 있다.

② 자신의 지각과 타인의 지각을 비교하고 자신의 지각이 보다 정확한 것이 되도록 하기 위해 타인과의 의사소통의 기회를 증대한다.

③ 타인들의 관점을 이해하려고 노력한다. 여기서 중요한 것은 타인에게 자신의 정당함을 믿게 하려고 노력하기 보다는 타인들을 이해하는 일이다.

④ 새로운 정보를 접하면 자신의 지각이 기꺼이 변혁한다. 이렇게 할 때 후광효과(현혹효과) 및 지각방어와 같은 오류를 극복할 수 있다.

⑤ 세계를 동태적인 관점에서 본다. 이는 지금의 지각이 옳다고 하더라도 시간이 흘러 현상이 바뀜에 따라 그것이 옳지 않은 것이 될 수도 있음을 인정함이다.

그리고 던햄(R. B. Dunham)은 이에 관해 다음과 같은 세 가지 방법을 제시하였다.

첫째는 자기이해(self-understanding)이다. 이는 상동적 태도, 현혹효과 등에 의해 야기되는 지각 오류를 자신도 범할 수 있음을 인정하는 것을 의미한다.

둘째는 자기수용(self-acceptance)이다. 이는 자기가 아직은 완전하지 않음을 이해하고 받아들임을 의미한다. 그렇게 되면 투사의 오류는 크게 줄일 수 있게 된다.

셋째, 의식적인 정보과정(conscious information process)이다. 이는 선택, 조직화 및 해석 등 지각과정의 세부적인 메커니즘을 주의 깊게 지켜보면서 각종 오류가 발생하지 않도록 함을 의미한다.

결론적으로 우리가 사물을 바라보고 그것을 나름대로 엮어서 이해하는 지각과정을 통해 알 수 있는 것은 그 과정 속에서 일어날 수 있는 수많은 굴절과 왜곡의 가능성이다. 사실 우리가 사물을 바라본다는 것은 있는 그대로 보는 것이 아니라 우리가 생각하는 대로 만들어 보는 창조의 과정임을 알 수 있다. 특히 다른 사람을 지각할 때나, 지각의 대상이 복잡할 때, 우리는 나름대로 정보를 첨가하고 누락시키고 있음을 알 수 있다.

우리는 상대방을 있는 그대로의 모습을 보는 것이 아니라 우리의 두뇌나 마음속에서 창조한 상대방의 이미지를 통해 상대방을 보고 이해하고 있다. 그러므로 우리가 지각한 내용은 실상이 아니라 허상일지도 모른다.

다시 말해 우리가 보고 있는 것은 있는 모습 그대로가 아니라 우리 마음이 지어낸 상상물에 불과하다. 즉 상대방에 대한 우리의 이해는 자신이 보고 싶은 대로, 자신의 가치기준에 따라 자신의 경험에 짜 맞춘 이미지에 불과하다. 우리는 이러한 지각을 통해 형성된 이미지를 바탕으로 상대방과 상호작용하며 조직생활을 영위하고 있다.

자신의 기준에 따라 상대방을 판단하고, 상대방에게 기대를 가지며, 그것을 바탕으로 상대방을 대하듯, 상대방도 똑같이 자신들의 기준에 의해 생각하고 그가 스스로 창조한 이미지를 통해 나를 이해한다. 그러므로 우리는 서로 각기 다를 수밖에 없으며 아무리 같은 상황에서 동일한 사건을 보더라도 그 사실을 달리 이해하고 해석할 수 있다. 조직생활은 이러한 다른 이해를 바탕으로 살아가는 사람들끼리 서로 조화를 이룩해 가는 과정이라 할 수 있다. 만약 우리의 사고가 모두 같고 우리가 모든 사물들을 동일하게 본다면, 대화의 필요성은 존재하지 않으며 서로가 서로를 도와줄 아무런 이유도 없다. 서로가 다른 사고와 다른 이미지를 가지고 부딪치고, 경쟁하고, 조화를 이룰 수 있는 접점을 찾으려 노력하는 과정에서 조직생활의 보람이나 성과를 창출할 수 있게 되는 것이다.

좀 더 사실에 가까운 서로의 이미지를 형성하기 위한 유일한 방법은 서로가 자신의 느낌이나 사고를 좀 더 진솔하게 주고받는 과정에서만이 가능할 것이다. 내 사고가 어떻게 잘못되었는지는 같은 사건에 대해 상대방은 어떻게 보고 이해하고 있는지를 알아보고 비교해 봄으로써 알 수 있을 것이다.

### 토의문제

1. 지각의 개념과 특성에 대해 논의해 보자.
2. 지각과정의 영향변수에는 어떤 것들이 있는지 알아보자.
3. 지각방어와 지각공격의 차이점에 대해 논의해 보자
4. 지각오류의 구체적인 형태를 알아보고 이를 감소시키기 위한 방법에 대해 논의해 보자.
5. 지각대상의 특성이 지각에 미치는 영향에 대해 논의해 보자.

Human Behavior

제7장

# 학 습

## 1. 학습의 개념과 중요성

학습은 인간 삶의 시작이요 과정이라 할 수 있다. 공자는 논어에서 맨 처음 언급한 것이 "學而時習之 不亦悅乎(학이시습지 불역열호)"라고 하였다. 즉 "배우고 때때로 익히면 기쁘지 아니한가"라는 뜻이다. 또한 맹자는 "上無例下不學, 賤民興, 喪無日矣(상무예하불학, 천민흥, 상무일의)"라 했다. 즉 "위에 있는 사람이 예의가 없고 밑에 있는 사람이 배우지 아니하면 도적들이 흥하여 근심이 끊이지 않을 날이 없다"는 것이다. 또한 중용에 "好學近乎知, 力行近乎仁, 知恥近乎勇(호학근호지, 역행근호인, 지치근호용)"이라 하였다. 즉 "배움을 좋아하는 것은 지혜에 가깝고, 힘써 행하는 것은 어짐에 가깝고, 부끄러움을 아는 것은 용기에 가깝다"는 것이다. 이처럼 배움은 사람의 마음을 기쁘게 하며 사회를 이끌어 가는 데 안정과 질서를 유지시켜 주는 작용도 아울러 하고 있다. 또한 배움은 지혜 있는 자가 행하는 과정이라고 할 수 있다.

거의 모든 복잡한 인간의 행동이 학습된다는 것은 명백한 근거를 가지고 있다. 우리가 조직 내의 인간의 행동을 설명, 예측, 통제하기를 원한다면 사람들이

그림 7-1 | 학습의 과정 |

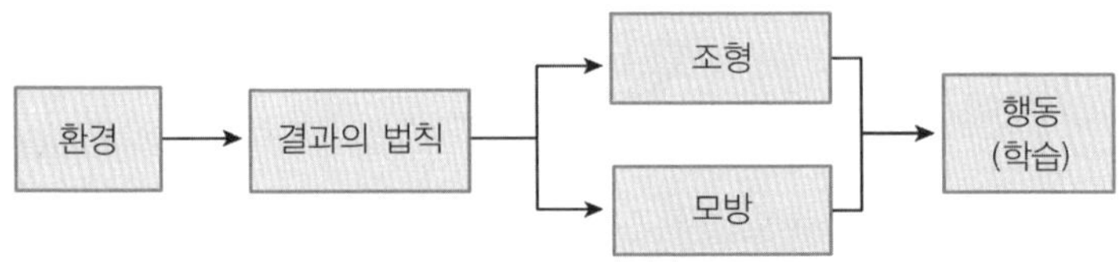


자료: Adapted from Robert Kreitner, *Management: A Problem-Solving Process*(Boston: Houghton Mifflin, 1980), p. 306.

어떻게 학습하는지를 이해하는 것이 필요하다. 보통의 문외한들은 학습을 "학교에 다닐 때 우리들이 배웠던 것"으로 생각하지만 학습에 대한 심리학자들의 정의는 보다 더 광범하다. 먼디(R. W. Mondy et als.) 등은 학습이란 유형화된 행동과 실천을 통해 기능, 지식, 능력 및 태도를 얻는 활동이라고 하였고, 로빈스(S. P. Robbins)는 학습이란 경험의 결과로서 일어나는 비교적 영속적인 행동의 변화(relatively permanent change in behavior that occurs as a result of experience)라고 하였다.

실지로 우리들 각자에게는 끊임없이 학습이 계속되고 있다. 우리는 어떻게 학습하는가? 〈그림 7-1〉은 학습과정을 나타낸 그림이다.

〈그림 7-1〉에서 보는 바와 같이 학습은 우리를 도와 환경에 적응하거나 환경을 정복하게 한다. 우리는 변화하는 상황에 적응하기 위해 우리의 행동을 변화시킴으로써 책임을 다하는 시민, 생산적인 종업원이 된다. 그러나 학습은 결과의 법칙(law of effect) 위에 구축된다. 결과의 법칙이란 행동은 그 행동의 결과와의 함수관계라는 것을 가리키는 말이다.[1] 호의적인 결과가 뒤따르는 행동은 반복되는 경향이 있고 비호의적인 결과가 뒤따르는 행동은 되풀이 되지 않은 경향이 있다.

여기에서 사용되고 있는 결과(consequences)란 용어는 행동하는 사람이 보상이라고 생각하는 것(돈, 칭찬, 승진)을 가르치는 말이다. 만약 상사가 그 판매원의

1 Edward L. Thorndike, *Educational Psychology: The Psychology of Learning*(New York: Columbia University Press, 1913); B. E. Skinner, *Beyond Freedom and Dignity*(New York: Knopf, 1971).

판매방식에 대하여 칭찬을 하였다면, 그 판매원은 그 같은 행동을 반복할 가능성이 높다. 그러나 이와 반대로 상사가 그 판매원의 판매방식을 질책하였다면 그 판매원이 그 같은 행동을 되풀이할 가능성은 그만큼 더 낮아질 것이다. 그러나 학습과정의 핵심은 두 이론, 즉 우리가 어떻게 학습하느냐에 대한 두 가지 설명이다. 여기에서 두 가지 이론이란 조형이론(shaping)과 모방이론(modeling)이다.

학습이 점진적 단계를 거쳐 일어나고 있을 때, 학습(행동)이 조형된다고 말한다. 관리자들은 종업원들에게서 바람직한 행동을 끌어내기 위해 종업원이 바람직한 행동(desired behavior)으로 가까이 나아가는 각 단계마다 보상을 주어 강화함으로써 종업원의 행동을 조형(shaping)한다. 학습의 많은 부분이 조형에 의해 이루어지고 있다. 그리고 우리가 “실수를 통해 배운다”고 말할 때 곧 그것은 조형에 의한 학습을 말하고 있는 것이다. 우리는 시도해 보고 실패하고 또다시 시도해 보는 과정을 통해서 학습하게 된다는 말이다. 이 같은 일련의 시행착오의 과정을 거쳐서 자전거 타는 것과 같은 기초적인 기술과 수학적인 계산방법을 터득하게 된다.

조형에 의한 학습 이외에도 우리가 학습한 것의 많은 부분이 다른 사람들을 관찰하고 그들의 행동을 따라 하는 모방의 결과이다. 시행착오에 의한 학습과정은 보통 느린 학습과정인 반면에 모방은 복잡한 ‘행동의 변화’를 매우 신속하게 이룩해 낼 수 있다. 예를 들어 학교에서나 또는 어떤 특정한 교육과정에서 어려움을 겪고 있을 때 우리들 대부분은 때때로 과정의 모든 내용을 완전히 마스터하고 있는 것처럼 보이는 사람을 찾아 우리가 하고 있는 방법과 다르게 행하고 있는 것이 무엇인가를 관찰하게 된다. 그리하여 어떤 차이를 발견하게 되면 그 차이(행동의 차이)를 우리의 행동에 통합하게 된다. 그리하여 우리의 업적(성적)이 개선되면(호의적인 결과), 우리는 다른 사람들에게서 효과적으로 작용하는 그들의 행동을 우리의 행동에 반영하여 우리의 행동을 영구히 변화하려고 한다.

이 같은 학습과정은 학교에 있어서처럼 작업현장에 있어서도 동일하다. 신입종업원, 즉 자기의 직무수행에 성공하고 싶은 신입 종업원은 조직 내에서 존경받고 직무수행에 성공하고 있는 사람을 찾게 되고 그리고는 그 사람의 행동을 모방하려고 노력할 것이다.

학습이 조직행위 분야에서 갖는 중요한 의미는 우선 조직은 인간으로 구성되고 인간 행위를 통하여 조직목표가 달성되기 때문에 학습은 조직에 있어서 필수불가결의 요소인 동시에 제2차, 3차적으로 다시 학습되는 과정들을 가지고 있다. 이것이 교육훈련 과정이라 할 수 있다. 이 교육 훈련을 통하여 조직에서 필요로 하는 사람의 행위를 규정시켜 놓고 있으며 직무에 적합한 전문적 기술과 지식을 습득케 하여 준다.

그래서 학습은 강화된 현실부터 경험의 결과까지 영원한 형태의 변화와 밀접하게 연관되어 있다. 이런 현상들을 종합하여 중요한 특성을 찾아본다면 다음과 같은 몇 가지로 정리할 수 있다.

첫째, 학습은 형태에 있어서 개혁을 필요치는 않더라도 변화(change)를 수반한다. 학습된 후에는 그 이전보다도 어떤 모습으로든 달라진다. 변화는 조직의 관점에서 보면 좋은 것일 수도 있고 나쁜 것일 수도 있다. 종업원이 바람직한 행동을 학습하는가, 아니면 바람직하지 못한 행동을 학습하는가에 따라 조직의 생산성에 미치는 결과가 다를 수 있기 때문이다.

둘째, 이때의 변화는 상대적으로 영구적(永久的)인 것을 의미한다. 말하자면 학습에 의해 일어난 변화는 오랫동안 지속되는 경향이 있다. 일시적인 변화는 반응적인 것일 뿐 참다운 학습이라고 할 수 없다.

셋째, 학습은 행동과 관련된다. 학습은 현재의 행동뿐만 아니라 잠재적인 행동에도 영향을 미친다.

넷째, 학습은 경험의 결과이다. 이때의 경험은 직접적인 것일 수도 있고 간접적인 것일 수도 있다. 또한 학습을 위해서는 어떤 형태로든지 경험을 필요로 한다.

다섯째, 학습은 지식과 기능만이 아니라 태도와 사회적 행동을 포함한다.

여섯째, 학습은 분명히 조직행위에 영향을 미치는 요인이다. 그러나 학습은 행동에 영향을 미치는 여러 개 요인 중의 오직 하나일 뿐이다.

일곱째, 성장, 피로 또는 잠과 같은 신체적 변형(variation)에 따른 행동변화는 학습이 아니다. 말하자면 학습결과 얻은 행동변화와 성숙 또는 나이를 먹음에 따라 일어나는 변화는 다르기 때문이다.

보다 직접적으로 말하면 학습은 환경과의 경험에서 나오는 것이기 때문에 조직의 업적에까지 연결되는 행동변화의 하나의 원천이기도 하나 본능적 또는 유전적인 다른 행동변화의 원천과는 여러 가지 측면에서 성격을 달리하는 독특한 원천이다.

## 2. 학습이론

인간이 어떻게 학습하는가에 관한 연구는 20세기 초 러시아의 파블로프(I. Pavlov)의 개를 대상으로 한 실험에서 비롯되었고 그 후 손다이크(E. Thorndike)와 스키너(B. F. Skinner) 등의 행동과학자들에 의해 계승·발전되어 왔다.

대체로 널리 인식되어 온 이론적 접근은 행위론적 접근법(behavioralistic approach)과 인지론적 접근법(cognitive approach), 그리고 최근의 접근법으로서 사회학습이론(social learning theory)을 제시할 수 있다.

### 1) 행위론적 학습이론

행위론적 학습이론은 왓슨(J. B. Watson), 손다이크 및 스키너 등에 의해 발전되어 왔다. 이들의 학습이론은 고전적 조건화와 조작적 조건화를 중심내용으로 하고 있다.

#### (1) 고전적 조건화

조건화(conditioning)란 하나의 사건, 상징 또는 대상물(object)을 다른 것과 연결시킴을 의미하는 것으로써 고전적 조건화의 과정은 1902년 러시아의 생물학자이자 심리학자였던 파블로프의 개와 종소리 사이의 관계에 관한 실험에 의해서 처음 제시되었다.

그는 이 실험에서 개는 음식(무조건적 자극: unconditioned stimulus)을 보고 반사적인 행동으로 침(무조건적 반응: unconditioned response)을 흘리게 되었는데 먹이를 줄 때마다 종(鍾)(조건적 자극: conditioned stimulus)을 울리면 나중에는 종소리만 듣고도 침을 흘리게 되었다(조건적 반응: conditional response).

**표 7-1** 파블로프의 고전적 조건화 실험의 요약

| | 〈자극〉 ⟶ 〈반응〉 | |
|---|---|---|
| 학습 이전 | 음식(무조건적 자극) ⟶ | 침 흘림(무조건적 반응) |
| | 종소리 ⟶ | 반응 없음 |
| 학습 과정 | 음식(무조건적 자극)과 종소리(중성적 자극) ⟶ | 침 흘림(무조건적 반응) |
| 학습 이후 | 종소리(조건적 자극) ⟶ | 침 흘림(조건적 반응) |

자료: R. J. Aldag & T. M. Stearns, *op. cit.*, 1991, p. 385.

여기서 음식을 보고 침을 흘리는 것은 무조건적 자극에 대한 무조건적 반응이고, 종소리를 듣고 침을 흘리는 것은 학습을 통한 조건적 자극에 대한 조건적 반응이다.

그리고 이 조건화된 자극(종소리)은 무조건적 자극(음식)이 없더라도 침이라는 무조건적 반응을 유도할 수 있었는데 이 새로운 관계를 조건반사라고 하며, 무조건적 자극을 조건적 자극과 짝지어서 학습에 의한 행동을 유도해 내는 과정을 '고전적 조건화'라고 한다.

그런데 고전적 조건화는 수동적인 것이며 인간행동은 개처럼 단순한 것이 아니라 매우 복잡한 것이어서 초기의 이 같은 관점으로는 설명할 수 없다는 점에서 다른 논자들에 의해 이 방법은 더욱 발전되었는데 대표적인 논자로는 왓슨과 손다이크(J. B. Watson and E. L. Thorndike)를 들 수 있다.

왓슨은 학습과정에서 외부로부터의 보상(reward)을 강조했다.[2] 다시 말해서 그는 [자극－반응]에 있어서 반응행동은 이에 따른 보상이 수반됨으로써 반복될 수 있고, 따라서 보상을 조정함으로써 바람직한 반응행동만을 유도할 수 있다고 주장하면서 [자극－반응]의 빈도(frequency)와 반응행동에 대한 신속한 보상을 중시하였다.

그 후 손다이크도 왓슨에 이어 조건적 자극의 반복만으로는 학습효과가 발휘되지 않고 반응 행동의 결과로부터 얻어지는 만족의 여부에 따라서 결정된다는

2 J. B. Watson, *Behavior: An Introduction to Comparative Psychology*, Holt, Reinhart an Winston, 1914, pp. 44-45.

'효과의 법칙(low of effect)'에 기반을 둔 강화이론을 발표하였다. 그보다 약 20년 이후에 헐(C. L. Hull)은 효과의 법칙과 강화이론을 개인의 욕구 및 학습과 연결시킨 종합적인 학습모형을 제시했다.

### (2) 조작적 조건화(operant conditioning)

고전적 조건화의 단점을 시정하기 위해 등장한 조작적 조건화는 스키너의 동물실험을 중심으로 대두하였는데, 학습은 단순히 고전적 조건화에서 보는 것처럼 단순히 자극에 대한 조건적 반응에 의해 이루어지는 것이 아니라 반응 행동으로부터 바람직한 결과를 조작시키는 데 따라 이루어진다는 주장이다.

이는 유기체가 바람직한 결과를 얻기 위해 환경에 작용을 가함으로써 행위가 이루어진다는 입장인데 행위는 그에 따른 결과의 함수로서 어떤 반응을 자발적으로 보였을 때 그 결과가 좋은가 나쁜가에 따라 어떤 행위를 하게도 되고 안 하게도 된다는 것이다. 이 경우 자극은 행위를 유발하기는 하지만 행위유발의 단서일 뿐 중요한 것은 결과(보상 또는 벌)이다.

다시 말하면 고전적 조건화에서는 자극에 따른 반응과 반응에 따른 결과는 서로 독립된 과정으로 다루어지나 조작적 조건화에서는 반응 행동은 어떤 결과를 조작시키려는 데서 나타난다고 전제하고 따라서 보상이나 처벌 등의 조작적 요인이 강조되고 있으며, '효과의 법칙'과 '강화의 법칙' 등 소위 행동과학자들이 흔히 동원하는 개념들이 조작적 조건화의 이론적 기반을 형성하고 있다.

반응자의 행동은 그에게 발생한 결과를 결정하는 도구적 역할을 한다는 의미에서 '도구적 조건화(instrumental conditioning)'라고도 불리는 이 개념은 자발적인 행동의 학습에 초점을 둔다는 데 특색이 있다. 이는 훨씬 광범위한 반응 행동이 고전적 조건화보다는 조작적 조건화에 의해 학습될 수 있음을 의미한다.

## 2) 인지론적 학습이론

행위론적 학습이론에서 강조하는 보상과 강화는 배고픈 동물을 다룰 때는 매우 간단한 방법일 수 있으나 개인의 집단을 다룰 때는 그리 쉬운 일이 아니다. 예컨대 어떤 사람은 돈으로 보상의 만족을 얻을 수 있으나 어떤 사람은 성취동기의 실현으로 만족을 얻고자 한다.

이처럼 행위론적 학습이론에 있어서는 인간의 내적인 과정이 개입될 소지가 없다. 스키너(B. F. Skinner)는 어떤 자극이 효과가 없다면 이는 유기체에 자극의 역할을 수행하지 못했기 때문이라고 본다. 이러한 과정에서 사람이 느끼는 인지의 과정이 중요하다고 보는 것이다.

자극과 반응의 관계, 즉 행동과 강화의 관계를 연구의 핵심으로 하는 행동이론과는 달리 톨만(E. C. Tollman)을 필두로 하는 인지론적 학습이론에서는 학습이 인지적 환경의 단서(cues)와 기대 간의 관계성으로 구성된다고 보고 내적이고 정신적인 과정을 강조한다. 쥐를 대상으로 한 그의 실험과 결과를 인간에 적용하여도 같은 결과가 나온다는 것이다.

행위론적 학습이론이 기능의 획득을 목적으로 하는 것이라면, 인지론적 학습이론은 지식의 획득을 목적으로 한다. 인지론에서는 인간을 학습하는 데 있어서 의식적으로 그리고 적극적으로 참여하는 존재라는 가정 하에서 출발하는데 다음과 같은 몇 가지 단계적인 특성을 지닌다.

① 인지론적 학습이론의 관점에서 보면 사람은 경험에 의존하고 과거에 학습한 바를 활용하여 현재에 행동한다. 이때의 경험은 믿고 있는 지식, 즉 인지(cognition)를 의미한다. 예를 들어 직무의 선택을 하게 되는 종업원은 과거의 경험에 의존하게 된다.

② 사람은 자신의 행동을 선택한다. 예컨대 종업원은 두 가지의 대체안을 인정하고 그 가운데서 하나를 선택한다.

③ 사람은 선택의 결과를 인정한다. 예컨대 종업원은 선택한 직무가 어느 정도의 보상과 만족을 줄 것인지를 알고 결국 선택을 잘한 것인지 아닌지를 인정한다.

④ 사람은 결과를 평가하고 이를 이전의 학습에 추가하여 미래의 선택에 영향을 미친다.

인지론적 학습이론의 대표적인 논자인 콜브(D. Kolb)는 사람들이 학습을 어떻게 하는가에 관한 조사를 통해 사람은 각자 선호(選好)하는 학습 유형을 지니고 있음을 발견하고 이들을 '사고(thinking)－감각(feeling)'과 '실천(doing)－관찰(observing)' 등의 두 가지를 축(軸)으로 한 매트릭스를 만들어 다음과 같은 네 가

그림 7-2 | 네 가지 학습 유형 |

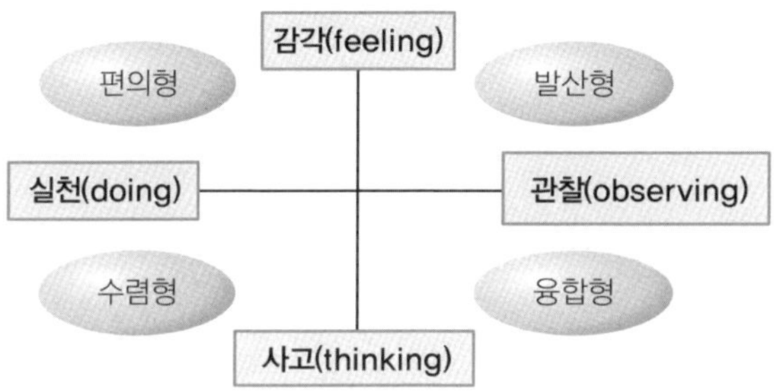


자료: R. N. Lussier, *Human Relations in Organizations*, Irwin, 1993(2nd), p. 49.

지 상이한 유형으로 구분하고 있다.

〈그림 7-2〉에서 보는 바와 같이 편의형(accommodator)은 실천과 감각을 통해 학습하기를 선호하는 유형으로서 주로 자신의 경험으로부터 학습하려는 경향이 있다. 발산형(diverger)은 관찰과 감각을 통해 학습하기를 선호하는 유형으로서 구체적인 것에서 학습하려는 경향이 있고, 수렴형(converger)은 실천과 사고를 통해 학습하기를 선호하는 유형으로서 정보를 실천적으로 활용하는 경향이 있으며, 융합형(assimilator)은 관찰과 사고를 통해 학습하기를 선호하는 유형으로서 정보를 많이 수용하여 논리적인 형태로 변환시키며 사람보다는 추상적인 아이디어와 개념을 찾으려 한다.

### 3) 사회적 학습이론

사회적 학습이론은 왓슨(J. Watson)과 관련된 행동주의적 입장과 헐(Hull), 스펜스(Spence), 돌러드(Dollard)와 밀러(Miller)의 신행동주의에 의한 산물이라 할 수 있는데, 행위론적 학습이론과 인지론적 학습이론의 문제점과 한계를 극복하기 위해 새로이 등장된 이론이며 기본적으로는 통합이론의 성격을 지닌다. 뿐만 아니라 이 이론은 환경을 강조함으로써 통합이론 이상의 것이다. 결국 사회적 학습이론은 행위적, 인지적 및 환경적 결정 요인의 상호작용적 본질을 강조한다.

그리고 사회학습 이론가들은 고전적 신행동주의와는 달리 정신적 과정과 높은 차원의 인지력이 행동에 영향을 준다고 주장한다. 개인은 모방이라는 수단에 의해 학습하고, 적합한 정보를 획득하고, 강화되고, 비강화된 환경을 구별하고, 목표달성에 인정한 기대감을 발달시키고 주관적으로 의미 있는 방식에 따라 세계를 구성한다고 믿어진다.

개인이 타인의 행동을 모방하고, 관찰을 통하여 학습하는 것은 명확하다. 예를 들어 자동차를 운전하는 것, 야구공을 치는 것, 혹은 적당한 소개를 하는 것과 같이 다양하고 복잡한 인간 활동은 이러한 활동을 할 때 다른 사람을 관찰함으로써 촉진된다는 것이 확실하다.

이처럼 간접적인 관찰과 직접적인 경험을 통해서 배울 수 있다는 관점을 '사회적 학습이론'이라고 한다. 다시 말하면 '사회적 학습이론'은 관찰을 통해 정보를 수집하고 타인의 행동을 모방함으로써 배울 수 있다는 관점이다.

타인을 관찰하여 지식을 획득한다는 것은 반두라(Bandura)와 왈터스(Walters)에 의해 처음으로 옹호되었는데 학습자는 타인을 봄으로써 학습하기 때문에 학습은 실제로 사회적 학습이다.

Liebert와 Spiegler(1974)에 따르면, 관찰 학습은 다음과 같은 세 단계를 포함한다.

첫 번째는 타인을 관찰하여야만 한다. 그러나 단순한 관찰만으로는 학습을 보장할 수 없다. 왜냐하면 각 개인의 행동에 참여해야 하기 때문이다. 그래서 두 번째 단계는 모델의 행위에 대한 지식을 획득해야 한다. 마지막으로 관찰은 나중의 행동지침으로서 개인에 의해 수용되거나 거절될 수 있다.

획득한 것이 행동으로 나타날 필요는 없다. 그래서 사회적 학습 이론가들은 학습과 수행 또는 아는 것과 행하는 것은 구별한다.

심리학자 반두라(A. Bandura)는 그의 강화 이론에 기반한 많은 연구 업적을 통해 개인의 인지적(사고적) 능력을 고려하지 않는 학습이론은 성공할 수 없다고 확신하고 학습은 행동과 개인의 다양한 요인과 외적인 영향력의 계속적인 상호작용을 통해 이루어짐을 주장하는 사회학습 이론을 발전시켰다. 말하자면 개인은 환경에 영향을 미치고 다시 환경은 개인이 생각하고 행동하는 방법에 영향을 미친다는 것이다.

## 3. 학습 특성과 개인행동

학습은 인간이 생각하고, 느끼고 행동하는 방법과 신념, 그리고 가치 및 목표에 대하여 커다란 영향을 미치며, 학습을 통한 경험은 개인의 행동을 변화시킨다. 그래서 학습은 인간의 행동과 동기유발에 있어서 매우 중요한 영향변수가 되는 것이다.

어느 개인이 복종형인가 아니면 지배형인가, 순종형인가 아니면 자기 주장형인가 하는 것 등은 보통 학습경험에 의하여 결정된다. 뿐만 아니라 한 개인이 어떻게 자신의 욕구를 충족시켜 나가며, 자신의 욕구좌절(frustration)을 어떻게 대처해 나가고 또 자신의 갈등을 어떻게 해결해 나가는가 하는 것 등도 학습에서 얻은 경험에 의하여 크게 영향을 받는다.

인간은 학습을 통하여 자신의 개념화(conceptualization)와 그가 살아 나갈 대상세계를 형성하여 나간다. 그리하여 자기만이 가지는 행동과 태도의 특성을 나타내면서 생활하게 된다. 이와 같이 개인의 취미, 태도, 관심 및 Motivation과 신체적·본능적 욕구가 충족되어지는 방법 등은 학습에 의하여 크게 영향을 받는다.

이상에서 살펴본 바와 같이 모든 사람은 각각 다른 유전형질과 경험을 가지고 있기 때문에 개성이 상이할 수밖에 없고 행동 또한 다를 수밖에 없다. 그러므로 종업원의 행동도 각 개인에 따라서 천차만별일 것이라는 전제하에 경영자는 종업원을 차별적으로 다루어야 할 것이다.

## 4. 학습강화의 유형

학습은 연습의 강화에서 비롯되는 경험으로부터 나타나는 행위의 지속적인 변화라고 할 수 있다. 따라서 개인의 행동을 변화시키기 위해서는 그가 가진 경험을 변화시켜야 하며, 또 이들의 경험을 변화시키기 위해서는 연습의 강화라 할 수 있는 학습행위가 뒤따라야 한다.

이 경우 학습이 행동변화(change in behavior)를 가능하게 하려면 그것이 상당 기간 지속적으로 이루어져야 하며, 또한 부단한 연습과 그에 따른 새로운 경험의 형성이 수반될 수 있어야 한다. 그리고 이를 위해서는 강화(reinforcement)를 통한 조건 형성이 반드시 필요하게 된다.

조건형성이란 자극-반응(stimulus-response)과정에서 자극을 강화시켜 준 결과 행동에 있어서의 변화가 발생하는 것을 말한다. 이와 같이 개인의 행동을 변화시키려 할 경우 강화요인은 가장 중요한 것인데, 이는 강화가 학습의 기초적 조건이 됨으로써 강화가 없는 학습은 생각할 수도 없고 또 행동의 수정은 불가능할 것이기 때문이다.

그런데 인간의 학습은 일정한 Motivation이 강화로서 주어질 때 실제로 이루어지는 것이며, 인간의 행동 또한 Motivation으로서의 보상이 제공됨으로써 가능하게 될 것이기 때문에, 개인의 행동을 수용시켜서 새로운 행동의 획득을 기대하려면 강화를 통한 개인에 대한 Motivation을 부단히 실행하여야 한다.

강화(reinforcement)가 없을 때 행동의 발생이나 변화는 있을 수 없다. 따라서 부하의 행동에 변화를 기대할 경우 상사는 부단한 강화활동을 실현해야 한다. 그렇게 함으로써 상사는 부하의 행동을 조직목표 지향적으로 유인할 수 있기 때문이다. 이와 같이 행동에 영향력을 행사하기 위하여 사용할 수 있는 강화전략에는 적극적 강화, 부정적 강화, 소거(消去) 및 벌(罰) 등 네 가지 유형이 있다.

이들 유형 가운데 적극적 강화 및 부정적 강화는 바람직한 행동을 촉진하기 위하여 사용되고 소거 및 벌은 바람직하지 못한 행동을 감소시키기 위해 사용된다.

### 1) 적극적 강화(positive reinforcement)

적극적 강화는 바람직한 행동의 빈도나 범위를 증가시키기 위하여 사용된다. 행동에 따른 보상이 적극적 강화요인이고, 그 행동의 빈도를 증가시킬 수 있다. 그러나 모든 보상이 적극적 강화요인이라고는 할 수 없다. 보상이 행동의 빈도를 증가시켜 주지 못하면 강화요인이 못된다.

보상이 효율적인 강화요인이 되기 위해서는 두 가지 조건을 충족시켜 주어야 한다.

첫째, 보상은 성과와 결부되어야 한다. 그렇지 못할 경우 보상은 인간을 Motivate시킬 수 없다.

둘째, 보상은 직무수행자의 욕구와 결부되어야 한다. 그렇지 않으면 행동을 강화시킬 수 없다.

적극적 강화요인은 1차적 강화요인과 2차적 강화요인으로 나누어 볼 수 있다. 1차적 강화요인(primary reinforcer)은 요인 자체에 선천적으로 인간의 욕구를 충족시키고 직접적으로 행동을 강화시키는 것이다. 즉 과거의 경험과 아무런 관계없이 반응행동의 결과가 생리적 욕구를 충족시킴으로써, 똑같은 반응행동을 유도해 내는 요인들이다. 예컨대 음식물은 공복에 대한 욕구를 충족시켜 주는 1차적 강화요인이다. 그리고 포옹은 애정욕구를 충족시켜 주는 1차적 강화요인이라 할 수 있고, 작업과 유희는 인간의 능력욕구(competence need)를 충족시켜 주는 1차적 강화요인이라 할 수 있다.

한편, 2차적 강화요인(secondary reinforcer)은 학습과 경험을 통하여 만족감을 느끼게 하는 요인들로서 현존하는 다른 강화요인과 관련되는 조건화된 강화요인이다. 금전, 칭찬 및 지위상승 등과 같은 것을 그 예로 들 수 있다. 이와 같은 것들은 그 자체로서는 가치를 가지고 있지 않으나 음식물, 애정 및 봉급인상과 같은 강화요인과 관련되기 때문에 가치를 가지게 된다.

### 2) 부정적 강화

부정적 강화(negative reinforcement)는 불쾌한 결과나 벌을 제거함으로써 어떤 행동의 빈도를 증가시키기 위하여 사용된다. 보상의 부여보다 벌이나 벌의 위협의 제거를 부정적 강화라고 한다. 부정적 강화의 방법이 효과적이기 위해서는 다음과 같은 두 가지 조건이 갖추어져야 한다.

첫째, 벌의 제거나 불편한 자극이 강화하고자 하는 행동과 결부되어야 한다. 예컨대 한 죄수의 석방이나 그의 모범수로서의 행동과 결부되어 있을 때, 그것은 선행을 강화시키게 된다.

둘째, 특정 행동을 하고난 후에 제거될 수 있는 불쾌한 결과(처벌 또는 처벌의 위협)가 있어야 한다. 즉 어떤 사람이 그가 회피하고자 하는 고통스러운 환경이 있어야 한다.

### 3) 소거(消去)

소거(extinction)란 강화작용의 결여로 말미암아 작동적 행위가 유지되지 못하는 현상을 말한다. 행위가 보상을 받지 못하게 되면 행위의 빈도가 감소되어 마침내 사라지고 만다. 일상생활에서 인간은 타인의 행위를 무시함으로써 소거를 하게 된다.

소거는 벌(罰)을 직접 적용하는 것이 아니기 때문에 실제 처벌보다 덜 고통스러울 것으로 생각될 수 있으나, 경우에 따라서는 소거는 실제 처벌과 마찬가지로 가혹할 수도 있다. 예컨대 다른 종업원들은 모두 봉급인상이 되는데 어떤 한 사람의 종업원만이 그렇지 못할 경우 그는 고통을 경험하게 될 것이다.

### 4) 벌(罰)

벌(punishment)은 바람직하지 못한 행동에 대해서 불쾌한 결과를 주거나 적극적 강화요인을 제거하는 것을 말한다. 지각한 부하를 꾸짖는 것은 불쾌한 결과를 주는 것이고, 지각한 것을 이유로 시간 외 근무의 기회를 주지 않고 따라서 특근수당을 주지 않는 것은 적극적 강화 요인을 제거하는 것이 된다.

인간은 어떤 처벌을 수반한 과거의 경험이나 다른 사람이 특정행동으로 말미암아 처벌되는 것을 관찰함으로써 회피행동을 학습하게 된다. 이와 같은 학습을 회피학습(avoidance learning)이라고 하며 그것은 처벌행위와 밀접하게 관련되고 있다.

이상에서 살펴본 네 가지 강화전략은 개별적으로 사용되기도 하지만 적절히 혼합하여 사용할 때 더욱 효과적이다. 이와 같은 혼합전략에는 다음과 같은 두 가지 방법이 있다.

첫 번째는 적극적 강화(보상)와 벌을 혼용하는 방법이다. 즉, 바람직한 행동

그림 7-3 | 강화전략의 유형 |

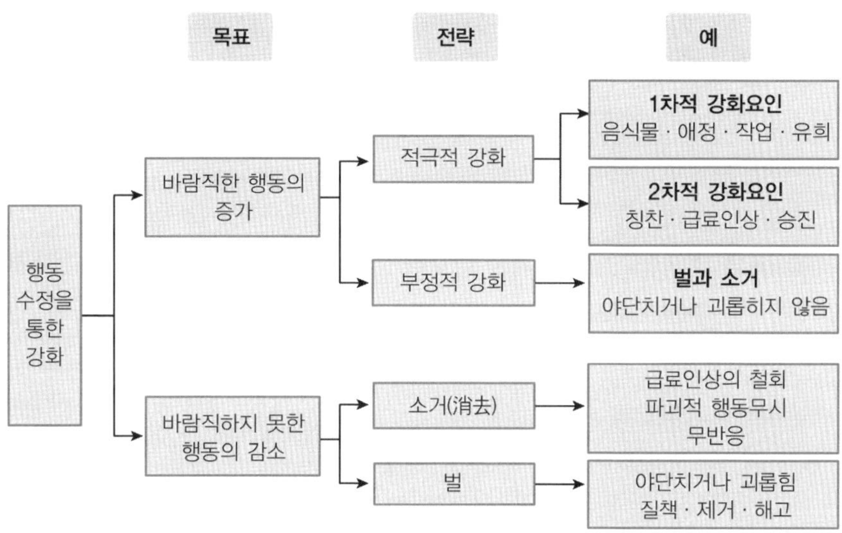


자료: K. H. Chung and L. C. Megginson, *Organizational Behavior: Developing Managerial Skills*, New Yoik: Harper & Row, Publishers, 1981, p. 98.

을 강화하기 위해서는 보상을 이용하고 바람직하지 못한 행동을 소멸시키기 위해서는 벌을 사용하는 것이다. 이 전략은 당근과 채찍이라는 말로 표현되는 방식으로서 경영자들에 의하여 자주 사용되고 있다.

두 번째 방법은 적극적 강화와 소거를 혼용하는 것이다. 벌은 가끔 부작용을 동반하기 때문에, 벌의 사용에 따른 부작용을 제거하면서 바람직스럽지 못한 행동을 약화시키기 위하여 벌 대신 소거를 사용한다. 즉 소거는 바람직스럽지 못한 행동을 약화시키고, 적극적 강화는 바람직스러운 행동을 강화시켜 준다. 따라서 종업원은 자신이 바라는 보상을 얻을 수 있고, 조직은 바람직스럽지 못한 행동을 제거할 수 있다는 이점이 있다.

### 5) 학습강화의 방법과 관리

강화는 두 가지 관점에서 이를 실행하여야 한다. 그 하나는 일정한 시간을 두고 강화하는 것이고, 다른 하나는 강화 대상의 강화에 대한 반응을 보고 강화를 해 나가는 방법이다. 어떤 방법에 의하든, 이들은 일정한 계획에 따라서 실행되어야 한다.

보상이나 처벌 등 두 가지 형태의 강화방법을 강구할 때, 이들이 갖는 Motivation의 수단으로서의 효과는 다르다. 뿐만 아니라 동일한 강화라도 그것이 개인에게 주는 Motivation의 효과는 다르다. 따라서 강화를 하려 할 경우에 있어서는 강화의 관리를 잘 해야 한다.

경영자가 종업원들에게 보상을 줄 때 사용할 수 있는 적극적 강화의 대표적인 일정 계획(reinforcement schedule)으로서는 강화요인의 적용시기를 중심으로 크게 연속강화법과 단속강화법을 생각해 볼 수 있다.

#### (1) 연속강화법(continuos reinforcement schedule)

연속강화법은 종업원들이 정확한 반응행위를 보일 때마다 강화요인을 적용하는 방법이다. 강화요인이 중단되면 성과는 감소될 수 있다. 정확한 행위는 즉시 강화되고 부정확한 행위는 보상되지 않기 때문에 억제된다. 이 방법은 계획된 학습에서 사용된다.

연속강화법이 지닌 문제점은 포만효과(satiation effect)가 발생한다는 점이다. 즉 강화요인의 연속적인 적용으로 말미암아 강화요인에 대해서 싫증이 나서 유인가치가 감소된다는 것이다. 예컨대 종업원이 어떤 것을 생산할 때마다, 또는 매시간 마다 임금을 받는다면, 그들은 임금적인 유인에 대해서 흥미를 잃게 될 것이다. 뿐만 아니라 경영자도 종업원들이 요구되는 행위를 보일 때마다 일일이 그들에게 계속적으로 보상을 해준다는 것도 불가능할 것이다. 따라서 이와 같은 단점을 극복하기 위하여 단속강화법을 사용할 수 있다.

#### (2) 단속강화법(intermittent reinforcement schedule)

단속강화법은 보통 조직의 보상을 관리하는 데 사용된다. 단속강화법의 예로서는 급료, 칭찬, 승진, 수상 및 인정 등을 들 수 있다. 조직은 바람직한 행위가 발생할 때마다 강화한다는 것은 거의 불가능하기 때문에 조직의 보상체계를 관리하기 위하여 단속 강화법을 사용하게 된다.

단속강화법에는 ① 고정간격법, ② 변동간격법, ③ 고정비율법, ④ 변동비율법 등 네 가지 방법이 있다.

① 고정간격법(fixed interval schedule)

요구되는 행위가 아무리 많이 발생하였더라도 어느 일정 기간을 간격으로 강화 요인을 적용하는 방법이다. 대부분의 조직의 급여 체계는 고정간격법에 바탕을 두고 있다. 종업원들은 그들이 직무에 소비한 시간에 대하여 시간급, 주급 또는 월급을 받게 된다. 급여가 시간간격에 묶여 있기 때문에 이 방법은 Motivation수단으로서는 효과가 적다.

② 변동간격법(variable interval schedule)

강화 요인의 적용 시기에 일정한 간격을 두지 않고 변동적인 간격으로 강화 요인을 적용하는 방법이다. 부하를 칭찬해 준다거나 승급·승진 등과 같은 것이 이 방법의 예이다. 강화의 시기를 예측할 수 없기 때문에 종업원은 소거(消去) 시(時)에 강화 작용을 기대하게 된다. 따라서 변동간격법은 고정간격법보다 바람직한 행위를 유지하는 데 더욱 효과적이라고 한다.[3]

③ 고정비율법(fixed-ratio schedule)

작동행위의 일정한 수나 일정한 비율에 따라 강화 요인을 적용하는 방법이다. 생산량에 비례하여 지급되는 성과급제나 일정량의 페이지를 타자(打字)해야 보수를 받는 타자수, 판매를 해야만 수수료를 받는 판매사원 등을 그 예로 들 수 있다. 고정비율법은 행동과 그 결과 사이의 인과관계를 증가시킬 수 있다. 고정비율법에 의한 성과는 간격법에서 얻게 되는 성과보다 일반적으로 높다. 예컨대 시간급제 하에서보다는 성과급제 하에서 생산성이 더 높아지는 경우와 같다.

---

3 G. A. Yukl, K. N. Wexley, and J. D. Seymore, "Effectiveness of Pay Incentives Under Variable-Ratio and Continuous Reinforcement Schedule," *Journal of Applied Psychology*, 1972, Vol. 56, pp. 19-23.

④ 변동비율법(variable ratio schedule)

작동행위에 일정한 비율을 사용하지 않고 변동적인 비율을 사용하여 강화요인을 적용하는 방법이다. 높은 생산성을 촉진하기 위하여 경영자는 일정 생산수준까지는 낮은 임률을 적용하고, 일정수준 이상일 경우 높은 임률을 적용하는 것이다.

이상과 같은 강화 방법은 학습의 성격과 환경에 따라 그 효과성이 다르다. 그러나 일반적으로 독자적인 성과에 관심을 둘 경우 간격법보다는 비율법이 더 높은 학습효과를 가져온다. 왜냐하면 간격법보다는 비율법이 작동적 행위, 즉 성과와 강화요인 간에 직접적인 연관성을 가지기 때문이다. 한편 일정기간에 일정행동을 원한다면 간격법이 좋다.

**토의문제**

1. 개인행위관리 차원에서 학습이 갖는 의의에 대해 논의해 보자.
2. 학습이론의 발전과정과 특성에 대해 논의해 보자
3. 구체적인 강화방법과 그 효과에 대해 논의해 보자
4. 처벌이 갖는 효과가 부정적인 영향에 대해 논의해 보자
5. 조건화에 의한 학습의 특성에 대해 논의해 보자

Human Behavior

# 제8장

# 태 도

## 1. 태도의 개념과 의의

태도(attitude)란 인간의 행동을 결정하는 요소로서 Personality 및 지각 등과 연결되어 있으며 어떤 사상(事象)이나 사람(object, events and people)에 대해 호의적이라든지 아니면 비호의적이라는 평가적 진술이다. 태도의 개념은 이를 연구하는 학자들에 따라 다양하게 정의되고 있는데, 쉬네이크(M. E. Schnke)는 "태도란 한 개인이 좋아하는 것과 싫어하는 것에 영향을 미치는 사람, 대상물, 자소, 사건 등에 관한 의견이다"라고 했고, 스티어스(R. M. Steers)는 "태도란 주어진 환경 하에 있는 대상물 또는 사람에게 좋다거나 나쁘다고 반응하는 경향"이라고 했다. 그리고 로빈스(S. P. Robbins)는 "태도란 대상물, 사람 또는 사건에 대해 좋다거나 나쁘다는 평가적인 기술"이라고 했다.

이상의 논자들의 견해를 종합해 보면, 태도는 어떤 사물이나 사람에 대해 좋다거나 나쁘다고 반응하는 심리적인 상태라고 개념을 정의할 수 있겠다. 따라서 태도는 그가 어떻게 느끼고 있는가를 반영하고 있는 것으로서 "나는 나의 직업을 매우 좋아한다"고 말하고 있을 때 나는 나의 직업에 대한 태도를 표명하고 있는

그림 8-1 | 태도와 관련된 개념 간의 관계모형 |

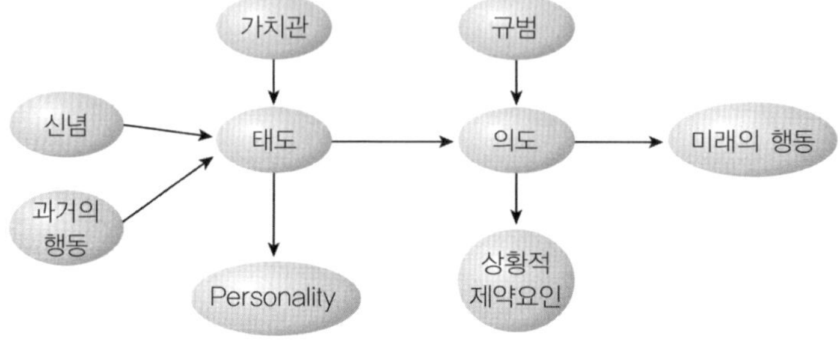


자료: T. R. Michell & J. R. Larson, *People in Organizations; An Introduction to Organizational Behavior*, McGraw-Hill, 1988(3rd), p. 118.

것이 된다.

이처럼 태도는 가치관과 유사하지만 다른 개념으로서 가치관보다는 광범하고 보다 포괄적인 개념이라 할 수 있다. 가치관은 옳은 것이라든지, 바람직한 것(rightness or desirability)이란 도덕적인 내용을 가미하고 있다. 그래서 "차별하는 것(discrimination)은 그릇된 일이다"라는 말은 가치관을 반영하고 있는 개념이고, "종업원의 선발에서 평등고용 기회법이 실현되는 것에 호의를 가지고 있으며 또 조직 내의 관리직위를 위해 여자를 훈련시키는 데 대하여도 좋게 생각하고 있다"고 말하는 것은 태도를 반영하고 있는 개념인 것이다.

사람은 수천 가지의 태도를 가질 수 있다. 그러나 조직행위론은 매우 한정된 수의 '직무와 관련된 태도'(job-related attitudes)에 초점을 맞춘다. 이 같은 직무와 관련된 태도에는 직무만족(job satisfaction), 직무몰입(job involvement), 조직업무에의 전념도(organizational commitment), 조직에 대한 충성심과 일체감의 지표 등이 포함된다. 그러나 그중에서도 직무만족이 확실히 많은 주목의 대상이 되고 있다.

직무만족은 직무에 대한 그 개인의 일반적인 태도를 가르치는 말이다. 그래서 높은 직무만족감을 가진 사람은 그 직무에 대해 긍정적·적극적인 태도를 갖게 되고, 반면에 그 직무에 대해 불만족하고 있는 사람은 그 직무에 대한 부정적·소극적인 태도를 갖게 되는 것이다. 그래서 종업원의 태도에 대해 말할 때는 그것이 직무만족을 의미하는 것으로 생각하는 경우가 많은 것은, 실제로 두 용어가 상호 교환적으로 사용되고 있는 경우를 흔하게 볼 수 있기 때문이다.

그리고 태도는 다음과 같은 몇 가지의 특성을 지니고 있음을 알 수 있다.

첫째, 태도는 태도의 결과는 볼 수 있어도 그 자체는 볼 수 없는 성질의 것이다. 다만 태도 자체는 추리가 가능할 뿐이다.

둘째, 태도는 다차원의 개념이다. 즉, 특정한 사람이나 대상물에 대한 태도는 매우 좋아하는 것(favorable)에서부터 매우 좋아하지 않는 것(unfavorable)에 이르는 연속선상에 놓여 있다.

셋째, 태도는 학습된다. 개인적으로만 학습되는 것이 아니라 타인과 상호작용을 통해 조직 내에서 학습된다.

넷째, 태도는 어느 정도의 지속성은 지니고 있으나 변화를 본성으로 하고 있다.

다섯째, 태도는 유사 개념인 '의견(opinion)' 및 '가치관'과는 다른 개념이다. 물론 태도는 가치관과 어느 정도의 같은 속성을 지니고는 있으나 다음과 같은 세 가지 측면에서 서로 다른 개념이라 할 수 있다.[1]

① 태도는 가치관보다 구체적이고 한정적인 데 반해 가치는 태도보다 포괄적이다.

② 가치관은 무엇이 옳고 그르며, 또한 좋고 나쁜가에 초점을 두는 데 비해 태도는 좋아하는 것과 싫어하는 것에 초점을 둔다.

③ 가치관은 태도보다 더욱 안정적이다. 즉, 태도가 가치관보다 바꾸기가 쉽다.

이상에서 살펴본 바와 같이 태도는 인간행동의 원인이라고 할 수 있다. 따라서 어떤 사람의 태도를 이해한다는 것은 그 사람의 행동을 예측할 수 있다는 의미가 되기도 한다는 점에서 인간행동을 이해하고 예측·관리하기 위해서는 무엇보다 태도에 대한 이해가 전제되어야 할 것이다.

1 M. E. Schnake, *Human Relations*, Merrill Publ., 1990, p. 102.

## 2. 태도의 구성요소

한 개인의 태도는 다음과 같은 서로 연관된 요소들로 구성되어 있다.

### 1) 인지적 요소(cognitive component)

인지적 요소는 대상에 대한 지각·신념·사고로 구성되는데 경우에 따라서는 '신념적 요소', '정보적 요소', 또는 '사고적 요소'라고도 한다. 이것은 사람이 무엇에 대하여 갖는 정보 또는 사고방식을 의미한다.

태도체계에 포함되는 가장 중요한 인지적 요소는 평가적 신념(evaluative belief)인데 그것은 대상에 대한 호(好)－불호(不好), 선(善)－악(惡) 등의 속성을 포함한다. 또한 인지적 요소는 대상에 대한 적절－부적절의 반응양식을 포함하기도 한다. 그리하여 인지적 요소는 행동적 요소와 밀접한 관련성을 갖게 되는 것이다.

### 2) 정서적 요소(affective component)

정서적 요소는 '감정적(feeling, emotional) 요소' 또는 '평가적(evaluative) 요소'라는 개념으로도 거론되는데 이는 개인의 어떤 대상에 대한 감정을 말하며, 그것에 대한 好·不好가 포함된다. 그리고 태도에 대하여 고집을 세우고 흥분하게 하고, 또한 동기화의 특성을 부여하는 정서적인 면을 일컫는다.

정서적 요소는 대체로 부모, 선생님 또는 동료 등으로부터 학습된 것으로 긍정적이거나 부정적일 수도 있으며 중간적일 수도 있다.

### 3) 행위적 요소(behavioral component)

행위적 요소는 '의도적 요소'라고도 하는데 이는 어떤 대상물에 대해 특정 방식으로 행동하려는 경향(tendency)을 말하는 것으로서 태도의 활동요소이다. 어떤 개인이 특정 대상에 대해서 긍정적 태도를 갖고 있다면, 그는 그 대상을 돕거나, 혹은 지지하고 싶을 것이며, 반면에 그가 부정적 태도를 지니고 있다면 그 대상을 헤치거나, 혹은 파괴하고자 할 것이다.

이상에서 살펴본 태도의 세 가지 구성요소 가운데서 우리가 행위를 보고 알 수 있는 것은 태도의 행위적 요소뿐이다. 好·不好의 감정은 안색이나 대화, 접근 및 회피 등을 통해서 간접적으로만 알 수 있고, 인지적 요소도 언어나 토론 등에서 추정할 수 있을 뿐이다.

## 3. 태도형성과 태도변화의 영향요인

### 1) 태도형성의 영향요인

코스텔로(T. W. Costello) 등은 태도 형성에 미치는 영향요인으로서 ① 문화, ② 주요 집단의 성원자격, ③ 가족, ④ 동료 집단, ⑤ 사전 작업경험 등을 들고 있으며, 태도는 이러한 요인들에 의해 학습된다는 것이다.[2]

#### (1) 문화(Culture)

문화는 한 개인의 태도형성에 가장 큰 영향을 미치는 요인이다. 문화는 음식에 대한 기호로부터 인간관계에 대한 우리의 태도, 그리고 우리의 정치적 견해에 이르기까지 모든 것에 영향을 준다. 예컨대 대부분의 한국 사람들은 말고기나 원숭이 고기를 혐오스런 식품으로 간주한다. 그러나 세상 어떤 곳에서는 이러한 것이 진미로 간주되고 있다. 또한 힌두교도들은 두껍고 피가 흐르는 스테이크와 햄버거를 좋아하는 미국인의 식성을 혐오스럽게 여긴다.

문화란 한 사회가 갖는 관습이나 전통 등을 의미하며, 이들이 한 개인의 성

2 T. W. Costello & S. S. Zalkind, *Psychology in Administration*, Englewood Cliffs, N. J.: Prentice-Hall, 1963, pp. 260-263.

격이나 행동, 특히 그의 태도형성에 결정적인 영향을 미치게 된다.

### (2) 주요 집단의 성원 자격(mores of a society)

인간은 복잡한 사회생활 속에서 그가 소속한 많은 집단, 즉 지리적, 종교적, 사회·경제적 계층의 집단 구성원자격에 의하여, 그가 어떤 태도를 학습해야 하는가에 관한 규범과 기준을 제공받는다. 그리고 때때로 그가 접하는 다른 집단의 태도들은 그 자신과 서로 마찰을 빚을 수가 있다.

### (3) 가족(family)

개인의 태도형성에 가장 큰 영향을 미치는 요인은 가정과 그의 가족들이다. 한 개인의 사고방식, 행동양식, 그리고 태도 등은 그가 성장하면서 소속되어 있던 가정과 가족들에 의해 크게 영향을 받는다.

### (4) 동료 집단(peer groups)

셰리프(M. Sherif)는 인간은 자신을 이해하기 위해 자기가 속한 소속집단에 비춰 본다고 했다. 따라서 그가 타인이나 사회에 대해 가지는 태도는 자연히 그가 속한 집단이 갖고 있는 준거의 틀을 벗어나지 못한다는 것이다. 따라서 자신과 함께 일하는 동료집단은 개인들의 태도에 영향을 주어 공통된 규범을 이끌어 나가게 된다. 특히 준거집단(reference)은 원래 집단의 규범에 상충되는 태도를 지닌 개인을 집단 규범에 동조하도록 영향을 준다.

처음에는 동내의 소꿉친구, 친지, 학교친구, 그 다음에는 동료작업자와 그밖에 그가 접촉하는 사람들이 한 개인의 태도에 영향을 미치게 되는 것이다.

### (5) 사전 작업경험(previous job experiences)

어떤 개인은 이전의 직장에서 형성된 태도를 가지고 옮겨 온 회사의 보수, 승진 절차, 작업조건, 감독방식, 기타 회사정책 등을 비교하게 될 것이다. 뿐만 아니라 대외적으로 고객, 공급자, 그리고 경쟁자들에 대한 태도 면에서도 이전의 경험은 상당한 영향을 미칠 것이다.

## 2) 태도변화의 영향요인

우리가 인간의 태도를 연구하는 중요한 이유는 이것이 행위를 나타내기 전의 심리적인 준비 상태이기 때문에 인간행위의 이해를 위해서는 태도에 대한 이해가 필수적인 것이다.

그런데 태도변화는 일반적으로 변화되어야 할 태도 자체가 어떤 상태인지에 따라 변화의 속도가 촉진되기도 하고 저해되기도 한다. 먼저 태도변화에 영향을 미치는 요인들을 내적요인과 외적요인으로 구분하여 설명해 보면 다음과 같다.

### (1) 태도변화의 내적 영향요인

태도변화에 영향을 주는 내적 요인에는 유사성, 일관성, 조화성 및 유용성 등의 요인이 존재한다.

① 기존의 태도와 새로운 태도 간의 유사성 정도에 따라 태도변화의 속도나 강도는 다르게 나타난다. 일반적으로 반대의 태도를 가지고 있다든지, 극단적인 태도를 가진 사람에게서는 새로운 태도변화를 기대하기란 매우 힘들 것이다.

② 태도의 구성요소(인지적·정서적·행위적)간 일치성의 정도가 높으면 그 태도는 매우 안정적이고 고정화될 수 있다. 따라서 태도변화는 어렵게 된다.

③ 현재의 태도와 요구되는 새로운 태도간의 조화의 정도가 태도변화에 영향을 미친다. 즉, 상호조화되는 태도(예컨대 인간의 생명은 존엄한 것이다. 사형제도는 폐지되어야 한다)들은 상호 강한 영향을 미쳐 태도변화를 어렵게 만든다.

④ 특정태도는 그 사람이 어려서부터 외부세계에 적응하고, 욕구를 충족하기 위해 키워 온 결과의 산물이라 할 수 있다. 따라서 어떤 태도가 그 사람에게 계속 이용가치가 있다고 판단되면 그 태도는 좀처럼 변화되지 않는다.

### (2) 태도변화의 외적 영향요인

태도변화에 영향을 주는 외적 요인으로서는 메시지의 원천, 메시지의 전달방법, 공포분위기, 집단에의 소속감, 저항감 등을 생각할 수 있다.

① **메시지의 원천**: 메시지의 원천이 갖는 특성에 때라 태도변화에 미치는 영향력은 다르다. 일반적으로 메시지의 원천은 사람, TV뉴스나 광고, 책 등 여러 가

지가 있을 수 있는데 이들이 다음과 같은 특성을 지닐 때에는 영향력은 증대된다.

첫째는 전문성이다. 흡연이 건강을 해치고 인간의 생명을 단축시킨다는 말을 일반인이 아닌 의사로부터 들었을 때, 또한 그러한 내용을 주간잡지에서 보았을 때 보다는 의학전문 학술지에서 보았을 때 신뢰성은 높고 태도변화에 대한 영향력은 증대한다.

둘째는 신뢰성이다. 수신자가 송신자에 대해 갖는 신뢰성의 정도는 전달하는 내용에 대한 신뢰성이나 수신자의 태도에 많은 영향을 미친다.

셋째는 호감의 정도이다. 수신자가 송신자에 대해 평소 갖고 있는 존경심이나 호감의 정도에 따라 수신자의 태도에 미치는 영향은 다르다.

② **송신자의 태도와 전달방식**: communication을 함에 있어 보다 중요한 것은 전달하는 메시지의 내용보다도 전달하는 송신자의 태도와 전달방법은 수신자의 태도변화에 많은 영향을 미친다. 동일한 내용의 메시지라 할지라도 송신자의 태도와 전달하는 방식에 따라 그 효과는 전혀 다르게 나타날 수 있다.

③ **공포분위기**: 일반적으로 사람들은 공포와 위협을 느끼는 상황에서는 단순해지기 때문에 설득이나 태도변화가 쉬워진다. 예컨대 금연을 강조하면서 폐암에 걸린 환자의 수술 장면을 적나라하게 보여준다든지, 흡연으로 인해 손상된 허파를 보게 해주면, 금연에 대한 설득이나 태도변화는 쉬워진다.

④ **집단에의 소속감이나 연결 정도**: 집단에 대한 소속감이나 열정이 강한 개인을 설득하여 태도를 변화시키기란 매우 어렵다. 따라서 집단소속감이나 연결정도가 느슨한 개인을 설득하여 새로운 태도를 갖게 하는 것이 보다 쉬운 일이다.

⑤ **저항감**: 일반적으로 사람들은 변화보다는 안정을 추구하려는 경향성이 강하다. 변화는 새로운 태도와 행동을 요구하며 어느 정도의 위험을 감수해야 하기 때문에 사람들은 변화에 저항하게 된다. 이러한 저항의 크기에 따라 태도변화의 정도가 결정되는 것이다. 따라서 변화에 대한 저항감을 줄이려면 변화의 필요성이나 당위성에 대한 깊은 이해와 변화를 위한 준비태세를 갖게 하는 것이 중요하다.

## 4. 태도의 변화

### 1) 태도변화의 어려움

무인도에 홀로 사는 사람이 아니라면 모든 사람들은 다른 사람들과의 관계 개선을 위한 태도변화가 필요하다. 그런데 태도변화에는 다음과 같은 두 가지 어려움이 있다.

첫째, 변화의 기본적인 대상이 되는 지식보다는 태도가, 태도보다는 개인행동이, 개인행동보다는 집단행동이 더 어렵다. 여기서 변화되어야 할 집단행동을 위해서는 보다 쉬운 개인행동을, 그리고 이보다 쉬운 개인의 태도부터 변화시켜야 한다는 교훈을 얻을 수 있다.

둘째, 이와 관련하여 변화에 소요되는 시간은 다르다. 집단행동보다는 개인행동이 변화의 시간이 짧게 걸리고, 행동보다는 태도의 변화에 더 짧은 시간이 소요된다. 여기서 태도는 변화가능하다는 확신을 가져야 한다.

그림 8-2 | 행동변화에 소요되는 시간과 어려움 |

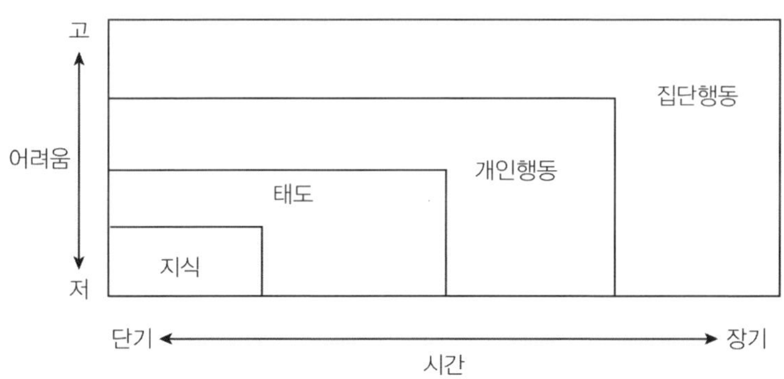


자료: P. Hersey and K. H. Blanchard, *Management of Organizational Behavior*, Prentice-Hall, 1993(6th), p. 4.

## 2) 태도변화의 제 이론

태도는 변화될 수 있는가? 조직행위를 연구하는 대부분의 학자들은 태도는 변화가능하고 인간행동의 변화에 직접적인 영향을 미칠 수 있다고 보고 있다.

### (1) 행동주의 이론

바람직한 행위를 강제시키다 보면 태도 역시 동일한 방향으로 변화됨을 알 수 있다. 예컨대, 산을 싫어하는 사람을 강제로 데리고 정상에 올랐더니 밝고 상쾌한 자연의 아름다움과 성취의 기쁨을 맛보게 되었다. 이러한 경험은 그의 등산에 대한 태도를 변화시킬 수 있다. 또한, 잠꾸러기를 일찍 일어나게 했을 때 그가 이른 아침의 상쾌함을 느끼고 나면 그의 태도가 변화될 수 있다. 이처럼 행동주의자(behaviorist)들은 태도의 변화는 자극-반응의 원리인 일종의 학습에 의해 가능하다고 본다.[3] 따라서 어떤 사람의 태도를 변화시키려면 새로운 것이 더욱 좋고 유리하다는 것을 입증해 주어야 한다. 사람은 자신의 행동의 결과가 자신에게 보다 유리하다고 느낄 때에는 자신의 태도 또한 그러한 방향으로 변화를 시키게 된다는 것이다.

이처럼 행동주의자들은 인간의 태도는 관심, 이해, 수용과 같은 요인들에 의해 변화가 이루어지게 된다고 주장한다.

① 관심: 어떤 자극에 대하여 관심이 없을 경우에는 영향력을 발휘할 수 없다. 따라서 태도의 변화를 위해서는 무엇보다 자극에 대해 관심과 주의를 기우리도록 해야 한다.

② 이해: 태도가 변화되기 위해서는 자극에 대하여 이해할 수 있어야 하고, 그 자극을 일으킨 사람처럼 동일한 역할을 할 수 있어야 한다.

③ 수용: 경험한 자극을 새로운 태도로 인정하고 그것을 수용할 수 있을 때 태도변화는 일어나게 된다.

3 C. I. Hovland, I. L. Janis an H. Kelly, *Communication and Persuasion*, New Haven, Connecticut: Yale University Press, 1953.; 임창희, 전게서, p. 144.

### (2) 장의 이론(Field theory)

쿠트 레윈(K. Lewin)의 장이론에 따르면, 인간의 심리상태인 태도는 고정적이거나 안정되어 있는 것이 아니라, 겉으로는 그렇게 보일지라도 실제로는 서로 상충되는 힘의 작용으로 동적인 세계에서 균형 상태를 유지하고 있을 뿐이라는 것이다.[4]

우리가 가지고 있는 많은 태도들의 대부분은 준거집단으로부터 전수된 것이다. 일반적으로 사람은 다른 사람들이 가지고 있는 보편적인 태도를 그대로 수용하려는 경향성이 매우 높다. 따라서 다른 사람들이 사장을 싫어하면 나도 싫어한다.

예컨대 제2차 세계대전이 시작된 직후 미국이 식육용 고기부족으로 곤란을 겪고 있을 때 사회심리학 연구기관의 관계자였던 쿠트 레윈(K. Lewin)이 이 문제의 해결을 맡았다.[5] 즉 주부들로 하여금 소의 간, 허파, 내장 등에 대한 부정적인 태도를 변화시켜 이를 즐겁게 구매하여 먹게 하는 것이었다. 대부분의 주부들은 이미 "소의 내장 등은 쇠고기보다 나쁘고 가난한 사람들이 사서 먹는다"는 준거집단의 규범에 물들어 있었기 때문에 좀처럼 태도를 바꿀 수 없었다. 이때 레윈은 주부들끼리의 토론의 장을 만들어 놓고 설득하려는 자들을 주부들과 같은 동료집단으로 참석시켰다. 강의를 듣는 것이 아니라 자신들이 토론에 참여했고, 준거집단인 동료부인들이 새로운 의견을 제시하니까 쉽게 동조하였던 것이다.

다시 말해 집단구성원의 태도를 변화시키기 위해 특정한 한 사람을 개별적으로 접촉하여 설득하게 되면 해당되는 한 사람에게만 영향을 미치지만, 집단 속에 들어가 집단을 상대로 설득하였더니 그 영향력이 순식간에 구성원 모두에게 퍼져 나갔던 것이다. 즉, 집단 속의 개인들은 상호 영향을 받기도 하고 영향을 미치기도 하면서 자신의 태도를 변화시켜 나간다.

---

4 차대운, 경영조직행위, 도서출판 대명, 2002, pp. 152－154.

5 K. Lewin, *Field Theory in Social Science*, New York: Harper, 1951; D, Hammon, *The Science of Synthesis; Exploring the Social Implications of General Systems Theory*, University Press of Colorado, 2003; K. Lewin, "Defining the Field a a Given Time," *Psychological Review*, Vol. 50. 1940, pp. 292－310.; 임창희, 전게서, p. 144. 재인용.

그림 8-3 | 레윈의 장이론과 태도변화 |

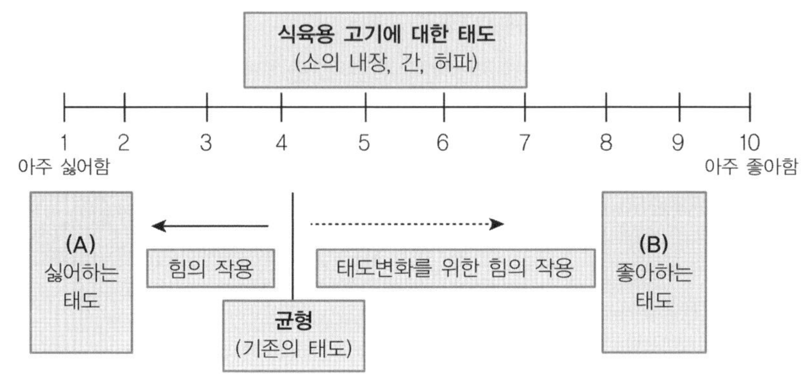


위 〈그림 8－3〉에서 보는 바와 같이 소의 간, 내장, 허파 등에 대한 싫어하는 태도를 (A)라 하고, 호의적인 태도를 (B)라고 했을 경우, 싫어하는 기존의 태도를 좋아하는 (B)쪽으로 이동시키려면 식육용으로 소의 간, 내장, 허파가 좋다는 긍정적인 정보·지식의 제공 등을 통해 태도변화에 대한 힘을 강화시키면 마치 자석의 힘이 센 쪽으로 쇠막대가 끌려가듯이 호의적인 태도의 변화가 일어나게 된다는 것이다.

### (3) 인지부조화이론

사람은 누구나 자신의 두뇌 속에 수많은 인지를 갖고 있다. 이들 중 서로 관련이 있는 인지들 사이에 불일치가 존재하면 인지부조화(cognitive dissonance) 상태가 되어 불안한 마음을 갖게 된다.[6] 그래서 인간은 이러한 불안한 마음으로부터 탈피하려고 자신의 인지의 조화상태를 만들기 위해 노력하게 되는데, 이때 한쪽의 인지를 바꾸어 다른 쪽과 일치시키면 자연스럽게 태도의 변화가 일어나게

6 L. Festinger, *A Theory of Cognitive Dissonance*(Stanford, California: Stanford University Press, 1957); M. Sherif and C. I. Hovland, *Social Judgement: Assimilation and Contrast Effects in Communication and Attitudes Change*, New Haven, Connecticut: Yale University Press, 1981.

그림 8-4 | 인지부조화와 태도변화 |

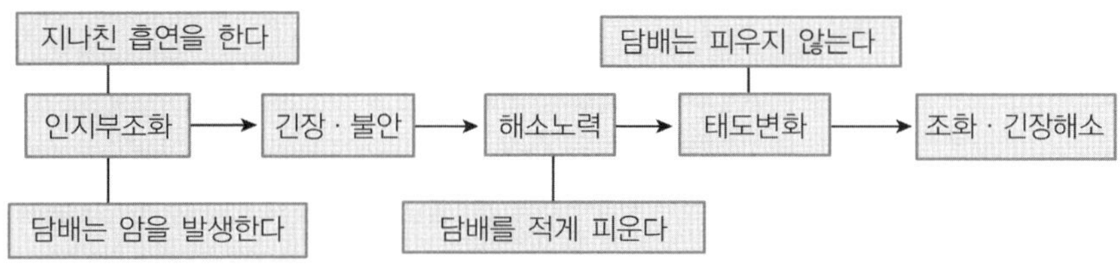


되고, 이러한 태도변화가 곧 마음속의 긴장과 불안을 해소시키게 된다는 것이 인지부조화 이론의 핵심내용이다.

예컨대 과도하게 흡연을 즐기고 있는 애연가가 있다고 하자. 그는 흡연이 건강에 해롭다는 태도를 가지고 있다. 이 경우 흡연을 하는 행동과 태도 사이에는 인지부조화가 발생한다. 인지조화 상태를 위해 담배를 끊는 행동의 변화가 바람직하지만 그것이 불가능할 경우 그는 담배에 대한 태도를 다음과 같이 바꿀 것이다.

- 줄 담배를 피우시던 할아버지께서도 90세 이상 장수하였다는 생각을 해 본다.
- 좋은 필터를 끼워 피우면 된다고 자위한다.
- 짧게 살아도 하고 싶은 대로 하면서 사는 게 현명하다고 생각하다.
- 담배가 폐에 해롭다는 것이 근거 없다는 생각을 하려고 애쓴다.

### 3) 태도변화의 과정

기업의 성장·발전과 개인의 성장·발전을 위한 모든 경영혁신기법의 시도는 변화와 개발에서부터 비롯된다. 인간을 변화시키고 능력을 개발하기 위해서는 다음과 같은 점차적이고 계획적인 노력이 요망된다.

#### (1) 변화의 필요성에 대한 인식

인간의 태도와 행동의 변화는 자기를 아는 자각(self-awareness)에서부터 시작된다.

먼저 자기평가를 통해서 변화의 필요성을 인식하고, 개발해야 할 부분은 어디에 있으며, 어느 정도인가를 알아야 한다. 아니면 일상생활을 통해 다른 사람들이 자신의 어떤 행동이 변혁되기를 기대하는지를 알아야 한다.

자신이 어떤 사람인지, 어떤 위치에 있는지를 알게 되면, 변화되고자 하는 모습을 향하여 점차적으로 변화를 시도할 수 있을 것이다. 자기성찰이나 자기반성의 자각 그리고 의식적인 자기혁신의 자세가 새로운 '자신의 모습'을 만들어 갈 수 있을 것이다.

### (2) 변혁하고자 하는 의욕

자각이 변화와과 개발의 핵심적인 첫 단계이기는 하나 그것은 그렇게 하려는 태도변화, 즉 의욕으로 어지지 않으면 무의미한 것이 된다. 다시 말해 변화되어야 할 바람직한 자신의 태도와 행동을 위한 계획을 수립하고, 그것에 따르려는 바람(desire), 즉 의욕(willingness)을 지닐 때 비로소 자기변화와 자기개발을 시도할 수 있다.

"산 속의 적은 쳐부수기는 쉬워도 마음속의 적을 이기기는 어렵다"는 왕양명의 격언이 잘 말해주듯이 자기변화는 결코 쉬운 일이 아니다.

"잘못이 있거든 주저하지 말고 고처라"는 맹자의 가르침에 따라 자기변화를 위한 노력을 하지 않으면 안 된다. 사무엘 울맨(S. Ullman)의 '청춘(Youth)'이라는 다음과 같은 시를 읽어 보면 자기 변화는 언제든지 시작해도 늦지 않았고, 나이에 상관없이 지금이 바로 변화를 위한 그 시점임을 알 수 있다.

**청 춘**

사무엘 울맨(S. Ullman)

청춘은 인생의 어느 기간이 아니라 마음가짐의 상태이다. 그것은 장밋빛 볼, 붉은 입술과 유연한 무릎을 지니는 것이 아니라 왕성한 의지, 풍부한 상상력과 불타는 정열을 말하며 인생의 깊은 샘의 청신(清新)함이다.

청춘은 약한 의지를 추방하는 용기와 안이함을 사랑하는 대신 모험심을 갈망하는 성향의 지배를 의미한다. 따라서 때로는 20세의 사람에게 보다는 60세의 사람에게 그것이 존재한다. 그 어느 사람도 나이가 많아진다는 것만으로 늙어지는 것이 아니다. 인간은 이상(理想)을 잃을 때 비로소 늙어지는 것이다.

세월은 피부의 주름살을 지어 주기는 하나 열정을 포기하면 정신의 주름살이 생긴다. 고뇌, 공포 그리고 실망이 용기를 잃게 하고 정신을 잿더미로 만든다.

60세든 16세이든 인간의 가슴에는 경이에 대한 매력, 어린이와 같은 미지의 세계에 관한 탐구심, 그리고 게임과도 같은 삶의 환희가 있다. 당신의 가슴 그리고 나의 가슴의 중심부에는 무선의 정차장이 있어서 그것이 사람들과 신으로부터 아름다움과 희망과 희열과 용기 그리고 힘의 메시지(영감)를 받아들이는 한 당신은 젊다.

꿈이 없어지고 정신이 비탄의 눈(雪)과 비관의 얼음으로 뒤덮일 때 비록 20세의 나이인 당신은 이미 늙어버렸으며 꿈이 높이 솟아올라서 희망과 낙관의 파도를 타는 한 당신은 80세에 죽을 희망을 지닌 청춘이다.

### (3) 변화에 필요한 지식의 획득

변화과정은 자신의 내적인 것이다. 이제 다른 사람으로부터 정보를 획득하고, 충고를 받으며, 그들의 경험을 사는 일이 요망된다. 이는 주변에서 스승을 찾거나, 심층적인 연구를 위해 집단에 참여하거나, 충분한 자료를 수집하여 자기 자신을 가르치는 활동을 의미한다.

만약 자신이 자아개념을 확립할 필요를 느꼈다고 한다면, 아마도 당신은 서점에 가서 이와 관련된 몇 권의 책을 사서 읽어보면 몇 가지 좋은 생각을 얻게 될 것이다. 그것만으로 부족함을 알게 되면 같은 목표를 지닌 사람들과 이야기를 나눌 필요가 있다. 즉 집단을 만들거나 참여하는 것도 바람직하다.

이제 자기 스스로의 힘으로 자신의 발전과 성장을 추구해야 한다. 이제부터는 자기 자신이 스스로 행동을 형성하고 그것에 영향을 미칠 것이 무엇인가를 결정하여야만 한다.

### (4) 새로운 행동·기법의 실천

정보는 그것을 활용할 때만이 쓸모 있는 것이 된다. 이는 행동을 변화시키기 위해 배운 바를 실천하여야 함을 의미한다. 자신에게 중요한 변화가 하룻밤 사이에 일어나는 경우도 있기는 하지만, 대부분의 사람들에게 있어서는 새로운 태도의 변화를 일으키는 가장 확실한 방법은 점진적으로 변화하는 방법이다.

시간적인 여유를 가져라. 그러나 너무 지체하지는 말아라. 인생은 유한하며 태도 변화는 빠를수록 성공의 확률은 높아진다.

### (5) 피드백의 수행

새로운 기능을 실천할 때 가능하면 피드백을 활용하라. 그렇게 하면 시행착오의 방법에만 의존하는 것보다 진행이 훨씬 빨라질 것이다. 대부분의 사람들은 새로운 일을 시도할 때 얼른 깨닫지 못하는 약점을 지니고 있는데 변화과정에 돌입했거나 실제로 변화되었을 때 다른 사람들로부터의 피드백을 필요로 한다.

부모, 스승, 또는 친구로부터 받은 피드백은 자아개념을 더욱 증대시킬 수 있도록 도와주는 하나의 단계가 될 것이다.

### (6) 새로운 행동·기법의 강화활동

자신이 변화되고 개발하고자 하는 그런 행동유형을 나타내고 있음을 알게 되었거나 다른 사람들이 자신에게 그렇게 되었다고 말해주면 지체 없이 자신에게 보상(자축)하라. 최종목표에 도달하지 않았다고 자신에 대한 보상 활동을 지연하지 말라. 중간목표를 달성할 때마다 자신에 대해 보상하라. 중간목표는 최종목표에 이르는 수단이며 최종목표 추구는 인생이 끝날 때까지 계속된다.

◇ 인생의 경력단계

1) 여러 가지 가능성을 모색하는 탐험기(exploration): 15~20세
2) 자신이 어떤 직장과 어떤 직무에 잘 맞는지 시험하는 시험기(trial): 20~30세
3) 특정 업무(직장, 직무)에 자신을 투입하여 개발하는 확립 기간: 35~40세
4) 현재의 업무에서 성장, 현상유지 또는 퇴보하게 되는 중간경력전환기(mid-career transition): 45세
5) 현직에서 물러나는 퇴양시기(exist): 60세~65세

특히 4번째 단계가 중요하며 따라서 그 이전 단계에서 바람직한 경력관리를

위한 설계와 준비가 요구된다.

이상에서 우리는 인간 삶속에서 패자가 되지 않고 승자가 되기 위해 자신을 변화시키는 첫 번째 과제가 되는 자아개념의 확립에 관하여 자기혁신과 개발의 몇 단계를 중심으로 살펴보았다. 누구나 이 같은 노력을 게을리 하지 않는다면 자기가 되고자 하는 모습, 다시 말해서 인생의 목적을 달성하는 성취인이 될 수 있을 것이다.

다른 사람을 도와주는 일은 미소와 같고 메아리와 같다고 한다. 이는 자신이 최선의 것을 다른 사람에게 줄 때 그도 당신에게 최선의 것을 주게 된다는 진리를 말해 준다. 다른 사람이 원하는 바를 성취하도록 도와준다면 당신도 당신의 인생에서 원하는 바를 모두 성취할 수 있을 것이다.

지그 지글러(Zig Ziglar)는 "모든 인간은 그 어떤 것을 성취하기 위하여 만들어졌으며, 성공하게끔 설계되었으며 유리하게 될 소질을 갖고 태어났다"고 하였다.

### 4) 태도변화의 단계

레윈(K. Lewin)은 인간의 태도변화는 해빙(unfreezing), 변화(changing), 재동결(refreezing)의 3단계를 거치면서 이루어진다고 하였다.

#### (1) 해방단계

자신의 태도나 행동의 변화에 대한 필요성을 깨닫고 바람직한 새로운 태도를 수용하기 위한 마음자세를 갖게 하는 단계이다. 따라서 이 단계에서는 변화의 필요성이나 중요성을 강조하고 변화를 위한 마음의 준비태세를 갖게 해야 한다. 얼음이 녹듯이 변화에 대한 저항감이나 부정적인 태도 및 감정을 완화시켜 변화를 위한 동기를 유발시키고, 변화를 위한 준비를 하게 하는 것이 중요하다.

#### (2) 변화단계

이 단계는 변화에 대한 동기부여가 이루어져 새로운 행동을 수용하기 위한 태도변화가 실제적으로 일어나게 되는 단계이다. 이 경우 태도변화는 순응

(compliance), 동일시(identification) 및 내면화(internalization) 등의 형태로 나타나게 된다.

• 순응(compliance): 순응이란 상대방에게 호의적인 반응을 얻거나, 부정적인 반응을 회피하기 위해서 상대방의 의견이나 정보 및 주장을 수용하는 경우이다. 다시 말해 상대방에게 순응함으로써 긍정적인 보상을 얻거나 부정적은 벌이나 고통을 회피하고자 하는 욕망이나 기대가 강할 때 순응이라는 방법을 선택하게 되는 것이다.

• 동일시(identification): 이는 개인의 환경 내에 특정모형이 제시되고, 이를 모방하면서 새로운 행동양식이 나타나는 경우이다. 즉 자신이 소속된 집단과 만족스러운 관계가 유지될 경우 집단에 대한 자랑스러운 긍지와 애착을 느끼면서 그 집단이 갖는 태도를 수용하게 되는 경우 동일시에 의한 태도변화가 나타나게 된다.

• 내면화(internalization): 특정 상황에 성공적으로 대처하기 위해 새로운 행동이 요구될 때 나타나게 되는 경우의 변화를 말하는 것으로써 행사자의 유도된 태도나 행동이 수용자의 가치관과 일치함으로써 변화는 일어나게 된다.

### (3) 재동결

새롭게 수용한 태도나 행동이 자신의 성격과 정서, 그리고 지금까지 가지고 있던 기존의 태도나 행동과 통합되어 하나의 새로운 태도나 행동으로 고정화되는 단계이다. 따라서 이 단계는 새롭게 형성된 행동이 정형화된 행동으로 굳어지는 과정이라고 할 수 있다.

## 5. 태도의 이해와 측정

### 1) 자신의 태도이해

그리스의 아폴로 신전에는 "너 자신을 알라(know thyself)"는 글이 쓰여 있다고 한다. 그러나 자기 자신을 잘 안다고 하는 것은 결코 쉬운 일이 아니다. 왜냐하면 대부분의 사람들은 타인을 지각함에 있어 흔히 자기 자신을 판단기준(benchmark)으로 활용하고 있기 때문이다. 따라서 대부분의 심리학자들은 ① 자신을 잘 알면 타인을 잘 알 수 있고, ② 자신의 특성은 타인들의 특성에 영향을 미치며, ③ 자신을 수용하는 사람은 타인들의 좋은 측면을 잘 보게 된다고 한다.

그리고 사람들은 자신에 대해 긍정적·부정적 태도를 지니고 있으며, 타인들에 대해서도 이와 같은 태도를 지니고 있음을 알 수 있다.

그림 8-5 | 자신에 대한 태도와 타인에 대한 태도 간의 상호작용 |

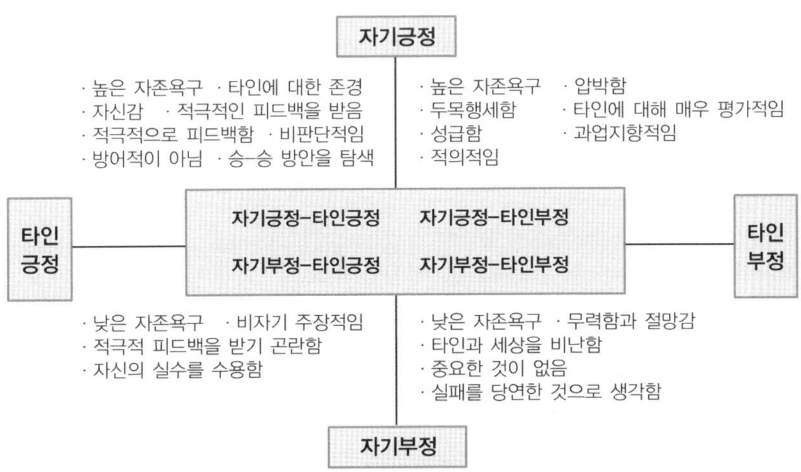

### 2) 타인의 태도이해

다른 사람의 행동이나 태도를 이해하지 못하면 건전한 대인관계를 형성하고 유지할 수 없다. 일반적으로 다른 사람의 행동과 태도를 이해하기 힘든 이유에는 여러 가지가 있겠지만 대표적인 몇 가지를 소개하면 다음과 같다.

(1) 사람들은 양면성을 지니고 있다. 육체(동물성)와 정신(인간성)으로 구성된 사람은 육체와 정신의 상반된 요구에 의해 행동한다. 인간은 때로는 양면성을 지닌 야누스(Janus)와 같은 존재일 뿐만 아니라 때로는 다면성을 지닌 카멜레온(chameleon)과 같은 존재인 것이다.

(2) 인간은 실체와 함께 그림자를 지니고 있는데, 사람들은 그림자로 실체를 판단하는 경우가 많다. 말하자면 양과 음을 함께 가지고 있다. 그러나 그림자(음)를 보고 실체를 분명하게 판단하기는 매우 어렵다.

(3) 사람들은 말과 행동으로 상대방을 이해하게 되는데 이들은 반드시 일치하지는 않기 때문이다.

(4) 사람들은 어느 순간의 태도나 행동으로 상대를 판단한다. 사람의 태도는 어느 정도 다른 사람과 다르고, 무대를 달리함에 따라 변화하는데 어느 순간에 포착한 그 모습으로 상대를 판단하면 잘못을 범한다. 이러한 오류를 범하지 않으려면 가능한 한 오랜 시간 많은 태도를 보고 판단하여야 한다.

(5) 사람들은 자신의 선호를 기준으로 판단하려는 경향이 있다. 키가 크고 가냘픈 여인을 아름답게 보는 총각이 있는가 하면, 키가 짤막하고 통통한 여인을 동양적인 미를 갖추었다고 선호하는 중년 남자도 있다. 사람들은 서로 다른 시각에서 다른 안경을 쓰고 상대를 판단하고 있는 것이다.

(6) 개인의 행동은 집단속에서의 행동과 다르다. 학생이 교수와 1 : 1로 연구실에서 조용히 만나 하는 언행과 데모군중 속에서 하는 언행과는 다르다.

### 3) 태도의 측정

사람은 어릴 때부터 부모나 가족, 스승, 친구들과의 관계에서 자신의 태도를 정립하기 시작한다. 생애를 통해 끊임없이 일에 대하여 그리고 직장동료, 가족생활 등에 대하여 새로운 태도를 개발해 가고 있다.

우리는 타인의 행동을 관찰함으로써 그들의 태도를 규정한다. 일반적으로 낙관적인 태도를 지니고 있는 사람들은 대인관계에 있어서 성공적일 확률이 매우 높다.

대부분의 사람들은 새로운 태도를 쉽게 선택하지 못하거나 낡은 태도에서 쉽사리 벗어나지 못하는 경향이 있지만 태도를 변화시킬 수는 있다.

사람들은 그들의 태도를 경험에 의해 변화시키고 있다. 타인들에 의한 피드백은 종종 사람들의 태도가 변화되도록 고무시킨다. 자신이 타인에게 피드백 할 수 있는 기회가 있을 때 부정적인 것과 긍정적인 것 간의 균형을 유지해야 한다. 항상 행동에 대한 자신의 피드백의 초점은 그 사람에 맞추지 말고 비판은 피해야 한다. 구체적 상황이나 태도에 피드백의 초점을 맞추도록 해야 한다. 그리고 적절한 시기와 장소에서 피드백을 해야 한다.

**질문: 당신은 다른 사람들을 위한 피드백을 효과적으로 활용할 수 있는가?**

매우 소극적이다. 조금 소극적이다. 적극적이다. 매우 적극적이다.

만약 당신이 위의 응답 중에서 좌측에 치우친다면 당신은 타인에 대한 당신의 기본적인 태도와 건설적인 피드백 능력을 재검토할 필요가 있을 것이다.

## 6. 태도와 행위의 관계

'태도'와 '행위' 간의 관계에 대한 초기의 연구는 태도와 '행위' 간에는 인과관계가 있을 것이라고 가정하였다. 즉 사람들이 보유하고 있는 태도가 그들이 무엇을 하게 되는가(행위)를 결정한다는 것이었다. 역시 상식적으로 생각해 봐도 태도와 행위 간에는 관계가 있다고 생각이 된다. 사람들은 좋아하는 TV프로는 시청하고, 작업자들이 싫어하는 작업의 할당을 회피하려고 하는 것은 너무나 논리적이기 때문이다.

그러나 1960년대 말에 와서 이 같은 태도(attitudes)와 행위(behavior) 간의 관계에 대한 가정은 그때까지의 연구의 결과들에 대한 개관(review of research)에 의해 도전을 받게 되었다. 태도와 행위의 관계를 연구하였던 수많은 연구들에 대한 평가를 기초로 하여 Wicker는 태도는 행위와 관계가 없으며 만약 관계가 있다면 기껏해야 약간의 관계가 있을 뿐이라고 하였다. 그러나 보다 최근의 연구결과에 따르면 조절적인 유관변인(moderating contingency variables)을 고려하면 태도와 행위 간의 관계는 실제로 측정 가능한 유의한 관계(measurable relationship)가 있음을 나타내고 있다.

태도와 행위 간에 보다 유의한 관계를 규명해 볼 수 있는 한 가지 방법은 구체적인 태도와 구체적인 행위 간의 관계에 연구의 초점을 맞추는 것이다. 환경보호에 대한 태도에 대해 말하는 것과 저유황 휘발유(공기 오염을 줄이기 위한)의 구매에 대한 태도에 대하여 말하는 것은 별개의 문제이다.

환경오염에 대한 태도는 일반적이며 광범한 것이고 저유황 휘발유의 구입에 대한 태도는 환경오염에 대한 구체적인 태도이기 때문이다. 그래서 우리가 측정하고 있는 태도가 보다 구체적이면 구체적일수록 그 같은 태도와 관련된 행위를 확인하는 데 그만큼 더 구체적이 될 수 있으며, 태도와 행위 간의 관계를 찾아볼 수 있는 가능성(확률)이 그만큼 더 커진다.

연구자들이 저유황 휘발유를 사용하는 운전자들과 보통 휘발유를 사용하는 운전자들을 표본으로 하여 그들에게 네 가지 단계의 질문을 던져 보았다.

네 가지 단계의 질문(four levels of questions)이란 환경보존 문제에 대한 일반적인 관심을 묻는 문항으로부터 환경보존을 위해 저유황 휘발유를 구입 사용해야 할 의무감의 정도를 묻는 구체적인 문항에 이르는 질문들로 구성된 설문지였다. 구체성이 최저인 질문에서 구체성이 최고인 질문으로 나아감에 따라, 태도와 행위 간의 관계는 +.12에서 +.59로 증가하고 있었다.

다시 말해서 질문의 내용이 보다 구체적이면 구체적일수록, 실제적인 휘발유 구매행위와 관련된 반응행위와 더욱더 긴밀한 관계를 나타내고 있었다.

태도와 행위 간의 또 하나의 조절변인(moderator)은 행위에 대한 사회적 압박 내지는 사회적 압력(social constraints of behavior)이다. 태도와 행위 간의 불일치는 그 개인으로 하여금 그런 식으로 행위를 표출하도록 하는 사회적 압력(social pressure) 때문으로 설명할 수가 있다.

그 밖에 다른 이유들 때문에도 태도와 행위 간에 차이가 있을 수 있다. 사람들은 어떤 특정한 시점에서 서로 모순되는 태도들을 가질 수 있고 또 확실히 가지고 있다. 그렇지만 앞에서도 지적한 바와 같이 모순되는 태도들 간의 일치에 대한 압력이 있다. 그 밖에 태도 이외의 다른 요인들이 행위에 영향을 미치기도 하지만, 약간의 비판(공격)에도 불구하고, 태도와 행위 간의 간계에 대한 대부분의 연구가 정(正)적 관계가 있음을 나타내 보이고 있다. 그래서 태도가 행위에 확실히 영향을 미친다고 말하는 것은 매우 당연한 일이다.

## 7. 태도와 인간관계

인간관계에서 태도에 대한 깊이 있는 이해가 요구되는 가장 큰 이유는 상대방을 설득하고 영향력을 미쳐 어떤 수단과 방법으로 상대방의 태도변화를 유도할 수 있을까에 대한 접근 방법을 제시해 주기 때문이다.

앞에서 지적한 바와 같이 태도에는 인지적인 요소, 감정적인 요소 및 행동적인 요소가 있다. 이들 각 요소들을 통한 태도의 변화 방법을 살펴보면 다음과 같다.

첫째, 변화를 유도하는 방법은 태도의 인지적인 요소의 변화를 통해 유도하는 것이다. 예를 들면 학생들의 자가용 등교에 대한 부정적인 태도를 바꾸기 위한 접근법으로는 자가용 등교에 대한 장점들의 설득력 있는 열거로써 가능할 수 있다. 즉 직장이 있는 학생의 유일한 교통수단이 자가용일 경우라든지, 저녁 늦게까지 도서관에서 공부하고 집으로 돌아가는 여학생의 경우라든지, 음대 학생의 경우처럼 무거운 악기를 가지고 등교를 하기 때문에 어쩔 수 없는 경우가 있다.

조사결과 자가용 등교 학생의 90%가 위와 같은 이유에서 자가용 등교를 하고 있다는 정보를 제공하게 되면, 학생들의 자가용 등교에 대한 부정적인 태도는 변할 수 있을 것이다.

다른 한 가지는 감정적인 평가 측면에 호소하는 방법이다. 이 접근법을 감정의 전이(transfer of affect)라고 하는데 이는 주로 광고에서 많이 사용한다. 예를 들면 자동차 선전에서 예쁜 여자 모델이나 운동선수 등 인기 있는 사람들을 동원하는데 그들이 광고하고 있는 상품을 볼 때 자연스럽게 예쁜 아가씨의 모습이 떠올라 그 대상 상품에 그 아가씨에 가졌던 좋은 감정이 전가되어, 그 물건에도 좋은 감정을 가질 수 있도록 유도하는 것이다. 음료수를 광고할 때 푸른 초원의 시원한 바람과 생동감 넘치는 자연을 배경으로 아름다운 탤런트를 등장시켜 광고하는 이유도 그 음료수를 대할 때 그 광고에서 받은 시원하고 생동감이 있는 감정이 자연적으로 연상되어 긍정적인 감정을 가질 수 있도록 설득하자는 것이다.

한 가지 중요한 사실은 인지적인 요소가 감정적인 평가에 선행해 감정적 평가에 도움이 될 수 있지만 감정적으로 좋게 한 평가가 인지적인 요소에 역으로 영향을 줄 수 있다는 점이다. 예를 들면 내가 좋아하는 냉장고가 있으면 그 냉장고를 접할 때 좋은 정보만을 보게 되고 부정적인 측면의 정보는 무시하여 감정적 평가가 정보의 선택과정에 영향을 미칠 수 있다는 것이다. 내가 좋아하는 상대방의 모든 행동은 다 좋게 보이고, 싫어하는 사람의 행동 하나하나가 다 부정적으로 보이는 것도 바로 감정적인 요소가 인지적 요소에 영향을 주는 예이다. 이 감정적인 측면의 변화를 통해 태도 변화를 유도하는 경우도 일단 대상물에 좋은 감정을 가짐으로써 그것에 대한 모든 정보를 긍정적인 면에서 평가하도록 유도하는 방법이다.

마지막으로 인간의 태도변화를 가져오기 위한 방법으로 먼저 행동변화를 유도하는 것이다. 만일 자기가 가지고 있는 태도와 다른 행동을 했을 때 인간은 자기가 한 행동을 정당화시키기 위해 태도를 바꿀 수 있다는 사실이다. 사실 이 방법은 인간의 태도변화를 위한 가장 확실한 방법으로서 그동안의 많은 연구조사에서 밝혀진 접근법이다.[7]

끝으로 태도에 대한 논의를 마치기 전에 인간관계에서 태도와 행동 일치의 중요성을 지적하고자 한다. 한 인간에 대한 신뢰는 과연 그 사람의 태도와 행동이 일치하느냐 하는 것이 중요한 척도로서 작용한다. 만일 어떤 학생이 학교에서, 시

7 D. J. Bem, "Self-perception: An alternative interpretation of cognitive dissonance phenomena," *Psychological Review*. 1, 1967, pp. 199-218.

험 중의 부정행위는 학생 실력 평가의 왜곡을 가져오고, 시험 준비과정을 소홀히 할 수 있어 실력배양에 저해요소가 되고, 교수를 속이는 나쁜 행위이므로 부정행위는 근절되어야 한다고 강력히 주장하면서, 시험 도중 부정행위를 했다면 우리는 그 학생을 신뢰할 수 있을까? 우리가 신뢰할 수 있는 사람은 바로 자신의 감정에 솔직하고 자신이 믿는 바를 행동에 옮기는 사람이다.

우리가 말하는 참된 사람이란 바로 사물 및 상대방에 대한 올바른 이해를 통해 판단한 자신의 감정에 솔직하고, 자신이 밝힌 태도에 따라 행동하는 자를 우리는 참된 사람이라고 말할 수 있다. 우리는 옳다고 믿는 바와 행동이 연결되지 않고 신뢰감을 상실해서 도태되는 많은 사회의 인사들을 볼 수 있다. 사회정의를 부르짖고 공평성과 정직성을 생명처럼 생각하며 산다고 공공연하게 말하던 정치인들이 파헤쳐 보니 뒤로는 부정과 부패를 통해 엄청난 축재와 해외 재산도피를 해 놓은 사실을 보아 왔고, 가장 청렴결백해 보이던 공무원이 자신에게 주어진 권력을 남용해 자기의 이익만을 차려 쇠고랑을 차게 되는 경우를 많이 보아 왔다. 이는 바로 태도와 행동의 일관성의 결여가 가져다 준 결과이다.

## 8. 직무태도

기업경영의 관점에서 가장 중요한 태도는 종업원들이 직장에 대해 갖는 태도일 것이다. 종업원이 갖는 직장에 대한 태도에는 직무관련 태도를 비롯하여 조직에 대한 태도, 상사에 대한 태도, 동료에 대한 태도, 제도나 정책에 대한 태도, 인사처우에 대한 태도 등 다양한 형태의 태도가 존재하지만 이를 총괄하여 직장생활의 만족이라고도 할 수 있다.

특히, 조직행위론의 관점에서의 직무태도는 직무만족과 조직몰입을 그 중심개념으로 이해하고 있다.

### 1) 직무만족(job satisfaction)

일반적으로 직무만족이란 자신이 수행하는 직무를 통해서 경험할 수 있는 욕구충족의 정도나 직무에서 얻게 되는 유쾌감이나 기분 좋은 상태 및 자기가 맡은 직무에 대해 만족하는 정도를 가지고 설명할 수 있는 개념이다.

사람들이 갖는 직무나 직장에 대한 만족의 정도는 어느 정도의 수준이며 어떻게 알 수 있을까? 이러한 내용에 대한 정확한 이해는 바람직한 태도의 변화를 유도할 수 있게 한다.

특히, 직무만족이나 조직몰입은 여러 가지 요소들이 복합적으로 작용하여 함축적으로 표현되는 개념이기 때문에 이를 한마디로 표현하기란 매우 어렵다.

따라서 직무만족은 단순평가에 의해 측정되는 총체적인 만족과 여러 분야별로 실시하여 평가한 결과를 합산하는 부분만족도로 구분하여 측정할 수 있는데, 전자의 경우에는 "귀하는 전반적으로 직장생활(직무)에 만족하십니까?"라는 설문을 통해 조사될 수 있다. 그러나 후자의 경우에는 직무(work itself), 급여(pay), 감독자(supervisor), 승진(promotion), 동료(coworker)관계 등 여러 측면에서 만족도를 조사하여야 만이 만족점수를 산출할 수 있게 된다.[8]

그러나 일반적으로 직무만족도에 대한 측정은 ① 직무 자체와 직무에 따른 역할과 책임에 대한 만족도, ② 직무관련 인간관계와 성과평가에 대한 만족도, ③ 직무를 통한 욕구충족의 정도를 가지고 측정하는 경우가 많다.

### 2) 직무만족과 조직행위

조직행위론이나 경영학에서는 직무만족은 생산성이나 조직성과를 높일 것이라고 추론하고 있다. 직무만족은 조직의 효율성 측면에서도, 근로생활의 질이나 조직구성원의 행복추구의 관점에서도 매우 중요한 개념이다. 직장생활의 불만이나 불평, 이직률, 결근율, 불순종, 태만 등은 모두 직무만족과는 역관계에 있는 개

8 The Wyatt Company`s 1989 National Work America Study에 의하면 직무만족도를 다음과 같이 12가지 측면에서 조사 분석하였다. – 회사 전체, 작업조건, 커뮤니케이션, 직무성과, 동료, 직속상사, 관리제도, 임금, 복리후생, 교육훈련, 직무만족, 회사이미지와 변화정도.

념들로서 직무만족의 중요성을 깨닫게 한다.

또한 조직이 발전하려면 구성원들이 맡은 바 직무에 충실해야 함은 지극히 당연한 일이다. 그러나 이것만으로는 부족하다. 조직이 발전하려면 구성원 모두가 직무관계를 떠나 조직의 발전에 도움이 되는 일이라면 언제든 적극적으로 참여하여 주인의식과 사명감을 바탕으로 최선의 노력을 기울일 수 있어야 한다.

이와 같이 의무적인 일도 아니고 보상도 없지만 자신이 근무하고 있는 직장을 위해 자발적으로 수행하는 부차적인 행동들을 조직시민행동(organizational citizenship behavior; OCD)이라고 하는데 직무만족은 이러한 조직시민행동과도 직결되는 것이다.

### 3) 조직몰입(organizational involvement or commitment)

조직몰입이란 구성원들이 어느 정도 조직과의 일체감을 가지고 조직생활에 몰두하느냐, 또는 얼마나 조직을 위해 헌신하고 있는지에 대한 정도를 나타내는 개념으로 이해되고 있다. 따라서 조직목표나 가치관에 대한 수용의 정도, 조직을 떠나지 않으려는 조직에 대한 애착심, 조직에 충성하고 공헌하려고 하는 의지 등의 감정적 몰입 내지는 마음으로부터 우러나는 충성이라고 할 수 있겠다.

따라서 조직몰입의 정도는 ① 조직에 대한 헌신이나 충성도, ② 조직목표와 가치를 수용하려는 정도, ③ 조직에 대한 공헌의욕과 애착도, ④ 조직 구성원으로서의 자부심, ⑤ 조직에 남으려는 의향의 정도를 가지고 측정할 수 있으며 다음과 같은 세 가지 측면을 포함하게 된다.

(1) 감정적 몰입측면: 감정적 몰입이라 함은 조직구성원의 마음에서부터 우러나는 조직에 대한 충성심이나 조직에 대한 일체감 또는 조직목적이나 조직의 가치를 수용하려는 신념이라 할 수 있다. 따라서 감정적 몰입의 정도가 높은 구성원들은 조직의 핵심가치를 수용하고 조직을 위해 헌신적으로 노력하면서 남다른 조직에 대한 애착과 높은 자긍심을 갖게 된다.

(2) 지속적 몰입측면: 이는 조직에 남아 있는 것이 조직을 떠나는 것보다 이익이 된다는 생각이나 태도를 의미하는 것으로써 사람들은 조직을 떠났을 때 예견되는 불이익이나 손실과 조직에 머물러 있음으로써 얻을 수 있는 이익을 상호

비교하여 이익이 크면 클수록 강한 지속적 몰입을 나타내게 된다.

(3) 규범적 몰입측면: 일반적으로는 조직의 목표와 개인목표가 일치할 경우, 또는 조직에서 받는 혜택이 투입한 노력에 비해 크다고 판단하면 사람들은 규범적 몰입의 정도를 높이게 된다. 그러나 조직구성원으로써 할 도리를 다한다는 도덕적 의무감이나 높은 개인의 내재적 가치체계에서도 규범적 몰입은 나타날 수 있으며 조직사회화(organizational socialization)과정을 통해서도 조직에 대한 충성심이 야기되기도 한다.

### 4) 몰입적 태도의 유형

몰입적 태도는 크게 조직중심의 몰입과 개인중심의 몰입으로 구분된다. 이를 세분하면, 조직중심의 몰입은 조직몰입과 팀 몰입으로, 개인중심의 몰입은 직무몰입과 경력몰입으로 구분하여 고찰할 수 있겠다.

#### (1) 팀 몰입(team involvement)

팀(team)이란 말은 개인주의에 대칭되는 개념으로써 두 사람 이상이 모여 공동목표를 가진 사람들이 서너지 효과(synergy effect)를 얻기 위해 만든 조직을 의미한다. 오늘날 지식기반사회에는 지식의 창조가 조직의 핵심능력이 되었을 뿐만 아니라 조직 활동이 고객서비스 중심체제로 되어감에 따라 조직에 대한 충성보다는 고객을 중심으로 한 구성원 간의 협력이 조직의 성과를 좌우하게 되었다. 따라서 대부분의 구성원들은 팀 내에서 함께 정보를 공유하고 업무를 수행하도록 되어 있다.

따라서 오늘날 조직구성원들은 자신의 업무와 조직에 충성하는 이외에 팀 구성원인 동료나 부서원에게 몰입하는 태도가 더욱 중요하게 되었다. 또한 성과의 배분도 개인 업적보다는 팀의 성과에 따라 결정되며 개인의 목표나 조직의 목표보다도 팀의 목표 달성을 위해 더욱 노력하게 된다.

이러한 팀 수준의 몰입은 지금까지 거론된 조직몰입이나 직무몰입과는 독립된 개념으로써 동료와의 바람직한 인간관계나 긍정적인 태도가 팀 몰입의 정도를 결정하는 중요한 변수로 작용한다.[9]

---

9 M. Beared, *A Team is Viewers Most Wanted oldie for Prime Tim Revival*, Independent,

### (2) 직무몰입(job involvement)

직무몰입이란 자신이 수행하고 있는 직무가 자신의 삶에서 차지하는 중요성의 정도라고 할 수 있다. 직무만족이 마음으로 느끼는 감정적 측면이라면, 직무몰입은 의미 있고 중요하다는 사실을 알고 있으며, 그렇게 믿고 있는 인지적 측면의 태도라고 할 수 있겠다. 따라서 직무몰입의 정도는 ① 자신의 삶에서 해당 직무가 중요하다고 여기는 정도, ② 해당 직무에 적극적으로 참여하고 관여하려는 정도, ③ 인생의 여러 가치 중에서 그 직무의 성과(결과)에 부여한 가치의 정도를 가지고 측정할 수 있다.

그리고 직무몰입에 영향을 미치는 요인에는 ① 자신의 직무가 얼마나 의미심장한지, ② 자신이 수행한 직무에 대해 직무수행 중이나 종료 후 그 성과를 알 수 있는지, ③ 그리고 자율과 책임의 정도는 어떠한지가 중요한 영향요인이다. 또한, 학력, 연령, 성별, 근속연수 등 개인특성이나 신분변수도 직무몰입의 정도를 결정하는 주요변수가 된다.

기업경영에서 조직구성원들의 직무몰입은 직무만족이나 조직몰입, 직무성과 향상과 연계되어 긍정적인 영향을 미치고 있기 때문에 관리자나 직무담당자는 직무몰입의 정도를 높이기 위한 다양한 방안을 강구해야 할 것이다.

### (3) 경력몰입(career commitment)

조직구성원들이 조직이나 직무에 몰입할 때 그것은 개인적으로 경력을 쌓기 위해서인지, 아니면 직장에 충성하기 위해서인지를 구분할 필요가 있다. 경력몰입은 조직몰입보다 안정적이고 지속적이며 장기적이라는 특성을 지닌다. 따라서 현재 근무하는 직장뿐만 아니라 다른 직장으로 옮겼을 때에도 높은 수준을 유지할 수 있다는 점에서 조직몰입과는 구분된다.

이러한 경력몰입의 개념은 처음부터 명확하게 구분된 것은 아니었고 지금까지는 경력동기, 경력몰입, 전문적 몰입, 직업몰입 등으로 지칭되기도 하였다.[10]

---

London, 2003; S. D. Hunt, and R. M. Morgan, “Organizational Commitment: One of Many Commitment or Key Mediating Construct?” *Academy of Management Journal*, Vol. 37, 1994, pp. 1568–1587.

10 G. Abbott, F. A. White and M. A. Charles, “Linking Values and Organizational Commitment:

## 토의문제

1. 태도변화의 과정에 대해 토의해 보자.
2. 장이론에 대해 토의해 보자.
3. 태도변화 모델에 대해 토의해 보자.

A Correlational and Experimental Investigation in Two Organizations," *Journal of Occupational and Organizational Psychology*, Vol. 78(4), 2005, pp. 531−551; T. A. Wright and D. G. Bonnett, "The Moderating Effects of Employe Tenure on the Relation between Organizational Commitment and Job Performance: A Meta−analysis," *Journal of Applied Psychology*, Vol. 87(6), 2002, pp. 1183−1190.

Human Behavior

제9장

# 가 치 관

## 1. 가치관의 개념

남성이 여성에게 농을 하면 법률적인 제재를 받아야 하는가? 교사의 체벌은 나쁜가? 남·여 간의 혼전정사(婚前情事)는 있어서는 안 되는가? 종업원은 근무시간에 열심히 작업을 해야 하는가? 불노소득(不勞所得)으로 고급 외제 승용차를 타고 다니면 죄(罪)인가?

사람은 세상을 살면서 있을 수 있는 이와 유사한 수많은 질문에 직면하게 된다. 판단을 요구하는 이들 질문에는 분명히 옳거나 그른 대답이 없고 각자 자신의 가치관에 기반 해서 행동할 수밖에 없다. 내가 어떤 가치관을 갖고 행동하는가는 관련되는 사람들에게 영향을 미친다. 따라서 가치관은 삶에서는 물론, 조직행위에서 중요한 연구과제가 되고 있는데 이 개념에 대한 몇몇 논자들의 정의를 살펴보면 다음과 같다.

Schnake, M. E.(1990)는 가치관은 행동방법에 관한 일반적인 신념이나 선호하는 어떤 최종적인 상태라고 하였고, Aldag. R. J. & T. M. Stearns(1991)는 치관은 행동방법에 관한 광범위하고 일반적인 신념이나 바라는 바의 최종적인 상태라고 하였다. 그리고 Nystrom, C.(1990)은 가치관은 적절한 행동표준과 바라는 결과에 대한 개인의 신념이라고[1]했으며, Robbins, S. P.(1993)는 가치관은 구체적인 행동양식이나 생존의 최종적인 상태가 개인적으로나 사회적으로 반대되는 그것들보다 선호되는 기본적인 신념이라고 하였다.

한편, 피터슨(Peterson)은 가치란 인간이 자신의 인생을 어떻게 살 것인가를 결정하는 방식을 나타내는 요소라고 인식하여 가치관을 다음과 같이 설명하고 있다.

① 가치는 욕구에서 나오고, 욕구를 일으키며, 부분적으로는 욕구를 만족시키지 못하기도 한다.

② 가치는 목표를 선택할 때 판단기준이 되고, 어떤 사왕 속에서 그러한 목표가 갖는 내재적인 의미를 갖는다.

③ 가치는 어떤 가능성에 대한 단순한 궁극적인 신념을 넘어 행동에 관여한다.

④ 가치는 선호의 의미를 내포하면서도, 그러한 선호가 도덕, 이성 등의 판단에 의하여 정당하다고 여겨지는 것이다.

이상에서 살펴본 여러 학자들의 가치관에 대한 개념을 정리해 보면, 가치관이란 사회적 해동을 결정하는 인간내부의 심층에 속하는 심리적 성향으로서 상대적으로 무엇이 옳고, 그른지를 밝혀주거나, 무엇이 좋고, 싫은지를 명백하게 해주는 일반적인 신념이라고 할 수 있다. 따라서 이러한 가치관은 개인행동에 영향을 주는 이상적인 원리이며, 앞에서 살펴본 태도와도 유사한 개념이지만, 태도보다는 가치적인 관념이 강하고, 보다 넓고 추상적인 선택상황에서 방향성을 지니는 준거체계라고 할 수 있겠다. 따라서 가치관은 태도보다 더욱 내재화된 체계라는 의미에서 양자는 구별될 수 있고 다음과 같은 여러 요인들에 의해 영향을 받는다.

---

1 P. C. Nystron, "Difference in Moral Value between Corporations," *Journal of BusinessEthics*, 1990, Dec.; A. J. DuBrin & R. D. Ireland, *Management and Organization*, South-Western, 1993, 2nd, p. 67.

## 2. 가치관의 특성

가치관은 인간의 태도와 행위에 영향을 미치는 중요한 요소이다. 이러한 가치관은 이를 연구하는 학자들의 연구목적이나 관점에 따라 다양하게 논의되고 있지만 일반적으로 가치관은 다음과 같은 특성을 갖는다.

첫째, 가치관은 태도에 영향을 미치고 결과적으로 행위에 영향을 미친다. 즉, 가치관은 인간행동의 차이를 이해하기 위한 특성인 Personality, 지각 및 태도 등의 기초가 되며, 다음과 같은 요인들이 가치관 형성에 영향을 미친다.

둘째, 가치관은 무엇이 옳고(right) 좋으며(good) 바람직한가(desirable) 하는 규범(norm)과 관련된다. 즉 'should be'와 관련된다.

셋째, 가치관은 다른 여러 개인적인 특성처럼 학습된다. 사람들은 어릴 때부터 평생 동안 부모, 학교, 교회 그리고 사회에서 배운다. 말하자면 가치관은 여러 가지 요인들에 의해 영향을 받으면서 형성된다.

넷째, 가치는 최종적인(terminal) 것과 도구적(instrumental)인 것으로 구분된다. 지혜 또는 구원(salvation)과 같은 높은 순위의 가치는 개인이 일생을 통해 얻기 원하는 최종적인 상태인데, 데비토(A. J. DeVito et als) 등의 연구에서는 가족의 안정, 평화로운 세계, 자유, 자존, 행복, 지혜 등을 궁극적 가치로 제시하고 있다.

그림 9-1 | 가치관의 형성에 영향을 미치는 요인 |

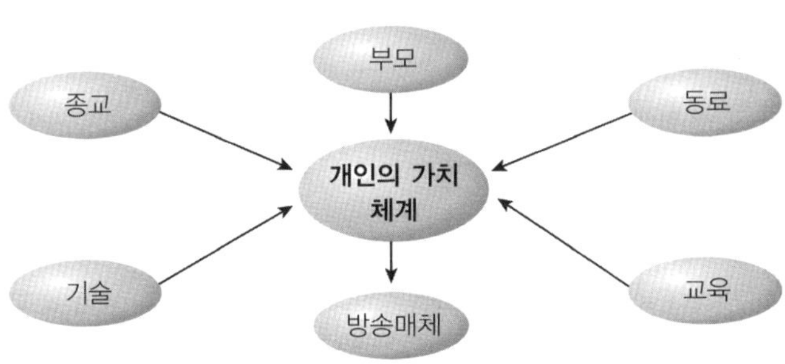

**표 9-1 최종적 가치와 도구적 가치**

| 최종적 가치 | 도구적 가치 |
|---|---|
| • 성취감(계속적인 공헌)<br>• 행복<br>• 기쁨(즐겁고 여유 있는 삶)<br>• 지혜(삶에 대한 성숙한 이해)<br>• 구원(영원한 삶) | • 야심(열심히 일함)<br>• 정직(진지함, 진실)<br>• 사랑(애정, 부드러움)<br>• 독립<br>• 복종(의무, 공손)<br>• 돈 |

한편, 도구적(수단적) 가치는 단기적 행동방식임과 동시에 궁극적인 가치를 실현하기 위한 개인행동의 영향요소들로서 이에는 돈, 정직, 명예, 지위 등을 생각할 수 있을 것이다.

다섯째, 각자가 지니는 가치의 중요성은 상대적이다. 말하자면 각자의 가치관은 언제나 주관적인 순위를 지닌다. 이를 가치체계라고 한다.

여섯째, 가치관은 고정된 것이 아니라 시대와 상황에 따라 변화하는 특성을 갖는다.

## 3. 가치관의 유형

올포트(G. W. Allport)는 개인들이 지니고 있는 구체적인 가치관은 사람의 수만큼이나 수없이 많이 있을 수 있지만 핵심적인 가치관의 유형으로서 다음과 같은 여섯 가지를 제시하였다.[2]

첫째, 이론적(theoretical) 가치: 비판적·합리적 방법에 의해 진실을 밝히는 데 높은 가치를 두는 유형이다.

둘째, 경제적(economic) 가치: 유용하고 실천적인 것을 강조한다.

셋째, 미적(美的) 유형(aesthetic type): 형식과 조화를 강조한다.

2 G. W. Allport et als., *Study of Value*, Houghton-Mifflin, 1960(3rd).

넷째, 사회적 유형(social type): 인간을 사랑하는 일에 높은 가치를 둔다.

다섯째, 정치적 유형(political type): 권력과 영향력의 획득을 강조한다.

여섯째, 종교적 유형(religious type): 우주 전체에 대한 경험과 이해의 합일이나 내세를 강조하는 가치의 유형이다.

올포트(G. Allport)가 제시한 이상과 같은 여섯 가지 가치유형을 기반으로 한 실증연구에서는 서로 다른 직업에 종사하는 사람들이 서로 다른 가치를 중시하고 있음을 확인하였다.[3]

**표 9-2** 집단별 가치의 중요도 순위

| 우선순위 | 목사 | 구매 담당 경영자 | 산업 내 과학자 |
|---|---|---|---|
| 1 | 종교적 | 경제적 | 이론적 |
| 2 | 사회적 | 이론적 | 정치적 |
| 3 | 미 적 | 정치적 | 경제적 |
| 4 | 정치적 | 종교적 | 미 적 |
| 5 | 이론적 | 미 적 | 종교적 |
| 6 | 경제적 | 사회적 | 사회적 |

자료: 이한검, 인간행동론, 1994, p. 208.

이와 관련하여 잉글랜드(A. W. England)는 한국을 포함한 5개국의 수천 명의 경영 관리자를 대상으로 한 실증 연구를 통해 다음과 같은 세 가지의 주된 가치 지향성을 발견하였다.

첫째, 도덕 지향성(moral orientation): 행동의 올바른 매너에 관심을 둔다.

둘째, 실존 지향성(pragmatic orientation): 성공과 현실에 관심을 둔다.

셋째, 심미(審美) 지향성(aesthetic orientation): 기쁨의 상태를 만드는 일에 관심을 둔다.

그리고 연구결과 국적에 상관없이 도덕주의와 실존주의가 주된 가치지향성이기는 하나 경영관리자의 집단에 따라 약간의 차이가 있음이 밝혀졌다.[4]

---

3 R. Tagiuri, "Purchasing Executive: General Manager or Specialist?" *Journal of Purchasing*, 1967(Aug.); S. P. Robbins, *op. cit.*, 1993, p. 173.

4 G. W. England, "Personal Values of American Managers," *The Academy of Management*

한편, 성공과 관련된 또 다른 그의 연구에 의하면 국적에 상관없이 성공적인 경영 관리자일수록 실천적, 동태적 및 성취지향적인 가치관을 지니고 있는 데 비해 덜 성공적인 경영 관리자일수록 수동적이고 정태적인 가치관을 지니고 있었다.

## 4. 가치관의 변화

일반적으로 가치관은 안정적이고 지속적인 특성을 갖지만 결코 확고하거나 경직된 것은 아니다. 가치관은 시대와 상황에 따라 변화한다. 따라서 시대의 흐름은 새로운 가치관을 태동시키면서 새로운 역사는 창조하게 되는 것이다.

유엔이 정한 '가정의 날'에 즈음하여 통계청이 발표한 우리나라 가정 현황을 살펴보면, 부부간에 지켜온 전통적 가치관이 크게 흔들리고 있음을 알 수 있다. 결혼에서 파경에 이르는 기간이 세계에서 가장 짧으며 부부의 불화를 주된 이유로 한 이혼은 지난 20년 동안 4.8배나 늘어 7쌍 중에 한 쌍 꼴로 이혼하고 있다. 뿐만 아니라 가족 없이 혼자 살아가는 1인 가구의 비중도 9%로 부쩍 늘고 있다. 핵가족 이후 찾아오는 탈가족화의 가족해체현상의 심화로 나타나는 가치관의 변화는 소득수준과 무관하지 않을 것이다.

프롬(E. Fromm)은 5,000달러를 고비로 소유인간(to have)에서 존재인간(to be)으로의 전환점으로 보고 있는데 이는 토플러(A. Toffler)가 *Future Shock*(1970)에서 점차 소유하는(to have) 생활에서 사용하는(to use) 생활로의 전환을 예언한 것과 맥락을 같이한다. 이와 관련하여 Maslow(A. H. Maslow)도 5,000달러의 소득을 양(量)의 인생에서 질(質)의 인생으로의 전환점으로 본다. 이는 바로 물질 중심의 가치관에서 삶의 질(quality of life)을 중시하는 마음중심의 가치관으로의 전환을 의미한다.

윌슨(Wilson)은 오늘날 조직구성원들이 경험하고 있는 가치관의 변화 내용을

*Journal*, 1967(Vol. 10); G. W. England, "Managers and Their Values Systems: A Five Country Comparative Study," *Columbia Journal of World Business*, 1978(Summer).

다음과 같이 제시한 바 있다.

첫째, 독립적인 가치관으로부터 상호의존적인 가치관으로의 변화.

둘째, 자연에 대한 지배로부터 자연과의 조화를 강조하는 가치관의 변화

셋째, 기술적 능률을 우선시하던 가치관으로부터 사회정의와 공정성, 윤리성을 강조하는 가치관.

넷째, 양적인 물질의 풍요를 추구하던 가치관으로부터 질적인 행복추구로의 변화

다섯째, 능률성을 우선하던 가치관으로부터 개인의 자아실현을 중시하는 가치관으로의 변화

여섯째, 전체주의적 가치관으로부터 참여적인 가치관으로의 변화

일곱째, 획일성이나 집권적인 가치관으로부터 다양성과 다원성을 중시하는 가치관으로의 변화

여덟째, 일(직장)을 중시하던 가치관으로부터 직장과 가정의 조화를 중시하는 가치관으로의 변화

특히, 포스트모던 사회(post modern society)는 고도의 기술과 물질문명의 발달을 추구해 왔던 근대화사회와는 달리 고도의 정신문화를 강조하고 있다. 이와 같은 사회적 패러다임(paradigm)의 변화는 다음과 같은 많은 가치관의 변화를 초래하게 되었다.

① 양보다는 질을 중시하는 사회로 변화되었다.

② 산업사회의 병리현상이라 할 수 있는 인간성 상실이나 소외감, 무력감, 무의미감, 비인간화 등으로부터 인간성의 회복을 위한 정신문화를 강조하게 되었다.

③ 시간욕구의 증대 및 인간다운 삶에 대한 욕구가 강조되게 되었다.

④ 돈벌이와는 무관하게 보람 있는 일을 추구하는 사람이 늘고 있다.

⑤ 개성화, 차별화, 유행성, 고급화가 촉진되면서 획일화된 삶보다는 개성 있는 다양한 삶을 추구하게 되었다.

⑥ 인위적인 것보다는 자연적인 것을 선호하게 되었다.

이상의 논의를 통해 우리는 가치관이 개인행동을 설명할 수 있는 주요 변수임을 깨달았다. 따라서 합리적인 기업경영을 위해서는 종업원의 가치관과 직무의

성격이나 작업환경이 일치하도록 직무를 관리해야 할 것이며, 바람직한 직무태도와 직무만족을 통해 생산성을 향상시키고 조직구성원들의 사기진작이나 일의 보람을 갖도록 하기 위해서는 종업원 개개인의 가치관에 대한 이해를 기초로 조직을 관리해야 할 것이다.

### 토의문제

1. 가치관과 태도에 대해 토의해 보자.
2. 가치관과 인간행동의 관계에 대해 토의해 보자.
3. 최종적 가치와 도구적 가치에 대해 토의해 보자.
4. 가치관의 특성과 변화에 대해 토의해 보자.

Human Behavior

# 제10장 Personality

## 1. Personality의 개념

인간의 행동은 각 개인이 가지고 있는 특질들이 종합적으로 연결되어 환경에 대한 적응현상으로 나타나는데, 우리가 퍼스낼리티를 이해한다는 것은 개체가 가지고 있는 특성 내지 특질들이 환경에 적응할 때 전체적으로 나타나는 각양각색의 심리현상을 체계적으로 파악하는 것이며, 이를 통해 인간행동에 대한 올바른 이해를 보다 가능하게 한다.

Personality의 어원은 '꿰뚫어 말함(to speak through)'을 의미하는 라틴어의 'persona'라는 합성어에서 유래된 것으로 고대 그리스와 로마의 연극에서 개인이 청중 앞에서 연출하는 역할을 말하고 있다. 그러나 오늘날에 있어서 Personality란 그 개인의 측면에 더 관심을 두고 역할은 별도로 취급하고 있으며, 논자들 간에 관점이 달라 용어에 대한 정의마저도 일치를 보지 못하고 있는 실정이다.

루탄스(F. Luthans)에 의하면 퍼스낼리티를 기술하는 어휘는 최소한 4,000개 이상이나 된다고[1] 한다. 이와 같은 Personality는 너무 복잡하여 그 개념을 명확하게 정의하는 것이 쉽지 않다. 왜냐하면, 개인에 있어서 학습, 지각, 기억, 사고,

동기, 정서 등의 여러 심리과정은 서로 얽혀서 그 나름의 독특한 퍼스낼리티를 형성하기 때문이다.

Personality의 개념은 이를 연구하는 학자들에 따라 매우 다양하게 논의되고 있는데 대표적인 몇 가지를 소개해 보면 다음과 같다.

- Personality는 유전과 외적인 환경 요인에 의해 의미심장하게 형성된 상대적으로 안정된(stable) 일련의 특성(characteristics), 성향(tendencies) 및 기질(temperaments)이다. 이들 일련의 변수는 개인의 행동에서 공통성과 차이성을 결정한다.[2]
- Personality는 개인의 행동을 설명하고 예측하는 데 도움을 주는 상대적으로 안정된 하나의 자질(traits)이다.[3]
- Personality는 개인이 나타내는 독특하고 상대적으로 안정된 행동, 사고 및 감정의 패턴이다.[4]
- Personality는 동인(motives), 감정, 가치관, 태도 및 적성 등을 포함하는 차이가 있는 일련의 개인적인 특성이다.[5]

이상에서 살펴본 여러 학자들의 견해를 종합해 보면, Personality란 개인으로 하여금 자기 자신이 처해 있는 환경에 독특하게 적응해 나가도록 해주는 동태적인 심리적 시스템이라고 할 수 있겠다. 즉 Personality는 인간과 인간, 인간과 자연환경에서 발생하는 특정 상황에서 어떤 개인이 비교적 일관성 있고, 그리고 독특한 방법으로 대응해 나가는 행동양식을 말하는 것이라고 할 수 있겠다.

---

1 F. Luthans, *Organizational Behavior*, McGraw-Hill, 1992(6th), p. 85.

2 R. M. Steers, *Introduction to Organizational Behavior*, Harper Collins, 1991, 4th, p. 31.

3 R. N. Lussier, *Human Relations in Organizations*, Irwin, 1993, 2nd, p. 38.

4 J. Greenberg & R. A. Baron, *Behavior in Organizations*, Allyn & Bacon, 1993, 4th, p.193.

5 J. R. Gordon, *A Diagnostic Approach to Organizational Behavior*, Allyn & Bacon, 1993, 4th, p. 77.

## 2. Personality의 특성

Personality는 인간행동을 이해함에 있어 개인차를 설명할 수 있는 핵심변수이다. 따라서 Personality는 개인을 타인과 구별하게 하는 독특하고 안정된 개인적인 특성과 심리체계로서 다음과 같은 특성을 갖는다.

첫째, Personality는 개인의 특징적인 내적 상태(internal state)이다.[6]

둘째, Personality는 안정성(stability) 및 지속성(endure)과 관련된다. 따라서 Personality는 태도나 가치관보다 상대적으로 안정적이며 그 어떤 시점과 상황에서도 일관성을 지니게 된다.[7]

셋째, Personality는 조직화된 전체(organized whole)이다. 다시 말해 포괄적인 개념인 Personality는 관점을 달리하면 다른 모습으로 보일 수 있는 특성들의 통합된 전체(integrated whole), 즉 상호 작용하는 특성의 묶음이다.

넷째, Personality는 유사성(공통성)과 함께 차이성(독특성)을 지니다. 따라서 모든 사람의 Personality는 어떤 측면에서는 다른 모든 사람과 다르고 또 다른 측면에서는 유사하다.

다섯째, Personality는 매우 다양하고 복잡한 심리적 개념이다. Personality의 여러 가지 특성(자질, 유형)은 일반적으로 대조적으로 구분되어 말해지고 있으나 이는 연속선(continuum)상의 개념으로 해석되어야 한다. 즉, 특정인의 Personality는 '의심이 많다거나 신뢰적이라고 할 때' 그것의 의미는 어느 정도 그렇다는 경향성을 나타내는 의미이지 극단적으로 그렇다는 의미는 아닐 것이다.

올포트(G. W. Allport) 등의 연구에 의하면 Personality의 특성(traits)에는 17,953개가 포함되어 있다.[8] 이같이 많은 특성을 고려하여 인간의 행동을 예측한

---

6 R. Brown & R. Herrnstein, *Psychology*, Little, Brown, 1975, p. 529.

7 R. M. Steers, *op. cit.*, 1991, p. 31.; T. R. Mitchell & J. R. Larson, *People in Organizations; An Introduction, to Organizational Behavior*, McGraw-Hill, 1988(3rd), pp. 93-98.

8 G. W. Allport & H. S. Robert, "Trait Names, A Psychological Study," *Psychological Monographs*, 1936, No. 47.

다는 것은 거의 불가능하기 때문에 이들을 보다 관리하기 쉬운 몇 가지 요인으로 압축하려는 노력들이 있었다.

## 3. Personality의 결정요인

Personality를 결정하는 요인은 무엇일까? 이에 대한 초기의 연구는 주로 그것이 유전(heredity)에서 초래된 것인가 아니면 환경에서 초래된 것인지에 연구의 주안점을 두고 논의되어 왔다. 다시 말해 Personality는 출생 시부터 결정(형성)된 것이라는 선천설의 관점과 환경과 개인의 상호작용의 결과라는 후천설의 관점으로 크게 구분될 수 있다.

"그 아비에 그 아들" 또는 "그 어미에 그 딸"이라는 말이 있고, "씨도둑은 못한다"는 말은 유전설과 관련되고, "맹모삼천지교(孟母三遷之敎)"의 교훈이 후자와 관련된다.

Personality의 형성에 대한 논의는 위와 같은 두 가지 관점에서 논의되어 왔으나 오늘날에는 이들 두 가지 요인들이 모두 어느 정도 작용하여 나타나는 산출물로써 이해하는 것이 보편적이다.

여기에서 Personality에 대한 여러 학자들의 주장과 강조점을 정리해 보면 다음과 같다.

**표 10-1** 상이한 Personality 이론의 주요 내용

| 논자 | 접근방법 | 강조점 | 주요 내용 |
|---|---|---|---|
| S. Freud<br>(1856~1939) | 정신분석적 | 무의식의 영향력 | 세 가지의 주요 시스템,<br>즉 본능아(id), 자아(ego), 초자아(super－ego)가 있다. |
| C. G. Jung<br>(1875~1961) | 정신분석적 | 유전 및 환경 | Personality는 한 시대에서 다음 시대로 유전학적으로 연결되는 생리적이고 인종적인 역사와, 미래에 대한 목적과 갈망이라는 두 개의 함수이다. |

| C. Rogers (1902~) | 자아(self) | 환경 (특히 자기개념) | 한 사람의 자기개념(self－concept)에 관한 지각적, 개념적 및 태도적인 모든 측면을 연구하고서야 행동을 이해하고 예측할 수 있다. |
|---|---|---|---|
| J. P. Guilford (1897~) | 자질(특성) | 유전 및 환경 | 특성은 인간행동에서 관찰된 일관성으로 나타난다. 보다 포괄적으로는 Personality의 특성은 지능, 기질, 관심, 성향, 태도 및 육체적 특성 등의 명칭으로 구분된다. |
| W. H. Sheldon (1899~) | 기질적 특성 | 유전 (특히 육체적) | 한 인간의 육체구조와 그의 행동 간에는 매우 밀접한 관련이 있다. 육체적 유형에 관련된 Personality 패턴(기질적 특성)이 있다. |
| H. S. Sullivan (1892~1949) | 사회심리적 | 환경 (특히 대인관계) | 인간은 상호 관련됨으로써 대인관계를 떠나서는 존재할 수 없다. Personality는 크게 보면 인간이 생애 중에서 이미 갖고 있거나 가지려 하는 여러 가지 대인관계의 함수이다. |
| K. Lewin (1890~1949) | (화학과 물리학의 모형에 강조점을 둔) 사회심리적 | 환경(특히 심리학적 분야나 생활 공간) | Personality와 행동은 인간이 주어진 시점에서 활동하는 상황(분야 또는 context)에 매우 깊이 관련된다. |
| G. Allport (1897~1967) | 자기 및 특성 | 환경 | Personality는 항상 성장하고 변화하는 상태에 있다. Personality는 일련의 개인적 및 공통적 특성과의 관련에서 이해될 수 있다. |

자료: R. M. Fulmer, *Practical Human Relations*, Irwin, 1993(2nd), pp. 54–55; 이한검, 전게서, 141에서 재인용.

이상에서 살펴본 Personality에 대한 여러 학자들의 이론과 강조점들을 근거로 본서에서는 Personality의 결정요인을 ① 유전적 요인, ② 문화적 요인, ③ 가족과 사회집단의 영향 및 ④ 상황적 요인으로 분류하여 고찰하고자 한다.

### 1) 유전적 요인

Personality자체가 유전이 되는가에 대해서는 궁극적으로 Personality의 특질을 좌우하는 유전인자(遺傳因子)의 생물학적 과정이 밝혀져야 하므로 이를 명백하게 규명하기란 어렵다. 그러나 유전이 신체적, 심리적 제 특성의 형성에 중요한 역할을 한다는 데 대해서는 유전학자들 간에 이견이 없다.[9]

### 2) 문화적 요인

인간이 살아가는 사회에는 그 사회마다의 독특한 특성을 지니고 있는 공통의 가치, 규범의 체계나 행동양식, 또는 생활양식이 있다. 이러한 공통의 가치체계나 생활양식은 조상으로부터 전승해 내려온 사회적 유산인데, 이를 우리는 문화(culture)라고 부른다. 사회 속에 존재하는 개인은 이러한 문화를 학습해 가면서 사회화(socialization)를 이루고 자기의 Personality를 형성해간다. 개인은 자기 고유의 Personality를 지니고 있지만, 같은 사회 내에서 오랫동안 동일한 문화와 공통의 생활경험을 공유하는 사회구성원들 간에는 Personality의 공통성이 형성되게 마련이다.[10] 예컨대 서양문화는 일반적으로 자주적이고 경쟁적인 사람을 높이 평가하는 데 반하여, 동양문화는 그렇지 못하다. 서양 문화권에서 성장한 사람과 동양 문화권에서 성장한 사람은 서로 다른 Personality를 지니게 된다. 그리고 서양계 혈통을 가진 사람이 동양 문화권에서 성장하게 되는 경우, 그는 동양 문화적인 Personality를 가지게 된다.[11]

행동과학자들은 문화가 생물학적 인자보다도 Personality에 더욱 중요한 영향을 미친다고 믿고 있다. 그들은 심리적 과정으로서 학습(learning)을 중시하며, 문화는 학습에 있어서 결정적 역할을 한다고 믿는다. 문화는 개인의 학습을 통해서 그의 Personality에 직접적인 영향을 준다.

### 3) 가족과 사회집단의 영향

가족과 사회집단은 Personality의 형성에 가장 중요한 영향력을 미치게 된

9 L. Kaplan, *Foundations of Human Behavior*, New York: Harper & Row, 1965, p. 3.
10 鄭喆洙, 社會心理學, 法文社, 1985, p. 32
11 F. Luthans, *Organizational Behavior*, 3rd ed., McGraw-Hill, 1981, pp. 123-124.

다. 유아의 사회화는 가정에서의 어머니와의 접촉에서부터 시작된다. 그리하여 다른 가족으로부터 사회화되고, 후에는 구성원 집단이나 준거집단 등 사회적 집단의 영향을 받아서 사회화가 이룩된다. 이와 같은 사회화과정에서 그는 다른 사람들과의 동일화 과정(identification process)을 통해서 타인을 닮아가게 되는 것이다.[12]

### 4) 상황적 요인

사람들은 누구나 주어진 상황과의 복잡한 상호작용을 통해서 자신의 행동을 결정하게 된다. 따라서 개인의 Personality는 그가 처한 상황에 의해서 크게 영향을 받게 된다.

그림 10-1 | Personality의 주요 영향요인 |

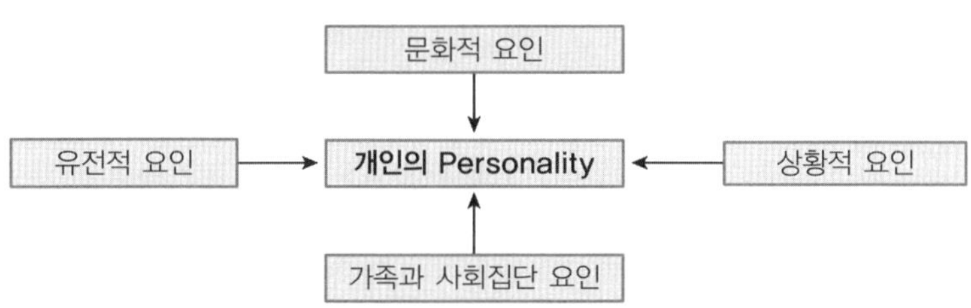


위에서 보는 바와 같이 퍼스낼리티를 형성하는 각 요인들은 경영자의 통제가 거의 이루어질 수 없음을 알 수 있다. 그러나 비록 Personality가 조직 외부요인에 의해서 형성된다고 하더라도 조직 구성원의 행동반응은 Personality의 개념을 고려하지 않고서는 충분히 이해할 수 없기 때문에 Personality는 개인행위를 이해할 수 있는 매우 중요한 요소라고 할 수 있다.[13]

12 朴運盛, 經營組織論, 博英社, 1995, p. 315.

13 J. L. Gibson, J. M. Ivancevich and J. H. Donnelly, Jr., *Organizations*, Plano Texas: Business Publications, Inc., 1982, pp. 56-57.

## 4. Personality의 변화와 발전

인간의 기본적인 Personality의 구조는 인생의 초기에 형성된다. 그리하여 대부분의 심리학자들은 7~8세가 지나면 Personality는 거의 변화하지 않는다고 주장하고[14] 있다.

인간이 어떤 행동을 하면 그것은 새로운 투입으로서 그 사람의 과거의 많은 경험으로 이루어져 있는 경험의 창고 속에 부가(附加)되는데, 이 투입이 인생의 조기(早期)에 일어나면 일어날수록 그만큼 더 이후의 행동에 영향을 미치는 잠재력은 커지게 된다. 왜냐하면 인생의 초기에 있었던 행동의 경험이 인생의 후기에 있었던 행동보다 그 사람의 총체적인 경험 내에서 차지하고 있는 비중이 크기 때문이다. 더욱이 행동의 강화기간이 길면 길수록 그 행동은 더욱 고정화되고 변화시키기가 어려워진다. 바로 이것이 젊은 시기일수록 Personality를 변화시키기가 쉽다는 이유이며, 나이를 먹을수록 Personality를 변화시키는 데 시간도 걸리고 행동을 변화시키기 위하여 새로운 경험이 필요하게 되는 이유이다.

Personality의 이론은 학자들에 따라 매우 다양하게 논의되고 있다. 히포크라테스(Hippocrates)가 기원전 5세기와 4세기에 걸쳐 최초로 Personality를 가장

그림 10-2 | Personality 변화를 위한 피드백 모델 |

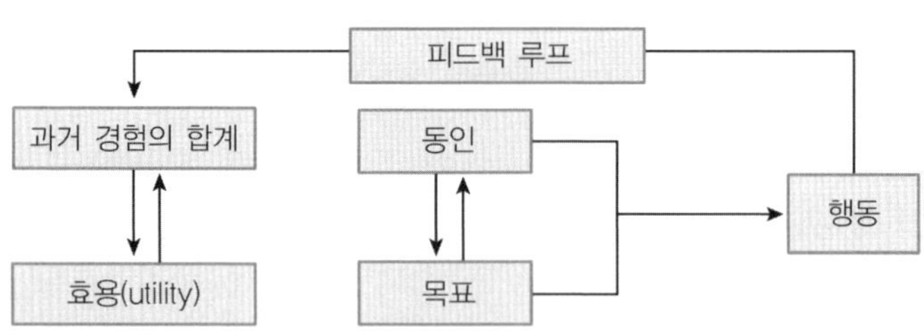


14 P. Hersey & K. H. Blanchard, *Management of Organizational Behavior*, Prentice-Hall, Inc., 1982, pp. 25-26.

단순하게 ① 낙천적인 것, ② 까다로운 것, ③ 나태한 것 및 ④ 우울한 것 등으로 구분한 이래로 여러 심리학자들에 의해 Personality 이론은 다양하게 발전되어 왔다.

### 1) 프로이트의 정신동태이론

오스트리아의 의사로서 정신분석학의 창시자인 프로이트(Sigmund Freud)는 심리학자들 중에서 가장 많은 기여를 하였고 찬사와 비판을 많이 받은 학자이다. 프로이트는 퍼스낼리티의 연구에서 동태적 측면을 강조함으로써 그의 이론을 '정신동태이론(psychodynamic theory)' 또는 '고전적 정신분석이론(classical psychoanalytic theory)'이라고 부른다.

그는 다윈(Darwin)의 생물학 개념과 마르크스가 그랬던 것처럼 19세기의 기계론적인 뉴턴 물리학에 많은 영향을 받았으며, 인간의 마음과 행동과 그리고 아동이 초기에 겪은 경험적 상황을 통합했으며, 정상적인 사람과 비정상적인 사람을 그 이론 속에 포괄시켰다. 그가 비판을 받은 시대에는 종교의 영혼이라 하는 부분의 신앙적 영향이 커서 인간의 영혼은 정신적인 생산이나 특수한 물질로 이루어지고 영원불변하며 자유의지에 의존하며, 신(神)에게 그 기원을 두며, 물리적 혹은 생리적 현상과 아주 다르다고 믿는 사조(思潮)가 높은 시대적 배경 하에서 거부 반응을 많이 받았다.

다윈은 생명력이 성욕으로부터 시작되는 것이며 개개 생명체는 동시에 종(種)의 보존과 번식기능을 한다고 주장하였다. 문명 초기의 인간생활은 다른 동물들과 극히 유사하여 감정적이고 본능적인 행동형태가 일어난다. 특히 이것은 농경사회가 산업사회로 변천하는 시대 또는 대규모적인 사회 변동기에서도 나타내는 시대적 배경 속에서 프로이트가 인간의 비합리적인 이론을 전개하였던 것을 주목할 필요가 있다.

그에 의하면 인간의 행동은 숨겨진 동기와 무의식적 욕구에 의해 지배된다는 가정을 설정하고 있다. 다시 말하면 그는 인간의 마음을 빙산(iceberg)에 비유하여 물 위에 떠 있는 적은 부분을 '의식'으로, 그리고 물속에 잠겨 있는 더 많은 부분을 '무의식'으로 비유하였다.

그림 10-3 | 퍼스낼리티의 빙산 모형 |

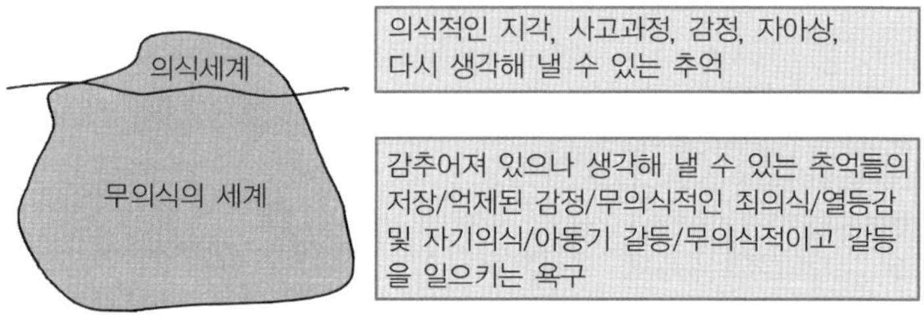


자료: J. C. Williams, *Human Behavior in Organizations*, South-Western Public., 1978, p. 8.

무의식의 세계에는 우리가 쉽사리 알지 못하는 사고와 욕구와 충동 등이 존재하고 있으며 그것이 인간의 의식적 사고와 행동을 지배한다는 것이다.

프로이트는 이와 같은 가정하에서 Personality의 구조와 동태적 과정에 관해 설명하고 있는데, 기본적으로 개인 간에 Personality의 차이가 있는 것은 개인이 충동을 처리하는 방식이 다르기 때문이라고 주장한다. 이를 설명하기 위해 마음속에 있는 다음과 같은 세 가지 개념을 동원하고 있다.

### (1) 본능아(원초아; id)

인간에게는 태어날 때부터 가지게 되는 본능적인 충동(性, 공격)의 원천으로서 리비도(Libido: 원욕)라는 영역이 있다. 이 영역은 외부의 제약이 없으면 원시적이고 본능적인 쾌락추구의 충동적 행동으로 욕구충족을 일삼는 영역이다.

다시 말해 본능아(id)는 원초적인 에너지 시스템으로서 유전된 주관적이고 정신적인 실제로서 현실에 대한 아무런 지식도 없고, 작동되는 원리는 긴장의 감소와 쾌락추구의 원칙에 의해 지배된다. 따라서 본능아(id)는 무의식 세계의 핵으로서 성적(性的)·공격적(攻擊的) 특성을 지니며, Personality의 기초가 되며, 쾌락을 극대화하고 고통을 극소화하기 위해 노력하는 에너지의 원천이라 할 수 있다.

### (2) 자아(自我; ego)

자아는 인간 마음의 두 번째 부분으로서 본능아(id)가 사회적으로 용인된 방향으로 행동을 하도록 허용되었을 때 나타나는 정신생활의 영역인데, 객관적 세계인 현실세계와 교호작용을 하면서 인간의 성격을 관리·통제를 하고, 행동이 일어나는 주된 배출구로서 이드(id)와 초자아(super-ego)의 상충되는 욕구를 통합한다.

본능아(id)가 무의식을 내포한 개념인 데 비해 자아(ego)는 의식적인 것이며 Personality의 현실 지향적인 부분으로서 현실의 원리(reality principle)에 의해 지배되고, 쾌락의 원칙을 지연시키며, 인지적·지적 기능으로서 현실검증과 탐색을 끊임없이 한다.

이러한 자아의 영역을 분석해 보면 첫째는 '자아가 어떤 형태로 존재하는가'에 관련된 자아상태의 문제이고, 둘째는 '자아의 본질이 무엇인가'에 관한 자아개념의 문제이다.

◇ 자아 상태

사람은 누구나 정도의 차이는 있어도 세 가지 자아상태, 즉 어버이(parent), 어른(adult), 어린이(child) 등의 자아상태가 존재한다.

베른(E. Berne)은 '인간은 세 가지 자아 상태를 관찰할 수는 없지만, 행동은 관찰할 수 있고, 이 같은 관찰된 행동을 통해서 이들 세 가지 자아상태 중 어느

그림 10-4 | 자아의 세 가지 상태 |

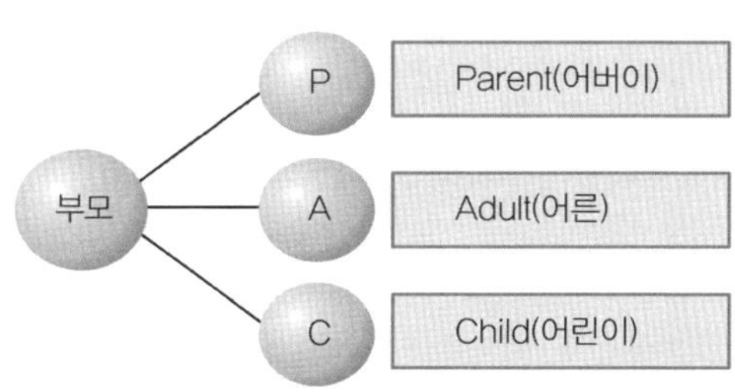

자아가 작동하여 행동이 유발되는가'를 추론할 수 있다고 했다.[15] 이러한 세 가지의 자아 상태를 도식화하면 그 내용은 다음과 같다.

〈그림 10－4〉에서 어버이자아(parent ego) 상태는 일종의 조건반사 작용으로 나타나는 현상으로 파악할 수 있다. 여기서 조건반사란 어린 시절 부모, 형제, 유치원 선생님들로부터 얻은 경험들이 거의 습관적으로 입력되어 있기 때문에 '옳고' '틀림'을 판단할 때에 특별히 이성적으로 생각하거나 판단하지 않고, 반사적으로 행동할 수 있는 자아 상태를 뜻한다.

예컨대 복잡한 버스에서 노인에게 자리를 양보하는 것은 당연하다고 느낄 때에 '왜 자리를 양보해야 하는가'에 대한 이성적 판단 없이 어린 시절에 입력된 경험으로 조건반사적으로 노인에게 자리를 양보하는 행동은 어버이자아 상태에서 일어나는 행동이라고 볼 수 있다.

이러한 어버이자아도 두 가지 유형이 있는데 그 하나는 '양육하는 어버이자아'이고, 다른 하나는 '비판적인 어버이자아' 상태이다. 양육하는 어버이자아 상태는 항상 남의 좋은 면을 보고 감싸주는 자아 상태인 데 반해 비판적인 어버이자아 상태는 남의 결점을 무의식적으로 들추어내는 습성이 있는 자아 상태이다.

그리고 어른자아 상태는 이성적 사고를 토대로 합리적 행동, 합리적인 의사결정 및 문제해결 능력을 유발할 수 있다. 인간이 이성적이고 논리적으로 행동할 수 있는 것은 바로 이러한 어른자아 상태가 존재하기 때문이다.

어른자아 상태에서 행동하는 사람은 어린이자아 상태의 감정적인 것과 어버이자아 상태의 조건반사적인 자아가 담겨진 것을 함께 취하여 그 두 가지를 외부의 현실세계에 적절히 적응시켜 행동한다. 그리고 어른자아에 의해 크게 영향을 받는 사람은 실제 연령과 관계없이 어떤 행동을 하기 전에 여러 가지 대안과 가능성 및 가치 유무를 신중히 검토한 다음에 행동을 하게 된다.

흔히 저 사람은 '나이에 비해 대단히 신중하고 이성적이다'라고 평가할 때 이 사람의 행동의 원천은 주로 어른자아 상태에서 그 근원을 엿볼 수 있다.

마지막으로 어린이자아 상태는 어른의 자아 상태와는 달리 충동적이고 즉흥적인 행동으로 이어지는 자아 상태이다. 이러한 자아 상태는 선천적인 기질의 탓도 있으나, 후천적 학습으로 인해 형성될 수도 있다.

---

15 E. Berne, *Principles of Group Treatment*(New York: Oxford University Press, 1964).

어린 시절에 감상적으로 소리를 지른다거나 억지 때를 쓰는 방법으로 여러 가지를 얻을 수 있다는 것을 배웠을 때에도 나타날 수 있다.

어린이자아 상태가 지배하고 있는 사람은 합리적인 문제해결을 기피하고 문제를 논리적으로 사고하기가 어렵다.

예컨대 한 가정주부가 시장에 가서 저녁상을 차릴 여러 종류의 식품을 구매하러 갔다가 마침 방금 바다에서 갓 잡아온 갈치를 팔고 있는 가게에서 많은 사람이 모여 갈치를 사고 있는 것을 보고, 자기도 아무런 이성적 판단 없이 가진 돈으로 갈치를 몽땅 사는 '충동구매' 행동을 했을 때, 이 주부는 어린이자아가 이러한 충동구매를 하게 한 것이다.[16]

이러한 어린이자아에도 '행복한 어린이자아'와 '파괴적 어린이자아'가 있다.

행복한 어린이자아는 충동적인 행동을 하지만, 남에게 부담을 주지 않으려고 한다. 예컨대, 한 학생이 남을 의식하지 아니하고, 라디오 볼륨을 높여 들으면서 공부를 할 때, 옆에 있는 다른 학생이 시끄럽다고 불평을 하면 그 학생은 즉시 라디오 볼륨을 낮추는 행동의 원천은 바로 이 행복한 어린이자아에서 유래된 것이라 할 수 있다.

이와는 달리 파괴적 어린이자아는 타인에게 괴롭힘을 주는 충동적 행동을 할 때 나타난다. 앞의 예에서 라디오 소리 때문에 옆의 학생이 공부를 못하겠다고 소리를 낮추어 줄 것을 요구하면 오히려 소리를 더 크게 하여 옆 사람을 괴롭히는 행동을 하는 자아의 상태이다.

이상에서 설명한 세 가지 자아, 즉 어버이자아, 어른자아 그리고 어린이자아 등은 뒤에 설명한 의사교류분석(transactional analysis; TA)의 기초가 되므로 인간행동을 연구하는 데 중요한 역할을 하고 있다.

◇ 자아개념(self-concept)

자아개념이란 한 개인의 존재 가치를 나타내는 가장 기본이 되는 가치체계로 타인과의 관계형성에 중요한 영향을 줄 뿐만 아니라 자신과 타인을 차별화할 수 있는 자신의 이미지(image)이다. 또한 자아개념은 인간의 핵심적인 부분이며, 인간이 일상생활에서 표현하는 모든 반응의 산물이고, 자아에 대한 자신의 이미

16 김남현 역, 조직행위의 관리, 경문사, 1980, pp. 107-108.

지이다.

이러한 자아개념 형성에 관련해서 검토되어야 할 몇 가지 사항을 열거해 보면 다음과 같다.

첫째, 자아개념은 획득되는 것이다. 사람은 선천적으로 고유한 자아개념을 갖고 태어나는 것이 아니라 현실 세계에서 생활하면서 이상적인 나에서 현실적인 나의 존재를 지각하면서 점진적으로 자아개념을 형성해 나간다. 즉, 자아개념이 후천적 사회학습에 의해 형성되므로 감수성이 예민하고 학습활동이 왕성한 청소년기에는 자아개념의 변화가 일어나다가 성인기에 접어들면 고유한 자아개념이 확립된다. 그러므로 비교적 지속적이고 일관된 Personality 형성에 영향을 미친다.

둘째, 의미 있는 타인은 자신의 자아개념에 영향을 미친다. 자신의 생활에 아주 중요한 역할을 하고 있는 부모, 교사, 동료, 친구 등은 자신의 자아개념 형성에 중요한 영향을 미치므로, 의미 있는 타인이라고 볼 수 있다.

앞에서도 언급했지만 자아는 후천적 학습에 의해 형성되므로 의미 있는 타인의 영향력은 자아개념을 형성하는 데에 큰 변수로 작용한다. 예컨대, 아버지를 대단히 존경하는 자녀는 아버지와 상호작용관계에서 아들은 무의식적, 의식적으로 아버지의 자아를 닮아가게 된다. 이와는 반대로 아버지를 존경하지 않는 아들은 아버지가 자신에 대해 어떻게 생각하는지에 대해 전혀 관심을 두지 않을 뿐만 아니라 자신도 아버지에 대해 별로 관심을 가지지 않게 되므로 아버지의 자아가 아들의 자아형성에 크게 영향을 미치지 못하게 된다.

셋째, 자아개념은 외부로 발산한다. 우리나라 축구선수들의 실제 실력을 객관적으로 평가할 때 일본 선수들에 비해 한 수 아래인데도 불구하고 3 : 2로 이기는 경기를 보았다. 이는 분명 어떤 일이 있어도 일본한데는 꼭 이겨야겠다는 민족적 자긍심과 선수들의 자아개념이 밖으로 발산된 선수 개개인의 자아개념과 결집되어 시너지효과(synergy effect)로 나타난 것이라 볼 수 있다.

이와 같은 현상을 조직에서는 팀워크(team work)라고도 한다. 이외에도 어떤 개인이 아주 아끼는 자동차, 카메라, 골프채, 전축, 기타 소유물을 타인에게 주기 싫어하는 현상 역시 자기의 자아가 외부로 발산되어 소유물에까지 확대되어 있기 때문이다.[17]

---

17 A. Ellenson, *Human Relations*(Englewood Cliffs, New Kersey: Prentice-Hall, Inc,

### (3) 초자아(超自我; super-ego)

초자아는 전통적인 가치나 이상을 내면적으로 대표하고 있으며 쾌락보다는 완성을 지향하고, 양심과 자아, 이상(ego ideal)으로 구성되어 있다. 초자아는 일반적으로 양심으로 간주되며, 감시 메커니즘이고 Personality에 윤리적·도덕적 차원을 추구한다. 대부분 무의식에 속하는 초자아는 이상주의적이다. 예컨대, 배고픔에 지친 사람이 남의 가게에 가서 주인 몰래 빵을 훔쳐 먹으려고 자아의 영역에서 훔칠 계획을 세웠지만, 초자아의 영역에서 비도덕적인 행동을 못하게 판단을 내리면 아무리 배가 고파도 빵을 훔치는 행동을 하지 않는다. 이와 같이 초자아는 쾌락이나 현실을 위해서보다는 이상적이고 완전한 것을 원하는 Personality의 도덕적, 윤리적 기준이다.

이상에서 살펴본 바와 같이 Personality가 갖는 세 가지 영역 중 가장 많은 에너지가 본능아(id)에 저장되어 있을 때 그 개인은 본능 지배적인 행동이 나타나고, 많은 에너지가 자아(ego)영역에 저장되어 있을 때는 논리적이고 이성적인 행동을 한다. 그리고 많은 에너지가 초자아(superego)영역에 저장되어 있을 때에는 도덕과 양심에 따라 행동하게 된다.

그리고 Personality의 두 부분, 즉 본능아(id)와 초자아(super-ego)는 끊임없는 갈등상태에 있기 때문에 자아(ego)가 이들 세력의 조정역할을 담당하며 이의 정도가 Personality의 차이와 행동을 유발하게 된다.

프로이트는 생득적(生得的) 본능을 생명의 본능과 규범의 본능으로 구분하였는데 규범의 본능은 무기질적 물질의 세계로 돌아가려 하는 것이고, 이것이 이면적으로는 공격적 행동과 파괴적 행동(aggressor)으로 나타난다고 하는 것이다.

생명의 본능(life instinct)이 자신의 기능을 수행하며 에너지를 방출하는 형태를 리비도(libido)라고 불렀다. 이는 선천적인 것으로 자신의 안락을 추구하고 성적욕구 해결이나 고통 탈피와 관련된다.

프로이트는 불안이란 정신적인 균형이 마음과 환경과의 관계에서 불균형이 이루어지고 쾌락의 혼란을 빚어내는 상태라고 설명하고 있다. 불안은 공포와 불안감에서 빚어내는 상태라고 설명하고 있다. 불안은 공포와 불안감에서 오는 현

1982); 朱三煥, 明昌濟, 共著, 人間關係論, 法文社, 1993, pp. 44-48.

실적 불안과 신경성 불안(Neurotic anxiety)으로 구분되어지는데, 이것이 본능이 통제를 벗어나는 데 대한 불안이다.

그가 전개한 방어기제(防禦旣濟)의 개념은 자아가 과도한 불안에 놓여 있어서 부정(否定), 현실의 왜곡, 억압, 투사(投射), 반동형태, 고착(固着), 퇴행(退行)의 상태에 이르는 것을 말하고 있다.

프로이트의 Personality이론을 조직행위론의 관점에서 정리하면 다음과 같다.

- 어린 시절의 경험, 특히 부모와의 관계는 그 후 그의 사고와 행동에 지대한 영향을 미침으로써 매우 중요하다.
- 어린이는 외적인 영향력과 내적인 충동에 의해 퍼스낼리티를 형성한다.
- 상이한 수준의 의식과 무의식이 행동에 영향을 미친다.
- 한 사람의 퍼스낼리티를 그의 과거와 관련된 전인(total person)으로 이해한다.
- 모든 행동은 삶의 본능(life instinct)과 죽음의 본능(death instinct) 등 두 가지의 무의식적 충동에 의해 나타난다. 이와 관련하여 건강한 사람(healthy person)은 성공적으로 사랑하고 일하는 사람이다.

### 2) 新프로이트 학파의 Personality 이론

프로이트의 기본적인 입장을 계승하면서도 그의 성적 본능에 기반을 둔 일군의 학자들을 新프로이트 학파(neo Freudiam)라 하는데 대표적인 학자가 융(C. G. Jung)이다.

융이 프로이트의 인간마음이 생리적으로 유래하였다고 하는 주장은 특히 범성 이론과 본능의 이론은 너무 한정적이어서 보다 복잡하고 미묘한 심리학적 과정을 설명하기에 불충분하다고 보았다. 융은 "나의 일생을 무의식의 세계로부터 자기실현화의 기록이다"라고 주장하면서 인간의 마음은 동물이나 동물심리학과 관계가 있다고 하더라도 그 부분은 적고, 보다 인본주의적이고 문화적인 역동을 가지고 있다고 보았다. 특히 융은 사람의 마음과 환경과의 관계를 주목하였다.

프로이트는 부착(Cathexes)과 반부착(Anticathexes)이라는 막연한 용어를 물리학의 작용과 반작용의 개념에서 차용하였는데 부착이란 리비도를 사람이나 사물에게 부착하는 것이며, 본능의 에너지가 자아나 초자아로 옮겨지는 현상으로 추진력과 같은 현상이다. 부착의 반대 개념인 반부착은 양심을 묶어놓아 개인의 자아 이상이 좌절되고 깊은 실패감에 빠지는 상태이다. 그리고 프로이트의 고착(fixation) 정신 에너지를 어떤 관념이나 감정이나 행동 등에 집중되는 현상으로 비슷하나 불안을 경험하게 되며 성숙이 정지된다.

융은 자아에 대해 비관적인 프로이트와는 반대로 자아를 낙관적으로 보았으며 의식적이고 자율적인 기제(旣濟)로서 보다 안정되고 강화된 자아의 개념으로 발전시켰다.

인간 마음의 이해에서 융은 큰 진전을 보인 것은 가끔 오해를 받고 있는 집단적 무의식의 개념이다. 그는 무의식의 개념을 확대하여 사람에게 잘 알려지지 않은 채 더 깊숙이 존재하는 집단무의식을 발견하였다. 이 집단무의식은 과거 세대의 모든 누적적 경험이 저장되어 있는 곳이다. 프로이트가 개인을 중심으로 한 무의식을 다분히 인간의 부정적인 그늘로 본데 반해 그는 이를 무한한 인간 잠재력의 보고(寶庫)로 본다는 점에 큰 차이가 있다.

카디너(Kardiner)는 이 점에 대해서 융을 비판하고, 집단학습이라는 개념으로 이것을 묶어 놓았다.

융은 집단무의식의 구조적 내용을 정교화하였는데 , 원형질(archetype)이라는 개념은 원시적 심상(mythological images), 행동유형(behavioral patterns)으로 구성되어 있다고 하고, 이와 같은 과정을 통하여 그는 심리학, 정신분석학, 인문학, 그리고 문화인류학의 통합을 시도하였다.

결론적으로 융의 연구는 퍼스낼리티를 감정 지향성을 중심으로 외향성(extrovert)과 내향성(introvert)으로 구분하고, 문제해결의 유형을 중심으로 감각형(sensation type)과 직관형(intuiton type)으로 구분하며, 의사결정을 중심으로 사고형(thinking type)과 감정형(feeling type)으로 구분하고 또한 일반적인 태도를 중심으로 판단형(judging type)과 지각형(perceptive type)으로 구분하여 이들은 모두 연속선상에 있음을 설명하고 있다.

융에서 주목되는 개념은 인격(persona)의 개념에서 전개한 남성역할인 "아니마(anima)"와 여성역할인 "아니무스(animus)"의 개념이다. 이것은 전통과 사회적 관습의 요구에 대한 반응도 포함하는 것으로 현대 행동과학의 역할이론과 흡사하다. 여하튼 인격을 통하여 사적인 인간의 공식적인 사회구조의 한 소단위로서 상호작용을 한다는 것이다. 이것은 프로이트의 이드(id) 개념과 자아(ego)의 개념을 심리적 역동의 통합과 균형을 이루려는 노력이라고 말하고, 그림자의 개념을 목적이나 원형질을 포함하는 동물적 본능의 잔재라고 말하였다. 그러므로 이것은 프로이트의 이드(id)의 개념과 자아(ego)의 개념을 완전히 부인했다기보다는 그것을 수정하고 다른 각도에서 그 개념을 한정한 것이라고 볼 수 있다.

따라서 융은 Personality이론에서 프로이트에 정면 대결하였다기보다는 프로이트의 Personality이론을 보다 확대, 정교화 및 연장하였다고 볼 수 있다.

## 5. Personality의 발달단계

Personality가 어떤 단계를 거쳐 발달하게 되는가에 대한 논의는 수백 년 동안 많은 심리학자들에 의해 논의되어 왔다. 이에 대한 연구는 주로 아이들이 성인의 Personality로 발전해 나가는 과정에서 나타나는 사고, 문제해결 능력 및 방법, 동기, 정서, 갈등 해결방법 등의 패턴을 터득해 나가는 과정에 초점을 두고 있다. 이러한 패턴을 획득할 때 나타나는 구체적인 생리적·심리적 변화단계를 밝히려는 것이다.

### 1) 에릭슨의 발달단계이론

新프로이트 학파에 속하면서 이의 가장 대표적인 논자인 에릭슨(E. H. Erikson)은 한없이 계속 발달하는 인간의 특성을 완전히 분리되지는 않은 다음과 같은 여덟 단계로 구분하고 다음 단계로 넘어가기 전에 전 단계가 성공적으로 해결되는 것이 바람직함을 역설하고 있다.[18]

18 E. H. Erikson, "Youth and Life Cycle," *Children*, 1960(vol. 7).

제1단계: 환경을 믿을 수 있는가의 여부를 학습하는 단계
제2단계: 어떤 환경에 대해 통제력을 행사할 수 있는가의 여부를 학습하는 단계
제3단계: 스스로 의사결정을 할 수 있는가의 여부를 학습하는 단계
제4단계: 어떤 일을 수행할 수 있는가의 여부를 학습하는 단계
제5단계: 자신이 누구이며 무엇이 될 수 있는가의 여부를 학습하는 단계
제6단계: 타인에게 얼마나 깊이 관여할 수 있는가의 여부를 학습하는 단계
제7단계: 자신이나 타인에게 어떤 관여를 할 것이며 어떻게 실행할 것인가를 학 습하는 단계
제8단계: 이전의 여러 단계들이 어떻게 해결되었는가를 회고하는 단계

이들 각 단계는 비성숙 국면, 위기국면 및 해결국면으로 구성되어 있으며 이들은 각기 성공의 특성과 실패의 특성을 지니고 있다.

**표 10-2** Personality의 단계별 시기와 특성

| 단계 | | 시기 | 성공의 특성 | 실패의 특성 |
|---|---|---|---|---|
| 1 | 초기 유아기 | 출생 ~1세 | 신뢰 | 불신 |
| 2 | 후기 유아기 | 1세 ~3세 | 자주성 | 수치감, 의심 |
| 3 | 초기 아동기 | 4세 ~5세 | 주도성 | 죄책감 |
| 4 | 중기 아동기 | 6세~11세 | 근면 | 열등의식 |
| 5 | 사춘기, 청년기 | 12세~20세 | 자아확립 | 역할혼란 |
| 6 | 초기 성년기 | 20세~40세 | 친교 | 아집 |
| 7 | 중기 성년기 | 40세~60세 | 활동력 | 정체 |
| 8 | 후기 성년기 | 65세 이후 | 완전 | 실망 |

자료: S. P. Robbins, *op. cit.*, 1993, p. 71.; 이한검, 전게서, p. 146에서 재인용.

### 2) 쉬히의 5단계이론

쉬히(G. Sheehy)의 이론은 에릭슨 연구의 확대판이라고도 할 수 있는데, 그는 성인은 다섯 차례의 위기를 거쳐 발전한다고 보았다.[19]

19 G. Sheehy, *Passages*, Dutton, 1976, pp. 17-19.

첫 번째는 정체(identification) 위기(18~20세)로서 가정을 떠나 부모에게서 정서적·재무적으로 독립하려 하며 반항적 행동이나 어설픈 자신감을 갖고 이런 불안과 불확실성을 은폐하려 한다.

두 번째는 시행(trying)의 20代로 한 번 선택한 결심이 돌이킬 수 없는 후회에 이르지 않을까 하는 두려움도 있게 마련이다.

세 번째는 수확(catch)의 30代로 이에 가까워질수록 삶에 대한 노력이 이루어지거나 삶에 대한 노력이 재개되는 시기로 이상적인 꿈을 현실적인 목표로 낮추게 된다.

네 번째는 정리의 40代(35세~45세)로 이때는 위기와 기회의 공존기로서 그들의 목적을 음미하고 가진 것을 어떻게 활용할 것인가를 재검토하는 것이 특색이다.

마지막 다섯 번째는 재생 또는 단념의 안정기(40대 후반)로서 점차 정열이 식게 되고 끝내는 단념하게 된다. 그러나 자기의 보람을 계속 추구하려는 목적을 지니고 그 방향과 방법을 발견한 사람에게는 이 기간이 최고의 시기가 된다.

### 3) 레빈슨의 4단계이론

레빈슨은 생애구조가 성인의 전 생애에 걸쳐 비교적 질서 정연한 연속과정으로 발전한다는 전제하에서 다음과 같은 Personality 발달 4단계 이론을 주장하였다.

• 제1단계: 성인세계의 입문단계(22－28세): 이 단계는 자기 존재를 확립하고, 결혼을 통해 성인생활에 들어가는 단계이다. 그러나 28~33세 사이에 30대 초의 과도기를 접할 수도 있다.

• 제2단계: 정착단계(33~40세): 이 단계는 사회적으로 다소 안정된 직업을 가지고 있으며, 가정적으로는 자녀들의 출생·성장으로 안정된 정착생활을 하는 단계이다. 그러나 40~45세 사이에 중년의 과도기를 겪을 수도 있다.

• 제3단계: 중년단계(45~50세): 다소 안정된 시기이지만 새로운 세계로 재도약 하느냐 아니면 현재의 삶에서 안주하는가에 대한 갈등, 즉 50대 초의 과도기(50~55세)를 겪게 된다.

• 제4단계: 중년기 최고 정점단계(55~60세): 이 시기에 접어들면 지난날을 회상하면서 되도록 오점을 남기지 아니하고 은퇴하려고 노력한다. 그러나 이 시기에도 과도기가 있는데 이를 후기 성인의 과도기(60~65세)라고 한다.

레빈슨의 4단계이론은 다른 이론과 마찬가지로 다분히 직관적이고 대중적인 호소력을 지니고 있지만, 개인마다 각 단계가 다르게 나타나는 등 개인차가 큰 것으로 나타났다. 따라서 개인차가 있음을 인정하더라도 이 이론은 생애단계의 가이드라인을 제시한 점에서 의의가 있으며 개인의 경력계획 및 개발에 매우 유용한 이론이다.

### 4) 홀의 경력단계이론

홀(D. H. Hall)은 레빈슨 이론과 다른 단계이론을 원용하여 일과 관련시켜 경력단계에 관한 다음과 같은 통합모델을 제시했다.[20]

• 제1단계: 탐색단계(exploration stage): 자아개념을 정립하고 대인간의 교류와 경험을 통해 미래에 자신이 무엇을 해야 할 것인가의 경력지향적인 노력을 하

그림 10-5 | 경력단계 모형 |

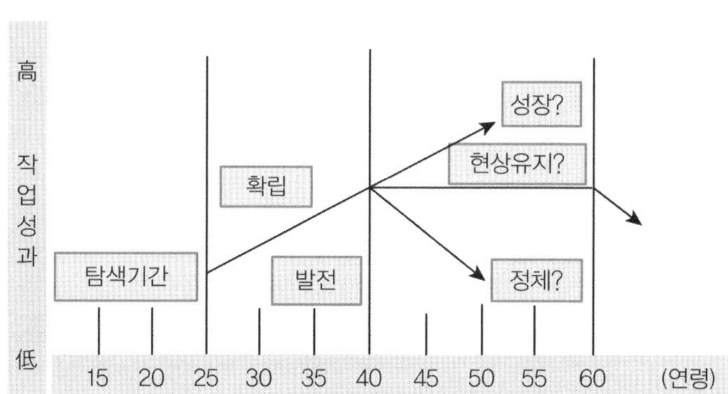


20 D. H. Hall, Careers Development and Planning, in Marinanne Jelinek(ed.), *Career Management*(Chicago, Illinois: St. Clair Press, 1979), p. 329.

는 단계이다. 이 단계의 마지막 부분은 어떤 한 직업을 선택한 후 1~2년 정도의 시기로 자신에게 적합한 분야를 탐색하고, 이에 따른 첫 직무를 발견하여 이를 지속적으로 발전시켜 나가려고 시도하는 단계이다.

- 제2단계: 확립단계(establishment stage): 이 단계는 자신에게 적합하고 전망이 밝다고 판단하여 제1단계에서 선택한 하나의 직업에 정착하려는 단계이다.

이 시기에는 동료 및 다른 경쟁 대상자들과의 상당한 경쟁이 있을 수 있기 때문에 이로 인한 갈등과 반목 그리고 실패에 대한 감정적 처리가 대단히 중요하다.

- 제3단계: 유지단계(maintenance stage): 이 단계는 앞만 바라보고 달려온 자신을 반성하고 경력진로의 재조정을 고려하는 시기로서, 경우에 따라서는 심리적 충격도 받게 된다.

이 단계에 접어들게 되면 정신적으로나 육체적으로 노화현상이 나타나게 되어 사소한 일에도 충격을 받을 수 있다. 따라서 어떤 사람은 이 단계를 원만히 극복하고 계속 성장하는가 하면 어떤 사람은 심리적 충격을 극복하지 못해 쇠퇴해 버리는 수도 있다. 그러나 대부분의 사람들은 그들이 축적한 경험을 바탕으로 현상을 유지해 나간다.

- 제4단계: 쇠퇴단계(decline stage): 이 단계에서 대부분의 사람들은 지나온 경력 생활에 대하여 만족스럽게 생각하면서 새로운 자기의 삶을 마련하고자 은퇴를 준비하게 된다.

이 단계에서는 자신의 경력생활을 통합해 보려 하고, 퇴직 후의 계획을 수립하며, 조직 내에서의 자신의 역할도 다소 소극적으로 되는 것이 일반적 특징이다.[21]

### 5) 아지리스의 미성숙(immaturity) · 성숙(maturity)이론

조직에 있어서의 인간행동에 관한 연구를 행동과학적 접근방법으로 시도한 Personality의 발달단계에 관한 또 하나의 이론으로 아지리스(C. Argyris)의 미성숙·성숙이론이 있다.

21 박내회, 조직행위론, 박영사, 1997, pp. 125-126.

아지리스에 의하면 한 인간이 성숙한 인간으로 발전하는 경우, 개인의 Personality는 다음과 같은 일곱 가지의 차원에서 변화가 일어난다는 것이다.[22]

첫째, 유아와 같은 수동적인 상태에서 성인으로서의 능동성이 높은 상태로 옮겨 간다.

둘째, 유아와 같은 타인에게 의존하는 상태에서 성인으로서의 상대적으로 독립된 상태로 발전한다.

셋째, 유아시절에 몇 가지 방법만으로 행동하던 상태에서 성인으로서 여러 가지 방법으로 행동할 수 있게 발전한다.

넷째, 유아의 상궤(常軌)를 벗어나 우연적·순간적 흥미밖에 갖지 못한 상태에서 성인으로서 보다 깊이 있는 흥미를 가지게 된다.

다섯째, 유아로서 시간 전망이 단지 현재에 집착하여 매우 짧으나 성인이 되면서 시간 전망은 과거와 미래까지 확대된다.

여섯째, 유아로서 가정 내지 사회에서 종속적인 위치로부터 성인이 되면 타인에 대하여 대등 또는 지배적인 위치로 옮겨가게 된다.

일곱째, 유아로서 자아에 대한 인지결여 상태에서 성인이 되면 자아인지와 자아를 통제할 수 있는 능력을 갖게 된다. 자기의 행동에 대해서 충분한, 그리고 적절한 통제를 경험해 갈 수 있는 성인은 성실감 내지 자기 가치관을 발전시킬

**표 10-3** 미성숙-성숙의 연속선

| 미성숙 단계 | → | 성숙 단계 |
|---|---|---|
| ① 수동적·소극적 행위 | → | 능동적·적극적 행위 |
| ② 의존성(依存性) | → | 독립성 |
| ③ 한정된 단순한 행동 | → | 다양·복잡한 행동 |
| ④ 얕은 관심 | → | 깊은 관심 |
| ⑤ 단기적 전망 | → | 장기적 전망 |
| ⑥ 종속적 지위(地位)에 만족 | → | 대등 내지 우월적 지위에 만족 |
| ⑦ 자아의식의 결여 | → | 자아의식과 자기통제 |

자료: C. Argyris, *Personality and Organization*, New York: Harper & Brothers, 1957, p. 50.

22 C. Argyris, *Personality and Organization*, New York: Harper and Brothers, 1957, p. 21.

수 있다.

이와 같은 일곱 가지의 차원에서 변화가 일어나는 것은 개인이 많은 사회적·자아적 욕구를 가지고 있다는 것을 의미한다. 개인이 가지고 있는 사회적·자아적 욕구에는 개인적인 가치 내지 자기존중, 창조적인 직무에 자기를 관여시키는 수단, 종업원으로서 소속되고 있는 집단에 가치 있는 공헌을 하고 있다는 느낌과 이 공헌에 대한 인정감, 성취감 및 자기에게 관련된 계획, 의사결정, 집행에의 참여 기회와 독립에의 욕구가 포함된다.

요컨대 현대산업사회의 인간은 강한 자아실현의 욕구를 가지고 있다. 이와 같은 관점에서 경영자는 사람들이 미성숙 혹은 종속 상태로부터 성숙 상태로 발전하는 것을 도와주어야 한다고 아지리스는 주장하고 있다. 즉, 아지리스는 고차욕구 지향의 인간관에 입각하여 전통적인 명령과 통제의 조직 관리에서 참여적 자주통제의 조직 관리로 조직 실천의 전환의 필요성과 중요성을 지적하였다고 할 수 있다.

## 6. Personality의 유형론

성격의 유형론에는 사람의 체격에 따라 성격이 다를 수 있다고 가정하는 체형론(physical type theory)과 신체의 화학적 성분에 따라 그 성격이 다를 수 있다고 가정하는 생리적 이론(physiological theory) 및 행동이나 심리적 요인에 따라 성격이 다를 수 있다는 행동·심리요인 이론(behavior－psychological factor theory) 등이 있다.

### 1) 크레치머(Kretschmer)의 체형론

독일의 의학자인 크레치머(Kretschmer)는 인간의 체형을 통해 Personality의 유형을 구분하였는데, 그는 인간의 체형을 키가 크고 어깨가 좁고 마른 사람은 세장형으로, 그리고 키는 중간정도이고 어깨가 벌어지고 가슴이 넓고 건강해 보이

표 10-4 체형에 따른 성격특성

| 체형 | 성격특성 |
|---|---|
| 세장형·투사형 | • 예민하다. • 이기적이다. • 냉혹하다. • 귀족적이다.<br>• 정신분열증에 걸리기 쉽다. |
| 비만형 | • 수다스럽다. • 쾌활하다. • 태평스럽다.<br>• 여유가 있고 향락을 즐긴다. • 조울증에 걸릴 가능성이 높다. |

는 사람을 투사형으로, 키가 작고 뚱뚱한 사람을 비만형으로 구분하였다. 이들의 특징을 요약해 보면 다음과 같다.

### 2) 셀든(Sheldon)의 성격유형론

한편, 미국의 심리학자인 셀든(W. H. Sheldon)은 인간의 체형을 내장기관이 발달한 내배엽형, 근육조직이 발달한 중배엽형, 감각기관이 발달한 외배엽형으로 구분하였다.

① 내배엽형은 호인형으로 뚱뚱하고, 성격이 느긋하고, 친절하며 침착하다.

② 중배엽형은 근육질인 사람으로 성격이 냉정하며, 적극적이고 경쟁적이다.

③ 외배엽형은 키가 크고 마른 체질이며, 사색적이고, 예민하고, 신경질적이며, 매사에 조심하는 성격이다.

이러한 셀든의 이론은 매우 흥미롭고 직관적인 호소력을 가지고 있으나 최근 여러 연구결과에서는 체형과 성격 사이에는 상관관계가 낮거나 거의 없는 것으로 나타나 이 이론에 대한 신뢰성이 의문시된다.

### 3) 로터(Rotter)의 성격유형론

로터(J. B. Rotter)는 인간의 행동을 결정하는 통제의 위치(locus of control)가 어디에 있는가에 따라 Personality의 유형을 내재론자와 외재론자로 구분하였다.

통제의 위치란 인생의 삶에서 얻어지는 결과에 자기의 행동이 얼마나 영향을 줄 수 있다고 믿는가(belief)를 측정하는 개념으로 로터(J. R. Rotter)에 의해 개발되었다.[23] 이는 집단 또는 조직 내에서 개인의 통제의 위치가 어디에 자리 잡고 있는가에 따라 개인차가 나타난다. 말하자면, 사람들은 어떤 사건(events)이나 결과(consequences)가 자기에 의해 통제되는지 아니면 외부요인에 의해 통제되는지에 관해 일반적인 기대를 갖고 있는데 통제의 위치가 어디에 있다고 믿는가에 따라 내재론자(internalizers)와 외재론자(externalizers)로 구분한다.

내재론자는 자신의 운명을 스스로 결정하고 관리·통제할 수 있다고 믿는데 반해, 외재론자는 자신에게 일어나는 많은 일들이 자신의 통제력에 의해서가 아니고 행운이나 타인 또는 조직과 같은 외부의 영향력에 의해 결정된다고 믿는다.

**표 10-5** 통제 위치의 측정

| 내적 통제의 신념 | 외적 통제의 신념 |
|---|---|
| • 승진은 열심히 그리고 지속적으로 일함으로써 된다.<br>• 내 경험을 통해 보면 공부한 정도와 성적은 통상 직접적인 관련이 있다.<br>• 많은 이혼율은 점차 많은 사람들이 결혼생활을 위한 노력을 하지 않기 때문인 것임을 말해 준다.<br>• 내가 옳으면 타인들을 납득시킬 수 있다. | • 돈은 주로 우연히 벌어진다.<br>• 많은 경우에 선생님의 반응(성적)은 되는 대로 부인한다.<br>• 결혼은 크게 보면 하나의 도박이다.<br>• 다른 사람의 기본적인 태도를 진실로 바꿀 수 있다는 생각은 바보스럽다. |

### 4) 융(Jung)의 성격유형론

스위스의 정신분석학자인 융(C. G. Jung)은 성격특성의 차이를 줄여 성격의 유형을 내향성과 외향성으로 단순화시켜 구분하였다. 내향성(introverts)의 Personality를 지닌 사람은 질서 있고, 안정적이며, 예측 가능한 환경을 제공하는 반복적인 과업에서 일하기를 좋아하고, 외향성(extroverts)의 Personality를 지닌 사람은 환경 속에서 자극을 필요로 하고, 단순하고 지루하며 반복적인 직무에는 부정적으로 반응하는 경향이 있으며, 다양성과 예측 불가능성 및 흥분을 주는 작업 환경을

23 J. B. Rotter, "External Control and Internal Control," *Psychology Today*, 1971(June).

**표 10-6 내향론자와 외향론자의 Personality 특성 비교**

| 내향론자의 특성 | 외향론자의 특성 |
|---|---|
| • 집중하여 조용함을 좋아함<br>• 세밀한 것에 주의를 기울이는 경향이 있으며 전반적인 기술을 싫어함<br>• 이름과 얼굴을 기억하기 어려워함<br>• 간섭받지 않는 오래 걸리는 직무의 담당을 꺼리지 않음<br>• 직무의 뒤에 있는 아이디어에 관심이 있음<br>• 때로는 행동도 하지 않고 행동하기 전에 많은 생각하기를 좋아함<br>• 자기 만족하면서 혼자 일하기 좋아함<br>• 의사소통에 문제를 지니고 있음 | • 다양성과 행동을 좋아함<br>• 빨리 처리하는 경향이 있으며 복잡한 절차를 싫어함<br>• 인사하기를 좋아함<br>• 흔히 오래 걸리고 느린 직무를 인내하지 못함<br>• 직무의 결과에 관심이 있음<br>• 때로는 생각도 하지 않고 빨리 행동함<br>• 주변에 많은 사람이 있기를 좋아함<br>• 통상 자유롭게 의사소통함 |

필요로 한다.[24]

### 5) 프리드맨(Friedman)과 로젠맨(Roseman)의 성격유형론

심장병 학자인 프리드맨(M. Friedmand)과 로젠맨(R. Roseman)은 Personality의 유형을 건강과 관련시켜 'A형 행동'(A type behavior) 또는 'A형 Personality'와 'B형 행동'(B type behavior) 또는 'B형 Personality' 구분하였다. 이들이 1970년대에 혈압과 스트레스, 그리고 심장병과 관련한 일련의 연구를 통해 처음으로 Personality의 유형을 A형과 B형으로 명명한 이래 조직행위과 관련된 많은 연구가 이어져 왔다.[25]

A형 Personality를 소유한 사람은 공격적이고, 경쟁적이며 높은 표준을 설정하고, 항상 시간적인 압박을 받으며 성취욕구가 높고 완전주의를 지향하는 특성이 있고, B형 Personality의 소유자는 성격이 느긋하고 태평스러우며 시간을 즐기면서 여유롭게 생활하는 특성을 지닌다.

24 M. E. Schnake, *Human Relations*, Merrill Publ., 1990, pp. 108-109.

25 F. Luthans, *op. cit.*, 1992, p. 407.

최근 성과지향적인 기업경영으로 인해 종업원들의 직무스트레스가 커지면서 A형·B형 성격과 행동에 대한 학계의 관심이 고조되고 있다. 직무수행의 측면에서 보면 A형의 Personality를 소유한 사람이 선호되겠지만, 대인관계의 측면에서는 B형의 Personality를 소유한 사람이 선호되고 있는데 이들의 구체적인 성격 특성을 비교해 보면 다음과 같다.

**표 10-7** A형 Personality와 B형 Personality의 비교

| A형 Personality | B형 Personality |
|---|---|
| • 언제나 움직인다. • 빨리 걸어간다.<br>• 빨리 먹는다. • 빨리 말한다.<br>• 인내심이 없다. • 여가 선용을 못한다.<br>• 동시에 두 가지를 한다.<br>• 수치(數値)에 사로잡힌다.<br>• 공격적이다.<br>• 양을 성공의 기준으로 한다.<br>• 언제나 시간의 압박을 느낀다.<br>• 경쟁적이다. | • 시간에는 관심이 없다.<br>• 인내력이 있다.<br>• 자만하지 않는다.<br>• 죄의식 없이 여가를 즐기기만 한다.<br>• 이기기 위해서가 아니라 즐기기 위해서 놀이를 한다.<br>• 압박받기 기한이 없다.<br>• 온순한 매너<br>• 결코 성급하지 않다. |

특히, A형 Personality의 특성과 관련하여 연구된 몇몇 학자들의 견해를 제시해 보면 다음과 같다.

◇ 셔머혼(J. R. Schermerhorn) 등이 밝힌 A형 Personality의 특성[26]

① 항상 움직이고 걸으며 빨리 먹는다.

② 일이 늦게 진척되면 조급함을 느끼며 타인을 서두르게 하고 기다리기를 싫어한다.

③ 한꺼번에 여러 가지 일을 한다.

④ 몇 시간 또는 몇 날 동안 편히 쉬거나 아무것도 하지 않으면 죄책감을 느낀다.

26 J. R. Schermerhorn et als., *Management Organizational Behavior*, Wiley & Sons, 1993, p. 117.

⑤ 가능한 한 짧은 시간에 가능한 한 많은 일을 하려고 계획한다.

⑥ 인생을 즐길 시간을 갖지 않는다.

◇ 호제트(R. M. Hodgetts)가 밝힌 A형 Personality의 특성[27]

① 두 가지 이상을 한꺼번에 생각하거나 수행한다.

② 가능한 한 짧은 시간 내에 가능한 한 많은 일을 하려고 계획한다.

③ 타인에게 말을 빨리 하려 한다.

④ 일을 잘하려면 스스로 하여야 한다고 믿는다.

⑤ 말할 때 몸짓까지 함께 한다.

⑥ 언제나 시간 지키기를 숭배한다.

⑦ 결정적인 말을 하거나 자주 음탕한 말을 한다.

⑧ 어린이한테까지도 이기기를 위해 게임을 한다.

⑨ 자기와 타인의 성공을 수자로 측정한다(논문의 수, 환자의 수, 판매량 등).

⑩ 자신이 더 잘하거나 빨리 할 수 있는 일을 타인이 하고 있는 것을 보면 안타까워한다.

◇ 미첼(T. R. Mitchell)의 연구

미첼은 여러 학자들의 성격유형에 관한 연구결과를 종합하여 A형 Personality는 다음과 같은 세 가지 측면에서 B형 Personality와 차이가 있음을[28] 지적하였다.

첫째, 매우 높은 성취욕구(need for achievement)를 지니고 있다. 언제나 순간순간 하고 있는 일에 최선을 다하려고 진력한다.

둘째, 타인에 대해 매우 공격적(aggressive)이다.

셋째, 시간의 긴급성(time urgency)에 지나치게 신경을 쓴다.

따라서 A형 Personality의 특성을 지닌 사람은 공격적이고 경쟁적이며, 높은 표준을 설정하고, 항시 시간적인 압박을 받으며, 성취 욕구에 불타며, 완전주의를 지향하는 경향이 강하다. 이에 반해 B형 Personality의 특성을 지닌 사람은 날마

27 R. M. Hodgetts, *Modern Human Relations at Work*, Dryden Press, 1990(4th), p. 308.

28 T. R. Mitchell & J. R. Larson, *People in Organizations*; *An Introduction to Organizational Behavior*, McGraw-Hill, 1988(3rd), p. 106.

다의 생활에서 쉽게 살아가고 덜 경쟁적이다.[29]

여기에서 우리가 유념해야 할 것은 그 어느 누구도 극단적인 A형 또는 B형 Personality를 소유하고 있는 것이 아니라 모두가 이들을 양극으로 하는 연속선상의 어느 위치에 있다는 점이다. 다시 말해 어느 누구도 A형 Personality와 B형 Personality를 동시에 지니고 있으며 정도를 달리하고 있을 뿐이라는 점이다.

결론적으로 양자 간의 우열을 가린다는 것은 쉬운 일이 아니며, 업무수행의 측면에서 보면 A형이 B형보다 나은가 하면 인간관계의 측면에서는 A형은 참을성이 없고, 타인의 방해를 받으면 몹시 화를 내며, 짜증이 심하고, 공격적이어서 B형보다 못하다.

또한 시간상의 압력을 받거나 여러 가지 상충되는 요구가 있다거나 팀의 한 구성원이 되어야 하는 과업에서는 B형 Personality가 더 효과적일 수도 있을 것이다.[30]

스티어스(R. M. Steers)는 이와 관련하여 A형 Personality를 지닌 사람이 B형 Personality를 지닌 사람보다 정상에 빨리 이르게 되며 보다 성공적인 것은 틀림이 없으나, 그 정상에서는 인내력이 많고 광범위한 시야를 갖고 있는 B형 Personality의 소유자보다 더 성공적일 수는 없다고[31] 하였다.

29 A. D. Szilargyi & M. J. Wallace, *op. cit.*, 1990, pp. 230－231.

30 J. Greenberg & R. A. Baron, *Behavior in Organizations*, Allyn & Bacon, 1993(4th), p. 198.

31 R. M. Steers, *op. cit.*, 1991, p. 518; J. H. Howard, et als., "Health Patterns Associated with Type A Behavior: A Managerial Population," *Journal of Human Stress*, 1976(No. 2.)

## 토의문제

1. Personality관점에서 개인차 관리방안에 대해 토의해 보자.
2. 성격발달단계에 대해 토의해 보자.
3. 성격유형론에 대해 토의해 보자.

Human Behavior 제11장

# Motivation

## 1. 인간의 욕구와 행동

인간이 살아 있음은 움직임으로써 확인된다. 인간은 계속적으로 먹고, 마시고, 잠을 자고, 일하고, 사람을 만나고 그리고 희로애락(喜·怒·哀·樂)에 휩싸여 살아간다. 우리는 왜 지속적으로 이렇게 움직이고 일을 하며 살아가야 하는가? 이에 대한 대답은 인간 행동의 바탕인 인간욕구와 그것의 충족과정을 통해서 이해될 수 있다. 인간의 마음속에는 무한한 욕구가 있으며 이 욕구는 인간의 내·외적인 요소들에 의해 계속적으로 자극받고 있으며 이러한 자극에 의한 욕구는 분출되어 행동으로 이어진다.

그러나 이러한 행동을 순수하게 인간욕구의 충족과정이라고 만은 할 수 없다. 왜냐하면 욕구가 충족되어지는 과정에서 행동은 많은 환경적인 요소와 충돌하고 상호절충 되기 때문이다. 따라서 인간의 행동은 욕구와 환경적 요소와의 충돌과 상호절충의 산물이라고 표현하는 것이 더 정확할 것이다.

인간 내적인 욕구가 외부의 환경적인 요소들과 상호작용하는 과정은 우리가 단순하게 공식화할 수 있는 순차적인 과정은 아니다. 이는 욕구가 표출되는 데 영향을 주는 개인이 처해 있는 환경은 물론 개인의 태도 및 가치관 등의 여러 요소들이 동시에 영향을 미치는 복잡한 과정이다. 그러므로 이러한 복잡한 과정을 분류하여 그 중에 특정한 요소만을 가지고 인간의 행동을 이해하고자 하는 것은 매우 위험한 일이다.

본 장에서는 분석의 편의를 도모하고 이해를 돕기 위해 주로 인간행동의 동기에 초점을 맞추어 논의를 하고자 한다.

동기와 행동에 대한 연구는 복잡한 인간의 본성(nature of man)에 대한 문제를 해결하는 데 가장 필요하다. 이는 사람들의 과거 행동의 수수께끼를 풀어 줄 뿐만 아니라 사람들의 장래 행동을 어느 정도 예측하고 변화시키고 통제하는 데도 도움이 될 수 있기 때문이다.

행동은 본래 목표 지향적(goal oriented)이다.[1] 즉 행동은 동기가 목표를 향하여 움직이는 것이다. 인간의 행동은 목표를 달성하려는 갈망에 의하여 일반적으로 동기가 유발된다. 따라서 인간이 조직에 참여하는 것도 조직이 개인의 요구를 어느 정도 충족시켜 주리라는 기대가 있기 때문이다.

인간은 조직을 통하여 입고 먹고 사는 것과 같은 일차적인 욕구뿐만 아니라 동료들과 함께 일을 할 수 있고, 존경을 받을 수 있으며, 어떤 일을 스스로 성취했다는 기쁨을 맛볼 수 있는 사회적인 욕구를 충족하게 된다. 이러한 만족을 얻기 위하여 개인은 기꺼이 시간과 노력을 조직에 투입하는 것이다. 또한 인간은 조직에서 그의 욕구가 충족되기를 바라지만 또 한편으로 자기 혼자서 할 수 없는 일을 조직을 통하여 달성할 수 있다고 기대하기 때문에 조직에 참여하는 것이다.

리비트(H. J. Leavitt)는 인간행동의 기본적 모델을 다음과 같이 설명하고 있다.[2]

1 P. Hersey & K. H. Blanchard, *Management of Organizational Behavior*, N.J., Prentice-Hall Inc., Englewood Cliffs, 1982, p. 14.

2 H. J. Leavitt, *Managerial Psychology*, University of Chicago, 17\972, p. 12.

그림 11-1 | 인간행동의 기본 모델 |

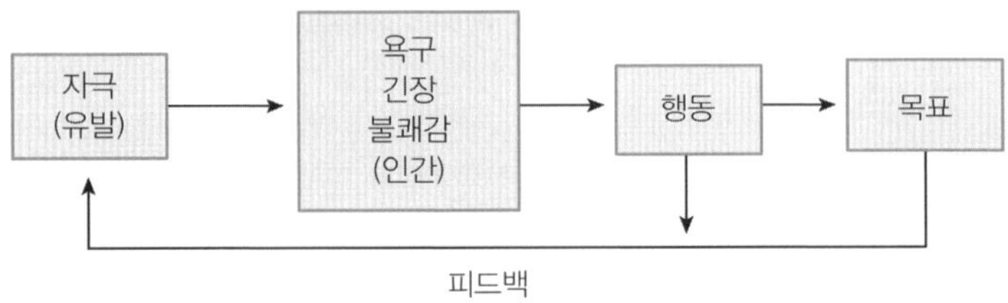


원래 유기체인 인간은 여러 가지 욕구(동인)를 지니고 있다. 또한 욕구가 충족되지 않으면 긴장상태를 면치 못하거나, 불쾌감을 느끼게 된다. 인간은 그와 같은 상태에서 벗어나기 위하여 외부로부터 적절한 자극(동인)이 주어지기만 하면 목표를 달성코자 어떠한 행동을 함으로써 긴장이나 불쾌감을 소멸시키는 것이다. 그러므로 인간의 행동에는 반드시 세 가지 요인, 즉 자극·욕구 및 목표가 뒤따르게 마련이다.

즉 개인은 ① 욕구충족의 증대를 얻으려 하며, ② 욕구충족의 감소를 회피하려는 두 가지 이유에서 하나를 위해 행동한다. 뿐만 아니라 인간은 욕구충족을 초래시켜주는 행동을 반복하려 하며, 반면에 욕구충족의 감소, 즉 처벌을 받는 행동을 회피하려는 경향이 있는 것이다.[3]

따라서 경영 관리자는 사람을 자극하기 위하여 두 가지 방법 중의 하나를 사용하게 된다.

첫 번째 방법은 요구하는 행동이 그들의 욕구를 만족시켜 주리라는 것을 작업자에게 알리는 것이며, 두 번째 방법은 그들의 욕구충족의 방법을 회피하려고 하는 행동의 방향에 따라야 한다는 것을 그들에게 납득시켜야 한다. 그리고 종업원을 자극하기 위한 경영자의 힘이라는 것은 종업원의 입장에서 보면 경영자가 그들 자신의 욕구를 만족시킬 수 있는 수단을 통제할 수 있는 규범 내에서만 효과가 있는 것이다.[4]

3 李濬範, 現代經營管理論, 博英社, 1980, pp. 29-30.

4 D. McGregor, *The Human Side of Enterprise*, McGraw-Hill Book Co., Inc., 1960, p.

그러므로 현대 기업 조직에 있어서 조직의 성과를 실현하기 위해서는 조직 구성원들의 진정한 인간적 협동을 확보하는 행동체계가 무엇보다 필요하다 하겠다. 그리고 이와 같은 협동적 노력을 끌어내기 위해서는 각 개인의 행동동기를 충분히 이해하고 그것에 따른 합리적인 관리방안을 강구하여야 할 것이다.

## 2. Motivation의 개념

'동기부여' 혹은 '동기유발'을 의미하는 'motivation'이란 단어의 어원은 "움직인다"는 뜻을 가진 라틴어의 'movere'에서 유래되었기 때문에 이에 관한 연구는 2,300여 년 전의 희랍에서 비롯되어 오늘에 이르고 있다. 그러나 Motivation이라는 용어는 그 후 연구자의 연구목적에 따라 다양한 의미로 사용되고는 있으나 Motivation이란 눈으로 볼 수 없고(invisible) 손으로 만질 수도 없는(intangible) 심리적인 과정(psychological process)이기 때문에 객관적으로 이를 측정하기란 불가능하다.

또한 Motivation은 인간행동을 설명하고 예측하기 위한 이론체계를 위해 매우 다양한 의미로서 사용되고 있는 개념이기 때문에 인간행동을 이해함에 있어 핵심적인 개념이면서도 아직까지 통일된 개념정의가 없는 것도 사실이다. 그러나 지금까지의 연구에서 사용되어진 대표적인 개념들을 요약·정리하고 Motivation의 개념을 정의해 보면 다음과 같다.

- Motivation은 행동(action, behavior)을 통해 인간의 내적인 욕구를 충족시키는 과정이다.[5]
- Motivation은 목표달성을 위해 행동을 자극하고 방향을 지어 주며 유지하는 일련의 심리적인 과정이다.[6]

---

20.

5 G. L. Frunzi & P. E. Savini, *Human Relations*, 1991, p. 112.

6 K. H. Roberts and D. M. Hunt, *Organizational Behavior*, 1991, p. 435 및 J. Greenberg & R. A. Baron, *Behavior in Organizations*, 1993, p. 114.

- Motivation은 행동에 목적과 방향을 부여하는 심리적인 과정이다.[7]
- Motivation은 어떤 목표나 유인을 향한 행동이나 충동을 일으키는 신체적·심리적 결핍 또는 욕구에서 시작하는 과정이다.[8]
- Motivation은 인간으로 하여금 특정 방법으로 행동하게 하는 힘(forces)이다.[9]
- Motivation은 행동에 활기를 불어넣어 줄 뿐더러 방향을 제시해 주며 지속하려는 경향을 뒷받침해 주려는 내적인 힘이다.[10]

이상의 여러 정의는 각기 다른 특성을 가지고 있으나 일반적으로 심리학적인 관점에서의 Motivation이란 인간의 행위를 유발하고, 그 유발된 행위를 유지하며, 더 나아가서 이를 일정한 방향으로 유도해가는 과정의 총칭이라고 할 수 있겠다.

위의 정의를 정리해 보면 다음과 같은 몇 가지 특징적인 사실들을 도출할 수 있다.

첫째, 행위자의 행동원인(motive)은 볼 수 없으나 그의 행동(behavior)을 통해 동인이 무엇인지를 추리할 수 있고 그가 동기부여 되었는지를 알 수 있다.

둘째, Motivation은 인간의 행위를 일으키는 내적인 상태(inner state)이고, 내적인 충동과 힘(internal drives and forces)에서 발생되는 행위와 관련되며, 행위를 일으키는(energize) 것이 무엇(what)이고, 어떻게(how) 이루어지며, 또한 행위가 왜(why) 일어나는가 하는 원인과 관련된다.

셋째, Motivation은 단순한 행위가 아니라 목표지향적인 행위와 관련된다. 이 같은 행위는 개인의 경우에는 충족되지 않은 욕구의 충족만을 목표로 하나 조직에서는 종업원이 지닌 욕구의 충족과 기업이 달성하고자 하는 목적(생산성)의 두 가지를 목표로 지향한다.

넷째, Motivation은 단순히 신체적인 행위만이 아니라 정신적인 움직임까지도 포함한다. 동물이나 노예의 경우 전자의 움직임은 하지만 후자의 움직임은 하지 않는다. '동작부여(motion)'와 '동기부여(motivation)'는 개념상의 혼란을 일

7 R. Kreitner, *Management*, 1992, 5th, p. 385.

8 F. Lathans, *Organizational Behavior,* 1992, 6th, pp. 146-147.

9 R. W. Griffin, *Management*, 1993, 4th, p. 36.

10 K. M. Bartol & D. C. Martin, *Management*, 1994, 2nd, p. 377.

으킨다. 양자는 다른 개념이다. 동작을 하지 않는 사람도 동기부여가 될 수는 있다. 또한 Motivation은 본질적으로 강제되는 것이 아니라 자의적(voluntary)이어야 한다.

다섯째, Motivation은 기본적으로 무엇(what)을 위해서인가의 내용과 함께 어떻게(how) 하는가의 과정과 관련된다.[11]

여섯째, Motivation은 개인적인 현상이다. 말하자면 모든 사람은 독특하게(unique) 행동하고 반응하므로 모든 동기부여 이론은 서로 달리 이 같은 독특성을 용납하고 있는 것이다.

일곱째, Motivation 이론은 종업원의 효과적인 관리를 위해 그의 행동을 예측하는 데 기본적인 목적이 있다.

## 3. Motivation의 과정

Motivation의 과정을 설명한 대표적인 학자로서 스티어스(R. M. Steers)와 포터(L. W. Porter) 그리고 듀네트(M. D. Dunnette)와 커쉬너(W. K. Kirchner) 등을 들 수 있다.

스티어스(Steers)와 포터(Porter)[12]는 욕구(needs)와 목표(goals)라는 변수를 중심으로 하여 다음과 같은 Motivation의 과정을 보여주고 있다.

〈그림 11－2〉에서 보는 바와 같이 욕구가 결핍되면 인간은 심리적 불안이나 갈등을 느끼게 되며 이를 해소하기 위한 수단을 탐색하게 된다. 그 결과 하나의 행동 대안이 선택되어 목표지향적인 행동을 하게 된다. 일정한 시간이 경과한 다음 자신의 성과를 평가받고, 평가결과에 기초한 보상이나 벌이 주어지게 된다. 이것은 다시 개인들에 의해 욕구결핍을 재평가하게 하고 그 성과를 평가하고 새로이 부각된 욕구의 결핍을 충족시키려는 순환과정을 반복하게 된다는 것이다.

11 A. J. DuBrin, *Foundation of Organization Behavioral*(Prentice-Hall, 1984), p. 64.

12 R. M. Steers and L. W. Porter, *Motivation and Work Behavior*(New York; McGraw-Hill Book Co., 1979), p. 6.

그림 11-2 | 동기부여의 과정 |

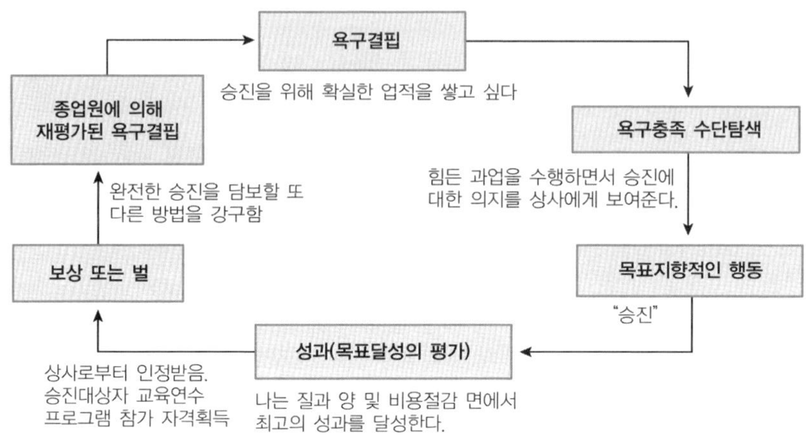


## 4. Motivation의 경영학적 접근방법

Motivation에 관한 연구는 크게 심리학적 관점에서의 연구와 경영학적 관점에서의 연구로 나누어 볼 수 있다. 심리학의 관점에서는 인간의 행위가 왜, 어떻게 유발되고, 활력을 얻고, 방향을 결정하고 특정 행동이 중단되는가? 에 관한 이론들을 탐구하는 데 연구의 초점을 두고 있다.

그러나 경영학의 관점에서는 응용이나 처방적인 이론들로서 종업원들에게 동기를 부여하기 위해 경영자나 관리자가 무엇을 어떻게 해야 하는가? 에 대한 이론들을 탐구하는 데 연구의 초점을 둔다. 다시 말해 개인이나 집단의 행위가 조직목표를 달성할 수 있도록 조직구성원의 행동의 방향과 정도에 영향력을 행사하려는 경영자 측의 의식적인 시도와 관련된 내용들을 탐구하게 되는 것이다.

Motivation에 대한 경영학적 접근방법은 크게 시대별로 구분하여 전통적 모형, 인간관계 모형, 인적자원모형으로 구분하여 접근할 수 있겠다.

## 1) 전통모형

Motivation연구의 전통모형은 1800년대 후반부터 1930년대 초까지 실시되었던 고전적 관리론(구조적·기계적인 조직관리론)에서 강조되었던 동기부여이론으로서 이는 합리적·경제인적 인간관(rational-economic man)의 가설에 기반하여 논의되고 있다.

### (1) 기본가정

① 일이란 대부분의 사람들에게는 본래 싫은 것이다.

② 일을 통해 받게 되는 보수에 비하면 하는 일은 중요하지 않다.

③ 창의성·자주성·자제력 등이 요구되는 작업을 하려고 하거나 할 수 있는 사람은 극히 소수에 불과하다.

### (2) 동기화 정책

① 관리자의 기본업무는 부하를 엄중하게 감독하고 통제하는 일이다.

② 업무는 단순하게, 반복하기 쉽게, 그리고 작업공정을 쉽게 학습할 수 있도록 작업 단위를 세분해야 한다.

③ 상세한 일상 작업방법과 절차를 마련해서 반드시 이에 따르도록 공정하게 관리해야 한다.

### (3) 기대되는 성과

① 봉급만 상당한 수준으로 받고, 상사가 공정하게 대우한다면 작업에 대해서는 참을성을 보일 것이다.

② 업무가 매우 간단하고 통제를 철저히 하게 되면 작업표준까지 생산성이 높아질 것이다.

### 2) 인간관계 모형

인간관계모형은 1930년대 호손연구 이후 1950년대까지 실시되었던 신고전적 조직관리론(인간관계론적 조직관리론)에서 강조하고 있는 동기부여이론으로서 이는 사회적 인간관(social man)의 가설에 기반하여 논의되고 있다.

#### (1) 기본가정

① 인간은 자신이 유용하고, 중요한 존재라고 느끼고 싶어 한다.

② 인간은 소속감을 갖고자 하며, 인간으로서의 존엄성을 인정받고 싶어 한다.

③ 작업동기에서 소속감과 인정의 욕구가 금전보다 중요하다.

#### (2) 동기화 정책

① 관리자의 기본업무는 각 근로자로 하여금 자신이 유용하고 중요한 존재라고 느끼도록 해주는 것이다.

② 부하들에게 여러 가지 정보를 제공해 주며, 자신의 계획에 대한 반대의견도 경청해야 한다.

③ 업무에서 일상적으로 처리할 수 있는 것에 대해서는 부하들이 스스로 행하고, 스스로 통제력을 발휘할 수 있도록 허용해야 한다.

#### (3) 기대되는 성과

① 부하들에게 여러 가지 정보를 제공하고, 업무에서 일상적인 명령을 할 수 있도록 관여시킴으로써 부하들의 소속의 욕구와 중요하다고 느끼고 싶어 하는 욕구를 충족시켜 줄 수 있다.

② 소속욕구와 중요한 존재라고 느끼고 싶어 하는 욕구를 충족시키게 되면, 사기가 높아지고 조직의 공식적 권위에 대한 저항이 경감됨으로써 부하들이 조직을 위해서 기꺼이 협력하게 될 것이다.

## 3) 인적자원모형

인적자원모형은 1960년대 이후 오늘에 이르기까지 실시되고 있는 현대적 조직관리론(인적자원관리론)에서 강조하고 있는 동기부여이론으로서 이는 자아실현적인 인간관(self-actualizing man)이나 복잡한 인간관(complex man)의 가설에 기반하여 논의되고 있다.

### (1) 기본가정

① 일이 본래부터 싫은 것은 아니다. 자신이 협조해서 설정한 뜻있는 목표에 대해서는 공헌하고자 한다.

② 대부분의 사람들은 현재의 지구에서 필요로 하는 것보다 훨씬 더 창조적이고, 책임 있게 행동하고, 자기관리나 자제력을 더 낫게 발휘할 수 있다.

### (2) 동기화 정책

① 관리자의 기본업무는 부하들이 지니고는 있으나 개발되지 않은 잠재적인 능력을 발휘할 수 있도록 하는 것이다.

② 관리자는 모든 조직구성원들이 자기 능력의 한도 내에서 그 나름대로 공헌할 수 있는 환경을 조성해야 한다.

③ 관리자는 부하들이 계속해서 자기관리와 자제력을 더 발휘할 수 있도록 해 줌으로써 주요한 문제점에 대해서도 충분히 참여할 수 있도록 고무해야 한다.

### (3) 기대되는 성과

① 부하의 영향력, 자기관리 및 자제력을 더 발휘할 수 있게 하면 업무상의 효율성이 직접적으로 개선될 것이다.

② 부하들이 지니고 있는 인적자원을 충분히 사용할 수 있도록 해 주면 직무만족은 부산물로서 자연히 개선될 것이다.

## 5. Motivation의 욕구이론

인간행동의 동기가 되는 욕구내용을 밝히고, 욕구들의 상호관계에 대한 체계적인 설명을 시도하려는 많은 연구가 있어 왔다. 이러한 이론들은 인간욕구가 어떠한 과정을 통해 어떠한 방향으로 유인되는지에 대한 동태적인 측면의 설명은 약할지 모르지만, 내적으로 인간들은 무엇에 의해 움직여지며 인간을 움직이게 하는 요소들 중에 다른 동물들이 가지고 있지 않은 인간만의 고유의 특징은 무엇인가를 이해하는 데는 많은 도움이 된다.

### 1) 욕구단계이론(Maslow's needs hierarchy theory)

Masolw의 주장에 따르면 인간이 특정한 목적의식을 가지고 어떠한 행동을 하는 것은 단순히 인간이 가지고 있는 논리적인 사고의 결과가 아니라 그 내면에 잠재해 있는 욕구충족의 필요성 때문이라는 것이다. 그의 임상적인 관찰에 의하면 일반적으로 인간은 문화권이 달라도 같은 종류의 욕구를 가지고 있으며 이 욕구들은 생리적인 욕구, 안전 욕구, 소속과 애정 욕구, 존경 욕구 및 자기실현 욕구 등 다섯 가지로 계층을 형성하고 있는 것으로 파악하였다.[13]그리하여 그는 다음과 같은 세 가지의 기본적인 가정을 전제로 욕구계층의 모델을 설정하였다.

첫째, 인간은 항상 부족한 존재이다. 결핍의 존재인 인간은 다양한 욕구를 안전화 시키려는 욕구에 의해 기계화되고 있다.

둘째, 인간의 욕구는 중요성의 계층에 따라 음식과 거처와 같은 기본적인 욕구에서 자아실현 욕구와 같은 최상의 욕구까지 연속적으로 정돈되어 있다.

셋째, 인간의 욕구는 저차원의 욕구가 최소한으로 충족되어야만, 그 다음의 욕구차원으로 전환될 수 있다. 따라서 이미 충족된 욕구는 동기유발요인이 될 수 없다.

---

13 Abrham H. Maslow, *Motivation an Personality*, 2nd ed.(New York: Haper & Row, Publishers, 1970).

**그림 11-3** | Maslow의 욕구단계 |

**자아실현 욕구**(잠재능력 발휘)
(self-actualization needs)

**존경 욕구**(자존 · 자율 · 성취)
(esteem needs)

**사회적 욕구**(애정 · 소속감 · 우정)
(belongingness and love needs)

**안전 욕구**(공포, 위협 및 피해로부터 보호)
(safety and security needs)

**생리적 욕구**(의식주 및 생명유지와 관련된 욕구)
(physiological needs)

이상과 같이 세 가지 가정에 따라 Maslow는 욕구단계이론을 전개하였다.

### (1) 생리적 욕구(physiological needs)

생리적 욕구는 모든 욕구들 중에서 가장 강력한 욕구이다. 생리적 욕구들을 충족시키지 못한 사람은 다른 어떤 욕구들보다도 생리적 욕구들이 동인이 된다. 굶주림, 갈증, 성, 휴식, 수면, 배설 등이 포함된다. 예를 들어서, 안전, 애정, 존경 등의 욕구들이 있다고 하더라도 굶주린 상태에서는 먹으려는 욕구가 그 어느 것보다도 기본적이고 강한 동기가 된다. 만약 굶주림의 욕구가 충족되지 않는다면 인간은 생리적 욕구에 지배되며, 다른 모든 욕구들은 존재하지 않는 것과 마찬가지이거나 또는 배경으로 밀려나게 된다.

굶주림이라는 생리적 욕구에 지배되는 경우에 인간의 모든 기능들은 생리적 욕구를 충족시킴으로써 만족을 얻는데 활용된다. 즉, 모든 기능들이 먹으려는 목적에 따라서 조직화된다. 이렇게 되면 모든 감각기관이나 운동기관, 지능, 기억, 습관 등은 단지 배고픔을 만족시켜 주는 도구에 불과하다.

생리적 욕구는 다음과 같은 특성을 갖는다.

첫째, 비교적 상호 독립적이다.

둘째, 육체의 특정부위와 관련이 있다.

셋째, 비교적 짧은 시간에 반복하여 충족시켜야 한다. 즉 주기성을 갖는다.

그런데 생리적 욕구들이 일단 충족되면 인간은 이보다 상위의 욕구의 지배를 받게 된다. 마찬가지로 이 상위의 욕구가 또다시 충족되면 보다 고등한 욕구가 나타난다. 인간의 기본적 욕구들이 상대적 강도를 갖는 계층으로 조직화되어 있다는 것은 이를 의미하는 것이다. 그러므로 동기이론에서는 욕구의 결핍이라는 개념이 중요한 만큼 만족이라는 개념도 중요하다.

만족은 인간을 생리적 욕구의 지배로부터 벗어나게 함으로써, 이보다 상위의 사회적인 다른 목표들이 나타날 수 있게 하기 때문이다. 그러므로 생리적 욕구는 충족이 방해를 받을 때에만 다시 나타나서 인간을 지배하게 되며, 그렇지 않을 때에는 잠재적인 형태로 존재하게 된다. 즉, 인간은 충족되지 못한 욕구들에 의해서만 지배되고 행동이 조직화된다. 일정한 욕구가 항상 충족되었던 사람은 장차 이 욕구가 충족되지 않은 사태에 당면하더라도 융통성 있게 대처할 수 있다. 반면에 과거에 욕구충족을 경험하지 못한 사람은 현재 이러한 욕구의 만족을 경험하더라도 전에 욕구 충족을 경험했던 사람들과는 매우 다르게 반응하게 된다.

### (2) 안전의 욕구(safety needs)

생리적 욕구가 비교적 충족되면 다음으로는 안전의 욕구로 분류되는 새로운 욕구 군이 나타난다. 이 욕구들은 일반적으로 안전을 추구하는 도구로서의 기능을 하기 위해서 행동을 조직화하는 역할을 한다. 이 욕구에 극단적으로 지배되는 경우에는 안전 자체만을 위해서 살게 된다. 대부분의 문명화된 사회에서는 이러한 욕구들이 흔히 아동들에게서 나타나고 또한 적절히 충족된다.

안전욕구란 위험, 위협, 불안으로부터 자신을 보호하고자 하는 욕구로서 건강하고 정상적인 성인은 대부분 안전욕구에 만족을 느끼는 것이 보통이다. 안정된 사회에서는 인간이 맹수, 극히 춥거나 더운 기온, 범죄, 폭행, 살해, 학대 등의 위협으로부터 안전함을 느끼도록 되어 있다. 따라서 실생활에서 안전의 욕구가 적극적인 동기요인이 되지 않는 경우가 많다. 그러므로 이러한 욕구의 지배를 받고 있는 사람들은 신경증적이나 신경증에 가까운 사람들 또는 경제적·사회적인 피해자들에게서 볼 수 있다. 또한 전쟁, 질병, 자연재해 등의 경우도 안전의 욕구에 큰 영향을 미치게 된다. 이런 극단적인 사태를 제외하면 안전의 욕구는 보통 안정성 있는 직업에 대한 선호, 저축열의, 여러 가지 종류의 보험(예, 생명보험)에 대한 선호 등으로 표현된다.

### (3) 사회적 욕구(belongingness and love needs)

생리적 욕구와 안전 욕구가 충족되면, 그 후에 애정, 사랑 및 소속감의 요구(love, affection, and belongingness needs)들이 나타나게 된다. 이전에는 이런 욕구들이 나타나지 않다가 생리적 욕구와 안전의 욕구가 충족된 후에 친구, 애인, 아내 혹은 자녀들이 없는 것을 문제 삼게 된다. 일반적으로 타인들과 다정한 관계를 가지려고 갈망하게 되고 친구들과 어울리려고 한다. Maslow의 주장에 따르면 발전된 사회에서는 정상적인 성인의 경우에는 이 욕구가 적절히 충족될 수 있기 때문에 이러한 욕구가 충족되지 못한 경우란 부적응 사례나 심한 정신병리학적 사례에서나 볼 수 있다고 하였다.

Maslow의 주장은 이와 같지만 실제로는 산업화된 사회에서 다정한 대인관계가 오히려 악화된다는 주장도 많기 때문에 이 주장의 타당성은 의심스럽다.

사랑이나 애정은 일반적으로 사랑과 증오의 양가감정(兩價感情, ambivalence)을 갖는 것으로 간주되며, 성욕으로 표현될 가능성이 있는 경우에는 관습적인 제약과 금지를 받게 된다. 정신병리학 이론들에서는 대체로 애정의 결핍이 부적응의 기반이 된다는 점을 강조하고 있다. 실제로 이 욕구는 사회에서 자주 좌절되기 쉬운 욕구이다. 여기서 강조할 점은 사랑이 성(性)과 동의어가 아니라는 것이다. 성(性)은 순전히 생리적인 욕구로서도 연구될 수 있겠지만, 일상적인 성적행동이란 다양한 요인들에 의해서 결정되는 것이므로 성욕뿐만 아니라 사랑이나 애정 이외에도 다른 욕구들에 의해서 영향을 받는다.

그런데 사랑의 욕구에는 사랑을 주는 것과 받는 것이 모두 포함된다. Maslow는 사랑의 욕구가 발전되는 과정을 다시 두 가지로 구분해 보았는데, 자기중심적이거나 혹은 자신의 결핍된 사랑(D-love)이 어느 정도 충족된 다음에 타인에 대한 사랑(B-love)이 성립된다고 한다.

### (4) 존경의 욕구(esteem needs)

대부분의 사람들은 사회생활을 통해서 계속적으로 자신을 높이 평가하고, 자신을 존중하며, 자존심을 지니며, 타인으로부터 존경받기 바라는 욕구를 지니고 있다. 자존심이란 실제적인 역량이나 성취를 나타내기도 하며 타인으로부터의 존경을 의미하기도 한다. 이러한 자존심의 욕구들은 두 종류로 나누어 볼 수 있다.

첫째는, 자신이 강하다는 느낌, 성취감, 적당감, 실생활에서의 자신감, 그리고 독립과 자유에 대한 갈망을 들 수 있다.

둘째는, 명성 혹은 위엄, 인정, 타인의 주의획득, 중요한 인물로 대우받기, 높이 평가를 받으려는 욕망 등이 포함된다.

자존심이 충족되면 자신감, 가치감, 강자라는 느낌, 효능감 및 적당감, 그리고 사회에서 유능하고 필요한 존재라는 느낌을 갖게 된다. 그러나 이러한 욕구들이 충족되지 못하면 열등감, 무력감 등이 유발된다. 이런 감정들은 다시 기본적인 무기력감이나 심리기제인 보상(compensation)적 경향 혹은 신경증적 경향을 일으킨다. 심한 외상적 신경증을 다룬 연구들을 살펴보면 기본적인 자신감이 필요함을 알 수 있으며, 또한 자신감이 없는 사람들을 이해해 주는 것이 중요함을 알 수 있다.

### (5) 자기실현의 욕구(self-actualization needs)

앞에서 언급한 모든 욕구들이 충족되더라도 자신에게 적합한 일을 하지 못하고 있는 한 새로운 불만과 불안이 생기게 된다. 음악가는 음악을, 미술가는 그림을, 시인은 시를 써야만 최상의 행복을 느끼게 된다. 이는 한 인간으로서 실현할 수 있는 최상의 인간이 되어야 함을 뜻한다. 이러한 욕구를 자기실현의 욕구라고 부른다. 그런데 이 욕구는 외부적 보상 요인이 아니라 내적인 만족요인들이 있을 경우에만 적절히 충족될 수 있다.

자기실현이라는 용어는 골드스테인(Goldstein)에 의해 이름 붙여진 것이지만, Maslow는 다음과 같이 제한된 의미로 사용한다. 이 욕구는 자기완성에 대한 갈망을 뜻하며, 인간이 잠재력을 지닌 존재로부터 그 잠재력을 실제로 발휘하는 존재로 실현되려는 경향을 말한다. 이 경향은 자기 자신이 더욱 참 존재로 되어가면서 실현될 수 있는 최선의 존재가 되는 것을 말한다.

물론 이런 욕구들은 사람에 따라서 매우 다양한 형태로 나타난다. 어떤 사람에게서는 이상적인 아버지의 역할을 하려는 욕망에서 부성애적인 행동으로 나타나기도 하고 다른 사람에게는 운동이나 심미적인 활동으로 나타날 수도 있다. 그런데 이러한 욕구는 생리적 욕구, 안전 욕구, 애정의 욕구, 존경의 욕구 등이 먼저 충족되어야만 나타난다. 이들 하위의 욕구들이 충족된 사람은 기본적 만족을 경험한 사람이라고 볼 수 있으며, 이들에게서는 풍부한 창조력을 기대할 수 있다. 한 번 자기실현의 욕구에 지배되면 이 욕구가 충족되는 경우가 있더라도 그 뒤에도 계속해서 이 욕구의 지배를 받는다. 이 점이 다른 욕구와 구별되는 중요한 측면이다.

비록 발전된 사회라고 하더라도 자기실현 이하의 욕구들이 기본적으로 충족된 사람은 극히 적기 때문에 임상이나 실험을 통해서 자기실현 욕구의 성질에 관해서 실증적으로 밝히기가 어렵다는 문제가 따른다. 뿐만 아니라 현 산업사회의 구조 속에서 주어진 업무와 주어진 규율에 따라 행동하다 보면 이 욕구의 충족은 많은 제약을 받는다. Maslow에 의하면 미국사회에서 단지 10% 정도가 이 욕구의 충족을 위해 일하고 있다고 한다.

지금까지 알아본 Maslow의 인간욕구계층이론은 인간이 단지 동물적인 욕구충족에 만족하지 않고 사회봉사와 자기실현을 추구하는 존재로서 인간의 존엄성을 확인했다는 측면에서 인정을 받을 수 있다. 또한 인간을 체계적으로 분류해서 인간의 심리를 좀 더 구체적으로 이해할 수 있는 바탕을 마련했으며, 이를 통해 인간의 특정 행동의 동기를 설명하는 기반을 구축했다는 데 큰 의미가 있다. 하지만 Maslow가 주장한 대로 아직도 인간의 욕구가 실질적으로 계층구조에 따라 자극이 되는지, 이미 충족된 욕구는 더 이상 행동을 자극하는 요인이 될 수 없는지는 미지수라고 할 수 있다.

또한 여러 욕구들 즉, 존경 욕구, 사회 욕구, 안전 욕구들은 동시에 행동의 원천적 힘으로 작용할 수 없는지 하는 문제들이 실증적인 검증을 통해 아직 증명되지 않아 반론의 여지를 많이 남겨두고 있다.

한편, Maslow의 이론은 경영자들로 하여금 근로자들이 지니고 있는 욕구를 이해하고 이를 충족시켜 줄 수 있는 적절한 대칙이 강구되어야 한다는 점을 깨닫게 해준 점에서 큰 공헌을 하였다.

이와 같은 배경에서 동기관리를 위해서 이 이론이 시사하고 있는 요점을 정리하면 다음과 같다.

첫째, 작업집단의 환경 여건을 조절할 수만 있다면 근로자에게서 일정한 동기를 활성화시킴으로써 생산성의 증가를 보일 수도 있고 종업원의 이직률과 결근율을 줄일 수도 있다. 근로자의 욕구가 일단 안전욕구 이상의 단계로 옮겨가면 가능한 한 고등한 욕구를 활성화할 수 있는 조직 환경을 만들어 주는 것이 매우 바람직하다.

둘째, 보수와 안전이라는 면에서 직무 조건들이 불가피하게 나쁠 경우라면 경영자는 상위욕구보다는 보수와 안전이라는 측면에서 변화를 꾀해야만 동기화 효과를 얻을 수 있다. 그러나 보수와 안전 등의 조건이 향상될수록 관리자의 행동이 근로자의 동기관리에서 상대적으로 점점 더 중요성을 띄게 된다. 그렇지만 보수나 안전을 포함하는 조직 환경들이 극히 좋아지게 되는 경우에는 감독자 역할의 중요성은 다시 감소하게 되고 작업 자체의 특성이 동기적으로 매우 중요한 의미를 갖게 된다. 왜냐하면 이 경우에는 작업 자체가 자기실현의 욕구와 관련을 갖기 때문이다. 이 단계에서는 이전의 생리적 욕구, 안전의 욕구 만족이 요구되던 때에 작업이 중요시되던 것과는 그 성질이 다른데, 자기실현의 욕구 단계에서는 작업이 수단이 아니라 그 자체로서 목적이 된다.

셋째, 조직에서 직위가 높아질수록 보다 높은 수준의 욕구에 의해서 행동이 동기화된다. 그러므로 조직 내의 각 위계의 관리자들이나 근로자들을 각각 다르게 다루어야 한다.

넷째, 조직으로서는 근로자들이 요구하는 높은 수준의 욕구를 가능한 한 충족시킬 수 있도록 최선을 다해야 한다. 관리자 역시 자기실현의 욕구에 지배되는 사람이 최상의 관리자이다. 권위주의적인 관리자는 자신의 존경의 욕구나 권력의 욕구를 충족시키기 위해서 부하들의 자존심을 무시하기 쉬우므로 적절치 못하다. 그러나 Maslow는 현실을 무시할 수 없다고 보고 실무적인 측면에서는 근로자를 잘 대해주게 되더라도 일을 그르치게 될 수 있다고 생각했다. 즉, 한 번 높은 수준의 욕구를 충족시켜 주는 대책을 사용하게 되면, 근로자들이 이보다 낮은 수준의 직무수행 조건에는 만족하지 못하고 이러한 조건을 받아들이려고 하지 않을 위험이 있기 때문이다. 따라서 경영자들이 높은 수준의 욕구를 충족시켜 주기 위한 정책을 일단 채택하게 되면 그 이하의 욕구수준으로 되돌아가는 정책을 채택하기는 어렵다는 점을 이해해야 한다.

다섯째, Maslow의 이론은 개인차를 강조하지 않고 보통의 인간을 모형으로 한 이론이므로 포괄적인 조직운영을 염두에 두는 경영정책 결정에 적합한 이론으로서 받아들여졌다.

이상에서 살펴본 Maslow의 욕구이론은 경영학에서 많은 사람들이 즐겨 사용하고 있지만 다음과 같은 비판이나 문제점[14]도 내재하고 있음을 기억해야 할 것이다.

① 인간의 욕구는 Maslow가 제시한 5가지 욕구 외에도 또 다른 욕구가 존재한다. 예컨대 자아실현의 욕구 위에는 우주의 섭리를 깨닫고 싶어 하는 욕구라든지, 성인이 되고 싶은 욕구, 아니면 신적인 존재가 되고 싶은 욕구 등이 그것이다.

② Maslow는 욕구가 행동의 근원이 된다고 했지만, 어떤 사람이 생리적 욕구(배고픔)가 결핍되어 돈을 벌기 위한 노동을 했다고 했을 때, 왜 그 사람이 사냥이나 도둑질과 같은 다른 행동을 할 수 있음에도 불구하고 돈을 벌기 위한 노동을 선택했는지에 대한 설명은 하지 못한다.

③ 요구는 결핍된 것, 필요한 것 그 자체가 아니다. 필요한데도 바라지 않을 수도 있다는 점을 간과하고 있다. 즉, 결핍상태와 소망상태를 혼동한 것은 잘못이다.

④ 신체적인 욕구는 선천적인 것이라 하더라도 안전, 사랑, 존경, 자아실현 욕구는 후천적인 면이 크다. 예컨대 양로원이나 고아원에 있는 사람들이 사랑욕구가 강한 것은 선천적으로 다른 사람들보다 사회적인 사랑욕구가 강한 것은 아니다. 환경에 의해 후천적으로 그렇게 되었다고 보아야 할 것이다.

⑤ 동일한 신체욕구라도 사람에 따라 그 내용은 다르다. 방글라데시 국민의 1차욕구는 하루에 1,200칼로리의 음식일 것이다. 그러나 선진국 국민의 1차욕구는 자동차와 TV나 컴퓨터 등 전자제품이 포함된다.

이상과 같은 문제점과 비판이 있음에도 불구하고 Maslow의 욕구단계이론은 동기부여에 대한 고전적인 기초를 닦아 놓았으며 인간행동의 동기에 관한 종합적인 정리를 함으로써 학계나 산업계에 많은 시사점을 갖게 하였다.

---

14 임창희, 전게서, pp. 207-208.

## 2) 맥그리거의 X · Y이론

맥그리거(Douglas McGregor: 1906-1964)는 그의 저서 "기업의 인간적 측면"(the human side of enterprise)에서 관리자가 인적자원을 통제함에 있어 근거로 하는 이론적 가정이 무엇이냐에 따라 기업의 전체적 성격이 결정된다고 전제하고 인간의 본성을 부정적으로 보는 X이론과 이의 반대의견으로서 인간의 본성을 긍정적으로 보는 Y이론을 제시하였다.

### (1) X이론의 가정(명령 · 통제에 관한 전통적 견해)

• 인간은 일을 싫어하며 가능하면 일을 회피하려고 한다. 즉, 일은 고통이고 괴로움이다.

• 인간은 별로 야심이 없고, 책임회피를 좋아하며, 명령받기를 선호하고, 안정을 추구한다.

• 대다수의 사람들은 조직문제를 해결할 만한 창의성을 구비하고 있지 않다.

• 따라서 조직목표의 달성을 위해서는 명령, 강제, 위협 및 처벌과 같은 강압적인 수단과 방법을 강구하여야만 한다.

X이론에 따르면 인간의 동기는 대체로 저차원 수준의 욕구, 즉 생리적 욕구와 안전욕구의 수준에 머무르고 있다고 가정한다.

〈동기부여 방식〉

• 통제와 지시방식으로 관리한다.

• 감독을 철저하게 한다.

• 물질적 보상을 통해 동기를 유발시킨다.

• 조직은 수직적이다

### (2) Y이론의 가정(개인과 조직 목표의 통합)

• 인간이 일을 한다는 것은 자연적인 현상이며, 따라서 스포츠를 할 때나 놀이나 휴식의 경우와 다를 바 없다. 일은 고통의 원천이 되기도 하지만 조건 여하에 따라서는 기쁨을 가져오기도 한다. 조건이 허락되면 인간은 책임을 스스로 질

뿐만 아니라 오히려 그것을 추구한다.

- 인간이 조직 목표에 관여하는 경우 그들은 자기지향성과 자기통제를 갖는다.
- 개인이 조직목표에 헌신적으로 관여하는 정도는 목표달성과 보상과의 함수관계이다.
- 목표지향적인 노력에 가장 큰 기대는 자아 및 자아실현 욕구의 충족이다.
- 대체로 인간은 조직문제를 해결하기 위한 창의적 노력을 구비하고 있다.
- 현대 조직에 있어서 평균적 인간의 지적 능력은 그 일부분밖에 활용되지 않고 있다.

Y이론에서는 개인은 본성적으로 성장과 발전의 잠재력을 갖춘 행동주체로 인식되고, 동기부여의 문제도 관리층의 책임으로 규정하고 있다. 따라서 관리층은 인간에 대한 전통적 가정과 사고, 관리방법 등을 재조정하여야 하며 그렇게 함으로써 조직과 개인의 목표는 부합되어야 한다고 주장하고 있다.

〈동기부여 방식〉

- 자율에 맡긴다.
- 자긍심과 위신을 세워준다.
- 정신적 보상을 통해 동기를 유발시킨다.
- 조직은 수평적이다.

이상에서 전통적인 경영자의 종업원에 대한 기본적인 가정인 X이론과 현대적인 경영자가 종업원에 대해 갖는 Y이론적인 인간관에 대해 살펴보았다. 그러나 이들은 경향성을 나타내는 연속선상의 개념으로 이해하는 것이 바람직하다. 현실적으로 X이론적인 인간관에만 의존하여 조직을 관리하는 경영자도, 완전히 Y이론적인 인간관에 입각하여 조직을 관리하는 경영자도 없을 것이다. 따라서 X·Y이론에 입각한 동기화의 정도는 조직이나 구성원의 특성과 상황에 따라 다를 것이다.

### 3) 허쯔버그의 2요인 이론(Herzberg's two-factor theory of motivation)

Maslow의 욕구계층이론이 임상적 관찰이라는 점에 반해서 허쯔버그(F. Herzberg)의 동기부여－위생이론은 직무자료에 이론적 기초를 두고 있다.

허쯔버그는 1959년 펜실베니아주의 피츠버그(Pttsburgh)지역 내의 11개 기업에 고용되어 있는 203명의 회계사와 엔지니어를 대상으로 어떠한 일을 할 때 만족을 느끼며, 또 불만을 느끼는가를 광범한 면접을 통하여 조사하였다. 그 결과 종업원이 특정 직무를 수행함에 있어 만족과 불만족을 느낄 때에는 서로 다른 차원의 요인이 있다는 사실을 발견하게 되었다.

즉 직무에 불만을 품고 있는 인간은 직무환경에 관심을 가지고 있으나 직무에 만족하고 있는 인간은 직무 그 자체(work itself)에 깊은 관심을 두고 있다는 것이다.15

허쯔버그는 직무에 만족을 주는 요인을 동기요인(motivators)이라 하였고, 불만을 초래하는 요인을 위생요인(hygiene factors)이라고 가정하고 이론을 전개하였다. 그의 이론을 요약하면 다음과 같다.

**표 11-1** 위생요인과 동기요인

| 위생요인(불만요인: 직무환경) | 동기요인(만족요인: 직무내용) |
|---|---|
| 회사정책과 제도 | 승진기회 |
| 감독·지시량 | 상사·동료의 인정 |
| 작업조건 | 책임감 기회 |
| 인간관계 | 성취감 기회 |
| 월급액수 | 성장의 기회 |
| 안정도 | 자긍심 기회 |

#### (1) 위생요인(hygiene factors)

위생요인에는 회사의 정책과 제도, 감독·지시량, 작업조건, 인간관계, 임금,

15 F. Herzberg, B. Mauser and B. Snyderman, *The Motivation to work*, New York: John Wiley & Son, 1959.

안전도 등을 포함한다. 이들 요인은 주로 개인의 직무환경과 관련된 직무 외재적 성격을 지니고 있다. 결국 위생요인은 ① 불편함을 회피하려는 인간의 욕구이고, ② 사람이 직무를 처리하는 환경과 관련이 있다.

이러한 요인들에 대해서 위생이란 용어를 사용하게 된 것은 의학상의 의미, 다시 말해서 예방적인 의미와 환경적인 의미를 나타내는 것이다. 예컨대 깨끗한 음료수의 공급이나 오물처리는 질병의 예방을 위해서 필요한 조건이기는 하나 그것만으로는 질병을 치료할 수 없는 것과 같이 위생요인이 잘 갖추어진다 하더라도 종업원의 생산능력의 증대는 가져오지 않는다고 허즈버그는 주장하고 있다.

### (2) 동기요인(motivators)

동기요인이란 보람이 있고 지식과 능력을 활용할 여지가 있는 직무를 수행할 때에 경험하게 되는 성취감이나 전문직업인으로서의 성장, 인정을 받는 등 사람에게 만족감을 주는 요인을 말한다. 즉, 동기요인은 인간 성장의 욕구이면서 동시에 인간이 직무를 이용하는 방법과 관련이 있고 직무 자체와 관계가 있는 것이다.

이러한 동기요인이 사람들로 하여금 보다 나은 만족과 성과를 가져오게끔 동기를 부여하는 데 효과적이기 때문에 이렇게 이름을 붙인 것이다. 따라서 동기요인을 만족요인이라고도 한다.

동기요인의 특성은 동기요인이 충족되지 않아도 불만은 없지만 일단 충족되게 되면 만족에 적극적인 영향을 줄 수 있고, 일에 대한 적극적인 태도를 유지할 수 있다는 것이다.

따라서 Herzberg는 종업원의 만족감을 향상시키고, 보다 높은 동기를 부여하기 위해서는 개개인의 직무 자체에 자기의 능력을 이용하고, 자기통제를 할 수 있도록 책임과 기회를 많이 부여해야 한다고 주장하고 있다.[16]

위에서 살펴본 위생요인과 동기요인은 단일차원의 양극에 있는 것이 아니라 상이한 두 가지 차원, 즉 각각 독립적인 요인이다.

특히, 직무만족(job satisfaction)의 상대적인 용어는 직무불만(job dissatisfaction)

16 F. Herzberg, "One more time: How Do You Motivate Employees?" *Harvard Business Review*, January – February 1968, pp. 59 – 62.

그림 11-4 | 전통적 태도모델과 2요인적 태도모델 |

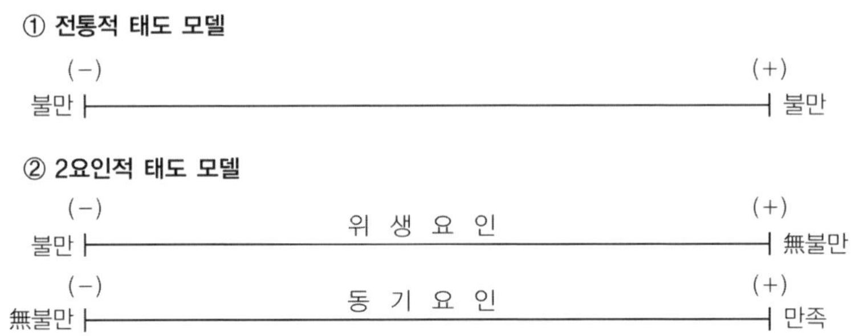


자료: F. Herzberg, *The Managerial Choice*, Dow Jones-Irwin, 1976; 北野利信, 能率と人間性, 東洋 經濟新聞社, 1979, p. 343.

이 아니라 직무만족을 하지 못하는 개념으로 이해해야 한다는 점에 유의해야 한다.

Herzberg의 2요인 이론은 작업 Motivation을 설명하는 데 있어서 1960년대까지는 많은 인정을 받았으나, 그 후 특히 브룸(V. H. Vroom)에 의해서 신랄한 비판을 받았다. Vroom에 의하면 Herzberg의 2요인 이론은 Herzberg의 조사에서나 발견할 수 있는 것이지 일반적인 상황에서는 그렇게 나타나지 않았다는 것이다. 왜냐하면 직무에 대한 만족 혹은 불만족은 직무의 성질과 내용에 따라 달라지기 때문이다.

한편, Herzberg는 임금을 만족요인으로서의 동기요인은 못되고 위생요인으로서의 역할만을 주장하고 있으나 벨처(D. W. Belcher)에 의하면 보상이 지나치게 낮거나 보상관리제도 자체에 있어서 불공정성이 있을 때 그것은 절대적인 불만족요인, 즉 위생요인이 되며, 금전적 보상이 성과와 그것에 대한 강화수단으로서 사용될 때 그것은 만족요인, 즉 동기요인이 된다는 것이다. 그 이유는 경영자가 종업원의 동기를 유발시키기 위해 사용할 수 있는 여러 가지 도구 중 임금은 가장 관리하기 편리하기 때문이다.[17]

17 D. W. Belcher, "Ominous Trends in Wage & Salary Administration", *Personnel* 41, No. 5, September-October 1964, pp. 42-50.

그림 11-5 | Herzberg, Maslow, Alderfer 이론의 상호관련성 |

그리고 2요인 이론은 주로 직무요소와 만족－불만족관계에 대한 연구로서 직무요소와 동기 및 성과 간의 관계가 충분히 분석되지 않았다는 비판도 받고 있다.

그러나 Herzberg는 Maslow의 이론을 개조하여 이를 작업 Motivation에 응용할 수 있게 하고, 이전에 무시되고 있던 직무내용적인 요소에 관심을 가지게 했다는 것은 Herzberg의 기여라고 할 수 있다. 즉, Herzberg의 이론은 많은 종업원의 Motivation과 직무충실화계획(job enrichment program)에 초점을 집중시키고 있는 것이다.

한편, Herzberg의 2요인 이론과 Maslow의 욕구계층 및 Alderfer의 욕구 범주를 비교해 보면 다음과 같다.

### 4) Alderfer의 ERG이론

알더퍼(C. D. Alderfer)의 이론은 Maslow의 인간 동기이론으로부터 큰 영향을 받았다. 이론의 핵심으로 볼 때 Maslow 이론의 수정제안이라고 볼 수 있겠지만, 그 이론의 기반을 조직의 실제를 다룬 현장 연구에 두었다는 점에서 독특하고 중요한 의미를 지닌다.

Alderfer는 주로 질문지법을 사용하여 직장이나 대학 등의 조직생활에 직결된 연구결과를 기반으로 해서 Maslow의 5단계 욕구수준을 3단계로 수정한 욕구위계이론을 제시했다.

이 3단계의 욕구란 각각 생존욕구(existence needs), 관계욕구(relatedness needs), 성장욕구(growth needs)를 말하는데, 이의 첫 글자를 따서 ERG이론이라고도 한다. Alderfer의 이론을 Maslow의 이론과 비교할 때 욕구위계의 구분에서도 다르지만 다음과 같은 세 가지 점에 있어서도 서로 다르다.

첫째, 욕구위계에서 고등한 욕구로의 진전과정뿐만 아니라 낮은 욕구로의 퇴행과정도 있다고 보았다. Maslow의 욕구위계 이론에서는 한 수준으로부터 다음 수준으로의 진전이 이루어지기 위해서는 낮은 수준의 욕구 만족이 선행되어야 한다고 주장한다. 즉, 낮은 수준의 욕구만족에 의해서 다음 계층으로의 진전이 이루어진다고 봄으로써 낮은 수준의 욕구로부터 고등한 수준의 욕구까지의 욕구만족－진전이라는 과정에 덧붙여서 역시 욕구충족의 좌절－퇴행과정도 있다고 보았다.

둘째, Maslow의 이론에서는 다섯 가지 욕구 중에서 우세한 욕구가 지배적으로 활성화된다고 주장한다. 물론 다른 욕구들이 전혀 영향을 미치지 못하는 것은 아니지만 우세한 욕구의 기능을 강조했다. 그러나 Alderfer는 일정한 시점에서 세 욕구의 강도가 서로 다르기는 하지만 하나 이상의 욕구가 동시에 작용을 하거나 활성화될 수 있다고 본다.

이 가정은 Maslow의 동기과정 모형보다 융통성이 있는 것으로서, 이 보다 시기적으로 앞서서 Murray가 주장한 바 있는 여러 욕구의 작용과정에 대한 설명과도 일치되는 것이다.

셋째, 욕구는 의식적으로 인식될 수 있는 것이다. 특히 우세한 욕구는 자신에 의해서 잘 인식된다. 이러한 측면이 있기 때문에 Alderfer는 질문지나 면접 등을 통해서 욕구를 연구할 수 있다고 주장하였다. 이러한 주장을 배경으로 해서 Alderfer는 인간 욕구를 무의식 수준에서 다루어야 한다는 Maslow의 주장과는 달리, 조직에서의 인간 욕구를 의식수준에서 다루었다.

이러한 특징을 지니는 Alderfer의 이론을 다루기 위해서 먼저 욕구위계를 Alderfer의 주장대로 소개한 다음 욕구과정을 다루면서 이 이론의 기본명제들을 살펴보기로 한다.

Alderfer에 의하면, 인간 및 동물의 동기(motive)에 관한 체계적인 연구, 조직에서의 조직변화 계획 적용에 관한 연구 및 조직구성원의 근무태도에 관한 요인 분석적 연구 등을 정리해 볼 때 인간의 욕구들은 세 가지의 범주로 분류될 수 있다.

Alderfer의 욕구위계[18]를 각각 설명하기에 앞서서 세 가지의 욕구위계를 Maslow의 욕구위계와 비교해서 제시해 보면 다음과 같다.

**표 11-2** Maslow와 Alderfer의 욕구위계 비교

| Maslow | Alderfer |
|---|---|
| 생리적 욕구 | 생존<br>(Existence; E) |
| 물리적 안전 | |
| 대인관계의 안전 | 관 계<br>(Relatedness; R) |
| 애정(소속감) | |
| 대인관계의 자존심 | |
| 자기확신의 자존심 | 성 장<br>(Growth; G) |
| 자기실현 | |

### (1) 생존욕구(Existence needs)

생존욕구에는 다양한 생리적·물질적 욕망들이 포함된다. 굶주림, 갈증, 봉급, 특별 부가급, 물리적 작업환경 등이 이 욕구와 관련된다. 이 욕구와 관련된 물질들을 예로 들자면, 음식, 주거지, 돈 등이 이에 속한다. 이와 같이 이 욕구는 인간이 생존을 유지하기 위해서 필요로 하는 욕구들이므로 이들 욕구가 충족되지 못하면 인간의 생존이 위협받게 된다. 이 욕구들은 주로 공급이 한정된 물질에 대한 갈망으로 구성되어 있는데 조직에서는 임금이나 쾌적한 물리적 작업조건에 대한 욕구가 이 범주에 속한다. Maslow 이론의 생리적 욕구나 물리적 측면의 안전욕구가 모두 이 생존욕구에 포함된다.

생존욕구가 충족되는 과정이란 대부분의 경우에 한 사람의 획득이 다른 한

18 C. P. Alderfer, *Existence, Relatedness and Growth Needs*, The Free Press, 1972, p. 25.

사람의 손실을 의미한다. 즉, 두 사람의 득실(得失)을 합쳐 보면 영(零)이 되는 영합(零合)게임(zero-sum game)과 같다. 그러나 생존욕구의 충족과정이 항상 영합게임 상황에서 일어나는 것은 아니다. 예를 들면, 산소의 공급과 같은 경우는 모두에게 만족스럽게 충족될 수도 있다. 그러므로 생존욕구는 충족될 수 없는 것이 아니기 때문에 필요한 만큼 다양한 물질을 얻을 수 있는지에 따라서 만족 여부가 결정된다.

### (2) 관계욕구(Relatedness needs)

관계욕구는 작업장에서 타인과의 대인관계와 관련된 모든 것들을 포괄한다. 인간은 타인과의 관계에서 자신의 정서나 지각을 드러내 놓고 검토함으로써 사회실현에 대한 일체감을 공유할 수 있게 된다. 이러한 기반이 있기 때문에 타인과의 관계를 유지하려고 하며, 이를 통해서 자신의 생각이나 감정을 타인과 서로 나누려고 한다. 즉, 인간은 타인과 상호 교류함으로써 자신의 생각과 감정을 교환하려고 한다. 이것은 영합상황이 아니라 오히려 일방의 만족이 상대방의 만족과 밀접한 상관을 보이게 된다. 또한 타인과의 교류에서는 개방적이고 정확한 의사소통이 중요한 것이지, 의사소통을 통해서 얻어지는 만족이나 불만족은 이차적인 것이다.

이 범주에 속하는 욕구는 자신을 둘러싸고 있는 사회 환경과 인간관계에 초점을 두는 것들이므로 사회관계 및 대인관계 등이 이에 포함된다. 특히 자신에게 중요한 의미를 지니는 타인과의 관계가 이 욕구의 핵심을 이루는데, 의미 있는 타인이란 부모, 상사, 사장, 동료 근무자, 형제와 같이 자신이 크게 가치를 부여하고 있는 타인들을 말한다. 따라서 이 욕구의 충족은 서로 생각과 감정을 공유할 수 있는 인간관계를 맺을 수 있는지의 여부에 달려있다.

한편, 관계욕구를 Maslow의 욕구위계와 비교하면, Maslow의 안전의 욕구 가운데서 대인관계에서의 안전, 사회적 욕구 가운데 애정 및 소속감, 그리고 존경의 욕구 가운데서 대인관계에서의 자존심 등이 모두 관계욕구에 포함된다. 이것은 관계욕구가 Maslow의 욕구범주에서 애정의 욕구를 중심으로 하고 그 아래 및 하위 위계의 욕구 중의 일부를 포함함으로써 세 범주에 걸쳐 있음을 나타내는 것이다.

### (3) 성장욕구(Growth needs)

성장욕구는 창조적 성장이나 개인적 성장과 관련된 모든 욕구를 포괄하고 있다. 이 욕구는 개념이 명확히 정의되어 있지 못한 것으로서, Alderfer 자신도 중요한 개념적인 특성을 제시하지 못했다. 그렇지만 자신에게 가장 중요한 개인적 능력이나 잠재적 능력을 발전시키는 방향에서 환경과 상호작용을 할 수 있는 욕구들이 이에 포함된다. 따라서 성장욕구를 충족시킨다는 것은 개인의 능력이 근본적으로 변화된다는 것을 의미한다.

이 욕구의 범주에는 대인관계에서 타인과의 비교를 통해서 얻는 자존심이 아니라 스스로 얻게 되는 자신감의 욕구 등이 포함된다. 이 욕구의 만족수준은 개인의 잠재적 능력을 활용하고 새로운 재능을 개발할 수 있는지의 여부에 달려있다. 그런데 개인의 잠재능력을 충분히 활용할 수 있게 한다는 면에서 생각하면 환경이 매우 다양하다. 따라서 성장욕구의 만족이란 개인이 환경에 대해서 능동적인 자세를 취하는 데 따라서도 결정되지만, 환경이 불가피한 경우라면 개인의 역량이 성장욕구의 충족에 영향을 미치지 못할 수도 있다. 환경이 불가피한 경우라면 개인의 역량이 성장욕구의 충족에 영향을 미치지 못할 수도 있다. 환경이 개인의 성장욕구를 촉진시켜 주는 매개체 역할을 하는 경우란 도전과 선택의 기회를 제공해주는 때를 말한다.

그림 11-6 | Alderfer의 ERG이론 |

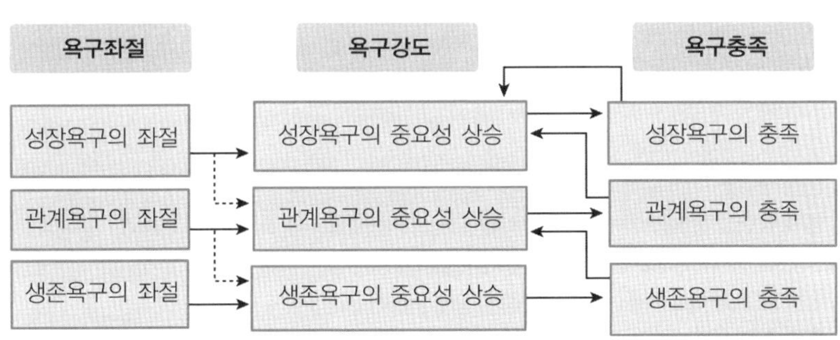


주: 만족-진행: —— 좌절-퇴행: ··········

성장욕구는 Maslow의 자기실현의 욕구와 비교하면 능동적인 자신감의 획득 과정이 추가되기 때문에 자기실현의 욕구뿐만 아니라 자존심의 욕구 가운데 일부도 포함되고 있다.

ERG이론과 Maslow이론과의 차이점[19]을 정리해 보면 다음과 같다.

첫째, ERG이론은 Maslow이론과는 달리 계층성을 강력히 주장하고 있지 않다. 즉 한 가지 이상의 욕구가 동시에 작용할 수 있다.

둘째, 상위욕구의 불만족은 하위욕구의 추구로 퇴행현상을 야기한다는 것이다. 예컨대 관계욕구가 만족되지 않으면 급여, 작업환경, 휴가 등과 같은 생존욕구에 보다 더 관심을 갖게 된다는 것이다.

셋째, 관계 및 성장욕구는 그것이 어느 정도 충족되면 더욱 중요성이 증대된다는 것이다.

### 5) 맥클리랜드의 성취동기이론

국가의 경제발전을 촉진하거나 저해하는 요인이 무엇인가에 대한 논의는 많은 사람들에 의해 논의되어 왔는데 전통적인 경제이론은 생산성, 혹은 GNP와 관련하여 자본축적, 천연자원, 생산구조, 노동력, 분업 및 기술 등을 강조하였다.

그러나 이들 경제적인 요인들은 경제발전의 필수조건을 될 수 있으나 충분조건은 되지 못함으로써 일부 사회학자들은 경제외적 요인인 인간의 심리적·사회적·문화적 요인의 중요성을 강조하게 되었다.

예컨대 사회학자인 막스 베버(M. Weber)는 서구에서 자본주의 경제가 발전할 수 있었던 원인을 기독교적 바탕(청교도 정신)에서 찾았고, 경제학자인 슘페터는 경제발전과정에서 작용하는 기업가정신에서 찾았다.[20]

하바드 대학의 심리학자인 맥클리랜드(D. C. McClelland)는 그의 유명한 저서, 『성취하는 사회』(*The Achieving-Society*)에서 경제발전에 일반적으로 중요한 심리적 요인을 찾으려 했다. 그는 머래이(V. Murray)가 제시한 20개 욕구 중에서

---

19 E. J. McCormik and D. R. Ilgen, *Industrial Psychology*, 7th ed., Prentice-Hall, 1980, pp. 266-267.

20 R. M. Steers, *op. cit.*, 1991, p. 133.

그림 11-7 | 베버 사상에 대한 맥클리랜드의 사상의 추가 |

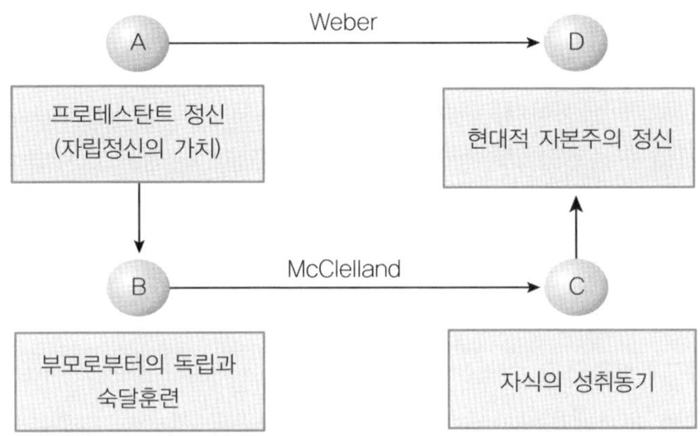


자료: D. C. McClelland, *The Achieving Society*, Van Nostrand, 1961, p. 47; 윤대혁, 전게서, p. 308에서 재인용.

성취욕구(need for achievement)를 경제발전의 심리적 요인으로 결론지었다. 다시 말해서 그는 개인이나 기업이나 국가에 부족한 것은 자원이나 자본 등의 경제적 외부여건이나 능력, 지식, 기술이 아니라 강력한 성취동기라는 것이다.

그는 성취욕구야말로 인간이 인간다울 수 있는 최고의, 가장 바람직한 욕구라고 주장하여 동기부여이론에 크게 공헌하고 있다. 그에 의하면 성취상념이 클수록 성취동기가 높고 그에 따라 성취가 가능하여 '성취인'이 됨으로써 기업과 자신의 성장과 발전에 이르게 된다는 것이다.

그는 이 같은 성취인의 행동특성을 다음과 같이 열거 하고 있는데 이들 특징은 경제발전에 중추적인 역할을 하는 기업가적 행동모형과 유사하다는 점을 지적하고 있다. 다시 말해서 기업가의 역할을 성취동기와 관련시켜 논의하고 있다.

McClelland가 제시한 성취인의 행동특성을 살펴보면 다음과 같다.

① 성취인은 적당한 모험을 한다. 이는 성취내용과 수준을 의미한다. 즉, 성취동기가 강한 사람은 목표설정을 중요시하고, 실제 목표설정에 있어서도 모험성과 난이도가 잘 절충되어 자신의 능력에 비추어 도전적이면서도 달성 가능한 수

준에서 시작하여 이를 점차적으로 상위수준으로 올리면서 성과를 높여 나간다.

② 성취인은 목표를 향한 제반 활동을 어떻게 진행하고 있는지에 관한 정보를 곧바로 피드백 받기를 원한다. 즉, 일의 결과 빨리 알려고 한다.

③ 성취인은 물질적 보상을 받기 위해서가 아니라 내적인 만족을 얻을 수 있는 과업을 찾아 성취한다.

④ 성취인은 하고자 하는 목표를 선정한 후에는 그것이 완성되기까지 그 과업에 몰두함으로써 과업 지향적이다.

⑤ 성취인은 미래지향적인 사고를 한다.

결국, McClelland의 성취동기이론(achievement motivation theory)은 여러 논자들에 의해 '후천적으로 획득된 욕구이론(acquired need theory)'이라고 하리만큼 앞에서 살펴본 욕구계층이론이나 ERG이론이 욕구를 선천적인 것이라고 보는 데 비해[21] 그는 욕구를 생활경험에 기반 하여, 말하자면 환경과의 상호작용을 통해 후천적으로 학습되고(learned), 획득되며 가르칠 수도 있는 성질의 것이라고 보는 데 특색이 있다.

때로는 다음과 같은 세 가지 욕구를 내용으로 하여 전개하기 때문에 '세 욕구이론(three－need theory)'이라고도 하는 그의 이론은 종업원을 어떤 특정방법으로 행동하게 하는 세 가지의 힘 있는 욕구를 분명히 했고, 어떤 종업원은 이들 중 둘 이상에 의해 동기부여되기도 하지만 많은 사람들은 이들 중 어느 하나의 욕구가 다른 것들보다 우세한 것으로 특징지어지고, 이러한 우세욕구를 통해 동기가 부여된다고 하였다.

◇ 성취욕구(need for achievement; n-Ach)

이는 위험을 무릅쓰고 노력하여 무엇인가를 성취하려는 욕구로서 사람들로 하여금 성공을 위해 강력한 노력을 하게 하고 실패의 가능성을 걱정하게 한다. 이 같은 사람은 경제적이고 실제적으로 목표지향적(goal－oriented)이며 책임감 있고 열심히 일하는 경향이 있다.

그리고 성취욕구는 다음과 같은 상황에서 우세욕구로 나타난다.

① 결과에 대해 개인적인 책임을 지는 일(업무)

21 K. M. Bartol & D. C. Martin, *Management*, McGraw－Hill, 1994(2nd), p. 378.

② 성취할 수 있으나 도전적인 목표를 지닌 일

③ 업적에 대한 피드백을 제공하는 일

◇ 권력욕구(need for power; n-Pow)

이는 조직 내에서 지배적 위치나 지위를 차지하여 통제하고 영향력을 행사하려는 욕구로서 사람들을 리더가 되도록 또는 막후에서 통제의 위치(locus of control)를 갖도록 충동한다. 권력욕구가 강한 사람은 말하기를 좋아하며 가끔은 경쟁하기를 좋아하고, 고집이 세고, 요구사항이 많으며, 타인을 자기가 바라는 대로 행동하도록 하는 경향이 있다.

그리고 권력욕구는 다음과 같은 상황에서 우세욕구로 나타난다.

① 타인에 대한 통제력을 지닌 일

② 사람과 사건에 영향력을 미치는 일

③ 대중의 인정과 주의를 받는 일

◇ 친화욕구(need for affiliation; n-Aff)

이는 타인과 우호적인 관계를 맺고 유지하려는 욕구로서 사람들이 타인을 좋아하게 하고 타인의 거절을 피하도록 행동하게 한다. 이 같은 사람은 친절하고 동정심이 많고 다른 사람을 도우며 즐겁게 지내는 경향이 있다.

그리고 친화욕구는 다음과 같은 상황에서 우세욕구로 나타난다.

① 대인관계를 포함하는 일

② 교제의 기회를 제공하는 일

③ 사회적 승인을 받는 일

이상에서 살펴본 세 가지 기본적인 욕구는 직무와 관련되기 때문에 이 이론은 조직구성원 각자에게 알맞은 직무를 할당하는 데 유용하게 응용될 수 있다. 예컨대 권력욕구가 강한 사람은 그의 통제력이 적게 미치는 직무에서는 행복할 수 없고, 친화욕구가 강한 사람은 다른 사람과 격리된 그런 직무에서는 불행할 것이며, 성취욕구가 강한 사람은 도전할 만한 가치가 없거나 발전기회가 없는 그런 직무에서는 불행할 것이다.[22]

---

22 R. M. Fulmer, *Management and Organization*, Harper & Row, 1979, p. 149.
S. P. Robbins, *op. cit.*, 1994, pp. 470-471.

따라서 MClelland는 세 가지 욕구를 중심으로 직무와 관련시켜 다음과 같은 주장을 하고 있다.

첫째, 성취욕구는 특히 기업가, 세일즈맨, 교수와 같은 전문직에 종사하는 사람들이나 성공을 위해 능력에 의존하는 사람에게 매우 중요하다.

둘째, 권력욕구는 부하직원의 능력을 개발하고 육성해야만 하는 조직의 경영관리자에게 가장 중요하다.

셋째, 친화욕구는 많은 비관리자에게 가장 중요하나 관리자에게도 얼마만큼은 중요하다.

그의 이 같은 주장에 관련하여 특히 유념할 것은 경쟁적인 오늘날의 환경에서 기업 내 관리자가 효과적이고 성공적이기 위해서는 ① 중간 또는 높은 정도의 권력욕구, 특히 제도적인 권력욕구, ② 중간정도의 성취욕구 그리고 ③ 낮은 정도의 친화욕구를 지녀야 한다고[23] 한 바도 있으나 그 후 ① 높은 성취욕구와 ② 높은 사회화된 권력욕구의 결합이 관리자를 성공에 이르게 한다고[24] 역설하고 있다는 점이다.

그는 특히 성취욕구가 강한 기업가는 기업의 업적향상에 크게 기여함은 더 말할 나위도 없고 성취욕구야말로 국가의 경제발전에 기여한다는 주장을 그의 이론 발전의 기반으로 하고 있기 때문에 성취욕구가 높은 사람의 특성을 다음과 같이 설명하면서 성취에 알맞은 직무의 연결을 시도하였다.

첫째, 성취욕구가 높은 사람은 과업을 완수하거나 문제의 해결방안을 찾는데 있어서 개인적으로 책임지려는 강한 바람을 갖고 있다. 그래서 다른 사람들과 함께 일하려 하기보다도 혼자서 하려 한다.

둘째, 성취욕구가 높은 사람은 얼마만큼 어려운 목표를 설정하고 계산된(계획적인) 모험을 감당하려 한다.

셋째, 성취욕구가 높은 사람은 업적에 관한 피드백을 받으려는 강한 바람을 갖고 있다.

넷째, 성취욕구가 높은 사람은 오직 과업과 과업의 달성에만 관심을 갖고 몰두한다.

---

23 K. M. Bartol & D. C. Martin, *op. cit.*, p. 384.

24 K. M. Bartol & D. C. Martin, *op. cit.*, p. 449.

**그림 11-8** | 성취인과 직무의 연결 |

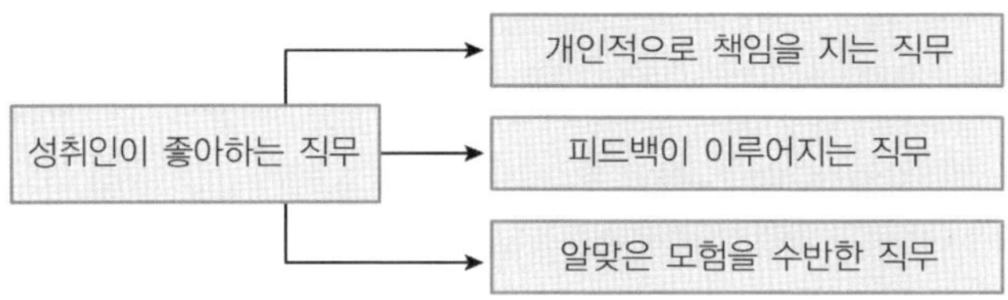


자료: S. P. Robbins, *op. cit.*, 1994, p. 470.; 윤대혁, 인간관계와 커뮤니케이션, 2010, p. 252.

이와 같이 성취동기이론은 인간의 기본적(저차원)인 욕구에 관해서는 언급하지 않고, 고차원의 욕구에 속하는 세 가지 욕구에만 초점을 두어 논의하였기 때문에 근로동기에 관한 완전한 이론이 될 수 없다는 등의 비판이 있음에도 불구하고 기본적인 욕구는 상당할 정도로 충족된 현대인을 주된 대상으로 관리해야 한다는 점에서 보면, 인간행동에 관한 학문발전에 크게 공헌하고 있으며 많은 논자들이 이와 관련된 연구를 계속하고 있음도 쉽사리 이해된다.

이와 관련하여 한 논자는 기본적으로 이 같은 성취동기의 개념에 따라 성취수준이 다른(고, 중, 저) 16,000명의 경영자들을 대상으로 그들의 관리유형과 관리방법을 비교한 광범위한 연구를 실시한 바 있는데, 그 결과를 요약하면 다음과 같다.[25]

첫째, 성취욕구가 약한 경영자가 비관적인 견해에 의해 특징 지워지고 부하를 불신하는가 하면, 성취욕구가 강한 경영자는 그와는 반대로 낙관적이고 부하를 호의적으로 대한다.

둘째, 경영자의 개인적인 동기부여는 그의 부하들에게 투영된다. 성취욕구가 높은 경영자는 개인적으로 성취하게 되는 직무에 관심을 가져 부하들과 이에 관해 토의하고 몰두하며, 성취욕구가 중간 정도인 경영자는 오직 직위에만 관심을 갖고 있으며, 성취욕구가 낮은 경영자는 직무안정에 관심을 갖고 있다. 이들은 부하를 동기부여 하는데 있어서도 이처럼 다른 방법으로 한다.

25 R. Zemke, "What are High Achieving Managers Really Like," *Tranning HDR*, 1992, p. 35.

셋째, 성취욕구가 높은 경영자는 부하를 대하는 데 있어서 기꺼이 참가적인 방법을 사용하나 성취욕구가 중간이거나 낮은 경영자는 의사결정과정에 부하들을 참가시키려 하지 않는 경향이 있다.

넷째, 성취욕구가 높은 경영자는 하급자나 부하 등 타인과 접촉하거나 의사소통을 하는 데 있어서 매우 개방적인 데 비해 성취욕구가 중간정도인 경영자는 그들 자신의 생각과 느낌에 몰두하며, 성취욕구가 낮은 관리자는 타인과의 접촉과 의사소통을 회피하는 경향이 있다.

다섯째, 성취욕구가 높은 경영자는 종업원과 생산에 함께 지대한 관심을 갖고 있고, 성취도가 낮은 경영자는 자기 자신의 보존에만 관심을 가질 뿐 종업원에게도 생산에도 관심이 없다.

이상에서 우리는 인간을 동기부여하는 것이 무엇인가에 관한 내용이론에 속하는 대표적인 이론들을 살펴보았다. 앞에서 논의한 Maslow의 욕구단계이론, Alderfer의 ERG이론, Herzberg의 2요인이론, 맥클리랜드의 성취동기이론 및 맥그리거의 X·Y이론을 종합적으로 고찰하여 정리해 보면 그 내용은 다음과 같다.[26]

첫째, 개인의 욕구에 초점을 둔 이들 이론은 상이한 어휘를 사용하면서 강조점과 내용을 조금씩 달리하고 있다. 말하자면 각 이론은 조금씩 상이한 관점에서 인간의 행동을 설명하며, 개인을 동기부여하는 욕구의 범주(range)와 종류(kinds)에 대한 초점을 달리하고 있다.

둘째, 그럼에도 불구하고 이들은 같은 배경을 지니고 있기 때문에 상당한 유사성을 지니고 있으며 따라서 상호보완적인 상호작용을 하고 있다.[27]

셋째, 이들 이론은 모두가 나름대로의 장·단점(한계사항)이 지적되고 있다.

따라서 이 같은 단점 때문에 그리고 다음과 같은 몇 가지 측면에서 가치를 인정받으면서 내용이론은 동기부여이론의 중요한 한 부분을 차지하게 되었고, 조직행위론의 발전에도 크게 공헌하고 있는 것이다.

첫째, 관리자로 하여금 대상에 따라 동기부여하는 방법이 달라야 함을 인식

---

26 J. L. Gibson, J. M. Ivancevich and Donnelly, *Organizations: Behavior, Structure, Processes*, Business Pub. Inc., 1988, p. 128; 朴乃會, 組織行動論, 博英社, 1989, p. 164.

27 K. M. Bartol & D. C. Martin, *op. cit.*, 1994, p. 384.

하는 데 도움을 준다.

둘째, 욕구에는 여러 가지가 있고 그것들은 계층을 이루고 있으며 모든 인간은 저차원의 욕구에 의해서만 동기부여되는 것이 아니라 고차원의 욕구에 의해서도 동기부여된다는 사실을 인정하고 있다.[28]

## 6. Motivation의 과정이론

인간욕구의 내용과 관련된 이론들은 인간행동의 동인이 되는 요소들이 어떠한 것들인가를 이해하고 설명하는 데는 유익한 이론들일지 모르지만, 그러한 동인들에 의해 실제적으로 인간은 어떠한 방향으로 행동을 하리라고 예측하는 데는 한계성을 가지고 있다. 인간행동의 원천이 되는 욕구는 어떠한 과정을 통해 유인되는가 다시 말해, 왜 어떤 사람들은 특정한 일을 하기로 마음먹게 되는가 하는 문제는, 동기과정에 관한 이론들이 잘 설명해 주고 있다.

인간은 어떻게(How) 동기 부여되는가? 하는 문제에 관련된 이론은 논자에 따라서는 '도구이론(instrumental theories),' '행동이론(behavior theories),' '선택이론(choice theories),' 또는 '인지이론(cognitive theories)'이라는 이름으로 거론되는데 이에는 다음과 같은 세 가지가 대표적인 것으로 포함된다.

### 1) 기대이론(expectancy theory)

기대이론은 오랜 심리학사를 배경으로 하여 종합개발 및 검토·분석과정을 거쳐서 이루어진 이론으로서 톨먼(E. C. Tolman)의 인지(Cognition)에 바탕을 둔 기대와 레빈(K. Lewin)의 유인성(valence)과 힘(force) 등의 개념을 바탕으로 발전되었다. 그러나 기대이론의 이론적 구성에 기여한 주요이론을 어떠한 것으로 집약시킬 것인가에 관해서는 학자들 사이에서 견해의 일치를 보지 못하고 있다.

왜냐하면 다음의 〈표 8-3〉에서 제시되고 있는 바와 같이 기대이론과 유사

28 D. H. Holt, *op. cit.,* 1993, p. 420.

**표 11-3 기대이론과 관련된 연구**

| 학 자 | 행동 충동의 요인 |
|---|---|
| 레빈(K. Lewin) | 잠재력×유의성 |
| 에드워즈(A. L. Edwards) | 주관적 가능성×유용성 |
| 아트킨슨(J. W. Atkinson) | 기대×(동기×유인) |
| 롯터(J. B. Rotter) | 기대×보상가치 |
| 브룸(V. H. Vroom) | 기대×유의성 |
| 피크(H. Peak) | 수단성×태도 |
| 피쉬베인(M. Fishbein) | 가능성×태도 |

자료: T. R. Mitchell, Expectancy Models of Job Satisfaction, Occupational Preference, and Effort: A Theoretical, Methodological, and Empirical Appraisal, Psychological Bulletin, Vol. 81, 1974; 유기현, 조직행위론, 무역경영사, 1983, p. 133.

한 개념을 사용하고 있는 연구내용들이 많이 있을 뿐 아니라 그 외에도 다양한 연구가 기대이론의 맥락 속에서도 파악할 수 있기 때문이다.

많은 기대이론의 주장들 중에서 모티베이션을 직무상황과 연관시킬 목적으로 이론을 전개한 학자는 브룸(V. H. Vroom)이 처음이다. 즉 기대이론은 60년대 중반에 Vroom에 의해 시작되었고, 포터－로울러(L. W. Porter & E. E. Lawler) 등에 의해 70년대 초반에 확대·보급되고 정교화되어 그 어느 이론보다도 동기부여에 관한 포괄적인 관점을 제공하고 다른 이론들을 통합해 주기에 이르렀다. 많은 논자들은 기대이론을 이들 두 사람의 이론으로 구분하여 설명하고 있다.

### (1) Vroom의 기대이론

Vroom은 1차 및 2차 수준 결과(first and second level outcome), 유의성(Valence), 도구성(instrumentality) 및 기대(expectancy), 힘(force), 능력(ability) 등의 개념을 가지고 모티베이션 이론을 모델화하였다. 이 모델의 기본적인 가정은 다음과 같다.

① 개인 내 및 작업 상황 내에서 움직이는 힘(force)은 행동을 유발하고 결정하기 위해 결합된다.

② 사람은 자신의 행동에 관한 주의 깊은 의사결정을 한다.

③ 어떤 행동과정을 선택할 것인가는 어떤 행동이 바라는 바의 결과에 이르게 될 것인가의 기대에 달려 있다.

다시 말해 이 모델의 기본적인 가정은 대체적 행동과정 중에서 개인이 행하는 선택(choice)은 행동과 동시에 일어나는 심리적 사상(事象)에 관계된다는 것이다.

**힘(force)=Σ유의성(valence)×기대(expectancy)**

- 인간은 본능적으로 행동하는 것이 아니라 어떤 행동이 특정 결과를 가져오리라는 기대의 강도와 그 결과에 대해 개인이 가지고 있는 매력의 정도에 의해 행동한다고 보았다.
- 노력–성과의 관계: 일정한 노력을 하면 얻게 될 성과에 대한 기대확률
- 성과–보상의 관계: 특정수준의 성과가 기대하는 바람직한 보상을 가져올 것으로 믿는 기대감의 정도
- 1차 수준결과: 조직목표나 직무성과와 관련된 것
- 2차 수준결과: 1차 수준결과가 개인에게 주어지는 보상(임금, 휴가, 승진 등)
- 수단성: 1차 수준결과가 2차 수준결과를 가져올 것이라고 믿는 개인의 지각된 주관적 확률
- 유의성: 1차 수준결과와 2차 수준결과에 대해 개인이 느끼는 매력의 강도
- 기대: 노력의 결과 1차 수준결과를 가져오리라고 믿는 주관적 확률

이 모델에서 중심이 되는 개념인 힘은 기본적으로 모티베이션과 같은 의미인데, 결국 힘은 제 기대와 유의성으로 얻은 결과의 수학적 통계를 말하며 이를 공식화하면 다음과 같다.

이 이론의 중요 변수 중의 하나인 유의성이란 우리나라의 논자들에 의해 때로는 '선호가', '매력성'이라고도 번역되기도 하는데 이는 구체적 결과에 대한 만족감 또는 선호가(preference)를 의미하는 개념이며 어떤 보상에 대한 선호의 강도를 의미하는 개념이다. 그것은 긍정적인 가치와 함께 부정적인 가치를 지니고 있다. 예컨대 작업현장에서 보면 긍정적인 선호가를 위해서는 임금인상을 기대하며 감독자로부터의 징계는 부정적인 선호가 된다.

말하자면 선호가는 기대되는 보람(anticipated worth)이라고 할 수 있으며 "어떤 결과에 대해 어느 정도의 가치를 두는가? (선호가 지각)"에 대한 질문과 관련된다. 만일 정(+)의 유의성이 있다면 그 결과를 갖는 것이 안 갖는 것보다 좋을 것

이고, 부(−)의 유의성이 있다면 그 반대의 경우가 성립하게 될 것이다. 결국 이와 같은 결과는 나름대로 유의성을 지니기도 하고 아니면 이 결과로 인해서 만족이나 불만족을 줄 수 있는 파생된 결과가 나타날 수 있다는 예상 때문에 유의성이 있게 된다.

따라서 특정 결과의 유의성을 확립하는 기초로서 Vroom은 다음과 같은 공식을 설정하고 있다.

$$V_j = f_i \left[ \sum_{n=1}^{n} ( V_k I_{jk} ) \right] \quad (J = 1 \cdots n)$$

$f_i$ = 어떤 행동을 할 힘
$V_j$ = $j$라는 결과가 갖는 유인가
$V_k$ = $j$라는 결과에서 파생되는 $k$라는 결과가 갖는 유인가
$V_{jk}$ = $j$라는 결과가 $k$라는 결과를 초래할 가능성에 대한 지각

유의성의 또 다른 주요 투입요인은 2차 수준 결과인데, 이는 1차수준 결과의 목표적인 성격을 갖고 있다. 예를 들면 특정인이 승진을 원하고 있는데, 이 승진 목표를 달성하기 위해서는 우월한 능률이 필요하다고 가정했을 경우, 1차수준 결과에서는 우수한 능률, 평균 능률 또는 평균 이상의 능률이 발휘될 것이고 그 다음의 2차수준의 결과인 승진 목표가 결정될 것이다.

따라서 1차수준의 결과(능률)는 2차수준의 결과(승진)를 성취하는 수단적 성격이 된다고 할 수 있다.

이 모델에서 사용하고 있는 또 다른 변수인 기대란 어떤 특정 행동(노력)을 하면 어떤 특정한 결과가 나타날 것이라는 가능성을 의미하고, 이와 유사하게 어떤 특정한 1차적 결과를 가져올 가능성을 의미하며, 작업에 관련된 노력이 어떤 업적을 완성하게 될 것이라는 믿음의 강도를 의미하는 개념이다. 말하자면, 얼마만큼의 노력을 하면 얼마만큼의 업적에 이를 것이라는 가능성(노력 → 보상 가능성)을 나타내는 이 개념은 "어떤 대체안을 선택하면 성공할 것인가? (기대 지각)"에 대한 질문과 관련된다.

또 다른 변수인 도구성이란 수단성이라고도 하는데, 동기부여란 목표를 달성

하면 실제로 지각된 보상을 얻을 것이라는 믿음에서 일어나는 행동이다.

예컨대 기업은 종업원이 생산적이기를 원하는데, 이는 종업원의 보상 가능성(업적 → 보상 가능성)에 대한 지각에 의존하게 된다. 이 때 생산성은 1차적 결과(first level out come)이고 승진은 2차적 결과(instrumentality)가 된다. 따라서 이는 "성공하면 어떤 결과(보상)를 얻게 될 것인가? (도구성 지각)"에 대한 질문과 관련된다.

이상에서 살펴본 Vroom 모델(Vroom's model)은 경영자가 종업원의 동기를 분석하는 데에는 큰 도움을 준 바 있지만은 실질적인 Motivation을 해결하는 데에는 많은 어려움이 뒤따르고 있다. 이는 이 이론의 이론체계가 복잡하여 실제의 조직 상황에 적용하기가 어렵게 전개되고 있기 때문이다.

Vroom의 이론은 갈브레이스(J. Galbraith)와 커밍즈(L. Cummings)에 의하여 보완되고 있는데, 이들은 Vroom이 밝힌 바와 같이 어떤 결과는 그것이 낳는 파생적 결과가 갖는 유의성 이외에도 그 자체로서 유인을 독자적으로 갖는다는 것을 밝혀내고 있다. 예컨대 성원이 훌륭한 성과를 실현했을 경우 그것은 여러 가지의 부수적인 부대적 보상(extrinsic compensation)－급여, 승진, 은급(恩給) 등－을 얻도록 함은 물론 성과실현 그 자체에서 비롯되게 되는 고유의 보상도 얻게 된다.

따라서 갈브레이스와 커밍즈는 한 결과가 가져다 줄 수 있는 총유의성에 고유의 모티베이션도 표시하는 유인가치를 첨가하였다. 또 그들은 1차 수준결과와 2차 수준결과를 명백히 하고 이들이 갖는 수단(instrumentality), 즉 급여·은급)·승진·감독자의 지원·작업 집단의 수용에 대해서도 자세히 관찰하였다.

### (2) Porter와 Lawler의 기대이론

일반적으로 종업원의 만족 또는 사기와 성취 또는 생산성 간의 관계가 행동과학의 주요 고찰 대상이 되어 왔다. 그리하여 그들의 높은 만족이 높은 생산성과 어떤 상관관계를 가지는지, 아니면 그 반대인지가 많은 행동과학자들에 의하여 논의되어 왔다.

그러나 Porter와 Lawler[29]는 이 같은 사기－생산성 간의 관계에서 종업원의

29 L. W. Porter & E. E. Lawler, *Managerial Attitudes and Performance*, Homewood Ⅲ.: Richard D. Irwin, 1968, pp. 164－166.; 金石會, 組織行爲論, 貿易經營社, 1982, pp. 84－

Motivation을 추구할 것을 포기하고, Vroom의 이론을 기초로 하여 단순히 성과와 Motivation을 연결시키는 데 그치지 않고 다양한 변수를 추가하여 독자적인 이론을 전개하고 있다.

이들은 종업원의 성취에 직접 관계되는 요인을 만족이 아닌 노력(effort)에서 구함으로써 종업원의 만족이 성취(performance)를 가져오는 것이 아니라 직무성취의 수준과 그에 따른 보상수준의 여하(如何)가 오히려 직무만족의 원인이 된다고 분석하였다.

그리하여 이들은 종업원의 성과실현, 즉 성취를 위해서 노력을 바칠 것인가 노력을 바치지 않을 것인가를 기대(expectancy)의 평가에 의해서 선택한다고 설명하였는데, 이 경우 기대란 개인에게 주어지는 보상의 가치와 그가 자신의 노력에 대해서 받을 수 있으리라고 믿는 보상 가능성에의 느낌이다.

일정한 노력을 바쳤을 경우에 그에 따른 보상 가능성이 개인에게 기대한 대로 되지 못할 때 개인은 성취 실현을 위한 노력을 게을리 할 것이다. 따라서 직무성취와 거기에 결부된 보상에 부여하는 가치, 그리고 어떤 노력이 보상을 가져다 줄 것이라는 기대가 직무수행 노력을 좌우한다.

직무 성취에 대한 만족은 성취의 실현에 대한 대가로서 부여되는 내재적·외재적 보상에 의해서 강화될 때 나타난다. 이 경우 내적·외재적 보상이 종업원의 만족을 보장하려면, 이들 보상수준이 개인이 받을 수 있으리라고 기대하는 정당한 보상수준을 상회하여야 한다.

〈그림 11－9〉에 명시된 바와 같이 Porter와 Lawler의 모델 변수로는 다음과 같은 것을 활용하고 있다.

(1) 보상의 가치(value of reward): Vroom의 이론에서 유인가에 해당하는 개념으로서 하나의 성과(결과)가 지니는 매력적인 가치를 의미한다. 즉, 성과가 지닌 매력의 정도를 뜻한다.

(2) 지각된 노력의 보상: 보상은 차별적인 노력의 근거에서 구별되고 있는지의 여부에 관한 지각을 뜻하며, 이는 노력－성과(기대)와 성과－보상(도구성) 요소로 구별되고 있다.

(3) 종업원의 노력(effort): 특정한 과업을 수행하는 과정에서 사용되고 있는

---

85에서 재인용.

그림 11-9 | 포터와 로울러의 기대모형 |

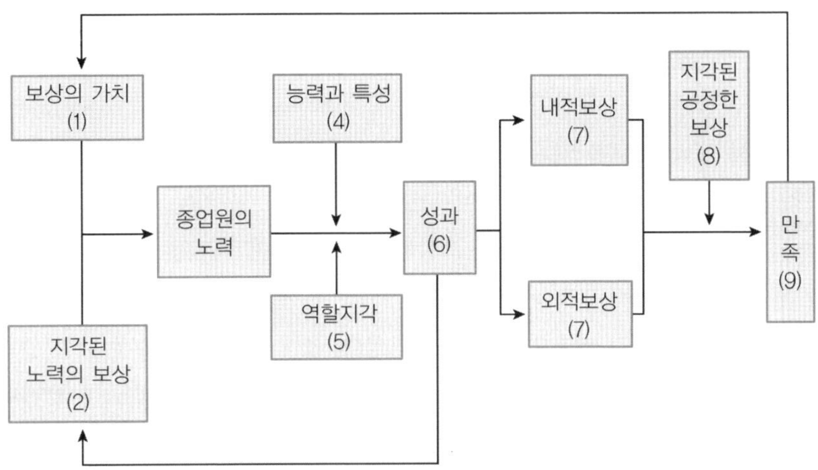


자료: W. Porter & E. E. Lawler, Managerial Attitude and Performance, Irwin, 1968, p.165; D. Hellriegel & W. Slocum, *Management*, Addison-Wesley, 1992(6th), p. 445.

에너지(힘).

(4) 능력과 특성(abilities and traits): 이는 특정인이 갖는 장기적 특성을 말한다.

(5) 역할지각(role perception): 이는 조직 구성원이 자신의 직무와 과업에 대해서 갖는 사명감을 말한다. 즉, 효과적인 직무수행에 필요한 노력의 유형을 뜻한다.

(6) 성과(performance): 직무를 구성하고 있는 제 과업에 대한 인간의 성취

(7) 보상(rewards): 자기 자신의 생각이나 타인의 행동에서 얻을 수 있는 바람직한 사상(내재적·외재적 결과).

(8) 지각된 공정한 보상(perceived equitable rewards): 한 사람이 공정하다고 생각하는 보상의 양을 말한다.

(9) 만족(satisfaction): 받을 보상이 지각된 공정수준에 부합되거나 아니면 이를 초과하는 정도(불만은 과소 보상된 불공정성에서만 발생한다.)

Vroom의 이론에서와 마찬가지로 처음의 두 변수, 즉 보상의 가치와 노력 대 보상의 확률을 곱하면 세 번째 변수인 노력이 산출된다. 그리고 능력과 노력은 곱의 관계를 이루며 성과를 결정한다. 또 역할지각도 노력과 같은 관계를 이루면서 성과를 결정한다. 따라서 능력과 역할지각의 두 변수로 해서 노력과 성과는 완전한 관계를 유지하지 못한다.

따라서 포터와 로울러는 피드백 순환 개념을 이용하여 Vroom의 이론을 동태적인 모델로 만들게 된 것이다. 이 모델에서 보여 주고 있는 바와 같이 성과가 보상을 낳는 정도에 따라 노력 대 보상의 확률에 대한 지각은 증대되며 보상을 받은 후에 만족을 경험하게 되면, 이는 그 보상의 장래 가치에 영향을 미치는 경향이 있다. 그때 이 효과의 특질은 특정보상(결과)에 따라 다양하게 나타난다.

로울러는 포터와의 공동 연구를 보다 진전시켜 기대과정을 E → P 기대와 P → O 기대로 분류하였다. 전자는 노력이 성취를 낳으리라는 기대(E → P)를 말하고, 후자는 성취가 결과 보상을 낳으리라는 기대(P → O)를 말한다. 따라서 포터와 로울러의 Motivation 공식을 표시하면 다음과 같다.

$$\text{노력(effort)} = (E \rightarrow P) \times \Sigma[(P \rightarrow O)(V)]C$$

즉 노력이 성과를 낳으리라는 기대(성과가 결과를 낳으리라는 기대)에 유의성의 총합을 곱한 것이 노력, 즉 Motivation이 된다.

E → P 기대의 가장 단일한 결정변수는 객관적 상황이다. 여기에 추가하여 당사자의 자기존경(self-esteem), 동일한 상황에서의 과거경험, 타인과의 커뮤니케이션 등이 그 사람의 상황에 따른 지각에 대한 주요 투입 요소가 된다.

P → O에 대한 지각은 E → P 기대와 동일한 많은 요소에 의해 영향을 받고 있는 데 여기에 추가하여 성과의 매력도, 누가 성과를 통제하느냐 하는 통제의 위치(locus of control), 그리고 E → P 기대가 P → O 기대에 영향을 미친다.

그런데 포터와 로울러의 모델에서 노력이 얼마만한 성과를 가져오는가는 개인의 능력과 특성 및 조직 내에서의 자기의 역할지각의 적절성에 의존하게 된다. 또한 성과가 개인에게 가져다주는 보상의 크기가 지각된 공정한 보상의 크기를 하회하는 정도가 작을수록 만족은 크게 된다. 그리고 보상이라는 변수는 Vroom

모델의 제 결과(outcomes)에 상당하는 것이다.

포터와 로울러(L. W. Porter & E. E. Lawler)의 모델에서는 두 개의 피드백과정이 있다. 그 하나는 만족이 보상의 가치에 연결되는 것이다. 즉 만족을 얻는 것이 결핍욕구의 경우라면 가치는 하락할 것이고, 성장욕구처럼 장기 강화적인 경우에는 가치를 더해 줄 것이다.

이상과 같이 개인의 합리적인 기대 메커니즘이라는 인지적 프로세서(cognitive process)를 중시하는 점에 기대이론의 특징이 있다 하겠다. 기대이론은 능력주의에 의거한 총합적인 Motivation론이며 구성원의 Motivation을 높이기 위해서는 먼저 노력이 성과를 가져다주는 개인의 기대를 높일 필요가 있고, 그 때문에 조직구조나 관리자의 리더십 스타일을 재검토할 필요가 있다. 다음에 노력에 의해 달성한 성과가 보상을 가져오는 기대를 높이기 위해서는 승진, 승급, 상여 등의 외재적 보상 제도를 업적주의로 바꿀 필요가 있고 또 구성원의 내재적 보상(달성·성취감)을 높이기 위하여 성취동기를 주입시키는 교육 훈련 계획이 필요하다.

이상에서 논의한 Porter와 Lawler의 기대이론은 가장 바람직한 동기부여 이론으로 인정받아 실무계에 널리 활용되고 있지만 이 이론도 다른 이론들과 마찬가지로 한계와 단점이 있어서 다음과 같은 비판을 받고 있다.

(1) 동기부여를 위한 기대이론은 복잡한 과정과 여러 개의 변수를 통해 의사결정 과정을 거치게 되는데 복잡한 상황하에서, 다시 말하면 여러 개의 대체안이 있는 경우에는 이 같은 과정을 밟기가 어렵다.

(2) 이 이론에서 최선의 대체안을 선택하기 위한 의사결정과정에서 합리적 측면은 강조되고 비합리적인 측면은 무시됨으로써 적용범위가 합리적인 행동에 한정된다.

(3) 이 이론은 여러 개의 복합적인 변수들로 구성되어 있으므로 너무 복잡하여 검증 자체가 매우 어렵다.

(4) 이 이론은 인간이 만족이 큰 것에 의해 동기부여된다는 전제, 즉 쾌락주의에 근거하고 있는데 반드시 그러한가는 의심스럽다.

(5) 또한 이 이론이 주장하듯이 모든 사람이 언제나 복잡한 계산과정을 거쳐서 행동하는 것은 아니다.

요컨대 우리는 앞에서 성과가 만족에 이른다(생산적인 종업원이야말로 만족하는 종업원)는 생각에서 출발하여 아마도 가장 큰 공헌을 한 Porter와 Lawler의 기대이론을 중심으로 만족과 성과 간의 인과관계에 관해 살펴본 바와 같이 여러 가지 비판에도 불구하고 많은 조사결과의 지지를 받아 널리 실무적으로 적용되면서 공헌하고 있다.[30] 기업경영이 중시하여 최대의 관심을 갖게 되는 종업원의 높은 만족과 기업의 높은 성과의 동시적인 추구를 위한 지침이 여러 논자들에 의해서 제안되고 있다.

먼저 Lawler는 이전 이론의 비판을 계기로 내들러(D. A. Nadler)와 함께 〈그림 11－10〉과 같은 수정된 새로운 모형을 제시하면서 다음과 같은 여러 가지 지침을 제안하고 있다.[31]

첫째, 각자 가치가 있다고 생각하는 결과, 즉 주된 바람(want)을 찾아내라. 가치 있는 보상이 주어졌을 때만 동기부여는 효과적이기 때문이다.

그림 11-10 | 기대이론의 수정 모델 |

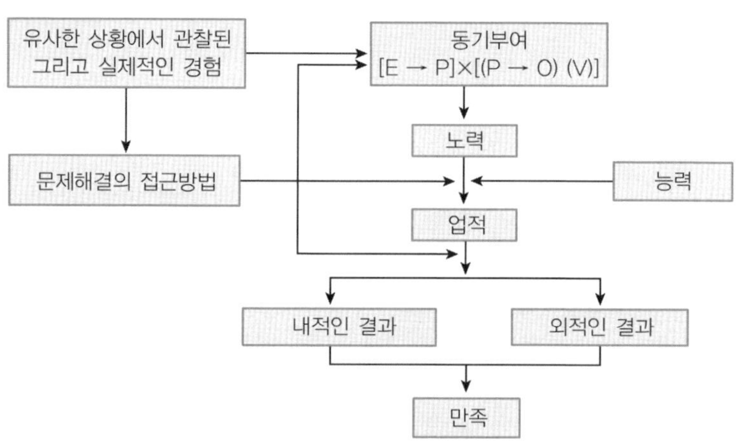


자료: D. A. Nadler & E. E. Lawler, "Motivation: A Diagnostic Approach" in R. Hackman et als.(eds), *Perspectives on Behavior in Organizations*, McGraw-Hill, 1983 및 D. H. Holt, *op. cit.*, 1993, p. 423.

30 K. M. Bartol & D. C. Martin, *op. cit.*, 1994, p. 390.

31 D. H. Holt, *Management*, Prentice-Hall, 1993, pp. 423-424.

둘째, 바라는 바의 행동을 결정하라. 말하자면 조직이 바라는 바의 행동은 분명하게, 구체적으로 가시적인, 그리고 측정 가능한 표현이어야 한다.

셋째, 바라는 바의 성과를 달성할 수 있는 수준으로 결정하라. 목표가 너무 높으면(노력 → 성과) 기대는 영(零)에 가까워지고 동기부여는 비효과적인 것이 되기 때문이다. 말하자면 바라는 바의 업적수준은 달성 가능한 것임을 확신시켜야 한다.

넷째, 바라는 바의 결과와 업적을 연결(link)시켜라. 말하자면 보상과 기타 바라는 바의 결과를 선호하는 업적기대에 연결시켜야 한다.

다섯째, 갈등상태에 있는 전체적인 상황을 분석하라. 흔히 높은 업적에 높은 임금이 주어지는데 만약 작업 집단이 높은 임금을 좋아하지 않는다면 이 같은 동기부여는 무의미한 것이 된다.

여섯째, 행동변화가 클수록 좋다는 것을 확신시켜라. 바라는 바의 행동변화가 하찮은 것이라면 보상도 하찮은 것일 수밖에 없기 때문이다.

일곱째, 시스템이 공정한가를 체크하라. 사람은 공정히 대접받기를 좋아하므로 전체적인 시스템이 공정하게 설계되어야 한다.

여덟째, 내·외적인 보상은 가치 있는 행동에 연결시켜라. 전자는 도전적이고 흥미 있는 직무설계에 의해, 그리고 후자는 임금이나 직위와 같은 것들에 의해 증대된다.

이외에도 루탄스(F. Luthans)는 다음과 같은 몇 가지를 제안하고 있다.[32]

(1) 각자가 가치 있다고 믿는 보상이 무엇인가를 결정하라.

(2) 바라는 바의 성과수준을 분명히 하라.

(3) 성과수준이 달성 가능한가를 확인하라.

(4) 성과와 보상을 연결하라.

(5) 보상이 적정한가를 확인하라.

### (3) 아담스의 공정성 이론(equity theory)

공정성 이론은 아담스(J. S. Adams)에 의해 개발되었는데 이 이론의 근원은 아리스토텔레스의 정의론과 페스팅거(L. Festinger)의 인지부조화이론(cognitive

---

32 F. Luthans, *Organizational Behavior*, McGraw-Hill, 1992(6th), p. 167.

dissonance theory) 및 호만즈(G. Homans)의 교환이론(exchange theory)에서 찾을 수 있다.

공정성 이론은 근본적으로 Motivation이론이다. 그러나 그것은 만족과 불만의 요인에 대해서 몇 가지 중요한 사실에 대해 언급하고 있다. 아담스(Adams, 1963, 1965)는 공정성 이론에 대한 그의 논문에서 만족은 다음과 같은 방법으로 개인의 인지된 투입－산출 균형에 의해 결정된다고 주장하고 있다. 즉 성과와 만족에 이르는 주된 요인은 설정된 표준과 자신을 비교하는 절대성의 개념이 아니라 자신과 타인을 비교하는 상대성의 개념에 따라 작업 상황에 대해 종업원이 인지하는 사실(fact)이 아니라 지각하는 공정성(형평 또는 불형평)의 정도(비율)라는 것이며 다음과 같은 불공정(inequity)과 공정(equity)이 일어난다는 것이다.

① 불공정성(불형평)이 일어나는 경우

$$\frac{\text{자기의 산출물}}{\text{자기의 노력투입}} < \frac{\text{타인의 산출물}}{\text{타인의 노력투입}} \quad \text{(과소보상)}$$

$$\text{또는} \quad \frac{\text{자기의 산출물}}{\text{자기의 노력투입}} < \frac{\text{타인의 산출물}}{\text{타인의 노력투입}} \quad \text{(과대보상)}$$

② 공정성(형평)이 일어나는 경우

$$\frac{\text{자기의 산출물}}{\text{자기의 노력투입}} = \frac{\text{타인의 산출물}}{\text{타인의 노력투입}}$$

결국, 이러한 인지된 공정함이 만족을 결정하며 만족은 공정함이 인지될 때 생기게 되는 것이다. 따라서 만족은 개인이 자신의 일에 투입한 것과 관련하여 자신의 일에서 얻게 되는 것의 인지된 비율에 의해서 결정되는 것이다.

다시 말하면 종업원들은 항상 다른 사람들과 자신들을 비교하면서 살아간다. 종업원들은 직무상황에서 그들이 투입한 것(inputs)과 비교하여 무엇을 얻어내고 있는가(outcomes)를 지각하게 되고, 그리고 나서는 “투입－산출의 비율”을 비교대상이 될 수 있는 다른 사람들의 “투입－산출의 비율”과 비교한다. 그리하여 자신들의 비율과 다른 사람들의 비율이 동등하다고 지각하게 되면 종업원들은 그들의 상황에서 공정성을 지각하게 되고 정당성이 실현되고 있다고 느끼게 된다. 그러나 투입-산출의 비율이 불평등하다면, 불공정성이 존재하게 된다. 즉 종업원들은 자신들이 낮게 보상을 받고 있다거나 높게 보상을 받고 있다고 지각하게 된다. 이 같은 불공정성이 나타나게 되면 종업원들은 그 같은 불공정 상태를 수정하려고 한다는 것이다.

종업원들이 자신들과 비교의 대상으로 선정한 준거, 즉 비교대상(referent)이 공정성이론에서는 매우 중요한 변인이다. 이 같은 비교대상은 세 가지 범주로 분류될 수 있는데 '다른 사람(other)', '시스템(system)', '자신(self)', 등이 그것이다.

다른 사람의 범주(the other categories)에는 같은 조직에서 비슷한 지구에 종사하는 다른 사람들이 포함된다. 그리고 여기에는 친구, 이웃, 동일직업에 종사하고 있는 동료 등도 포함된다. 종업원들이 다른 사람들의 입을 통해서, 신문이나 잡지를 통해서 얻은 정보를 바탕으로 하여 자신들의 임금과 다른 사람들의 그것과를 비교할 수 있게 된다.

비교 대상의 시스템 범주(the system category)에는 그 조직의 임금 정책 및 절차 그리고 임금 관리 체계 등이 포함된다.

그리고 비교 대상의 자신의 범주(the self catgegory)에는 그 개인 특유의 투입-산출 비율을 가리키는 것으로서 그 개인의 현재의 투입-산출 비율과는 다른 개념이다(differ from the individual`s current input-outcome ratio). 그리고 이 범주는 그 개인의 과거의 직무나 그 직무에 대한 전념도(가정에서의 역할과의 조화를 이루어가야 한다는 것을 감안하여)에 의해 영향을 받는다. 이 같은 특정한 비교 대상의 선정은 '그가 적절하다고 생각하는 지각'(perceived relevance)뿐만 아니라 비교 대상에 대한 활용 가능한 정보에 기초를 두고 있다.

공정성 이론에 의하면 종업원들이 불공정성을 지각하게 될 때 그들은 다음과 같은 5가지의 선택 대안들 중에서 하나 혹은 그 이상을 선택한다는 것이다.

1. 그들 자신이나 다른 사람들의 투입 및 산출 중의 어느 쪽을 왜곡한다. (distort either their own or other`s inputs or outcomes).
2. 다른 사람들을 설득하여 그들의 투입이나 산출을 변경시키기 위한 행동을 취한다.

3. 그들 자신의 투입이나 산출을 변경시키기 위한 행동을 취한다.
4. 그들의 직무를 사직한다.

공정성 이론에서는 종업원들이 그들의 노력에 대한 대가로서 받게 되는 보상의 절대액뿐만 아니라 다른 사람들이 받는 보상액과의 비교에서도 관심을 갖는다는 사실을 인지하고 있다. 그래서 종업원들은 '자신의 직무에 대한 투입－산출'과 '다른 사람들의 투입－산출' 간의 관계에 대한 판단을 내리게 된다. 자신의 투입, 즉, 노력, 경험, 교육, 능력(competence) 등과 같은 투입에 기초하여 임금수준, 임금 인상폭, 인정 및 그 밖의 다른 요인 등과 같은 산출(outcome)과 비교한다. 그리하여 종업원들의 투입－산출 비율이 다른 사람들의 그것과 비교하여 상대적으로 불균형을 지각하게 될 때에는 긴장(tension)이 생겨난다. 이 같은 긴장이 곧 동기유발의 기초(토대)가 된다. 그리하여 종업원들은 공정하다고 지각하는 것을 위해 노력하게 된다.

보다 구체적으로 이 공정성이론은 불공정한 임금과 관련하여 다음과 같은 네 가지의 명제(propositions)를 설정하고 있다.

1. 시간기준에 의해 임금이 지급될 경우, 과도하게 보상을 받는 종업원들이 공정하게 보상을 받는 종업원들보다 더 많이 생산하려 할 것이다. 이 경우 시간제로 급료를 받거나 월급을 받는 종업원들은 투입－산출 비율의 투입 측면을 증가시켜 균형(공정성)이 이루어지도록 하기 위해 높은 양이나 높은 질의 생산을 하려고 할 것이기 때문이다.
2. 생산량의 기준에 의해 임금이 지급될 경우, 과도하게 보상을 받는 종업원들은 공정하게 보상을 받는 종업원들보다 더 적게 생산하지만 보다 높은 질의 제품을 생산하려고 할 것이다. 이 경우 성과급시스템에 의해 임금을 지급받고 있는 사람들은 공정성(균형)을 위해 그들의 노력을 증대시키려고 한다. 그리하여 그 결과는 보다 많은 생산량과 보다 높은 질의 생산이 나타난다. 그러나 생산량의 증가는 불공정성을 증가시킬 뿐이다. 한 단위 더 생산되면 더 과도한 지급을 받게 되기 때문이다. 그래서 생산량보다는 생산의 질을 높이는 방향으로 노력을 경주한다.
3. 시간기준에 의해 임금이 지급될 경우 과소하게 보상을 받는 종업원들은 보다 적게 생산하거나 혹은 보다 빈약한 품질의 제품을 생산할 것이다.

이 경우 노력이 감소하면, 그것이 공정하게 보상을 받는 사람들보다 더 낮은 생산성과 더 빈약한 품질의 제품의 생산을 통해 균형(공정성)이 유지된다.

4. 생산량의 기준에 의해 임금이 지급될 경우, 과소하게 보상을 받은 종업원들은 공정하게 보상을 받고 있는 종업원들과 비교해 많은 양의 저품질 제품을 생산할 것이다. 이 경우 성과급제에 의해 임금을 지급받고 있는 종업원들은 보상(산출)을 증가시키기 위해 많은 양의 제품을 생산함으로써 공정성(균형)을 이룩할 수 있게 된다.

최근의 연구들은 개관한 바에 의하면 다음과 같은 공정성 명제(equity thesis)를 확실히 입증해 주고 있다는 것이다. 즉 종업원 동기유발은 절대임금(보상)은 물론 비교임금(보상)에 의해 크게 영향을 받는다. 그래서 그들이 불공정성을 지각할 경우, 그 같은 상황을 수정하기 위해 행동하게 된다. 그리하여 그 같은 행동은 보다 낮은 생산성, 보다 높은 생산성, 보다 개선된 품질, 보다 열등한 품질, 결근율의 증가, 자발적인 사직 등의 결과로 이어진다.

공정성 이론도 문제점이 없는 것은 아니다. 이 이론은 중요한 핵심적인 문제를 명백히 하지 못하고 있다. 예를 들어 종업원들이 비교대상으로 '다른 사람들의 범주'에서 누구를 어떻게 선택하는가? 투입과 산출을 어떻게 정의하는가? 그들이 투입이나 산출을 총계할 때 어떻게 합산하며 요소들에 대한 비중을 어떻게 배분하고 있는가? 이 같은 요인들이 시간의 경과에 따라 언제 어떻게 변화하는가? 등이 문제점에도 불구하고 공정성 이론은 매우 많은 양의 실증연구의 지지를 받고 있으며 우리에게 종업원 동기유발에 대한 중요한 직관을 제공해 주고 있다.

### 2) 목표설정이론(objective-setting theory)

이 이론은 'objective'와 'goal'은 대체적으로 사용되고 있기 때문에 혹자에 의해서는 '목표설정(objective-setting)'이라는 개념으로, 그리고 혹자에 의해서는 단순히 '목표이론(goal theory)'이란 개념으로 거론되고 있다.

목표설정이론은 기대이론과 마찬가지로 인간행동의 힘은 어떻게 유인되는가를 잘 설명해 준다. 목표설정이론의 기본가정은 인간이 어떠한 일을 함에 있어서 해야만 한다고 믿기 때문에 하기보다는 목표가 확실히 주어져서 그 목표를 성취해야만 하는 것으로 받아들였을 때, 그 사람의 사고와 행동은 그 목표로 더욱 집중되게 된다는 것이다. 하지만 모든 목표가 인간의 행동을 유인하는 목표로서 작용하는 것은 아니다. 우리가 생활함에 있어서는 여러 성취해야 할 목표가 동시에 존재할 수 있으며, 또한 그 목표들은 서로 갈등관계에 있어서 특정한 목표를 추구하기 위해서는 다른 목표를 포기해야 하는 경우도 많기 때문이다.

그렇다면 왜 목표는 행동유인 요소로 작용할까? 가장 설득력 있는 설명은 설정된 목표의 성취는 사람들에게 성취감을 주고 자신의 존재를 확인시켜 주는 역할을 하므로 행동유인 요소로서 작용을 한다는 것이다. 그렇다면 성취감을 얻기 위해서는 우선 목표 자체가 특별한 노력 없이 성취가 가능한 쉬운 목표이면, 동기요인으로 바람직한 역할을 하리라고 가정해 볼 수 있다. 하지만 목표가 동기요인이 되기 위해서는 생각이 복잡하다. 우선 너무 성취하기 쉬운 목표는 인간에게 성취감을 주지 못하므로 관심의 대상이 될 수 없다. 또한 너무 목표자체가 이상적이거나 성취할 가능성이 희박한 목표는 노력한 대가를 얻을 수 없기 때문에 사람들은 쉽게 포기해 버린다. 그동안의 연구결과에 따르면 만약 사람들이 받아들이기만 한다면 성취하기 힘든 목표일수록 성취해 보고자 하는 의욕을 자극할 수 있는 가능성이 높다. 따라서 사람들의 강한 노력을 유도하기 위해서는 합의를 통해 만들어진 성취하기 힘든 목표가 좋다.

그동안 목표설정과 관련된 연구에서 가장 중요하게 지적되고 있는 것은 목표의 명확성이다. 추상적이고 불명확한 목표는 사람들의 행동요인으로서 작용하지 못하며 가능한 한 목표자체가 무엇을 언제 어떻게 성취되어야 하는지 구체적으로 명시되었을 때 도전의 대상이 된다는 것이다.

다음으로 목표설정에서 중요한 것은 목표 자체를 행위자 자신이 의미 있는 것으로 받아들여야 한다는 것이다. 아무리 구체적이고 난이도에 있어서 성취의욕을 유인할 수 있는 요인을 갖춘 목표라고 할지라도 그 목표를 받아들이는 입장에서 큰 의미를 부여할 수 없다면 행동의 유인요소가 될 수 없다. 그러므로 조직의 경우에 있어서는 관련된 사람들이 목표설정에 대한 참여의 길을 열어 주는 것이 바람직하다.

이 목표설정이론 분야의 전문가는 로크(F. A. Locke)와 랜담(G. P. Lantham)인데[33] 이들은 목표의 설정은 각자에게 목표의 달성을 위해 주의와 행동에 방향을 지어 주고 노력을 하게 하고 인내력을 증대시키며 전략 개발을 고무시켜 준다고 주장하면서 목표설정은 개인의 업적과 만족을 증진시킬 수 있다는 믿음에서 출발하여 목표의 난이도(goal difficulty)와 종업원의 수락, 즉 몰입수준(level of commitment)에 따라 종업원의 행동과 조직의 업적이 좌우됨을 역설하고 있다.

목표설정이론은 '목표를 지닌 사람이 목표를 지니지 못한 사람보다 더 많은 업적을 달성하려고 노력 한다'는 기본가설에 입각하고 있으므로 이 이론에서는 목표의 설정과 업적 간의 관계를 내용으로 하는 동기부여이론의 중심적인 연구과제가 된다.

다시 말해 이 이론은 목표가 적절히 설계되고 잘 관리되면 그것은 높은 업적의 달성을 위해 동기부여될 수 있다는 전제에 입각하고 있으므로 바람직한 목표의 특성이 무엇인가가 주된 연구과제가 되는데 이에 관한 여러 논자들의 관점을 정리하면 바람직한 목표의 특성은 다음과 같다.

첫째, 바람직한 목표란 구체성(specificity)을 지녀야 한다. "막연히 최선을 다하라"고 하는 것만으로는 부족하다.

둘째, 바람직한 목표란 측정 가능성(measurability)과 관측 가능성을 지녀야 한다. 계량적인 목표가 중요하다.

셋째, 바람직한 목표란 구체적인 기간(time-limited)을 명시한 것이어야 한다.

넷째, 바람직한 목표란 어렵기는 하나 현실성이 있고 달성 가능(achievable)한 것이어야 한다.

다섯째, 바람직한 목표란 다소 어려운(difficulty) 도전적인(challengeable) 것이어야 한다.

여섯째, 바람직한 목표란 구성원들의 참여에 의해 설정됨으로써 그들이 몰입할 수 있는(goal commitment) 수락 가능한 것이어야 한다.

알다그(R. J. Aldag) 등은 업적향상에 이르는 목표의 특성을 다음과 같이 정리하였다.

---

33 G. P. Lantham & E. A. Locke, "Goal setting: A Motivational Technique that Works," *Organizational Dynamics*, 1979; E. A. Locke & G. P. Lantham, *Theory of Setting and Task Performance*, Prentice-Hall, 1990.

그림 11-11 | 목표의 특성과 업적 간의 관계 |

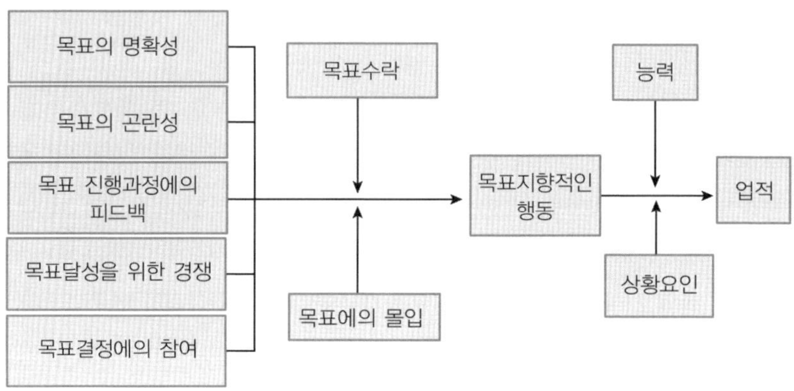


자료: R. J. Aldag & T. M. Stearns, *Managing*, South-Western, 1991(2nd), p. 428.

업적향상을 위한 목표설정의 성공은 적절한 목표의 설정에 달려 있기 때문에 위에서 살펴 본 바와 같은 목표의 특성을 지닐 때 그것은 개인과 집단의 업적향상에 동기부여 요인으로서 더욱 효과적인 기능을 다하게 된다.

지금까지 살펴본 목표의 설정과 업적, 그리고 만족과의 관계에 관한 내용을 종합하여 정리해 보면 그 내용은 다음과 같다.

(1) 달성하기 쉬운 목표를 지닌 사람보다 불가능한 목표는 아니나 어려운 목표, 더 나아가 도전적인 목표를 지닌 사람일수록 더 높은 업적(성과)을 달성하려 하고 실제로 달성하기도 한다.

(2) 목표는 구성원으로부터 수용될(accepted) 수 있는 것이어야 한다. 다수의 조사결과는 수용된 목표는 그렇지 못한 것보다 더욱 효과적으로 동기부여 하는 경향이 있음을 입증하고 있다.

(3) 구성원들의 몰입이 중요하다. 몰입한 사람들에 의한 목표설정에의 참여는 목표가 타인에 의해 주어질 때보다 높은 업적을 달성할 수 있기 때문이다. 목표에의 몰입은 목표설정에 있어서의 또 다른 하나의 중요한 요소이다.[34]

34 K. M. Bartol & D. C. Martin, *op. cit.*, 1994, p. 392.

(4) 결과적으로 구성원의 참여(participation)는 언제나 높은 업적의 전제 조건은 아니나 목표설정 과정에서 구성원의 만족의 커다란 원인이 되고 있고 높은 업적으로 공헌함으로써 중요한 역할을 담당한다. 목표설정의 응용인 목표관리(management by objective)는 목표설정에의 참여적 접근방법의 좋은 예이다.

그러나 이와 같은 의의를 지닌 목표설정이론도 다음과 같은 몇 가지 측면에서는 비판을 받고 있다.[35]

첫째, 목표설정이론은 동기부여에 영향을 미치는 많은 동태성(dynamics)을 부정하고 있기 때문에 동기부여에 대한 설명을 충분히 하지 못한다.

둘째, 목표설정이론은 "목표가 모든 사람에게 같은 방법으로 영향을 미친다고" 가정하기 때문에 개인차를 부정하는 잘못을 범하고 있다.

셋째, 목표설정 이론은 업적의 질보다는 양에 관심을 두고 있으므로 상당히 한정된 이론이다.

넷째, 목표설정 이론은 목표를 수락하고 몰입하는 사람에게만 효과적으로 적용된다.

마지막으로 이 이론의 비판을 보완하여 더욱 지지를 받아 널리 응용되기 위한 노력과 연구가 필요한데 프리차드(R. D. Prichard) 등은 이와 관련하여 효과적인 목표설정의 설계를 위한 원칙으로 다음과 같은 몇 가지를 제시[36]하고 있다.

첫째, 목표를 측정가능하게 하고 조직의 목적과 관련시켜라.

둘째, 효과적인 피드백 시스템을 갖추라.

셋째, 선택한 방법이 작업의 구체적인 측면에 초점을 두면서 목표설정에 표적을 두고 있는지를 결정하라.

넷째, 단일 업적 측정치를 사용하라.

다섯째, 목표설정 시 감독자와 일반 종업원을 참여시켜라.

여섯째, 어렵기는 하나 달성 가능한 목표를 설정하라.

일곱째, 종업원들이 잘 알고, 따라서 동기부여 수준을 높이기 위해 목표를

---

35 L. E. Boone & D. L. Kurtz, *op. cit.*, 1992, pp. 358-359; S. P. Robbins, *op. cit.*, 1994, p. 472.

36 R. D. Pritchard et als., "Designing a Goal Setting System to Enhance Performance: A Practical Guide," *Organizational Dynammics*(1989, Vol. 17); H. Roberts & D. M. Hunt, *op. cit.*, 1991, p. 462.

공개하라.

여덟째, 관리 활동의 논리적인 주기(cycle)에 따라 업적을 평가할 수 있는 측정 가능한 목표를 설정하라.

아홉째, 각 목표설정 기준의 마지막에 목표를 다시 평가하고 필요하면 목표를 조정함을 용납하라.

열 번째, 목표설정 시스템을 개발하고 수행하기 위해 감독자들을 훈련시켜라.

### 3) 사회교환이론

사람들이 특정한 사람과 인간관계를 형성하며 그 관계를 지속해 나가는 동인은 무엇인가에 대해 살펴보고자 한다. 사람들은 사회생활을 하면서 특정인에게 관심을 보인다든지 호의를 베푸는 행동을 지속적으로 반복함으로써 인간관계를 형성하게 된다.

인간관계를 형성·유지하도록 하는 요인에 관한 이론들 중에 가장 많이 거론되고 있는 이론의 하나인 사회교환이론을 마지막으로 설명하고자 한다.

사회교환이론이란 쉽게 표현하면 사회에서 인간관계는 상호 주고(cost) 받는(rewards) 과정에서 이루어지며, 쌍방이 그 관계의 결과 남는 것(profit-taking)이 있다고 여겨질 때 상호관계가 지속된다는 것이다. 좀 더 구체적으로 설명하면 일단 어떠한 사람과 관계가 형성되면 그 관계를 유지하기 위해서는 어떠한 형태로든 대가(cost)를 지불해야 한다. 즉 그 사람과 보내는 시간, 돈, 갈등, 가끔 겪는 불쾌한 기분, 불안한 감정 또는 그 관계로 인해 일어날 수 있는 다른 사람과의 좋지 않은 관계 등등이 대가(cost)에 해당한다.

한편, 그 관계를 형성·유지하는 과정에서 자신에게 돌아오는 보상(rewards)이 있다. 즉 돈과 물질적인 이득은 물론 애정, 소속감, 인정, 존경, 자부심, 상대방으로부터 얻는 지식 등등이 이에 속한다. 이렇게 대가와 보상을 주고받는 과정을 사회교환과정(the process of social exchange)이라고 하고 이 주고 받는 과정의 결과, 다시 말해 그 관계애서 얻은 것에서 그 관계로 인해 들어간 비용을 뺀 것이 사회교환과정의 결과(outcome)인데, 그 결과가 상호 자신에게 도움이 된다고 여겨지면 그 관계가 지속된다고 하는 것이다.

여기서 문제가 되는 것은 그 결과를 어떠한 기준에 의해 평가하느냐 하는 문제다. 인간관계 결과에 대한 평가기준을 비교수준(comparison level)이라고 말한다. 즉 현재 이루어지고 있는 인간관계에서 얻은 결과가 비교수준에 비해 높으면 그 관계에 만족하게 되고, 비교수준보다 낮으면 불만족스럽게 여겨져 그 상태가 지속되면 관계는 계속 유지될 수 없게 된다.

그러면 비교수준은 어떻게 형성되는가?

첫째, 현재 진행되고 있는 관계를 과거의 유사한 경험과 비교한다는 것이다. 만약 현재의 관계가 과거 자신이 가졌던 유사한 관계에서 얻은 것보다 나으면 그 관계에 만족을 느끼고 그렇지 않으면 불만을 느낀다는 것이다. 예를 들어 내가 새로운 사람과 거래할 때보다 불친절하고 가격도 비싸면, 그 거래관계의 결과는 불만족감을 낳게 된다는 것이다.

둘째, 현재 내가 맺고 있는 관계의 결과와 다른 사람이 맺고 있는 유사한 관계에서 얻는 결과를 비교한다. 만일 다른 사람이 나와 유사한 관계에서 더 좋은 결과를 얻고 있으면 그 결과에 대해 불만을 갖게 된다. 예를 들면 다른 사람들은 거래하는 업체와 자신이 하고 있는 똑같은 거래 조건과 양을 거래하고 있는데 대우가 월등히 나은 반면, 자기가 거래하고 있는 업체는 자기에 대한 대우가 그러 좋지 않다고 여겨지면 그 관계에 불만을 갖게 된다.

셋째, 현재 자신이 맺고 있는 관계를 포기할 경우 그에 대한 대안이 있고 없는가에 관한 것이다. 위의 예를 들면 아무리 자신에 대한 상대방의 대우가 좋지 않다고 하더라도 다른 업체와 거래할 수 있는 특별한 거래의 대안이 없으면 그 관계에 대한 불만의 정도는 낮아진다.

따라서 이러한 여러 가지 조건에 의해 영향을 받아 형성된 비교수준은 그 관계의 지속여부를 결정하는 기준이 되는데 만약 특정 관계의 결과가 비교수준에 비해 너무 불만스러워 더 이상 그 관계를 지속할 수 없고 다른 대안을 찾아보아야겠다고 결심하기에 이르면 그 결심을 하게 되는 대안 탐색을 위한 비교수준의 최저점이 된다.

그러면 과연 처음 인간관계를 형성하게 되는 동기를 사회교환이론에서는 어떻게 설명하고 있을까? 사회교환이론의 대표적인 학자의 한 사람인 브라우(P. M.

Blau)는 사람들 사이에 자발적이고 자유로운 상호작용의 매체를 매력(attraction)으로 보았다.[37] 이는 좁은 의미에서는 그 사람의 인격에 대한 긍정적인 감정으로 규정하고, 넓은 의미에서는 어떠한 이유에서든 남에게 이끌리는 힘을 의미한다고 말하였는데, 그는 주로 매력을 넓은 의미로 사용하고 있다.

블라우(P. M. Blaw)에 의하면 인간은 항상 타인에게 매력적인 존재로 인식되길 바라며 남들과의 상호관계 형성도 남이 가지고 있는 매력적인 요인이 촉발 요소로 작용되어 그 요인이 자신에게 어떠한 형태로든 상호관계에서 보상으로 작용할 것이라는 기대에 의해 관계가 형성된다는 것이다. 또한 이 과정에서 상호관계를 원하는 당사자도 상대방에게 상호관계에서 자신의 매력적인 요인에 의해 보상을 받을 수 있으리라는 기대를 갖도록 할 수 있어야 한다는 것이다. 그러므로 인간관계 형성은 상호간 서로에게 느낀 매력의 상호교환과정으로 유도되는 것으로 보았다.

여기서 재미있는 점은 나는 상대방에게 매력을 느끼고 있는데 상대방은 나에게 전혀 매력을 느끼지 않고 있을 경우 어떻게 해야 되는가의 문제이다. 이러한 경우 우리가 취할 수 있는 방법은 다음 세 가지를 생각해 볼 수 있다.

첫째는 내가 강제적으로 도움을 청하는 방법이고, 둘째는 필요한 도움을 받을 수 있는 다른 사람을 찾아보는 방법이며, 셋째는 자력으로 그 일을 해결해 보는 방법일 것이다.

하지만 만약 위의 세 가지 중에서 어느 하나의 선택도 불가능하다고 하면 궁극적으로 본인이 취할 수 있는 유일한 방법은 다른 사람이 필요로 하는 능력을 갖추는 길밖에 없다는 것이다. 따라서 남이 필요로 하는 인격적인 수양이나 지식의 축적 및 실력의 함양은 곧 바람직한 인간관계 형성의 첫 출발이요, 남으로부터 도움을 받을 수 있는 유일한 길이다.

여기서 다시 한 번 알 수 있는 것은 인간관계에서 상대방이 자신을 알아주지 않고 자신을 무시하고 지속적인 관계를 유지하지 않으려 하는 것은 상대방에 문제가 있는 것이 아니라 자신으로부터 상대방을 유인할 수 있는 매력이 없다는 것이다. 그러므로 원만하고 바람직한 인간관계를 원하는 사람들은 자신의 인격수양

---

37 P. M. Blaw, "The Structure of Social Association", in W. L. Wallau(ed.), *Sociological Theory*. Chicago: Aldine Publishing Co.

과 사회에서 요구하는 능력을 배양하는 것이 우선이라는 것이다.

이 이론은 인간관계는 주고받을 수 있는 그 무엇이 있어야 형성되며, 그 주고받는 과정에서 얻어지는 결과에 대한 평가가 긍정적일 때 지속된다는 것이다.

어떻게 보면 이 이론은 인간관계를 아주 계산적이며 타산적인 경제적 관계로 보고 인간을 단순한 경제적 동물로 본다는 측면에서 많은 비판의 여지가 있다. 또한 인간관계는 순수하게 그 사람이 좋아서라든지 우연한 기회에 서로 만나 마음을 주고 받다보면 자연스럽게 형성되는 것이지, 매력적인 면이 무엇이고 그 관계를 통해 얻어질 보상에 대해서 계산하고 사람들을 대하는 것은 아니라는 것이다. 이 비판에 대한 사회교환이론의 답변이라면, 인간은 설사 인간관계 형성과정에서 의식적으로 계산하거나 이익을 따지지 않는다 하더라도, 우리가 마음속에 가지는 그 사람에 대한 인상이라든지, 그 사람을 만난 후 남는 감정 등이 곧 그 관계에 대한 결과(outcome)를 가리키며, 이는 우리도 잘 인식하지 못하는 과정에서 우러나는 지극히 자연적인 현상이라는 것이다.

또한 인간관계는 단순히 계속해서 주기만 한다고 해서 건전한 관계가 형성되는 것이 아니고 반대로 받기만 한다고 해서 건전한 관계가 형성되는 것이 아니라는 것이다. 사람이 줄 때는 아무런 반대급부 없이 준다고 해도 받는 사람 입장에서는 항상 부담스러운 것이다. 또한 주는 사람도 무엇인가 주는 이유를 밝히지 않을 때 항상 그 속에 숨은 의도가 있다고 볼 수 있어 상대방을 불안하게 할 수 있다. 그렇기 때문에 그러한 일방적인 관계는 건전한 관계로 발전하기 어렵다. 인간의 진정한 관계는 줄 것은 주고, 받을 것은 받을 때 그 관계는 공정하며 투명한 부담 없는 관계로 발전할 수 있다. 이렇게 주고받는 관계에서 상호간에 신뢰가 싹트고 지속적인 관계가 가능하다. 그러므로 이를 구태여 불건전한 손익의 관계로 규정지을 수 없다고 본다.

동기유발과 관련된 위에 소개한 이론들은 인간이 특정한 행동을 하게 되는 동인과 행동의 방향 및 그 행동을 지속적으로 유지시켜 주는 요인들에 관한 것들을 설명해 주고 있으며, 인간행동의 기본적인 이유들을 잘 설명해 주고 있다.

# 7. 효과적인 동기부여의 원칙

이상에서 우리는 인간행동에 영향을 미치는 내적인 욕구에 초점을 두고 인간을 동기부여 하는 욕구의 범위와 종류를 탐구하는 내용이론과 인간이 지닌 욕구를 충족하기 위해 따라야 하는 특정 경로에 이르는 의사결정을 안내하는 사고과정을 설명하는 과정이론에 대해 살펴보았다.

오늘날 기업경영에서는 이러한 동기부여 관리(motivation management)에 대한 중요성이 날로 증가하면서 효과적으로 이를 관리하기 위한 방법이나 지침에 관한 연구도 활발하였는데 지금까지 논의되고 있는 대표적인 몇몇 학자들의 연구결과를 소개해 보면 다음과 같다.

## 1) Hodgetts의 효과적인 동기부여 원칙

호제트(R. M. Hodgetts)는 효과적인 동기부여의 지침으로써 다음과 같은 몇 가지 원칙을 제시하였다.38

(1) 작업에 사람을 연결하라(match the people to work). 모든 사람은 어떤 장점(strength)을 지니고 있다. 어떤 사람은 세밀한 작업에 알맞고 어떤 사람은 보다 광범위한 과업을 잘 수행한다. 어떤 사람은 혼자에게 맡겨버릴 때 업적을 올리고 어떤 사람은 자세한 지침을 받기 원하다. 따라서 작업자의 Personality와 과업이 요구하는 바의 내용을 잘 연결할 수만 있다면 그만큼 동기부여는 쉬워진다.

(2) 과업을 분명히 하라(make the task clear). 집단 내에서 무엇을 해야 하고, 어떻게 수행해야 하는지를 모르는 사람들이 많다. 이를 경우 최선의 노력을 하여도 바람직한 결과가 나타날지는 의문스럽다. 따라서 각자의 과업을 명확히 하여야 높게 동기부여 된다.

(3) 피드백을 적극적으로 하라(give positive feedback). 구성원이 일을 끝냈을 때는 그 결과를 비밀로 할 것이 아니라 그에게 알려 주라.그렇게 할 때 그 사람은

38 R. M. Hodgetts, *op. cit.*, 1986, p. 505; 이한검, 인간행동론, 1994, pp. 617~619.

물론 그 같은 사실을 알고 있는 사람들이 더욱 동기부여된다.

(4) 보상의 내용을 알게 하라(let people the reward). 모든 구성원들이 동일한 방법에 의해 동기부여되는 것은 아니다. 각자가 원하는 바를 얻기 위해 동기부여되도록 보상의 내용을 달리 하라. 비금전적인 보상의 경우에 이 같은 조치는 더욱 타당하다.

(5) 장애물을 제거하라(remove the roadblock). 구성원이 여러 가지 이유 때문에 맡은 바 과업을 바람직하게 수행할 수 없는 상황에 직면하면 도와주고 해결해 주라. 그렇게 하면 생산성도 높아지고 등기부여도 높아진다.

### 2) Robbins의 효과적인 동기부여 원칙

로빈스(S. P. Robbins)는 종업원의 만족과 조직의 업적을 동시에 높이려면 다음과 같은 동기부여 원칙이 적용되어야 한다고 하였다.39

(1) 종업원 각자의 개인차(個人差)를 인정하라.

(2) 종업원을 직무에 맞추어라(종업원에게 알맞은 직무를 주라).

(3) 목표와 피드백을 활용하라.

(4) 목표가 달성 가능한 것으로 지각되었는지를 확인하라.

(5) 각자는 서로 다른 욕구를 지니고 달리 동기부여되므로 각자에게 보상을 달리하라.

(6) 업적에 알맞은 보상을 하라.

(7) 공정성 시스템을 체크하라.

(8) 금전을 과소평가하거나 부정하지 말라.

### 3) Lussier의 효과적인 동기부여 원칙

루시어(R.N. Lussier)는 인간관계의 측면에서 다음과 같은 몇 가지 효과적인 동기부여의 원칙을 제시하였다.40

---

39 S. P. Robbins, *op. cit.*, 1994, pp. 482-485.

40 R. N. Lussier, *Human Relations in Organizations*, Irwin, 1993(2nd), pp. 191-196.

첫째, 칭찬을 하라. 칭찬을 효과적으로 하려면 다음과 같은 단계적인 접근이 필요하다.

- 1단계: 사람을 똑바로 보면서 무엇을 올바르게 했는지 분명히 말해 준다.
- 2단계: 왜 그런 행동이 개인과 조직에 중요한지를 말해 준다.
- 3단계: 그가 칭찬의 영향을 느낄 기회를 주기 위해 잠시 침묵을 지킨다.
- 4단계: 업적을 반복하여 고무한다. 이는 업적을 계속유지하게 하는 강화요인이 된다.

둘째, 목표관리를 활용하라. 바람직한 목표기준을 설정하고 성문화하라.

셋째, 직무충실을 기하라. 직무충실(job enrichment)은 직무를 보다 흥미롭고 도전적인 것으로 만들어 동기유발 요인을 형성해 가는 과정이다. 이를 위해서는 다음과 같은 몇 가지 단순한 방법이 있다.

- 더 많은 책임을 위양한다.
- 자연적인 작업 집단을 형성한다.
- 그들로 하여금 자신의 일에 대한 책임을 지게 한다.
- 더 많은 자율성을 주라.

넷째, 직무를 바람직하게 설계하라. 직무설계(job design)는 투입물을 산출물로 전환하기 위한 시스템이다. 이 방법이 효과적이고 능률적일수록 종업원은 더욱 생산적이게 된다. 직무설계는 직무충실과 함께 종업원의 고차원적인 욕구, 즉 자존과 자아실현의 욕구, 성장의 욕구 및 권력과 성취 욕구를 충족시킬 수 있기 때문에 위생요인(hygiene)이 아닌 동기유발 요인이 될 수 있다.

## 토의문제

1. 동기부여의 개념과 중요성을 설명해 보시오.
2. 동기부여의 접근법을 3단계로 제시하시오.
3. 동기부여 이론을 내용이론과 과정이론으로 구분하여 제시해 보시오.
4. 동기부여의 실제 기법에는 어떠한 것들이 있는지를 찾아 보시오.

제3부

# 집단수준의 인간행동 이해

Human Behavior

# 제12장

# 집단행동의 이해

## 1. 집단의 의의와 중요성

인간은 태어나 '가족'이라는 1차적인 집단에 속하게 되고 성장하면서 정치집단, 취미·오락 집단, 사회집단 및 생활을 영위하기 위한 작업집단 등과 같은 2차적인 집단에 참여함으로써 여러 상이한 집단의 구성원이 되어 자신의 삶을 영위하게 된다.

대표적인 2차적 집단이라 할 수 있는 조직은 수많은 공식 또는 비공식 집단으로 구성되어 있기 때문에 조직에 참여하는 사람들은 여러 가지 방법으로 상호관계를 맺게 된다. 특히 집단은 개인과 조직의 접점에서 조직의 기초를 이루기 때문에 조직의 생산성이나 업적에 영향을 미친다. 또한 집단은 개인으로 구성되어 있기 때문에 개인의 태도와 행동에 영향을 미친다.

따라서 인간행동을 이해하고 조직을 성공적으로 관리하기 위해서는 개인행동뿐만 아니라 집단행동에 대한 이해도 전제되어야 한다. 오늘날 우리들은 개인의 능력과 노력에 높은 가치를 두고 집단적인 행동에는 낮은 가치를 두는 개인주의 사회에 살고 있으면서도 나쁜 의미의 집단이기주의가 팽배해 있고, 혼자서는 할 수 있는 일이 거의 없는 조직화된 현대사회에서 생활하고 있기 때문에 집단행동에 대한 연구의 중요성은 아무리 강조해도 지나침이 없을 것이다.

## 2. 집단의 개념과 특성

### 1) 집단의 개념

집단(group)은 조직과 개인의 접점을 이루면서 조직 활동의 중심적인 위치에 있기 때문에 집단의 동태성(dynamics)이나 집단이 개인과 조직의 기능에 미치는 영향을 이해하기 위해서는 먼저 집단의 개념에 대한 올바른 이해가 필요하다.

올포트(F. H. Allport)는 집단이란 존재하지 않는다. 다만 개인들만이 존재할 뿐이다. 우리가 집단이라고 부르는 것은 우리의 마음속에 존재하는 가치, 사상, 습관 등을 묶은 허상이라고 하면서 집단의 존재인 실체를 부정하였고, 베일즈(R. F. Bales)는 집단존재의 지각측면을 강조하여 '집단이란 서로의 존재를 느낄 수 있도록 대면적인 회합에 참여하여 상호 교류하는 사람들의 집합'이라고 하였다. 또한 베스(B. M. Bass)는 집단 참여의 동기에 초점을 두어 '집단이란 함께 하는 것이 자신들에게 보상을 준다고 생각하여 모인 사람들의 집합'이라고 하였다. 마일즈(C. W. Mills)는 집단의 목표를 강조하여 '집단이란 어떤 공통의 목적을 위해서 상호교류하는 두 사람 이상으로 구성된 단위'를 말한다고 하였다.

이상에서 살펴본 여러 학자들의 논의를 종합해 보면, 집단이란 2인 이상의 개인이 자유롭게 상호작용할 수 있어야 하고, 집단구성원들이 공유할 수 있는 공통의 규범이 존재해야 하며, 집단공통의 목적이 있어야 한다. 그리고 집단구성원으로서의 공통의 정체성을 가져야만 한다는 것을 알 수 있다.[1]

---

1 D. H. Smith, "A Parsimonious Definition of Group: Toward Conceptual Clarity and Scientific Utility," *Sociological Inquiry, Spring*, 1967, pp. 141-167.

### 2) 집단의 특성

집단을 효과적으로 관리하기 위해서는 집단을 구성하고 있는 구성원 개개인 즉, 나(I)와 너(You)보다도 우리(We)가 중시되어야 한다. 집단화에서 가장 중요한 것은 집단의 특성을 이해하고 집단의식을 중심으로 응집력을 강화시키는 문제일 것이다. 집단의 응집력은 조직구성원들의 의견을 일치시키고, 통일된 방향성을 갖고 하며, 집단의 역량을 결집시킨다.

집단의 특성을 올바르게 이해한다는 것은 효율적으로 관리의 전제가 된다. 따라서 여러 학자들의 논의를 종합하여 집단의 특성을 정리해 보면 다음과 같다.

첫째, 집단은 두 사람 이상의 집합체(collection)이다. 물론 2인 이상이라고 하더라도 무한히 많은 사람을 의미하지는 않는다. 구성원간 자유로운 의사소통이 가능한 제한된 인원을 의미한다. 그리고 '집합체'는 단순한 무작위적인 모음(random gathering)과는 구분된다. 영화관에 함께 있는 관람객이나 도서관에서 공부하고 있는 학생들은 집단을 구성할 수 없다. 집합체를 구성하기 위해서는 상호의존적인 관계가 있어야 하며, 공통된 목적을 갖고 상호 영향을 주고받을 수가 있어야만 한다.

둘째, 집단은 공유된 공동의 목적을 갖는다(shared common purpose, objective, goal). 집단은 개인이 혼자 달성할 수 없는 공통된 목적을 달성하기 위해 형성된다.

셋째, 집단은 구성원 간의 상호작용을 전제로 한다. 조직에서 함께 근무하는 종업원은 집단을 형성할 수 있지만, 그들이 서로 상호작용을 하지 않고 상호 영향을 미칠 수 없다면 그들은 하나의 집단이 될 수 없다.

넷째, 집단구성원들은 스스로 구성원의 일원임을 지각할 수 있어야 한다. 다시 말해 집단은 구성원 스스로가 공통의 목적을 달성하기 위한 구성원으로서 인정하는 사람들로 구성되어 있다. 따라서 모든 집단은 집단의 존재와 구성원의 존재를 인정하는 것을 전제로 하여 형성된다고 말할 수 있겠다.

## 3. 집단의 유형

집단의 유형에는 여러 가지가 존재한다. 로빈스(S. P. Robbins)는 집단의 유형을 지휘집단, 교차기능, 자기관리 팀, Task force 등 네 가지로 제시하였고, 혹자는 지휘집단, 과업집단, 비공식집단으로 구분하고 있으나 대부분의 논자들은 집단의 유형을 규모에 따라 소집단과 대집단으로, 구조에 따라 공식집단과 비공식집단으로, 구성 형태에 따라 1차적 집단과 2차적 집단으로 분류하고 있다.

### 1) 소집단(small group)

집단은 본질적으로 제한된 소수의 구성원들로 형성되기 때문에 소집단의 개념을 중시한다. 소집단은 형식적으로 보아 구성원의 수가 제한되어 있음을 의미하는 개념일 뿐이며 구성원 간에 상호 대면적인(face-to-face) 의사소통이 충분히 이루어지지 못한다면 하나의 집단일 수 없다. 따라서 호만스(G. C. Homans)는 '소집단이란 일정기간 이상에 걸쳐 서로 의사전달을 할 수 있는 무리'라고 하였다. 또한 제임스(J. James)는 소집단 구성원의 적절한 수를 5~6명 혹은 9명으로 제시하였다. 이러한 소집단은 공동의 관심사를 기반으로 하여 지속적이고 대면적인 상호 접촉을 필요로 한다고 하였다.

### 2) 공식집단과 비공식집단

집단의 유형은 집단구조의 공식화의 정도에 따라 공식집단과 비공식집단으로 구분할 수 있다. 모든 집단은 공식화와 비공식화의 양극단 사이의 어느 자리에 위치하고 있기 때문에 어느 정도 공식화되기도 하고 비공식화되기도 한다.

#### (1) 공식집단(formal group)

공식집단은 집단 구성원들이 공통의 집단목표를 달성할 수 있도록 모든 노력을 의도적으로 설계한 집단으로써 이에는 명령집단(command group)과 과업집단(task group)이 있다.

① **명령집단**: 이는 공식적인 조직위계상의 명령계통에 따라 관련된 개인들로 구성되는 소집단을 말하며 이를 기능집단(functional group)이라고도 한다. 이와 같은 명령집단은 조직의 목적을 달성하기 위해 만들어지는 가장 일반적인 집단으로서 경영·관리자와 그에게 직접적으로 업무를 보고하는 부하들로 구성된 공식집단이라 할 수 있다.

② **과업집단**: 조직 내 위계질서와는 무관하게 특정 과업이나 목표를 달성하기 위해 구성되는 상설위원회나 팀으로 알려진 영구적인 성격의 집단과 어떤 특정한 과제를 해결하기 위해 잠정적으로 만들어지는 프로젝트 팀이 이에 해당된다. 프로젝트 팀은 주로 특정 분야의 전문성을 지닌 사람들이 특정과업의 수행이나 목적을 위해 일시적·잠정적으로 소집단을 구성하게 된다.

### (2) 비공식집단(informal group)

비공식집단은 공식적인 명령이나 지시에 따라 만들어지는 것이 아니라 구성원들에 의해 다른 방법으로 충족할 수 없는 욕구의 충족을 목적으로 자의적으로 그리고 자연발생적으로 형성된 소집단을 말한다.

조직구성원들은 공식집단뿐만 아니라 몇 개의 비공식적인 집단에도 참여하게 되는데, 공식집단은 조직에 의해 설정되므로 조직(경영자)이 언제든지 없애거나 바꿀 수 있지만 비공식집단은 그렇게 할 수 없다. 이러한 비공식집단은 집단활동의 유효성에 때로는 긍정적·부정적인 영향을 모두 미칠 수 있으며 비공식집단에 참여하는 이유에 따라 관심집단(interest group)과 우호집단(friendship group)으로 구분할 수 있다.

① **관심집단**: 이는 공통된 목적이나 관심사항을 추구하고 촉진하기 위해 만들어지는 비공식집단으로써 다음과 같은 특성을 갖는다.

- 관심집단은 일시적인 경향을 지닌다.
- 관심집단은 조직의 목적과 관련될 수도 있고 그렇지 않을 수도 있다.
- 관심집단은 조직에 유익할 수도 있고 그렇지 않을 수도 있다.

② **우호집단**: 구성원의 사회적 욕구를 충족시키기 위해 만들어지는 비공식

집단으로서 다음과 같은 특성을 갖는다.

- 우호집단은 유사한 작업, 배경, 가치관 등과 같은 공통된 특성을 기반으로 하여 상호간의 매력 때문에 형성된다.
- 우호집단은 우호적인 집단분위기나 커뮤니케이션의 활성화를 위해 형성된다.
- 관심집단에 비해 상대적으로 영구적인 경향을 지닌다.

### 3) 1차적 집단과 2차적 집단

쿨레이(C. H. Cooley)는 집단의 유형을 집단구성원의 상호관계에 따라 1차적인 집단과 2차적인 집단으로 구분하였다.

#### (1) 1차적 집단(primary group)

1차적인 집단은 집단규모가 적을 뿐만 아니라 동료의식, 충성심 그리고 구성원 간의 가치관에 대한 공통된 감각을 기반으로 형성되는 집단이다. 이는 오랜 기간 접촉을 통하여 정신적으로나 정서적으로 자연스럽고 친밀감을 느낄 수 있는 집단을 말하며 가족, 친구, 이웃과 같은 집단이 대표적인 예가 된다.

#### (2) 2차적 집단(secondary group)

2차적인 집단은 공식적이고 합리적인 계약관계에 따라 형성된 집단을 말하며 집단 구성원의 인간관계가 매우 공식적이고 간접적이며 합리적이다. 따라서 직접적인 대화보다는 공식화된 문서에 의존하는 경향이 많고, 감정과 정서가 배제된다. 학교, 기업, 병원 등의 조직이 이에 해당된다.

# 4. 집단의 형성

## 1) 집단에 참가하는 이유

인간들이 집단을 만드는 동기는 무엇일까? 사람들이 집단에 참여하는 구체적인 이유를 설명하는 대표적인 이론에는 친근이론(propinquity theory), 상호작용이론(interactions theory), 균형이론(balance theory), 교환이론(exchange theory) 등이 있다.

### (1) 친근이론(propinquity theory)

호제트(R. M. Hodgetts)와 루탄스(F. Luthans) 등은 사람들이 시간적으로 공간적으로 근접되어 있기 때문에 친교하게 된다는 친근이론을 주장하였다. 강의실에서 가까이 앉는 학생들끼리 쉽게 친숙해질 수 있는 것처럼, 가까이 근접하여 함께 생활하는 사람들은 멀리 있는 사람들보다 쉽게 집단을 형성할 수 있을 것이다. 따라서 직장이나 사무실에서 가까이에 있어 자주 만나고 대화하면서 감정을 교류하는 사람들은 그렇지 못한 사람들보다 쉽게 집단을 형성하게 된다는 것이다.

그러나 이 이론은 분석적이지 못하고, 집단형성의 복잡성을 설명하지 못한다. 따라서 비판과 함께 새로운 이론의 발전을 요구하게 되었다.

### (2) 호만스의 상호작용이론(interactions theory)

호만스(T. Homans)는 활동(activities), 상호작용(interactions), 감정(sentiments)이라는 세 가지 요소에 기반한 다음과 같은 가설을 입각하여 상호작용이론을 주장하였다. 여기서 활동이란 개인이나 집단이 하는 바의 그 무엇을 뜻하고, 상호작용이란 언어적·비언어적인 의사소통을 의미하며, 감정이란 개인이 갖고 있는 신념, 아이디어, 느낌을 의미한다. Homans가 제시한 기본가설은 다음과 같다.

첫째, 사람들은 함께 활동을 하면 할수록 상호작용이 많아지면서 서로 좋아하고 싫어하는 감정도 점차 강해진다.

둘째, 사람들은 상호작용이 많아질수록 함께하는 활동이 증가하고 공유하는 감정이 많아진다.

셋째, 사람들은 서로에게 많은 감정을 가질수록 그들과 활동과 상호작용을 더욱 많이 하게 된다.

이 이론은 친근이론에서 주장하고 있는 것처럼 단순히 가까이 있기 때문만이 아니라는 점에서 집단의 형성과 집단의 형성과정을 이해하는데 크게 공헌하였다.

### (3) 뉴컴의 균형이론(balance theory)

뉴컴(T. M. Newomb)은 사람들이 같은 목적과 목표를 지니고 있기 때문에 상호 유인 된다는 균형이론을 주장하였다. 즉 사람들은 서로 관련된 목적과 목표에 대한 유사한 태도에 기반하여 서로 유인된다는 것이다.

### (4) 교환이론(exchange theory)

이는 사람들이 집단에 참여하고 멤버로서 계속 남아 있을 것인가의 의사결정은 상호작용을 통해 획득할 수 있는 보상과 투입되는 비용에 달려 있다고 주장하는 이론으로서 이는 공정성이론과 유사하다. 즉, 집단구성원으로서의 유익이 비용보다 많을 때에는 집단에 남아 있다는 것이다.

공헌(contribution)과 유인(inducement)관계로 설명될 수 있는 이 이론에서 '친근', '상호작용', '공통적인 태도' 등의 개념이 중요한 역할을 하고 있음을 알 수 있다.

그림 12-1 | 조직과 개인의 심리적 접촉 |

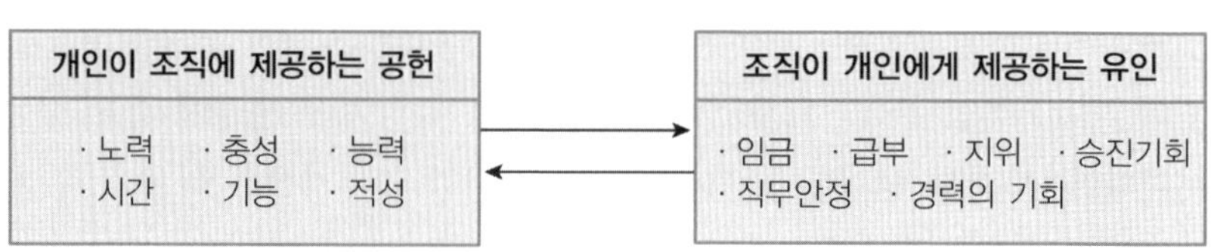

이상에서 살펴본 바와 같이 개인은 다양한 이유를 가지고 집단에 참여하기도 하고 같은 이유를 가지고 상이한 집단에 참여하기도 한다. 그리고 대부분의 사람들은 다양한 집단에 소속되어 생활하고 있으며 상이한 집단은 구성원들에게 상이한 유익을 제공하기도 한다.

## 2) 집단의 발전단계

집단조사연구가로 널리 알려진 터크만(B. W. Tuckman)은 60여 개의 실증적 연구를 통해 집단은 다음과 같은 중요한 5단계를 거치면서 발전한다고 주장하였다.

### (1) 제1단계: 소집단 형성기(forming)

개인이 최초로 집단 활동에 참입(entry)하는 과정으로서 집단의 목적과 구조, 리더십 등에 대해 많은 불확실성으로 특징지어진다. 따라서 이 단계에서는 집단 구성원의 참입을 위한 기본적인 규칙을 설정하고, 집단에서 수용되는 행동이 무엇이고, 집단의 과업내용이 무엇인지를 이해하는 데 관심이 많고 구성원 스스로나 집단의 일원임을 자각하기 시작할 때 완성이 된다.

### (2) 제2단계: 격동기(Storming)

이 단계에서는 구성원 상호간에 긴장이나 적의가 감돌면서 보이지 않는 난투가 벌어지고 갈등이 고조되는 시기이다. 집단구성원들은 집단에서의 존재를 수용하면서도 자신에게 가해지는 구조의 형성과 통제에 항거하고 상급자의 권한에 대해서 항거한다.

이와 같은 혼란 속에서의 변화가 일어나 상호 이해의 분위기가 조성되고 적절한 자신의 역할을 탐색하면서 기대되는 행동의 규범, 표준 및 작업상의 규칙이 발전되기 시작한다. 그리고 이러한 격동기가 순조롭게 진해되고 나면, 집단 내에는 상대적으로 분명한 리더십 계층이 확립되어 다음 단계로 진입할 수 있게 된다.

### (3) 제3단계: 규범화(norming)

이 단계는 집단응집력과 팀워크가 시작되는 단계로서 집단구성원들은 상호 친밀감을 형성하게 되고, 집단의 목적이나 구조, 역할에 대한 이해가 깊어지는 단계이다. 그리고 서로의 감정을 공유하면서 강한 응집력을 형성하게 된다.

따라서 집단을 위한 계속적인 구조가 설정되고 집단이 구성원의 올바른 행동이 무엇인가에 관한 공통적인 기대를 제시할 수 있을 때 집단의 규범화가 완성되게 된다.

### (4) 제4단계: 과업수행(performing)

이 단계는 구성원들이 집단의 구조와 기능을 수용하면서 통합이 이루어지고, 집단이 안정되며, 구성원들은 집단목표에 의해 동기가 부여된다. 따라서 상호 깊은 이해와 노력으로 과업수행에 역점을 두면서 집단은 양호한 대인관계나 과업수행을 유지할 수 있도록 모든 역량을 결집시킨다.

### (5) 제5단계: 종결(adjourning)

집단의 목표가 달성되었거나 목표가 상실되어 더 이상 존재의 필요성을 느끼지 못할 때 집단은 해체된다. 또한 구성원들이 집단을 이탈하거나 집단이 개발한 규범이 더 이상 집단에 효과적이지 못할 때에도 집단은 점진적으로 해체된다.

따라서 이 단계에서는 성공적인 목표달성이 확실해지면서 구성원들의 관계를 종료할 준비를 하게 된다. 즉, 높은 업적은 이제 더 이상 집단의 높은 우선순위가 되지 못하기 때문에 과업행동은 종결되고 구성원들의 관계성은 해체되기 시작한다.

## 5. 집단의 구조적 특성

특정 집단이 다른 집단과 구별되는 가장 큰 차이는 그 집단이 갖는 구조적 특성에 있다. 여기서 집단구조(group structure)라 함은 집단이 갖는 규범에 따라 각자의 역할이 나누어지고, 이러한 역할이 집단의 목표달성에 조화롭게 연결되고, 구성원 각자의 신분이 구별되어지는 모습을 일컫는다. 이러한 집단의 구조를 형성하는 핵심요소는 역할, 신분, 규범 등이다.

### 1) 역할(role)

역할이란 집단 내 특정 지위에 귀속되는 기대된 행동패턴으로서 일련의 공유된 기대라 할 수 있다. 그럼으로 특정한 직무나 직위에 관련되는 일련의 기대된 행동을 의미하는 역할 속에는 공식적인 직무기술서의 내용 이상의 것을 포함하게 된다. 따라서 집단구성원들은 집단의 목적달성에 도움이 되는 한 부분, 즉 역할(role)을 담당함으로써 구성원으로서의 책임을 수행할 수 있게 되는 것이다.

특정 집단이 얼마나 효과적으로 기능을 수행하고 있는지의 여부는 그 집단이 다음과 같은 세 가지 역할을 얼마나 잘 활용하고 있으며, 또한 역할의 조화를 이룰 수 있는 능력의 정도에 따라 판단될 수 있다.

#### (1) 과업역할

이는 집단의 목적을 달성하는 데 직접적으로 도움이 되는 말이나 행동을 할 수 있는 역할을 의미하는데, 이는 집단의 문제에 대해 해결과정을 주도하고, 대안을 제시하며, 필요한 정보를 전달하고 공유하며, 해결책을 강구하고, 필요한 행동을 자극하는 다음과 같은 구체적인 역할들을 포함한다.

첫째, 과업이나 목표를 제안하고 문제를 규명하여 해결책을 제시하며 새로운 아이디어를 제시하는 창의자(initiater)적인 역할

둘째, 과업에 관련되는 사실과 정보를 수집하고 분류하는 정보 탐색자(information seeker)적인 역할

셋째, 과업에 관련되는 사실과 정보를 제공하며 아이디어와 제안을 제시하는 정보 송달자(information giver)적인 역할

넷째, 집단구성원들의 다양한 의견을 명확하게 하고 종합하여 결론을 제시하는 조정자(coordinator)적인 역할

다섯째, 집단구성원들의 다양한 제안이나 해결방안 또는 규범의 질을 평가하는 평가자(evaluator)적인 역할 등이다.

### (2) 집단의 형성 또는 유지역할

이는 집단의 역할을 개발하고 유지하기 위해 행동을 하고 말하는 역할로서 다음과 같은 구체적인 역할들을 포함한다.

첫째, 집단구성원들을 위로하고 격려하며 그들의 노력과 공헌을 인정하는 격려자(encourager)적인 역할

둘째, 의사소통의 경로를 개발하여 모든 집단구성원들이 참여할 수 있도록 하는 문지기(gatekeeper)적인 역할

셋째, 과업수행의 표준을 설정하고 구성원들이 집단의 기능에 만족하고 있는지를 테스트하는 표준 설정자(standard setter)적인 역할

넷째, 집단구성원들의 의견불일치를 조정하고 조화를 이루어 긴장을 해소하는 조화자(harmonizer)적인 역할

다섯째, 집단의 활동을 지켜보고 구성원들이 어떻게 하고 있으며, 어떻게 하면 집단의 기능이 더 잘 수행될 수 있는지를 피드백해 주는 관찰자(observer)적인 역할

### (3) 개인적 역할(individual role)

이는 집단 구성원의 개인적인 목적이나 개인적인 욕구충족을 위한 역할이기 때문에 자기지향적 역할(self-oriented role) 또는 이기적(self-interest) 역할이라고도 한다. 따라서 개인적인 역할에는 집단전체의 이익을 훼손시키거나 집단에 부정적인 영향을 미치는 다음과 같은 구체적인 역할들이 포함된다.

첫째, 집단구성원들의 아이디어를 공격하거나 감정을 조롱하거나 과잉경쟁을 통해 타인들의 공헌과 직위를 수축시키는 공격자(aggressor)적인 역할

둘째, 새로운 아이디어나 집단의 노력에 저항하고 목적달성을 방해하는 방해자(blocker)적인 역할

셋째, 집단 내에서 낮은 지위를 모면하기 위해 움직이며 주의를 환기하고 집단의 업적을 자신의 업적으로 만들려는 인정 추구자(recognition-seeker)적인

역할

넷째, 거짓말이나 명령이나 사악한 방법으로 집단을 통제하거나 구성원들의 공헌을 저지하며 지배자가 되려는 지배자(dominator)적인 역할 등이다.

## 2) 역할모호성과 역할갈등

### (1) 역할모호성(role ambiguity)

역할모호성은 집단구성원들이 자신에게 어떤 기대가 주어져 있는지를 알지 못할 때 나타나는 문제점이다. 이는 역할에 따른 권한과 책임이 불명확하거나 모호할 때 느끼게 되는 것으로서 직무내용이 복잡할수록, 상위계층의 직무일수록, 과업이 다양할수록 역할모호성은 높게 나타난다.

이러한 역할모호성은 직무만족이나 조직몰입과 관련되며 생산성을 감소시키기 때문에 조직행위 연구에서는 중요하게 다루는 변수이기도 하다.

### (2) 역할갈등(role conflict)

역할갈등은 지각된 역할과 실제 역할이 다른 경우나 상사로부터 두 가지 이상의 역할을 동시에 수행하도록 요구받았을 때 나타나는 문제로서 역할모호성이 상위 계층에서 많이 나타나는 문제라고 한다면 역할갈등은 하위계층에서 많이 발생한다.

역할갈등은 이를 논의하는 학자들에 따라 다양하게 분류되어 논의되고 있지만, 일반적으로 많은 논자들은 다음과 같은 세 가지로 구분하여 논의하고 있다.

첫째는 사람과 역할 간의 갈등(person－role conflict)문제다. 이는 역할이 기대하거나 요구하고 있는 내용과 역할수행자의 개인적인 가치관, 태도, 욕구 간의 불일치가 있을 때 나타나는 갈등이다.

둘째는 역할 내의 갈등(intra－role conflict)문제다. 이는 특정한 역할이 복잡한 역할 세트(많은 다양한 역할관계)를 지니고 있을 때 나타나는 갈등을 말한다. 즉, 상이한 일련의 경험에 기초하여 특정인에게 역할이 주어졌을 때 역할을 담당하는 특정인이 기대하는 역할을 제대로 다 수행하지 못할 때 나타나는 갈등을 말한다.

셋째는 역할 간의 갈등(inter-role conflict)문제이다. 이는 동시에 수행해야 할 역할들의 기대가 갈등관계에 놓여 있을 때 나타나는 갈등을 말한다. 예컨대 가정에서는 아버지와 남편, 또는 자식으로서, 직장에서는 상사, 부하, 동료로서 여러 가지 역할을 수행하게 되는데 이와 같은 역할들이 갖는 차이에서 오는 갈등이 이에 해당한다.

### 3) 신분(status)

신분이란 집단 내에서 구성원들에게 부여된 직위(job position) 또는 서열(rank)을 의미한다. 신분을 결정하는 요인에는 귀속적 요인과 획득적 요인이 있는데 귀속적 요인이라 함은 남자와 여자, 귀족과 평민, 양반과 노예 등과 같이 선천적으로 타고난 신분요인을 의미하며, 획득적 요인은 직업, 권력, 승진 등과 같이 후천적으로 획득되는 요인이다. 그리고 개인적인 신분은 공식적인 신분과 구별된다. 여기서 공식적 신분이란 조직으로부터 부여받은 직위에 근거한 신분을 의미하고, 개인적 신분은 개인이 지닌 특질에 따라 획득되는 신분을 의미한다.

일반적으로 집단내 개인의 신분은 앞에서 살펴본 선천적 요인과 후천적 요인 등 여러 요인에 의해 복합적으로 결정이 되기 때문에 보는 관점에 따라 신분이 달라질 수도 있다. 따라서 집단 내에서 공식적인 신분과 개인적인 신분이 일치하지 않으면 신분불일치의 문제가 나타날 수 있다.

집단 내에서 특정 개인의 지위상승은 영향력의 증대를 의미하고, 신분불일치가 발생하면 집단행동과 집단성과에 부정적인 영향을 미치게 된다.

### 4) 규범(norm)

집단의 규범이란 집단구성원들의 의사결정과 행동의 기준이 되는 관습이나 전통, 관례, 집단분위기와 같은 집단구성원들에 의해 공유되고 있는 행위의 기준을 의미한다. 이러한 규범은 공식화, 문서화되지 않고 비공식적으로 집단행동을 규정한다는 점에서 공식적인 집단의 규정이나 규칙과 구별된다. 이러한 규범에는 업무수행 방식이나 절차뿐만 아니라 복장, 예절, 언행 등도 포함되기 때문에 거의 모든 집단행위에 영향을 미치게 된다.

## 6. 집단응집력과 집단역학

### 1) 집단응집력(Group Cohesiveness)

#### (1) 집단응집력의 개념

집단응집력이라 함은 집단구성원 상호간의 친밀도를 나타내는 개념으로서 집단의 공동목표를 추구함에 있어 하나의 단일체로서 '우리'라고 생각하고 행동할 수 있는 집단의 힘이며, 집단구성원으로서의 자긍심과 집단에 대한 애착심의 정도를 나타내는 개념이다.

무어헤드와 그리핀(G. Moorhead & R. W. Griffin)은 "응집력이란 구성원들로 하여금 집단에 남아 있게 하는 모든 힘이다. 이 응집력을 일으키는 힘은 집단에 대한 매력이며, 집단을 떠나지 않으려는 저항이며, 또한 집단의 구성원으로 남아 있게 하는 동기부여이다"[2]라고 하였고, 보비(C. L. Bovée)는 응집력이란 "구성원들이 집단과 집단목적에 대한 충성심과 몰입의 정도"를 말한다[3]고 하였다.

일반적으로 응집력이 강한 집단은 집단구성원들이 집단에 대해 강한 매력을 느끼면서 상호 호의적이고, 집단 활동에 적극적·능동적으로 참여하며, 공동의 목표를 추구함에 있어서는 단일체로서 행동할 수 있게 하는 결속력을 갖게 한다.

모든 집단은 본성적으로 응집력(cohesive forces)과 분열력(disruptive forces)을 함께 지닌다. 응집력은 구성원으로서 집단에 남아 있으려는 성향이며, 분열력은 집단으로부터 이탈하려는 성향이다. 따라서 응집력이 분열력보다 클 때 집단이 형성되고 유지되는 것이다.

---

2 G. Moorhead & R. W. Griffin, *Organizational Behavio*r, Houghton-Mifflin, 1992(3rd), p. 207.

3 C. L. Bovée et als., *Management*, McGrew-Hill, 1993, p. 509.

### (2) 집단응집력의 영향요인

집단응집력을 갖게 하는 요인은 무엇이며, 어떠한 요인들이 응집력의 정도를 결정하는가? 이는 집단행동을 관리하기 위한 중요한 과제이기 때문에 조직행위를 연구하는 많은 학자들이 관심의 대상이 되어 왔다. 일반적으로 중시되고 있는 집단응집력의 영향요인은 다음과 같다.

① 신체적 또는 정서적 안정에 대한 외부로부터의 압력이나 외적인 위험이 크면 클수록 응집력은 강화된다.

② 다른 조건이 동일하다면 규모가 작은 집단이 규모가 큰 집단에 비해 응집력이 강하다.

③ 집단구성원의 가치관이나 태도의 유사성(동질성)이 강하면 강할수록 집단응집력은 강해진다.

④ 집단이 성공적으로 목표달성을 하면 집단응집력은 높아진다. 일반적으로 집단의 응집력은 성공을 낳고 성공은 응집력을 낳는 경향이 있다.

⑤ 집단구성원의 자격요건이 까다로울수록, 구성원 상호간 접촉의 빈도가 높을수록, 상호의존적인 목표를 지닐수록, 욕구충족의 기회가 많을수록, 성취감을 공유할수록, 함께 바친 시간이 많을수록 그리고 직면하고 있는 어려움이 클수록 집단의 응집력은 강해진다.

**표 12-1** 집단응집력의 증대 또는 감소요인

| 집단응집력을 증대시키는 요인 | 집단응집력을 감소시키는 요인 |
|---|---|
| • 집단 간의 직접적인 경쟁상대 | • 집단 내의 경쟁상태 |
| • 집단구성원들의 개인적 매력 | • 몇몇 사람들에 의한 지배 |
| • 집단에 대한 좋은 평판과 인지도 | • 이질적인 집단 |
| • 구성원들 간의 빈번한 상호작용 | • 집단이 형성된 기간이 짧은 집단 |
| • 집단목적에 대한 구성원들의 일치감 | • 대규모의 집단 |
| • 구성원들의 높은 동질성 | • 집단목적에 대한 구성원들의 의견불일치 |
| • 성숙도가 높은 집단 | • 공간적으로 떨어짐 |
| • 규모가 상대적으로 작은 집단 | • 실패한 경험이 많은 집단 |
| • 성공의 경험을 많이 한 집단 | • 매력의 정도가 낮은 집단 |

### (3) 집단응집력의 결과

일반적으로 집단응집력이 강한 집단은 다음과 같은 특성을 지닌다.

첫째, 집단의 목적이 명확하고 구체적이며 구성원의 목적이 일치하다.

둘째, 집단 내에는 카리스마적인 리더가 존재한다.

셋째, 집단의 과업을 효율적으로 달성한다.

넷째, 집단분위기가 협조적이고 개방적이며, 의사소통이 원활하고 상호신뢰가 높다.

다섯째, 집단의 성장과 발전에 장애가 되는 요인들을 잘 극복한다.

이와 같이 응집력이 높은 집단은 일체감을 가지고 함께 일하기를 좋아하며, 상호 이해와 협력이 지배적인 집단의 분위기다.

시쇼어(S. E. Seashore)는 228개의 집단을 대상으로 응집력과 생산성의 관계를 연구하였는데, 그 결과를 요약해 보면 다음과 같다.

첫째, 가장 높은 수준의 생산성을 지닌 집단은 응집력이 강하고 관리자가 설정한 생산성 수준을 구성원들이 수용한다.

둘째, 가장 낮은 수준의 생산성을 지닌 집단은 응집력이 강하나 관리자가 설정한 생산성 수준을 거부하고, 그들 자신이 관리자가 설정한 생산성 수준보다 낮은 수준을 설정하고 강행한다.

셋째, 중간수준의 생산성을 지닌 집단은 응집력이 약하고 관리자가 설정한 생산성 수준과는 상관없다.

이와 같은 연구결과는 집단응집력이 강할수록 바람직하다는 일반적인 주장에도 불구하고 강한 응집력은 반드시 높은 업적(생산성)에 연결되지 않는다는 결론에 이르고 있다.

이와 관련하여 그리핀(R. W. Griffin)은 다음과 같은 보다 구체적인 사실을 지적하고 있다.

첫째, 응집력이 강하고 생산성 규범이 높으면 생산성은 높아진다. 집단은 높은 수준의 생산성을 바라고(규범), 구성원들은 그 목적을 향해 함께 일하기(응집력) 때문이다.

둘째, 응집력은 강하나 생산성 규범이 낮으면 생산성은 가장 낮은 경향이

그림 12-2 | 집단응집력과 생산성(업적)의 관계 |

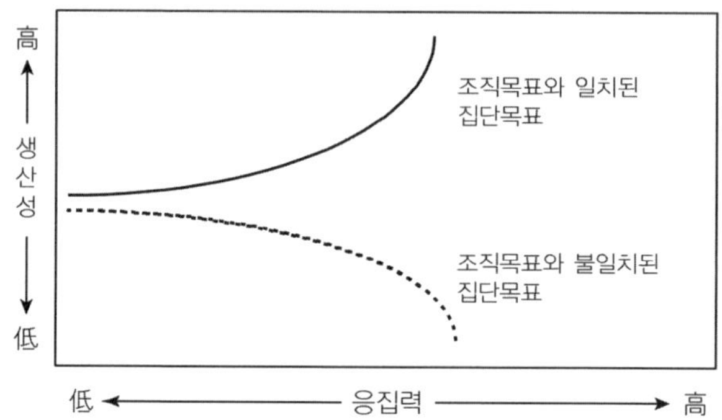


자료: G. Moorhead & R. W. Griffin, *op.cit.*, 1992, p. 209.

있다.

셋째, 응집력은 약한 경우에는 생산성 규범이 높거나 낮음과 상관없이 생산성은 낮거나 중가 정도이다.

이상의 내용을 종합적으로 정리해 보면, 집단의 생산성을 높은 수준으로 유지하기 위해서는 응집력과 생산성(업적) 규범이 함께 높아야 한다는 것을 알 수 있다.

## 2) 집단역학(Group Dynamics)

### (1) 집단역학의 개념

조직행위 연구에서 집단행동의 동태적 분석은 집단역학에 의해 대부분 다루어지고 있는데, 이는 사회심리학의 한 영역으로서 1930년대 후반에 레윈(K. Lewin)에 의해 창안되었다.[4] 집단역학(group dynamics)의 기본목표는 집단의 형성과정과 행동특성을 상호작용의 관점에서 분석함으로써 그것에서 나올 수 있는 힘

4 Fred Luthans, *Organizational Behavior*, 4th, ed(New York: McGrew-Hill, 1983), p. 318.

(force)을 밝혀내는 것이다.

집단역학이란 일정한 사회적 상황에서 집단구성원 상호간에 존재하는 상호작용(interaction)과 힘(force)을 의미하는데, 조직행위에서의 집단역학은 집단의 구조와 기능을 비롯하여 동태적으로 상호작용하는 집단의 특성과 집단구성원 간의 관계를 동태적으로 분석하게 된다.

즉 개인의 행동은 소속하는 집단으로부터 어떻게 영향을 받고, 그 영향력에 대한 저항을 집단은 어떤 과정을 통해 극복하려고 하는지를 연구하게 된다. 따라서 집단역학에서는 집단의 성질, 집단발달의 법칙, 집단과 개인과의 관계, 집단과 조직과의 관계 등에 관한 지식을 획득하는 것을 목적으로 한다. 보다 구체적으로 집단역학에서 다루고 있는 내용을 살펴보면 다음과 같다.

① 집단응집력이 집단구성원의 행동과 조직에 미치게 될 영향

② 집단의 정책·방침이 구성원 상호간의 경쟁 및 협동을 유발시킬 가능성

③ 권한위양에 집단의 목표에 미치게 될 영향

④ 집단 내 커뮤니케이션이 구성원과 구성원 상호간에 미치게 될 영향

⑤ 경영참가에 의한 집단의사결정이 구성원의 태도와 행동에 미칠 영향력

⑥ 집단기능이 변경될 때 나타나는 구성원의 태도 반응

⑦ 사회적 자극에 대한 개인의 감수성과 그것이 소속집단의 욕구에 미치는 영향 등이다.

### (2) 집단구조 분석의 방법

집단의 관계구조를 분석한다는 것은 사실상 매우 어려운 일이다. 그러나 지금까지 많은 사회심리학자들에 의해 집단구조를 분석하고, 집단행동을 예측·설명하는 다양한 방법들이 연구되어져 왔다. 여기에서는 일반적으로 널리 알려진 소시오메트리(sociometry) 연구와 상호작용분석 방법을 소개하고자 한다.

#### ① 소시오메트리 연구방법

소시오메트리(sociometry)는 집단구성원간의 좋아하고 싫어하는 선호관계를 기초로 집단의 구조와 기능을 측정하는 이론과 기술을 말한다. 집단구성원의 선호분석(preference analysis)은 구성원간의 좋아하고 싫어하는 감정을 관찰·검사·

그림 12-3 | 소시오그램(sociogram) |

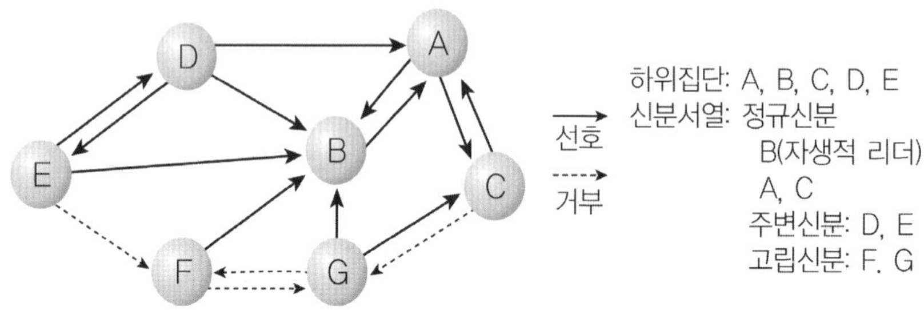


면접 등의 방법에 의하여 파악되며, 수집된 자료를 가지고 소시오그램(sociogram)과 소시오 매트릭스(socio-matrix)로 분석하여 집단구성원 간의 상호관계 패턴이나 결과 패턴 및 선호인물 등을 찾게 된다.

소시오그램(sociogram)은 집단구성원 간의 선호·무관심·거부관계를 나타낸 것이다.[5] 〈그림 9-3〉에서 보는 바와 같이 집단구성원 간의 전체적인 사회적 서열관계 패턴은 물론, 집단 내의 하위집단, 그리고 하위집단(sub-group) 내에서 세력집단(in-group)과 비세력집단(out-group), 정규지위, 주변지위 그리고 고립지위 등을 한눈에 볼 수 있다. 그리고 선호지위 또는 자생적 리더도 찾아 볼 수 있다.

보다 구체적으로 살펴보면, A·B·C와 D·E의 두 하위집단이 존재하고 있고, 정규 지위로서 A·B·C, 주변지위로서D·E, 그리고 고립지위로서 F·G가 보이며 자생적 리더로서 B가 나타나고 있다.

② 소시오 매트릭스(socio-matrix)

소시오 매트릭스란 구성원간의 선호관계를 매트릭스로 나타낸 것인데, 규모가 큰 집단을 대상으로 한 선호분석(preference analysis)에 주로 사용된다.

아래 〈표 12-2〉에서 보는 바와 같이 구성원 각자와 다른 구성원간의 선호(1), 무관심(0), 거부(-1)관계를 모두 종합하여 집단 내의 자생적 서열구조와 선

5 J. L. Moreno, *Who Shall Survive?* , 2nd ed.(Beacon, New York: Beacon House, 1953).

호인물을 계산해 낼 수 있다.

선호신분지수(choice status index)는 다음 공식에 의해 계산될 수 있고, 가장 높은 수치를 얻은 구성원이 바로 집단이 가장 선호하는 인물이며, 그를 집단의 자생적 리더로 볼 수 있다. 〈표 12－2〉에서는 B의 신분선호지수가 66으로 가장 높게 나타났음으로 B가 집단의 리더로 인정될 수 있다.

$$\text{선호신분지수} = \frac{\text{선호총수}}{\text{구성원수} - 1}$$

**표 12－2** 소시오 매트릭스

| 구성원 \ 선호거부 | A | B | C | D | E | F | G |
|---|---|---|---|---|---|---|---|
| A | × | ① | ① | | | | |
| B | ① | × | ① | | | | |
| C | ① | ① | × | | | | －1 |
| D | 1 | 1 | | × | ① | | |
| E | | 1 | | ① | × | －1 | |
| F | | 1 | | | | × | －1 |
| G | | 1 | 1 | | | －1 | × |
| 선호총계 | 3 | 66 | 3 | 1 | 1 | －2 | －2 |
| 선호신분지수 | 0.43 | 0.86 | 0.43 | 0.14 | 0.14 | －0.29 | －0.29 |

신분서열: 선호신분지수
정규신분 B(0.86)
A(0.43)
C(0.43)
주변신분 D(0.14)
E(0.14)
고립신분 F(－0.29)
G(－0.29)
응집성지수: $\frac{4}{{}_{r}C_{2}} = \frac{4}{21} = 0.186$
선호: 1
거부: －1
무관심: 0

③ 상호작용분석(interaction analysis)

상호작용분석 방법은 베일즈(R. F. Bales)가 제안한 것으로 집단구성원 간의 상호작용 패턴(interaction pattern)을 분석하는 방법이다.6

이 방법은 관찰자가 먼저 구성원간의 상호작용을 관찰하여 누가 토론을 시작했으며, 토론을 집단 전체로 확산시킨 사람은 누구인지를 확인하고 그들 간의 토론 횟수를 기록한다.

6 R. F. Bales, "A Metho for the Study of Small Group," *Interaction－Process Analysis* (Reading Mass: Addison－Welsey, 1950).

관찰자는 이러한 상호작용을 12개 범주에서 파악하는데 첫 번째 6개 범주는 사회 감정적인 요인으로서 의견에 동의함·동의하지 않음·긴장·긴장해소·결속·적대 등의 요인이고, 두 번째 6개 범주는 직무중심적인 요인으로서 제안·의견·정보를 제시하거나 요구하는 것 등으로 구분한다. 이러한 요인을 중심으로 관찰을 하고 나면 두 사람간의 행해진 역할에 있어서 상당한 차이가 있을 것을 발견하게 된다.

모든 구성원간의 상호작용을 이와 같은 방법으로 분석해 보면, 구성원들은 두 가지의 유형으로 구분된다.

첫 번째 유형은 아이디어 창출자로서 집단의 업무전문가(task specialist)의 역할을 담당하여 주로 의견·정보 등을 제안하는 사람들이다.

두 번째 유형은 인간관계전문가(human relations specialist)로서 집단에서 가장 선호되는 사람이며, 항상 친절하게 격려해 주는 사람들이다. 한 사람이 이 두 가지 역할을 모두 행할 수도 있지만, 각각의 역할을 서로 다른 두 사람이 행할 때 그 집단의 효율성은 증대된다고 하였다.

**토의문제**

1. 집단의 성격과 유형에 대해 토의해 보자.
2. 집단형성의 이유와 집단의 발전에 대해 토의해 보자.
3. 집단행위의 분석체계와 영향요인에 대해 토의해 보자.
4. 집단의 구조변수에 대해 토의해 보자.

Human Behavior

# 제13장

# 커뮤니케이션과 의사결정

인간의 만남이 인간 상호간의 관계를 형성하는 물리적인 측면을 말해 준다면, 의사소통은 그 만남에 혼을 불어넣는 일라고 할 수 있다. 상호 주고받는 언어와 비언어적인 의사소통 과정을 통해 우리는 만남의 성격을 규정한다. 아무리 오랜 시간 만남의 기회를 가졌다고 해도 서로가 대화와 의사전달 과정을 통해 이해하고 공유하는 부분을 만들어 내지 못한다면, 그 만남은 아무런 의미가 없다. 따라서 커뮤니케이션은 우리의 일상생활에 지속적으로 이어지고 있는 만남의 특성을 결정짓고 그 만남을 우리 삶의 일부분으로 변화시키는 과정이다.

우리는 그동안 이 중요한 커뮤니케이션을 무조건 자연스럽게, 생각나는 대로, 어려서부터 배운 대로, 우리의 생각, 느낌 및 감정 등을 주고받으면 되는 것으로만 생각해 왔다. 하지만 이 과정은 우리의 생각만큼 간단하지도 않고, 단순하게 삶의 일부분으로 접어 둘 성질의 대상도 아니다. 어쩌면 우리의 인생을 엮어나가는 가장 중요한 요소인지도 모른다.

## 1. 커뮤니케이션의 의의

커뮤니케이션(communication)이란 용어는 라틴어의 'communus'에서 유래된 것으로 이는 공통적으로 나누어 갖는다는 의미이며, 언어와 같은 공통적으로 이해되는 상징적(symbol)인 수단에 의해 행해지는 개념의 교환과정을 말한다.

커뮤니케이션이 한 사람을 다른 사람에게 연결시켜 주는 교량(bridge) 역할을 한다[1]고 볼 때 그것은 어떤 형태의 관계를 형성·유지시키는 활동이라고도 할 수 있을 것이다. 이런 의미에서 보면 삶은 커뮤니케이션의 연속을, 그리고 죽음은 그것의 단절을 의미한다고 할 수 있으며 우리 모두는 사람과 사람의 관계를 떠나서는 살아갈 수 없는 존재임에 틀림없다.

'너'와 '내'가 있는 곳에는 언어적이든 비언어적이든 어떤 형태든 간에 관계유지를 위한 커뮤니케이션이 있게 마련이다. 부자관계, 부부관계, 사제관계, 동료관계, 연인관계 등 관계가 있는 곳에는 반드시 커뮤니케이션이 있어야 하고, 그것 없이는 그 어떤 관계도 존립할 수 없음을 우리는 쉽게 경험할 수 있다.

보통 사람은 삶의 3/4 이상의 시간을 커뮤니케이션에 바친다[2]고 할 때 인간 삶의 성공 여부는 커뮤니케이션을 얼마나 잘할 수 있는가에 달려 있다고 볼 수 있을 것이다.

그만큼 커뮤니케이션은 인간생활에서 필수적이며 대인관계의 기본이 되고, 인간관계가 커뮤니케이션을 통해서 이루어지는 상호과정이기 때문에 사회적으로는 물론, 조직행위론에서도 중요한 과제로 인식되고 있다.[3]

그런데 종래에는 커뮤니케이션이라고 하면 무조건 기계적인 정보의 전달만으로 이해되었다. 다시 말해 한 지점에서 다른 지점에 필요한 정보를 전달하면 그것을 곧 커뮤니케이션으로 인식했다. 하지만 커뮤니케이션은 정보의 전달 이상의 것이다.

1 R. M. Fulmer, *The New Management*, Macmillan, 1989(4th), p. 255.

2 F. Luthans, *Organizational Behavior*, McGraw-Hill, 1992(6th), p. 466.

3 W. V. Haney, *Communication & Interpersonal Relations*, Irwin, 1992(6th), p. 3.

우리가 남들에게 일방적으로 언어를 통해 우리의 의사를 전하는 것은 엄격한 의미에서 말하는 것(talking)이지 커뮤니케이션이라고 할 수 없다.

커뮤니케이션이란 서로 다른 이해와 사고와 경험과 선호 및 교육적 배경을 가진 당사자가 특정 사안에 대하여 유사한 의미와 이해를 만들어내기 위한 과정이라고 할 수 있다. 다시 말해 서로 다른 이해와 의미를 가진 당사자가 공유할 수 있는 의미나 이해를 만들어 내기 위해 언어적·비언어적인 수단을 동원하여 노력하는 과정이라고 할 수 있겠다.

## 2. 커뮤니케이션의 과정과 구성요소

커뮤니케이션 과정은 송신자, 암호화, 메시지, 전달매체, 수신자, 해독, 피드백 및 잡음(장애) 등 여덟 가지의 기본적인 요소로 중심으로 이루어진다.[4] 보다 구체적인 내용을 살펴보면 다음과 같다.

그림 13-1 | 커뮤니케이션의 과정 |

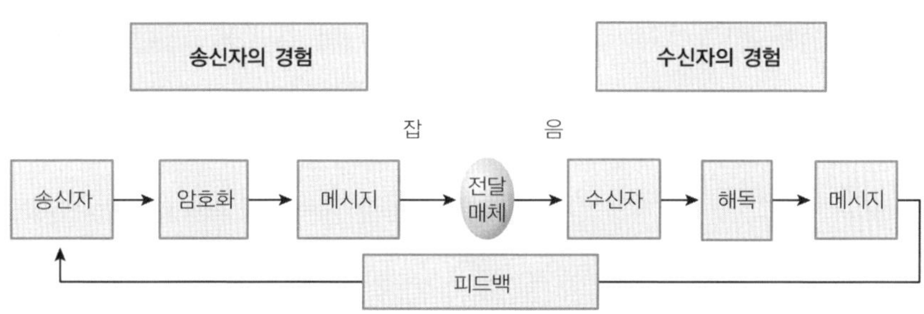


4 K. H. Chung and L. C. Megginson, *Organizational Behavior: Developing Managerial Skills*, New York: Harper & Row, Publishers, 1981, pp. 192-194.

### 1) 송신자(sender)

송신자란 '생각', '아이디어', '의도(intention)', '의미' 또는 '정보' 등과 같은 메시지를 전달하려고 하는 사람으로서 수신자가 이해하는 송신자의 태도나 송신자에 대한 신뢰성 및 기타 특질(attributes)들은 커뮤니케이션의 대상이나 내용을 지각하고 해석하는 데 중요한 영향을 미친다. 특히 송신자의 성격(personality) 또한 메시지가 전달되는 방법에 영향을 미치게 된다. 일반적으로 현명한 사람은 커뮤니케이션 과정을 수신자의 입장에서 수신자의 시각으로 보지만, 감각이 둔한 사람은 자신의 감정과 시각에서 자신의 욕구에만 관심을 두게 된다.

### 2) 암호화(encoding)

암호화는 메시지의 내용(생각 또는 감정)을 수신자가 이해할 수 있도록 글, 말, 제스처 등의 전달 가능한 형태로 바꾸는 과정을 말한다.[5] 다시 말해 암호화는 송신자가 전달하고자 하는 생각과 느낌을 언어(language), 어휘(words), 상징(symbol), 또는 제스처 등과 같은 형태로 전환하는 구성과정을 말한다.

메시지가 수신자에게 전달되기 이전에 이루어지는 이 단계에서 특히 유념해야 할 사항은 다음과 같다.

첫째, 언어, 어휘 또는 상징은 사실 또는 사건이 지닌 의미인데 이들은 서로 다른 의미로 해석·이해될 수 있다는 점이다. 따라서 송신자는 수신자가 가장 잘 이해할 수 있는 단어나 어휘를 선택하여 메시지를 구성하여야 한다.

둘째, 송신자가 메시지를 암호화하는 데 있어서(그리고 수신자가 해독하는 데 있어서) 과거의 경험이나 태도, 준거기준(frame of reference)은 크게 영향을 미친다.

즉, 송신자나 수신자가 갖는 메시지의 의미는 각자의 경험과 태도에 의해 다르게 인식된다.[6] 송신자가 의도한 암호의 내용을 수신자가 얼마나 정확하게 해독할 수 있느냐의 정도는 이들이 공유하고 있는 과거경험 영역의 공통성의 정도에

5 C. L. Bovée et als., *op. cit.*, 1993, p. 537.

6 J. F. Budd, "Is the Focus Communication on Target?" *Sloan Management Review*, 1982; J. L. Gibson et als., *op. cit.*, 1991, p. 508.

따라 결정된다. 예를 들어 문화가 다르고 언어 소통이 자유롭지 못한 외국인과의 의사소통과 사랑하는 연인들이 눈빛(상징) 하나만으로도 충분한 의사소통을 하고 있는 사실을 연상해 보면 이를 쉽게 이해할 수 있을 것이다.

### 3) 메시지(message)

암호화의 결과물인 메시지는 커뮤니케이션의 핵심이다. 메시지는 언어적·비언어적인 형태(상징)로 표현되어 전달되는데 그것이 동전과 같이 양면성을 지니고 있어서 송신자가 전달한 메시지와 수신자가 받은 메시지가 반드시 일치하지는 않는다는데 문제가 있다. 이 같은 현실은 주로 송신자와 수신자 간의 성장배경과 관점의 차이에서 비롯되는 것으로 이해할 수 있다.[7]

### 4) 전달매체(medium)

전달매체는 메시지를 수신자에게 전하는 수단이다. 이에는 언어적인 것만이 아니라 비언어적인 것도 포함된다. 뿐만 아니라 전화기와 컴퓨터 등 전자매체도 포함된다. 특히 최근에 와서 컴퓨터 네트워크, 전자우편 및 비디오 등을 포함하는 정보기술(information technology)을 통한 전자매체는 괄목할 만한 발전을 거듭하고 있다. 팩시밀리의 확산은 수평적인 정보유통을 확산시켰고, 문자만을 다루는 PC나 휴대폰에 그래픽, LAN, 음성 및 비디오 등 멀티미디어 환경이 갖추어지면 PC나 휴대폰을 이용한 화상회의가 열릴 수 있다. 디지털 비디오 시대의 선두주자인 대면적인 영상회의는 새로운 커뮤니케이션의 중요한 경로가 되어 가고 있다.

이들 여러 가지 전달매체 가운데서 어느 것을 선택하는가에 따라 커뮤니케이션의 효과가 다를 수 있기 때문에 전달하고자 하는 내용이나 상황을 고려하여 적절한 전달매체를 선택하는 것이 중요할 것이다.

7 D. Hellriegel & J. W. Slocum, *op. cit.*, p. 635.

### 5) 해독(decoding)

해독은 메시지가 해석되는 과정을 말한다. 따라서 해독과정은 수신자가 메시지를 이해하는 과정으로서 송신자가 암호화하는 과정에서처럼 수신자의 과거의 경험이나 태도, 준거기준(frame of reference)이 크게 영향을 미친다.

말하자면 송신자와 수신자의 경험과 준거기준이 유사할수록 공통된 의미(common meaning)를 갖게 되는 폭이 커지고 결과적으로 이해의 정도가 높아진다.

### 6) 수신자(receiver)

수신자는 메시지를 접수하는 사람을 말한다. 그런데 메시지에 관한 지식이나 발신자와의 관계, 그리고 Personality와 같은 수신자의 특성은 메시지가 접수되고 해석되는 방법에 영향을 줄 수 있다.

### 7) 피드백(feedback)

피드백이란 메시지에 대한 수신자의 반응이다. 다시 말해 전단된 메시지가 송신자의 의도(intent)대로 잘 전달되었는지를 확인하는 과정이기 때문에 원활한 피드백을 통해 효과적인 커뮤니케이션은 가능해진다.

커뮤니케이션 과정에서 피드백이 효과적이기 위해서는 다음과 같은 특성을 지녀야 한다.

첫째, 송신자가 이해하고 판단하는 데 도움이 되도록 피드백을 해야 한다. 수신자는 전달받은 메시지의 내용에 자신의 느낌이나 감정을 덧붙여 피드백하면 송신자가 커뮤니케이션의 효과를 판단하는 데 도움을 줄 수 있을 것이다.

둘째, 피드백의 내용은 평가(판단)적이기보다는 기술적이어야 한다. 수신자가 주관에 의해 판단(평가)적이면 피드백은 비효과적일 뿐만 아니라 의사소통의 단절과 문제를 초래하게 된다.

셋째, 피드백의 내용은 일반적이기 보다는 구체적이어야 한다. 그렇지 못하면 핑계거리가 되거나 이해가 덜 된다.

넷째, 피드백은 적시적(timed)이어야 한다. 그렇지 못하면 효과가 감소되거나 무의미하게 된다.

다섯째, 피드백의 내용은 압도적(overwhelm)이어서는 안 된다. 메시지가 길거나 복잡하면, 그리고 특히 구두적인 메시지에서 어조가 잘못되면 비효과적인 피드백이 된다.

### 8) 잡음(noise)

잡음은 커뮤니케이션 모든 과정에서 의도된 메시지를 방해하고 혼란을 일으키며 왜곡시키는 모든 종류의 장애 요소를 말한다. 다시 말해 소음이나 벽, 공간적인 거리 등과 같은 물리적·환경적인 요인들뿐만 아니라 수신자의 감정 상태나 태도, 시기, 질투심, 편견, 심리적 거리 등과 같은 제 요인들도 모두 포함된다.

## 3. 커뮤니케이션의 유형

### 1) 구어적(oral)인 것

언어(language)를 통해서 커뮤니케이션하는 대인적인 방법은 가장 오래된 것으로 이에는 구어적인 방법과 문서적인 방법이 있다.

언어는 좋은 의미에서든 나쁜 의미에서든 실로 위대한 힘을 지니고 있다. 천만번 들어도 기분 좋은 말(예: "사랑합니다" "미안합니다" "고맙습니다")이 있고 상대방에게 희망과 용기를 주는 말도 있다. 그러나 때로는 상대방에게 칼날보다 더 날카롭게 상처를 주는 말도 있다. 공자는 『논어』에서는 "군자는 항상 입을 조심하라"고 하였다. 이는 질병은 음식을 잘못 먹어서 생기고, 화는 말을 잘못해서 생긴다는 의미일 것이다.

인간은 이 언어를 수단으로 하는 커뮤니케이션에 공식적이든 비공식적이든 간에 75%의 시간을 바치는데,[8] 가장 중시되는 개인 간의 대면적(face of face) 대화를 비롯해서 연설, 전화를 통한 대화, 비공식적인 루머, 즉 포도넝쿨 및 집단토의(Brain Storming)를 위한 회의 등은 모두 구어적인 방법에 의해 이루어진다. 모든 계층에서 관리자들이 많은 시간을 바치는 의사소통 중에서도 듣고 말하는 시간이 상대적으로 비교할 수 없으리만큼 많다(혹자는 70~80%가 된다고 함[9])는 점에서 구어적인 수단은 매우 중요하다.

### 2) 문서적인 것

문서적인 방법에는 크게 나누어 인적인 것(예: 서신, 메모, 보고서 등)과 비인적인 조직차원의 것(예: 회사의 사보, 포스터, 게시물, 매뉴얼, 간행물 등)이 있다. 구두적인 커뮤니케이션의 한계를 극복하기 위해 문자를 수단으로 하는 이 방법도 그리 쉬운 것은 아니다.

문서적인 방법은 때로는 필수불가결한 것이기는 하지만 그것은 때로는 혼란과 곡해를 일으키는 경우도 얼마든지 있다. 그러나 대부분의 논자들에 의하면[10] 문서적인 방법은 15% 내외의 시간밖에 바치지 않는 방법이기는 하나 매우 중요한 커뮤니케이션의 방법임에는 틀림이 없다.

### 3) 비언어적인 것

비언어적인 방법은 언어를 사용하지 않고 말하는(speaking without words) 방법으로 이것은 언어만으로는 표현할 수 없는 메시지를 전달하는 방법이며, 언어 아닌 여타의 방법에 의해 보여 주는 커뮤니케이션의 수단이다. 그래서 이를 '행동

8 F. Luthans & J. K. Larson, "How Managers Really Communicate?" *Human Relations*, 1986; L. R. Smelzer & G. L. Fann, "Comparision of Managerial Communication Patterns in Small, Entrepreneurial Organizations and Large, Mature Organizations", *Group & Organization Studies*, 1989; D. H. Holt, *op. cit.*, 1993, p. 514.

9 D. C. Cherrington, *Organizational Behavior: The Management of Individual and Organizational Performance*, Ally & Bacon, 1989, p. 563.

10 R. M. Fulmer, *The New Management*, Macmillan, 1989(4th), p. 254; D. H. Holt, *Management*, Prentice-Hall, 1993(3rd), p. 514.

의 언어(language of behavior)' 또는 '무언의 언어(silent language)'라고도 한다.

한 조사 연구에 의하면, 커뮤니케이션에서 오직 7%만이 언어적인 방법에 의해 메시지가 전달되고, 55%의 메시지는 얼굴표정과 육체언어(body language)에 의해, 그리고 38%의 메시지는 음성의 변화와 그의 강약에 의해 전달되었다[11]는 결과를 종합하여 93%의 메시지가 비언어적인 방법에 의해 전달되고 있음을 강조하였다.

결국 "무엇을 말하는가가 중요한 것이 아니라 그것을 어떻게 말하는가가 중요하다"는 주장에 감동하게 되며 비언어적 방법의 위력을 인정하지 않을 수 없게 된다.

이 같은 중요성 때문에 비언어적인 방법에 관한 연구는 행동과학자들에 의해 새로운 영역으로 최근에 이루어지고 있는데[12] 이들 논자들이 제시한 구체적인 방법을 중심으로 다음과 같은 몇 가지 특징적인 사실을 발견할 수 있다.

첫째, 비언어적인 커뮤니케이션은 구체적인 방법에서는 거의 공통성을 찾을 수가 없다. 그럼에도 불구하고 비언어적인 커뮤니케이션은 신체적(physical)인 것과 상징적(symbolic)인 것으로 구분하기도 한다.

둘째, 그 어떤 구분에도 불구하고 대인적인 커뮤니케이션에서는 얼굴표정(facial expression)과 음성(vocal, verbal intonation)이 가장 주된 전달수단이다.

일반적으로 웃는 표정은 행복과 친절을 말해 주는 데 비해 눈살을 찌푸리는 표정은 불행과 불쾌를 말해 준다. 눈을 마주 쳐다보는 것은 흥미와 관심이 있음을, 그리고 그렇게 하지 않음은 무관심을 말해 준다.

한편, 음성의 적절한 사용도 효과적인 커뮤니케이션에 중요한 영향을 미치는데 이에는 ① 음색, ② 음조(높·낮이), ③ 음량, ④ 음속(빠르거나 느림) 및 ⑤ 잠시 멈춤 등의 음성의 질이 포함된다.

포터(G. Forter)는 음성의 강·약과 말하는 속도가 커뮤니케이션에 미치는 영향을 다음과 같이 설명하고 있다.

---

11 B. G. Nichols, "Listening if Good Business," *Management of Personnel Quarterly*, 1962; A. Mehrabian, "Communication Without Words," *Psychology Today*, 1968. 및 *Nonverbal Communication*, Aldine, 1972, p. 19.

12 D. A. Level & W. P. Galle, *Management Communications*, Business Publ., 1988, p. 19; J. L. Gibson et als., *op. cit.*, 1991, p. 544.

① 어조(tone)가 높으면 적대감·대립감(antagonism)을, 어조가 낮으면 만족·안심(complacence)을 일으킨다.

② 소리의 질이 조용하면 메시지가 더욱 분명해진다.

③ 소리의 양(volume)이 크면 메시지의 중요성은 더욱 강조된다.

④ 속도와 리듬에 있어서 말씨가 매우 빠르면 듣는 사람으로 하여금 싫증나게 한다. 빠른 속도, 짧은 의견의 진술(comment), 그리고 잦은 멈춤은 노여움이나 공포를 나타낸다. 너무 자주 중지하면 결정적인 의견이 없음을 의미하거나 긴장 또는 저항을 의미할 수 있다.

셋째, 얼굴표정과 눈 맞춤 그리고 동작이 정서의 유형(type)에 관한 정보를 제공하는 데 비해 거리, 자세 및 제스처 등과 같은 신체적인 것은 정서의 차도(intensity)를 말해 준다.

이상에서 살펴본 커뮤니케이션의 유형에 따른 장·단점을 정리해 보면 다음과 같다.

**표 13-1** 커뮤니케이션 형태에 따른 장·단점

| 유형 | 장점 | 단점 |
|---|---|---|
| 구어적 | • 보다 빠름<br>• 즉각적인 피드백을 받음<br>• 보다 개인적이고 자발적임<br>• 즉각적인 상호작용을 함 | • 덜 정확함<br>• 기록이 보존되지 않음<br>• 갈등이 생길 경우에 안전장치가 없음 |
| 문서적 | • 공식적인 기록이 있음<br>• 보다 정확함<br>• 보다 신뢰적임 | • 비교적 낮음<br>• 즉각적인 피드백을 받을 수 없음<br>• 자발성이 결여됨 |
| 비언어적 | • 언어적인 것보다 더욱 정확함 | • 혼란을 초래할 수 있음 |

자료: K. H. Chung, *Management*, Allyn and Bacon, 1987, p. 412.

## 4. 커뮤니케이션의 장애요인

커뮤니케이션 과정에는 많은 장애요인이 있을 수 있다. 부적합하게 표현된 메시지, 단어의 누락, 생대방의 불신, 어의(語義)의 왜곡, 주위에서 일어나는 여러 가지 잡음 등 이루 헤아릴 수 없을 정도로 많은 장애요인들이 있다.

바람직한 커뮤니케이션이란 송신자가 의도한 대로 수신자에게 메시지(정보)가 전달될 뿐만 아니라 이해되어야 한다.

스토너(J. A. F. Stoner)는 커뮤니케이션의 장애는 의사소통의 과정이 실로 복잡하기 때문에 발생하기도 하지만, 본질적으로는 각자의 성장배경이나 욕구, 정서, 가치관, 태도 등이 다르기 때문이며, 각자의 관점에서 현실(reality)을 지각하고 해석하기 때문에 커뮤니케이션의 장애가 발생한다[13]고 하였다.

데이비스(K. Davis) 등은 커뮤니케이션의 장애를 다음과 같은 세 가지로 구분하였다.[14]

첫째, 인간적인 것에 의한 장애(personal barriers)이다. 이는 심리적인 거리(psychological distance)를 의미하는 인간의 감정, 가치관 및 나쁜 청취습관이 주된 장애요인이다.

둘째, 물리적인 것에 의한 장애(physiological barriers)이다. 이는 커뮤니케이션이 이루어지는 환경 때문에 발생하는 장애로서 이에는 외부로부터의 소음이나 공간적 거리 및 벽 등이 주된 장애요소가 된다.

셋째, 어의(語義)에 의한 장애(semantic barriers)이다. 모든 커뮤니케이션은 어떤 의미를 지닌 단어(word), 그림 및 육체언어와 같은 행동 등의 상징(symbol)에 의해 이루어진다. 이때 상징은 지도(map)가 실제적인 영토 그 자체가 아니라 그것을 기술하는 것에 불과하듯이 여러 가지 의미를 지닐 수 있고, 그중에서 어떤 의미를 선택해야 하므로 여기에서 의사소통의 장애가 일어나게 되는 것이다.

13 J. A. F. Stoner & R. E. Freetrom, *Management*, Prentice-Hall, 1992(5th), p. 546.

14 K. Davis & S. W. Newstorn, *Human Behavior at Work*, McGraw-Hill, 1989(8th), p. 7

한편, 먼디(R. W. Mondy) 등은 커뮤니케이션의 장애를 다음과 같이 구분하였다.[15]

첫째, 기술적 장애(technical barriers)이다. 이는 환경적인 장애요인이라고도 할 수 있는데, 제한된 시간, 정보의 과다 및 문화적 차이 등이 포함된다.

둘째, 언어적 장애(language barriers)이다. 이에는 사용하는 어휘(vocabulary)와 같은 단어(word)의 서로 다른 의미의 어의(semantics)에서 유래되는 문제가 포함된다.

셋째, 심리적 장애(psychological barriers)이다. 이에는 정보의 여과, 신뢰와 개방, 질투(투기), 선입관, 듣고자 하는 바를 들으려고 함, 지각체계의 차이, 잡음 등이 포함된다.

그러나 대부분의 학자들은 의사소통이 일어나는 차원이나 수준을 기준으로 하여 대인간의 장애요인과 조직 내의 장애로 대별하여 설명하고 있다.

### 1) 대인 간의 장애(interpersonal barriers)

#### (1) 언어상의 장애

언어상의 장애란 말의 내용이 사람에 따라 다르게 해석되는 데서 오는 장애를 말한다. 예컨대 임금이라는 말은 경영자로서는 원가 내지 비용으로 이해되지만 종업원은 소득으로 생각하는 것과 같다. 전문용어, 비어, 방언 등도 커뮤니케이션을 저해하는 요인이 된다.

언어상의 장애는 커뮤니케이션에서 실로 심각한 문제를 야기하는데, 효과적인 커뮤니케이션을 방해하는 장애요인의 원천[16]은 다음과 같다.

① 추상적 개념 때문에 어의상의 장애가 일어난다. 언어는 추상화(abstraction)의 정도가 다른데 그것이 높은 언어일수록 어의상의 장벽이 높다.

효과적인 커뮤니케이션을 위해서는 만질 수 있는 실재(reality)가 무엇이고,

---

15 R. W. Mondy & S. P. Premeaux, *Management*, Allyn & Bacon, 1993(6th), pp. 372–277.

16 P. V. Lewis, *Organizational Communication: The Essence of Effective Management*, Wiley, 1987, p. 119.

상징적이고 추상적인 개념이 무엇인가를 알아야 한다. 상징은 오직 실제의 표현일 뿐이다.

② 상대방이 의도하거나 알고 있는 의미를 잘 알지 못하기 때문이다. 말하자면 하나의 어휘가 여러 가지 의미를 지니고 있고, 여러 가지 상이한 어휘가 같은 의미를 지니고 있다는 사실을 알지 못하거나, 알려고 하지 않을 때 어의 상의 장애가 일어난다.

③ 상대를 평가하려는 경향 때문에 어의상의 장애가 일어난다. 잘못된 비판은 사실과의 혼돈을 일으키고 '이것 아니면 저것'의 양극화를 일으키며 선입관을 지니게 하여 어의상의 장애가 일어나게 된다.

④ 전문적인 특수 용어 때문에 어의상의 장애가 일어난다. 한 집단 내에서는 다른 집단에서는 이해하기 힘든 어휘(단어)를 사용한다는 의미에서 '집단 내 언어(in-group language)' 또는 '조직의 특수한 언어(organizational specific language)'라는 개념으로도 거론되는 이 '전문적인 특수용어'는 집단 내에서는 효과적인 커뮤니케이션을 촉진시키고 응집력을 강화하여 경쟁우위를 갖게 하지만 익숙하지 않은 다른 집단이나 외부인들과의 커뮤니케이션에서는 장애를 일으키게 된다.

### (2) 지각상의 장애(perceptual barriers)

지각은 개인이 환경으로부터의 정보를 선택하고, 조직화하고, 해석하는 세 가지 단계를 거쳐 이루어지는데 각 개인은 저마다의 고유한 지각메커니즘을 형성하고 있다. 따라서 커뮤니케이션 과정에서 송신자와 수신자는 각자 자신들의 지각 메커니즘을 통해서 메시지를 주고받기 때문에 지각상의 장애가 나타나게 된다.

이 때 문제가 되는 것은 각자가 지각하는 바의 세계가 서로 다르다는 점인데, 각자는 성장배경, 경험, 기대, 가치관, 욕구 또는 관심 등등에 의해 형성되는 준거기준(frame of reference)이 서로 다르기 때문이다. 이 같은 준거기준의 차이가 지각의 차이를 일으키고 커뮤니케이션의 장애가 된다.[17] 이러한 지각상의 장애에

---

17 P. V. Lewis, *op. cit.*, 1987, p. 109.
C. L. Bovée et als., *op. cit.*, 1993, p. 550.

그림 13-2 | 커뮤니케이션 여과과정으로서의 지각 |

자료: J. R. Schermerhorn, *Management for Productivity*, Wiley, 1993(4th), p. 482.

는 다음과 같은 여러 가지가 포함된다.

① **고정관념**(stereotyping): 과거의 경험과 어떤 범주에 대한 신뢰감으로부터 형성되는 고정관념은 특정 특질이나 행동을 소속집단의 모든 구성원들에게 적용하여 일반화(generalizing)시키는 것을 의미한다. 예컨대 자신이 경험한 소수의 사람들로부터 획득한 사실을 근거로 그들이 소속된 집단 모두에게 적용시켜 소련사람은 둔감하고, 프랑스 사람은 감정적이며, 미국사람은 합리적이라거나 키가 큰 사람은 싱겁고 얼굴이 검은 사람은 정열적이라고 일반화시키는 것은 고정관념의 예가 된다.

② **선택적 지각**(selective perception): 인간은 자신의 욕구, 감정, Motivation, 경험, 성장배경 및 여타의 개인적인 특성에 기반 하여 메시지나 정보를 보고 듣는다.

이처럼 인간은 자아개념, 관념 또는 선택에 일치하는 지각을 선택하려는 경향이 있어 Communication과정에서 상대방의 지각내용을 쉽게 이해하지 못하고 이로 인하여 지각상의 장애가 일어난다.

③ **현혹효과**(halo-effect): 현혹효과란 관찰한 지각내용(자질과 행동)으로 관찰하지 않은 것들에까지 지각적 영향을 미치는 과정을 말한다. 즉 한 사람의 좋거나 나쁜 자질 또는 행동의 단면만을 보고 그 사람에 대한 전체적인 판단을 해버리는 경향을 말한다.

④ **투사**(projection): 자신의 잘못이나 결함을 객관적인 평가나 분석도 없이

타인에게 적용하려는 것이 투사의 오류인데, 흔히 과거 또는 현재의 지식과 감정이 때로는 사람들로 하여금 그것이 참으로 자신의 것처럼 타인에게 투사하게 한다. 다시 말해 드라마에 나오는 주인공을 자기 자신으로 인식한다든지, 자신이 사기꾼이면 다른 사람도 사기꾼이라고 믿고, 자신이 거짓말쟁이면 타인도 거짓말쟁이라고 믿게 되는 것이 투사에 의한 오류의 예가 된다.

### (3) 비언어적인 장애

비언어적인 방법은 전달하고자 하는 메시지(상징)의 의미가 애매모호한 경우가 많아 수신자가 곡해하기 쉽다. 문화권이 동질적이면 어느 정도 공통성을 찾기가 쉽지만 문화권이 다를 경우에는 흔히 곡해되어 커뮤니케이션의 혼란을 야기하게 된다.

예를 들어 몸 전체로 대화를 하는 경향이 짙은 아랍인들은 상대의 이마에 입을 맞추면 그의 지혜에 존경을 표시한다는 뜻이 되고, 코는 권위, 어깨는 힘에 대한 존경의 표시가 된다. 태국인들을 대할 때는 절대로 머리를 만져서는 안 된다고 한다. 그들은 대부분 목에 불상의 목걸이를 걸고 다니는 불교신자들로서 그들의 머리를 만질 수 있는 사람은 부모와 스승 그리고 스님뿐이기 때문이다.

이처럼 비언어적인 방법은 언어적(구어적)인 방법을 수반하지 않을 경우 그것이 무엇을 의미하는지를 잘 알 수 없을 뿐만 아니라 결과적으로 커뮤니케이션의 효과를 감소시키기 때문에 비언어적인 방법은 거의 언제나 구두적인 방법을 수반하게 된다.[18]

이 때 이들 양자가 일치하면 각기 서로간의 효과를 강화해 주게 되지만, 만약 일치하지 않을 경우 수신자는 혼란에 빠지게 되고 의도하는 바의 메시지를 분명히 받아들일 수 없게 된다.

이 같은 장애를 최소화하고 애매하여 곡해될 수 있는 상징(비언어적인 방법)의 의미를 제대로 해석하여 커뮤니케이션의 효과를 증대하기 위해서는 비언어적인 방법을 언어적인 방법과 함께 사용하는 것이 바람직하다.

이와 관련하여 네프(M. Knapp)는 다음과 같은 여섯 가지 방법을 제시하고 있는데,[19] ①~④는 비언어적인 커뮤니케이션이 언어적인 메시지를 강화해 주고,

---

18 S. P. Robbins, *op. cit.*, 1994, p. 533.

19 M. Knapp, *Nonverbal Communications In Human Interactions*, Holt Publ., 1972.

다섯 번째에서는 비언어적인 메시지가 언어적인 것을 대신해 주고, 여섯 번째에서는 불일치한 메시지를 전달하기 위해 언어적인 요소를 함께 동원함을 알 수 있다.

① 언어적인 메시지를 반복한다(repeating).

② 언어적인 메시지를 추가하여 보충 설명한다(complementing).

③ 언어적인 메시지를 강조한다(accenting).

④ 머리를 끄덕이거나 눈동자를 움직인다거나 자리를 옮기면서 상대와의 언어 교환을 조정한다(regulating).

⑤ 메시지를 전달하기 위해 얼굴표정 또는 신체의 움직임을 통해 한 마디 말도 없이 언어적 메시지를 대신한다(substituting).

⑥ 언어적인 메시지를 부언한다(contradicting).

### 2) 직장 내 Communication의 장애요인

직장 내 Communication의 장애요인은 대인 간 Communication의 장애요인과 불가분의 관계가 있지만, 양자 간의 공통적인 장애요인을 발견하기란 매우 어렵다. 보비(C. L. Bovée)는 직장 내 Communication의 장애요인으로 다음과 같은 여러 가지를 제시하고 있다.[20]

① **정보의 과다**(information overload): 수신자의 능력을 초과하는 메시지의 양은 정보의 과다를 초래하여 커뮤니케이션의 장애가 된다.

② **메시지의 복잡성**(message complexity): 송신자가 관리자인 경우, 그는 메시지를 개인적으로 그리고 조직의 대표자로 커뮤니케이션을 하게 되므로 수신자는 송신자가 어떤 입장에서 메시지를 보내는지를 알기가 어려워 장애가 된다.

③ **메시지의 경쟁**(message competition): 수신자는 흔히 두 가지 이상의 경쟁을 요하는 메시지를 받는다. 예컨대 보고서를 검토하면서 전화를 받는 경우이다. 이 때 주의가 산만함으로 인해 커뮤니케이션은 성공적으로 이루어질 수 없게 된다.

④ **상이한 직위와 과업지향성**(differing status and task orientation): 사람들은

20 C. L. Bovée et als., *Management*, McGraw-Hill, 1993, pp. 552-557.

**그림 13-3** | 신뢰와 업적의 관계 |

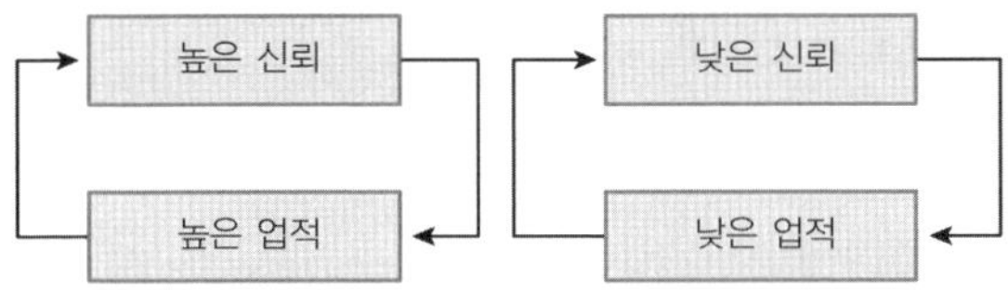


자료: W. V. Haney, *Communication and Interpersonal Relations*, Irwin, 1992(6th), p. 35.

직위를 달리하거나 과업의 책임을 다르게 하는 조직 내·외의 다른 사람들과 커뮤니케이션하기를 회피하는 경향이 있는데, 이 같은 성향이 커뮤니케이션의 장애를 일으킨다.

⑤ **신뢰의 부족**(lack of trust): 신뢰는 커뮤니케이션의 결정적인 구성요소이기 때문에 신뢰의 부족과 불신은 커뮤니케이션의 절대적인 장애요인이 된다.

⑥ **커뮤니케이션을 위한 구조상의 권한**(limitations of communication structure): 조직 내 커뮤니케이션은 누가 누구에게, 그리고 누가 의사결정의 권한을 갖고 있는가 등의 공식적인 제한에 따라 영향을 받고 있으므로 조직구조가 어떻게 되어 있는가에 따라서는 커뮤니케이션의 장애요인이 될 수도 있다.

⑦ **잘못된 매체의 선택**(incorrect choice of medium): 모든 매체가 주어진 커뮤니케이션 상황에 적합한 것이 아니므로 매체의 선택을 잘못하면 메시지가 곡해되어 결과적으로 의도한 의미가 효과적으로 전달될 수 없다.

⑧ **폐쇄된 커뮤니케이션의 분위기**(a closed communication climate): 개방되고 긍정적이며 비위협적인 분위기는 커뮤니케이션의 효과를 증대시킬 수 있고, 그렇지 못한 분위기는 커뮤니케이션의 장애가 된다.

⑨ **비윤리적인 커뮤니케이션**(unethical communication): 문서 또는 메모를 작성하는 등의 커뮤니케이션은 시간과 여러 가지 자원을 필요로 하는데 커뮤니케이션 활동의 유익을 극대화하기 위해서는 시간과 자원이 능률적으로 동원되어야 한다.

## 5. 커뮤니케이션 장애요인의 극복 방안

### 1) 대인간 Communication에서의 장애요인 극복 방안

대인간 일어나는 커뮤니케이션의 장애를 극복하고 효과적인 Communication을 하기 위한 전략은 다음과 같은 두 가지 방법으로 정리할 수 있다.

첫째, 특별한 기준 없이 전반적으로 가능한 모든 기법을 동원하는 방법으로써 먼디(R. W. Mondy et als.) 등은 ① 감정이입(empathy), ② 경험, ③ 읽는 기법, ④ 관찰, ⑤ 단어의 선택, ⑥ 육체언어, ⑦ 행동 및 ⑧ 의사거래 분석(transactional analysis) 등을 들고 있다.[21] 그리고 이반세비치(J. M. Ivancevich) 등은 ① 포로잉업(following up), ② 정보흐름의 규정화, ③ 피드백의 활용, ④ 감정이입, ⑤ 반복, ⑥ 상호신뢰의 촉구, ⑦ 적시, ⑧단순한 언어, ⑨경청, ⑩감정의 억제, ⑪비언어적 신호의 주의 및 ⑫ 포도넝쿨의 활용 등을[22] 제시하고 있다.

둘째, 커뮤니케이션의 장애를 중심으로 한 극복 방법으로써 홀트(D. H. Holt)

**표 13-2** 커뮤니케이션 장애의 극복 방안

| 장애요인 | 극복방법 |
|---|---|
| 어의상의 혼란 | • 분명히 그리고 정밀하게 표현하고 특수용어를 피하라. |
| 물리적 잡음 | • 조용한 장소를 선택하고 스스로가 잡음을 만들지 말라. |
| 지각적 잡음 | • 듣는 사람의 주의를 끌고 반복을 통하여 메시지를 강화하라. |
| 불량한 청취 | • 송신자에 초점을 맞추고 적극적으로 주고받아라. |
| 편견된 관점 | • 개인적·문화적 선입관을 조심하고 양극화를 피하라. |
| 고정관념 | • 상황과 개인을 지나치게 단순화하지 말고 자신의 태도를 타인들의 욕구에 적응시켜라. |

자료: D. H. Holt, *Management*, Prentice-Hall, 1993(3rd), p. 535.

21 R. W. Mondy et als., *Management and Organizational Behavior*, Allyn & Bacon, 1990, p. 367.

22 J. M. Ivancevich & M. T. Matteson, *Organizations Behavior and Management*, Irwin, 1993(3nd), pp. 650-653.

는 다음 〈표 13－2〉에서와 같은 여러 가지 방법을 제시하고 있다.

듀브린(A. J. DuBrin) 등은 송신과정과 청취과정을 중심으로 Communication 장애의 효과적인 극복방법을 다음과 같이 제시하였다.

◇ 송신과정에 관련된 장애 극복을 위한 전략·전술

① 커뮤니케이션에 앞서 아이디어를 명확히 하라.
② 문서를 작성할 때는 주된 아이디어를 앞에 쓰라.
③ "당신이 아는 바대로" "실로" 등과 같은 문장은 흥미를 유발하지만, 이 같은 잡동사니 단어는 피하라.
④ 평범한 단어를 쓰라.
⑤ 편견 없는(bias－free) 언어를 사용하라.
⑥ 사실 밑에 깔린 감정을 커뮤니케이션하라.
⑦ 어조, 표정 등 비언어적인 행동이 미치는 결과를 잘 알라.
⑧ 행동을 하면서 말로 표현하라.
⑨ 피드백을 받으라.

◇ 수신(청취)과정에 관련된 장애 극복을 위한 전략·전술

① 각 어휘를 들으려고 노력하기보다는 요점, 즉 의미의 파악에 집중하여라.
② 말하고 있는 바에 관한 생각과 사전정보를 동원하여 말하는 데 몰입하라.
③ 모든 이야기를 듣기 전에 결론에 이르지 말고 전체 아이디어를 청취하라.
④ 사실 자체를 청취하지 말고 감정과 기분을 인정하라.
⑤ 송신자의 관점에서 그의 진술을 반복하여 피드백해 주라.
⑥ 들은 바를 요약하라.

### 2) 조직내 Communication에서의 장애요인 극복방안

관리자는 개인적인 Communication의 능력을 증진시켜야 할 뿐만 아니라 조직차원에서 장애를 극복하고 Communication을 증진하는 방법을 알아야 한다.

### (1) 그린버그(J. Greenberg)의 장애극복 방안[23]

그린버그(J. Greenberg)는 직장 내 커뮤니케이션의 장애를 극복하기 위해 다음과 같은 방법을 제시하였다.

첫 번째 방법은 피드백을 잘하는 일이다. 커뮤니케이션을 가장 효과적으로 진행하기 위해서 조직은 송신자와 수신자 간의 커뮤니케이션을 정확히 할 수 있어야 하는데 실제로는 그렇지 못하다. 이때의 피드백(feed back)을 위해서는 종업원에 대한 의견조사(employee survey), 제안제도, 기업 내 핫라인(corporate hotline), 비공식적인 회의 및 중첩된 계층(skip level meeting) 등과 같은 기법이 동원될 수 있다.

두 번째 방법은 과중한 정보를 처리하는 일이다. 관리자는 계층의 상·하로부터 정보를 받게 되는데, 흔히 정보는 최근에 능력 이상으로 컴퓨터를 사용하면서 과다하게 되고 많은 메시지를 부정하거나 주의 깊게 검토하지 못하여 결과적으로 어떤 메시지를 간과하거나 잘못 해석하게 된다. 과중한 정보에 대해서는 다음과 같은 방법으로 대처하면 이를 해결할 수 있게 된다.

① 문지기(gatekeeper)를 활용한다. 말하자면 한 수신자에게 너무 많은 메시지가 부과되지 않도록 정보의 흐름을 통제한다.

② 혼란을 피하기 위해 정보가 순서대로 처리될 수 있도록 들어오는 정보를 일렬로 정리하는 대기행렬을 통해 과중을 피한다.

### (2) 메스콘(M. H. Mescon)의 장애요인 극복 방안[24]

메스콘(M. H. Mescon) 등은 조직 내 커뮤니케이션의 효과를 증진하기 위한 구체적인 방법으로 다음과 같은 몇 가지 내용을 제시하고 있다.

① 각 관리자들에게 요구되는 바를 검토하여 커뮤니케이션의 흐름을 규정화한다.

② 경영관리자는 부하들과 간단한 모임 정규적인 회의를 자주 한다.

③ 조직의 통제 시스템 및 경영정보 시스템의 일부인 피드백 시스템을 제도

23 J. Greenberg & R. A. Baron, *op. cit.*, 1993, pp. 518-522.

24 M. H. Mescon et als., *op. cit.*, 1988, pp. 176-179.

화한다.

④ 상향적 커뮤니케이션을 촉진하기 위해 제안제도를 제도화한다.

⑤ 뉴스레터, 홍보용 간행물 및 비디오테이프 등을 활용한다.

⑥ PC와 같은 최신의 정보기술을 활용한다.

이들 논자들이 제시하는 여러 가지 방법은 모두가 조직 내 커뮤니케이션 장애를 극복하고 효과적으로 전개하기 위한 구체적인 방법들이다. 그러나 많은 논자들은 무엇보다도 중요한 것은 커뮤니케이션을 자유롭고 허심탄회하게 할 수 있는 신뢰와 개방 그리고 지원적인 분위기를 조성하는 일이 기본적인 것[25]임을 역설하고 있다.

### 3) 효과적인 대인 간 커뮤니케이션의 지침

#### (1) 미국 경영자협회의 십계명(十誡命)

미국경영자협회(American Management Association)가 제시한[26] 커뮤니케이션의 십계명(ten commandments of good communication)은 다음과 같다.

① 의사를 전달하기 전에 자신의 생각을 분명히 정리한다.

② 진정 바라고 있는 것이 무엇인지 커뮤니케이션의 참된 목적을 먼저 검토한다.

③ 무엇을, 누구에게, 그리고 언제 할 것인가에 관한 물리적·인간적 제 환경을 깊이 고려한다.

④ 커뮤니케이션을 계획할 때 필요에 따라서는 다른 사람의 충고도 받아들인다.

⑤ 메시지의 내용 못지않게 어떻게 송신되는가에 영향을 받으므로 이 점에 특히 유념한다.

⑥ 가능하면 수신자의 관심과 욕구에도 유용한 정보를 전달한다.

⑦ 수신자가 메시지의 내용을 제대로 이해했는지 확인하고 대응책을 세우기

---

25 J. R. Gordon, *Organizational Behavior*, Allyn & Bacon, 1993(4th), pp. 291–292.

26 AMA, "The Commitments of Good Communication," *Management Review*, 1955(Oct.).

위해 추적한다.

⑧ 대부분의 커뮤니케이션은 현재 상황의 욕구가 충족되도록 이루어지는데, 현재와 마찬가지로 미래에도 연결되도록 한다.

⑨ 언행이 일치되도록 한다.

⑩ 메시지의 내용을 보다 잘 이해할 수 있게 경청한다.

### (2) 프런치(G. L. Frunzi) 등의 지침

프런치 등은 "효과적인 커뮤니케이션은 구성원의 사기를 증진시키고 작업분위기를 양호하게 하며 개인과 조직과의 양호한 관계를 유지하게 하며 생산성을 높여서 개인과 조직에 공헌 한다"는 관점에서 효과적인 의사소통을 위한 구체적인 지침을 다음과 같이 제시하고[27] 있다.

① **커뮤니케이션을 소중하게 생각하라**(place a premium on communication): 리더십을 발휘하는 직위에 있는 모든 관리자는 모든 상호작용이 커뮤니케이션에 관련됨을 인정해야 한다. 즉 커뮤니케이션의 중요성을 인정함은 관리자에게 주어진 절대명령(imperative)이다.

② **청취하는 방법을 배우라**(learn to listen): 메시지는 청취가 효과적일 때만 수신되므로 모든 언어적·비언어적 방법으로 읽을 수 있도록 배워야 한다.

③ **메시지를 간결하게 하라**(be brief): 모든 메시지는 간결하고 단순해야 한다. 메시지가 복잡하면 혼란을 일으키고 곡해할 위험이 많게 된다. 따라서 불필요한 어휘나 제스처는 제거되어야 하며 커뮤니케이션의 목적은 어디까지나 이해에 있음을 명심해야 한다.

④ **어휘를 깊게 연구하는 사람이 되어야 한다**(be a student of words): 어휘는 모든 커뮤니케이션의 주된 구성요소이며 방법이므로 깊이 연구하여 올바르게 선택할 수 있어야 한다.

⑤ **거리감을 줄여라**(reduce the distance): 송신자와 수신자간의 거리가 좁으면 커뮤니케이션의 효과는 증진된다.

⑥ **충분한 시간적 여유를 주어라**(allow enough time): 커뮤니케이션은 결정적으로 중요하므로 시간의 투자는 가치 있는 것이므로 송신자나 수신자가 말하도록

27 G. L. Frunzi & P. E. Savini, *Human Relations*, South-Western, 1992, p. 235.

충분한 시간을 주어야 한다. 그렇지 못하면 의견의 일치는 어려우며 곡해가 일어난다.

⑦ **적절한 장소를 선택하라**(choose an appropriate place): 커뮤니케이션은 때로는 사적이고 비밀스런 것이 있을 수 있으며 일상적인 것이라고 하더라도 잡음이 일어나지 않도록 좋은 장소를 선택하는 것은 매우 중요하다.

⑧ **감정이입을 하라**(display empathy): 송신자가 수신자의 입장에서 생각하고 느끼는 감정이입이 이루어지면 커뮤니케이션은 촉진된다.

⑨ **충분한 주의를 기울이라**(devote full attention): 부분적인 주의는 부분적인 이해를 갖게 하며 그것은 불일치와 좌절의 근원이 된다.

⑩ **일정한 형식을 따르라**(follow the formula): 전달하고자 하는 바가 무엇인가를 먼저 말하고, 전달의 구체적인 내용을 말한 다음 자신이 말한 바를 수신자가 말하게 하는 단계를 밟는 것이 좋다.

⑪ **시각적인 보조도구를 활용하라**(use visual aids): 언어적인 설명과 함께 시각적인 도구를 사용하면 의도하는 의미를 명확히 할 수 있으므로 커뮤니케이션의 효과는 증대된다(百聞 不如一見).

⑫ **피드백을 요구하라**(seek feedback): 메시지의 정확한 이해를 위해 전달 후 진물을 하라. 이는 쌍방적(two－way) 커뮤니케이션이 된다.

⑬ **자신의 생각을 먼저 정리하라**(organics your thoughts): 메시지의 내용을 먼저 생각하고 정리한 다음 전달하게 되면 메시지의 내용이 정확해지고 완전해져서 효과적인 커뮤니케이션을 할 수 있게 된다.

⑭ **긍정적인 자세로 임하라**(communicate in a positive manner): 흔히 조직은 구성원들에게 유익한 방침과 규정을 만들고 있음에도 구성원들은 부정적인 자세를 취하고 있는데, 이 때 경영 관리자는 긍정적인 자세로 임해야 한다.

⑮ **미래를 위한 기반을 조성하라**(build a foundation for the future): 오늘의 커뮤니케이션은 내일의 커뮤니케이션에 영향을 미치므로 건전한 기반 조성을 위해 노력해야 한다.

## 6. 효과적인 Communication의 기법

조직생활은 Communication의 연속으로 이루어지고 있다. Communication을 효과적으로 하고 못하는 것은 자신에게 커다란 영향을 미치게 된다. 더욱이 비즈니스의 세계는 나날이 복잡하여지므로 Communication의 효율화와 질적 개선이 거듭 요망되고 있다. 효과적인 커뮤니케이션의 체득과 의식적인 실천은 인간관계의 개선, 원활한 조직분위기의 조성, 기업의 안정과 성장에도 직결되는 것이다.

### 1) 적극적으로 경청하라

효과적인 대화능력은 자신의 의견을 효율적으로 전달하는 것 못지않게 상대방의 이야기를 정성껏 들어주는 수용의 자세가 병행되지 않으면 안 된다.

적극적인 경청이란 소리를 듣기만 하는 것이 아니라 상대방이 전달하고자 하는 말의 내용은 물론 그 내면에 깔려 있는 동기나 정서에 귀를 기울여 듣고 이해된 바를 상대방에게 피드백하여 주는 것이다. 다시 말해 이것은 평가·의견·충고·분석·의문을 전달하는 것이 아니라 상대방이 의미하는 것 그 자체가 무엇인가를 이해하며 듣는 것을 의미한다. '경청'은 다음과 같은 세 가지의 수준으로 구분될 수 있는데, 투사적 경청이 메시지를 상호 잘 이해할 수 있는 단계이다.

첫 번째는 최저한의 경청(marginal listening)이다. 이는 대부분의 메시지가 들리지도 않고 이해되지도 않는 경우를 말한다.

두 번째는 평가적 경청(evaluative listening)이다. 이는 수신자가 수용되지 않는 바를 들으려고 주의 깊게 경청하며 경청이 끝나면 불완전한 메시지에 대한 반응이 일어난다. 일반적으로 Communication 과정에서 상대방의 말꼬리를 잡기위해, 자신의 논리를 정당화시키기 위해, 변명하기 위해, 공격의 빌미를 찾기 위해 경청하는 경우가 이에 해당된다.

세 번째는 투사적 경청(projective listening)이다. 이는 수신자가 메시지에 대한 평가를 하지 않으면서 경청하여 송신자의 관점을 이해하기 위한 노력을 한다.

대부분의 사람들은 적극적 경청의 필요성이나 중요성을 잘 이해하면서도 왜 적극적인 경청을 하지 못할까? 그것은 다음과 같은 세 가지 이유 때문이다.

첫째, 사람은 말보다 생각을 더 빨리한다. 보통의 사람은 두뇌에서 1분에 약 600~700개의 어휘를 처리하면서도 말하는 어휘의 수는 약 125개 정도에 불과하다.

둘째, 송신자와 견해를 달리할 때나 Personality가 상이한 사람의 이야기를 경청할 때 일반적으로 감정이 메시지를 봉쇄하게 된다.

셋째, 대답을 준비하면서 경청한다.

그러나 경청은 말하는 사람, 메시지, 환경 등의 특성의 함수이기 때문에 효과적 또는 적극적 경청을 위한 기법이나 지침을 명확히 제시하기란 매우 어렵다.

### (1) 로빈스(S. P. Robbins)의 경청기법

로빈슨이 효과적인 적극적인 경청방법으로서 다음과 같은 내용을 제시하였다.[28]

① 눈을 맞추라(make eye contact).

② 고개를 끄덕이며 적절한 표정을 지으라.

③ 주위를 산만하게 하는 행동이나 제스처를 피하라.

④ 질문하라.

⑤ “내가 듣기로는 당신이 말하는 바가 … ” 또는 “당신이 말하는 바는 … ” 하는 등의 표현으로 부연(paraphrase)하라.

⑥ 말하는 사람들 사이에 끼어들어 방해하지 말아라.

⑦ 너무 많이 말하지 말라.

⑧ 말하는 사람과 듣는 사람의 역할 간의 전환을 자연스럽게 하라.

### (2) 듀브린(A. J. DuBrin)의 경청기법

듀브린(A. J. DuBrin)은 효과적인 적극적 경청방법으로서 다음과 같은 여섯 가지를 제시[29]하고 있다.

---

28 S. P. Robbins, *op. cit.*, 1993, pp. 341-343.

29 A. J. DuBrin & R. D. Ireland, *Management and Organization*, South-Western, 1993,

① **의미에 집중하라**: 다시 말해 하나하나의 어휘를 경청하려고 하지 말고 전체적인 요점을 파악하도록 노력해야 한다.

② **말하는 것에 몰입하라**: 생각과 사전 정보를 동원하라.

③ **말하는 것을 모두 경청해라**: 말이 끝나기 전에 결론을 내리지 말라.

④ **감정을 인정하라**: 사실 자체만을 청취하는 것은 충분히 효과적이지 못하므로 상대방의 입장에서 사실과 함께 감정을 인정하라.

⑤ **50대 50의 법칙으로 자신을 평가하라**: 이 법칙에 따르면 자신이 말하는 시간에 50% 이상을 할애하지 말아라.

⑥ **경청한 바를 요약하라.**

### (3) 데이비스(K. Davis)의 경청기법

데이비스(K. Davis)는 커뮤니케이션의 효과를 증진시키기 위해 적극적인 경청을 하기 위해 필요한 다음과 같은 지침(指針)[30]을 제시하고 있다.

① 말을 많이 하지 말라. 말을 계속하면 들을 수 없다. 햄릿의 플로니어스는 "모든 사람에게 너의 소리를 들려주지 말고, 너의 귀를 주라"고 했다.

② 상대방을 편하게 해 주라. 다른 사람이 자유롭게 말할 수 있도록 도와주라.

③ 말하는 사람에게 당신이 듣기 원함을 보여 주라. 반대하기 위해서가 아니라 이해하기 위해서 잘 들으라.

④ 산만한 정신을 가져서는 안 된다.

⑤ 말하는 사람에게 감정이입을 하라. 타인의 견해를 알려고 노력하라.

⑥ 주장과 비판을 차분히 하고 논쟁하지 말라. 논쟁하면 이기더라도 지는 것이다.

⑦ 질문을 하라. 그렇게 하면 말하는 사람에게 용기를 주고 당신이 청취하고 있음을 보여 줌이다. 그것은 요점을 더욱 잘 알게 해 준다.

이상에서 살펴본 바와 같이 적극적인 경청은 커뮤니케이션의 효과를 좌우할

---

(2nd), p. 341.

30 K. Davis & J. W. Newstrom, *Human Behavior at Work*, McGraw-Hill, 1989(8th), p. 413.

수 있는 핵심변수이다. 그러나 여기에서 보다 중요한 사실은 수신자 입장에서 적극적으로 경청하는 행위보다도 송신자에게 수신자가 적극적인 경청을 하고 있다는 느낌이나 확신을 갖도록 하는 것이 보다 중요하며, 이것이 효과적인 커뮤니케이션의 열쇠가 된다는 사실을 잊지 말아야 한다.

### 2) 상대를 존경하고 신뢰감을 조성하라.

커뮤니케이션에 있어서 상대에 대한 예의와 존경은 무엇보다 중요하다. 존경이란 상대방의 인격과 존재가치를 충분히 인정하는 것인데, 이러한 인정은 상대로 하여금 심리적 만족감을 느끼게 한다. 상대에 대한 인격적 존중이 전제될 때 예의바른 태도가 나타난다. 그리고 상호 신뢰할 수 있는 분위기는 효과적인 커뮤니케이션의 기본이 된다. 상호간 불신의 벽이 있는 경우에는 진정한 의미에서의 커뮤니케이션은 불가능하다.

종교 지도자들이 대화나 설교를 통해 다른 사람을 쉽게 이해시키고 설득하며 경우에 따라서는 많은 감동을 줄 수 있는 것은 바로 그들에 대한 존경과 신뢰가 전제되어 있기 때문일 것이다.

경영자와 종업원 사이에 상호 신뢰감이 형성되면 대체로 커뮤니케이션의 효율성은 높아진다.[31] 일반적으로 커뮤니케이션의 질은 하위자의 판단에서 평가되며, 상위자에 대한 하위자의 인지와 관련이 깊다. 경영자가 커뮤니케이션에 대한 비판을 줄이고, 하위자와의 사이에서 이해력을 높여 나갈 때 상호신뢰성은 향상된다.

### 3) 커뮤니케이션의 장애물을 제거하라.

효과적인 의사소통을 위해서는 커뮤니케이션에 방해가 될 수 있는 장애물은 사전에 제거해야 한다. 상대방에 대한 편견이나 선입견을 버리고 편향된 주관적

31 K. H. Roberts and C. A. O`Reilly Ill, "Failures in Upward Communication in Organizations: Three Possible Culprits," *Academy of Management Journal*, June 1974, pp. 205-215.

인 판단을 배제해야 한다. 사람들은 자신만이 가지고 있는 왜곡망(screens), 즉 자기의 가정, 가치관, 신념, 관심 등으로 인해 메시지가 왜곡될 수 있기 때문이다.

### 4) 적시적인 피드백을 하라.

효과적인 의사소통을 위해서는 상대방의 의도나 의미를 정확하게 이해할 수 있어야 한다. 대화중 자신의 메시지가 정확하게 전달되고 있는지를 부분적으로 검토해 가면서 상호 공통된 관심과 이해의 폭을 넓혀 나가야 한다. 피드백(feedback)을 주고받으면 개방적인 인식 영역이 넓혀지고 새로운 통찰을 얻게 된다. 따라서 평소 상대방의 메시지를 청취하면서 자신의 말에 반영할 수 있는 태도를 꾸준히 개발해 나가는 자세를 확립해 나가야 할 것이다.

### 5) 강압이나 조작을 피하라.

일반적으로 상대방을 제압하거나 지배하기 위한 커뮤니케이션은 조직을 경직시키고 조직의 사막화를 촉진시킨다. 커뮤니케이션은 강압의 도구가 아니라 협조와 이해를 통해 조직을 활성화시키는 데 초점이 맞춰져야 한다.

효과적인 커뮤니케이션이 되기 위해서는 어느 한쪽이 다른 한쪽을 일방적으로 지배해서는 결코 아니 된다.

지위와 권력을 가지고 있는 사람은 때로 자기의 지위를 이용하여 자기가 원하는 방향으로 대화를 이끌어 가려고 한다. 그러나 사람들은 자신이 권력의 남용이나 조작적인 상황에 처해 있다는 사실을 알게 되면, 상대방을 승리와 패배의 시각에서 판단해 버린다.

따라서 커뮤니케이션은 권력싸움이 아니라 진실된 마음을 주고받는 수단이기 때문에 지위나 권력 및 권위의 사용이라는 유혹에서부터 벗어날 수 있을 때 진정한 의미에서의 커뮤니케이션은 가능하게 될 것이다.

### 6) 상대방을 수용하려는 자세를 가져라.

수용은 상대의 감정과 경험을 존중하고 배려하는 것을 의미하는데, 이에는 다른 사람과 함께하려는 개방적이고 자발적인 태도가 요구된다. 조건 없이 상대방을 수용하는 것은 커뮤니케이션을 원활하게 만든다. 이러한 분위기는 서로를 존중하고 사랑하는 태도를 갖게 한다. 따라서 이러한 상호존중의 태도는 커뮤니케이션을 하는 당사자들에게 상호 진실되고 솔직한 수용태도를 갖고 접근하게 하는 중요한 요인이 된다.

커뮤니케이션의 당사자들이 상대에 대한 판단을 지양하고, 서로를 수용하는 자세에서 상호 관심사를 자유롭게 나눌 수 있을 때 효과적인 커뮤니케이션은 지속될 수 있을 것이다.

### 7) 소문을 활용하라.

소문은 일종의 비공식 커뮤니케이션의 통로인데, 수동적이고 일시적이며 대면적인 특성을 가진 커뮤니케이션이기 때문에 대부분의 경우에는 공식시스템보다도 더 빠르게 의사가 전달된다. 그래서 소문은 '불길과 같이 빠른 속도로 경영자의 집무실을 거쳐 휴게실과 복도를 통과하는 과정에서 여과된다'라고 한다.[32]

기업에 있어서 소문은 때때로 매우 효과적인 커뮤니케이션의 수단으로 사용되고 있다. 왜냐하면 소문은 직접적인 대면관계와 피드백이 이루어지므로 정보수용자에게 강한 영향을 미칠 수 있기 때문일 것이다. 그리고 소문은 여러 가지 심리적 욕구를 충족시켜 주기 때문에 항상 어느 곳에나 존재하며, 누구도 이를 제거할 수는 없다.

---

32 K. Davis, *Human Behavior at Work*(New York: McGraw-Hill, 1972), p. 267.

## 7. 의사결정(Decision Making)

### 1) 의사결정의 개념

경영활동은 의사결정의 연속이라고 볼 수 있다. 의사결정(decision making)이란 여러 가지 대안들로부터 최적의 대안을 선택하는 과정으로서 무엇을 해야 하고, 누구 그것을 해야 하며, 언제, 어디서, 어떻게 그것을 할 것인가를 선택하는 것을 의미한다. 즉, 어떤 사업에 투자할 것인가? 어떠한 조직구조를 가질 것인가? 자금은 어떻게 조달하고, 종업원은 어떻게 선발하며, 제품개발은 어떻게 하고, 제품가격은 어느 수준에서 결정하고, 생산량은 어떻게 결정할 것인가? 등의 의사결정을 통해서 경영활동은 이루어진다. 따라서 의사결정은 경영자에게 가장 중요한 직무사항이며 경영활동이 복잡해지고 경쟁이 격화될수록 보다 정확하고 효과적인 의사결정이 요구된다.

기업경영에서 효과적인 의사결정이란 합리적이어야 하는데 합리적으로 행동하거나 의사결정을 하는 사람들은 일반적으로 다음과 같은 공통적인 특징을 갖는다.

첫째, 주어진 환경과 제약 속에서 목표에 도달할 수 있는 대안적 행동과정을 명확하게 이해하고 있다.

둘째, 추구하는 목표의 관점에서 대안을 분석하고 평가할 수 있는 능력과 정보를 가지고 있다.

셋째, 최적의 해결책에 도달하려는 강한 욕망을 가지고 있다.

그런데 현실적으로 합리적인 의사결정이란 매우 어렵다. 기업경영에서 경영자나 관리자들은 항상 제한된 합리성에 만족할 수밖에 없다. 이는 시간, 정보, 확실성 등에 한계가 있기 때문이다. 보다 구체적으로 제한된 합리성이란 대체로 만족할 수 있는 수준이나 받아들일 수 있는 정도의 행동방안을 의미한다. 따라서 대부분의 경영자들은 합리성의 한계 내에서 그리고 수반되는 위험의 크기와 본질에 비추어 그들이 할 수 있는 최선의 의사결정을 하려고 노력하고 있는 것이다.

그림 13-4 | 환경의 불확실성과 의사결정 |

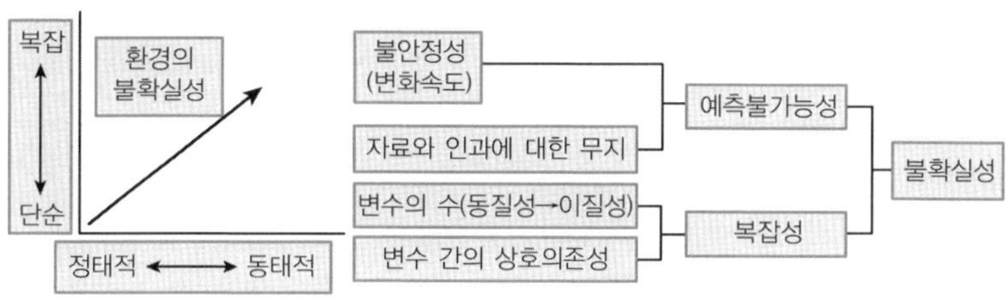


〈그림 13-4〉에서 보는 바와 같이 오늘날의 기업경영은 다변성과 다양성을 특징으로 하면서 빈약한 자료 기반이나 확보된 자료에 대한 신뢰성이나 미래 사건에 대한 정보부족으로 인해 경영활동의 불확실성은 점증하고 있으며 이로 인해 합리적인 의사결정의 어려움은 가중되고 있다.

오늘날 기업경영에서 합리적인 의사결정의 어려움을 더하고 있는 불확실성의 구체적인 내용을 보면, ① 정보의 활용가능성이나 정확성에 대한 불확실성, ② 인과관계에 관한 불확실성, ③ 결과선호에 관한 불확실성, ④ 피드백의 시간폭으로부터 오는 불확실성, ⑤ 사건발생 확률에서 오는 불확실성 등이다.

### 2) 의사결정의 과정

의사결정은 문제해결과정에 포함되는 개념으로서 문제해결을 위해 여러 가지 대안을 선택하는 과정이며 일반적으로 문제해결의 과정은 다음과 같은 다섯 단계로 요약하여 설명할 수 있다.

그림 13-5 | 의사결정의 과정 |

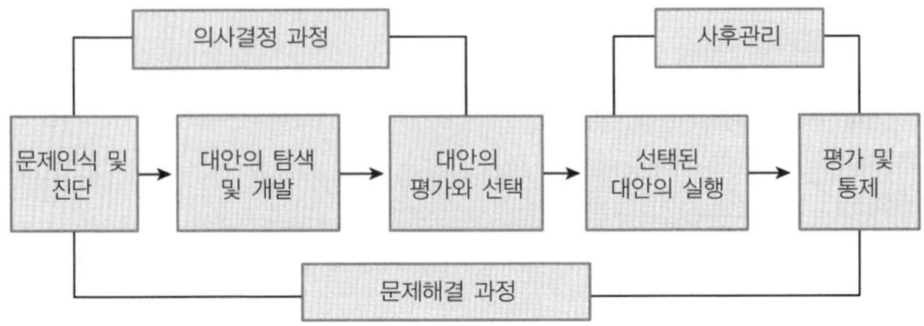


### (1) 문제의 인식 및 진단

의사결정과정에서 가장 먼저 해야 할 일은 문제를 파악하고 인식하는 것이다. 효율적으로 문제의 인식하고 규명하려면 문제의 특성을 이해하고 문제를 야기한 근본원인을 정확하게 진단하고 평가할 수 있어야 한다.

현재의 상태를 정확하게 인식하고 문제를 규명하기 위해서는 성과보고서를 활용하거나 각종 회의나 공청회를 개최하여 여러 사람들로부터 필요한 정보를 수집하고 다양한 의견과 이에 대한 논의들을 경청하는 것도 좋은 방안이 될 수 있을 것이다.

### (2) 대안의 탐색 및 개발

문제의 인식과 원인규명이 되고 나면 이를 바탕으로 실제상황과 이상적인 상황간의 차이를 해소시킬 수 있는 방안이 강구되어야 한다. 즉 대안의 탐색이나 개발의 필요성이 요구된다.

실제적인 대안을 탐색(the search for alternatives)하는 이 단계에서는 바람직한 목표수행에 방해가 되는 제약요인을 발견하고, 평가하고, 이를 극복함으로써 최선의 대안을 탐색할 수 있게 된다. 일반적으로 대안의 포괄적인 탐색이나 개발을 위해서는 브레인스토밍(brain storming) 기법과 같은 창의적인 의사결정기법이 활용된다.

### (3) 대안의 평가 및 선정

의사결정의 핵심은 대안의 평가(evaluation of alternatives)와 대안의 선정(selecting an alternatives)이다. 적절한 대안이 탐색되고 나면 이들을 평가하고 목표달성에 가장 적합한 하나의 대안을 선택하는 일이 필요하다. 대안을 선택하고 평가하는 기준은 의사결정의 목적이나 사용되는 평가모형 및 대안의 성질에 따라 다르겠지만 일반적으로 고려하는 사항은 다음과 같다.

첫 번째는 대안의 효과를 생각하여야 한다. 대안이 조직목표나 자원에 대하여 어느 정도 실제적이며 문제해결에 도움이 될 수 있는가를 고려해야 한다.

두 번째는 선택되는 대안의 실행 가능성이다. 아무리 훌륭한 대안을 개발하였다고 하더라도 실행할 수 없는 대안은 소용이 없다. 따라서 선택하는 대안에 대한 현실적인 실행가능성을 신중하게 고려해야만 한다.

세 번째는 선택된 대안이 조직에 미치는 영향을 고려해야 한다. 만약 선택된 대안이 실행되었을 경우 조직에 불필요한 문제들을 야기시킨다면 이는 곤란하다.

이와 같이 선택 가능한 대안에 대한 평가가 이루어지고 나면 가장 합리적인 하나의 대안을 선정하는 일을 해야 한다.

대안을 선정하기 위한 기본적인 접근방법으로는 경험(experience), 실험(experimentation), 조사연구와 분석(research and analysis) 등의 방법을 생각할 수 있다.

① 경험(experience): 경험은 최상의 스승이라는 말이 있다. 경험이 많은 관리자는 자신이 경험에 의존한다는 사실을 깨닫지도 못하면서도 성공적으로 달성했던 일과 과거에 저질렀던 과오는 미래에 대한 거의 확실한 지침을 제공한다고 믿는 경향이 많다.

그러나 미래 행동에 대한 지침으로 과거경험에 의존하는 데는 위험이 따를 수밖에 없다. 왜냐하면, 대부부의 사람들은 실수나 실패의 근본적인 이유를 인식하지 못하며, 과거 경험의 교훈이 새로운 문제에는 전적으로 적합하지 않을 수도 있기 때문이다. 그러므로 과거의 경험을 맹목적으로 의존할 것이 아니라 그것을 주의 깊게 분석하여 이로부터 성공과 실패의 근본적인 원인을 정제해 낸다면, 비로소 경험은 의사결정의 기초로서 매우 유용하게 될 수 있을 것이다.

② **실험**(experimentation): 현실적으로 실험에 의해 최선의 행동방안이 확인되기 전에는 이루어질 수 없는 의사결정도 많다. 예컨대 신제품 판매를 확대하기 전에 특정시장에서 시험판매하는 경우나 조직혁신의 기법을 회사 전체에 확대하기 전에 특정 지점이나 공장에서 먼저 실험되는 경우도 있다.

③ **조사연구와 분석**(research and analysis): 중요한 의사결정을 하는 경우 대안을 선택할 때 활용되는 가장 효과적인 기법의 하나는 연구조사와 분석 기법이다. 조사 분석은 통계적인 기법을 의사결정에 활용하는 것으로서 보다 중요한 변수들과 제약요인을 추구하는 목표에 관련된 전제들 간의 관계에 대한 조사가 포함된다. 일반적으로 널리 활용되고 있는 조사 분석의 기법에는 운영분석(operational research; OR)방법이 있다.

#### (4) 대안의 실행

하나의 대안이 선정되고 나면 실행을 위한 구체적인 행동계획을 수립하여야 한다. 선택된 대안의 궁극적인 성공은 실행을 통해 구현될 수 있기 때문에 바람직한 실행계획을 수립하는 것은 중요한 일이 아닐 수 없다.

#### (5) 실행 결과의 평가 및 통제

대안의 실행 결과에 대한 평가는 목표달성의 관점에서 수행한 대안의 실행 과정이나 실행방법의 효율성에 대한 정보를 수집하여 검토함으로써 이루어진다. 물론 실행결과에 대한 평가는 긍정적인 측면과 부정적인 측면을 모두 고려하여 평가를 하는 것이 합리적일 것이며 평가의 결과를 적절한 방법으로 피드백(feedback)시켜야 한다.

### 3) 의사결정의 유형

의사결정의 유형은 의사결정의 주체에 따라 개인적 의사결정과 조직적 의사결정으로 대별할 수 있다.

### (1) 개인적 의사결정(individual decisions)

개인적인 의사결정이란 개인의 동기나 목적달성을 위해 이루어지는 의사결정으로서 이는 동기화의 문제로 종래 전통적인 조직론에서는 공식적인 조직만을 연구대상으로 하였으나 근대 조직론에서는 구성원의 동기화 문제를 포함시키고 있다.

개인적 의사결정은 집단적· 조직적인 의사결정보다는 시스템적이거나 질서정연하지 못하고 비합리적이며 제한된 정보력에 의존하여 이루어지는 경향이 있다.

### (2) 조직적 의사결정(organizational decisions)

조직의 객관적인 목적을 효율적으로 달성하기 위해 이루어지는 의사결정으로서 오늘날의 경영의 복잡화, 기업환경의 다양성, 업무의 전문화 등으로 기업경영에서의 중요한 문제는 각종 위원회, 연구팀, 태스크포스(task force), 심의회 등과 같은 집단에 의해 대체되고 있다. 이러한 조직적인 의사결정에는 정형적인 의사결정과 비정형적인 의사결정이 있다.

### (3) 사이먼(H. A. Simon)의 의사결정 유형

사이먼(H. A. Simon)은 의사결정의 유형을 정형적 의사결정과 비정형적 의사결정으로 구분하여 설명하였다.

#### ① 정형적 의사결정(programmed decision)

이는 일상적·반복적으로 생기는 상규적인 문제와 관련된 의사결정으로 일정한 방식과 절차가 있으며 일반적으로 프로그램화되어 있다. 따라서 조직내 직무편람이나 업무규정은 조직구성원의 일상적인 의사결정의 지침이 된다. 이와 같은 정형적 의사결정의 특징은 다음과 같다.

첫째, 정형적인 의사결정은 주로 조직의 하위계층에서 이루어지며 단기적인 성격을 띤다.

둘째, 조직 내부 문제에 초점을 두며 외적인 요인에 의해 영향을 받지 않는다.

셋째, 지속적· 반복적인 성격을 지니며 조직의 존속과 유지에 관한 내용들이 대부분이다.

② 비정형적 의사결정(non-programmed decision)

이는 조직 내에서 처음 발생한 문제이고, 비일상적이고 비반복적인 업무 상황에서 이루어지는 비구조적인 의사결정으로서 대체안의 탐색이 요구되는 혁신적인 성격을 지닌다. 오늘날과 같이 급변하는 경영환경에서는 외부환경변화에 능동적으로 대처하기 위해 지금까지의 방식이나 시스템을 변경하고, 새로운 방식과 시스템을 개발하는 혁신적인 의사결정의 필요성이 강조된다.

이와 같은 비정형적인 의사결정은 다음과 같은 특성을 갖는다.

첫째, 일회적이고 동태적이며 불확실한 상황하에서 이루어진다.

둘째, 조직의 목표나 전략, 장기적인 계획이나 환경적응 등 조직의 생존문제와 관련된다.

셋째, 최적해에 도달할 수 없어도 위험을 최소화할 수 있어야 한다.

이상에서 고찰한 정형적 의사결정과 비정형적 의사결정의 특성을 요약하여 비교해보면 다음과 같다.

**표 13-3** 정형적 의사결정과 비정형적 의사결정의 비교

| 구분 | 정형적 의사결정 | 비정형적 의사결정 |
|---|---|---|
| 특성 | ① 일상적·상규적인 업무상황<br>② 하위계층에서 이루어짐<br>③ 객관적인 방법과 절차 확립<br>④ 자료의 명확성 | ① 불규칙하고 특수한 업무상황<br>② 상위계층에서 이루어짐<br>③ 주관적이고 전략적 차원에서 이루어짐<br>④ 자료의 불확실성 |
| 문제 유형 | ① 인과관계의 명확성<br>② 예측이 가능한 상황 | ① 인과관계의 불명확성<br>② 예측할 수 없는 불확실한 상황 |
| 절차 | 명확한 규정, 규칙, 절차에 의존함 | 창의성과 직관에 의존함 |

### (4) 안소프(H. I. Ansoff)의 의사결정 유형

안소프(H. I. Ansoff)는 의사결정이 이루어지는 목적에 따라 의사결정의 유형을 다음과 같은 세 가지 유형으로 구분하였다.33

① 전략적 의사결정(strategic decision)

이는 장기적인 기업생존을 위해 외부환경과의 적응문제를 다루는 의사결정으로서 유효성(effectiveness) 확보에 초점을 둔다. 예컨대 기업이 장래 어떤 업종으로 진출할 것인가를 결정하는 문제를 비롯하여 해외시장진출이나 신제품개발, 기업목표의 설정과 변경, 경영정책이나 전략의 수립, 경영다각화, 인수합병의 결정, 시장믹스의 선정과 이에 대한 자원의 배분 등에 관한 의사결정을 의미한다. 이러한 전략적 의사결정은 최고경영층의 고유직무이며 다음과 같은 특성을 갖는다.

첫째, 장기적이고 전반적인 기업의 방향성과 관련되는 의사결정으로서 새로운 목적과 전략의 발견 및 평가와 관련된다.

둘째, 의사결정의 영향이 장기적이고 전사적이다.

셋째, 비정형적이며 불확실성이 높고 고도의 판단이 요구된다.

넷째, 기업 활동을 환경에 적합 시키려는 의사결정이다.

다섯째, 새로운 목적과 전략의 효과는 몇 년 후에 얻게 된다.

여섯째, 목적과 전략의 적절성은 장기간 후에 알려진다.

일곱째, 문제들은 추상적이고 어느 정도 연기할 수 있고, 익숙하지 못하다.

여덟째, 경험적 계량적인 기법의 적용이 어렵다.

② 관리적 의사결정(administrative decision)

이는 경영목적 달성을 위해 필요한 자원을 획득하고 활용함에 있어 효율성을 극대화하기 위해 이루어지는 의사결정으로서 주로 중간관리층에서 수행되며 다음과 같은 특성을 갖는다.

첫째, 전략과 업무 간의 조정을 위한 의사결정이다.

둘째, 개인목표와 조직목표 간의 갈등을 해소한다.

셋째, 일상적인 업적과 결과에 관련된다.

---

33 H. I. Ansoff, *Corporate Strategy*(Penguin Books, 1968), p. 18.

넷째, 기업의 자원을 조직화하기 위한 의사결정이다.

다섯째, 문제는 구체적이고 직접적이며 익숙한 것들이다.

여섯째, 목적과 전략의 적절성은 즉시 알려진다.

일곱째, 목표는 통상 광범위한 과거 경험을 통해 정당성을 인정받아 왔다.

이와 같은 관리적 의사결정의 대표적인 예로는 조직편성, 권한과 책임의 한계 정립, 작업 및 정보 흐름, 입지결정, 교육훈련, 자금조달 등을 들 수 있다.

③ 업무적 의사결정(operating decision)

이는 일상적으로 수행하는 정형적인 업무에 관한 의사결정으로 실무자나 일선 감독자에 의해 이루어지는 의사결정이다. 업무의 효율성이나 생산성 향상을 목적으로 조직 내에서 이루어지는 적절한 자원의 배분이나 일정계획, 감독, 통제 활동 등을 포함하며 다음과 같은 특성을 갖는다.

첫째, 반복적이며 분권적인 형태의 의사결정이다.

둘째, 부서 또는 사업본부에서 독자적으로 행한다.

셋째, 대량적·구조적인 의사결정이다.

업무적 의사결정의 대표적인 예로는 일정계획, 업무감독 및 통제, 비용지출, 가격결정 등이다.

### (5) 구텐베르그(E. Gutenberg)의 의사결정 유형

구텐베르그(E. Gutenberg)는 의사결정이 이루어지는 상황을 중심으로 의사결정의 유형을 다음과 같은 세 가지로 구분하였다.34

① 확실성하에서의 의사결정

이는 의사결정에 필요한 정보를 충분히 확보할 수 있고 이를 적절하게 활용함으로서 결과를 예측할 수 있는 상황에서 이루어지는 의사결정을 말한다. 따라서 문제에 대한 명확한 인식이 규명이 있고, 해결방안이 잘 알려져 있으며 최적해의 선택이 가능한 경우이다.

이처럼 확실성을 포함하는 상황에서는 어떤 의사결정에 대하여 결과를 합리

34 E. Gutengerg, *Unternehmungsführung, Organizaion und Entscheidung*(Wiesbaden, 1962), pp. 77-78; 추헌, 조직행위론, 형설출판사, 1994, p. 680.

적으로 확신할 수가 있다. 즉, 정보를 이용할 수 있고, 그 정보가 믿을 만한 것으로 간주되면 인과관계를 정확하게 알게 된다.

일반적으로 확실성을 포함하는 상황에서는 손익분기점분석기법, 고전적 최적화 기법, 선형계획법(linear programming; LP) 등과 같은 통계적인 기법들을 의사결정에 활용할 수 있게 된다.

② 위험성하에서의 의사결정

이는 문제의 인식이나 의사결정의 결과에 대한 어느 정도의 정보를 가지고 있지만 충분한 상황은 아니기 때문에 어느 정도의 위험(risk)은 감수해야 한다. 다시 말해 문제가 무엇이고, 대체안은 어떤 것들이 있으며, 대체안이 갖는 특성이나 이에 대한 충분한 정보를 바탕으로 접근하지만 각 대체안들이 갖는 미래의 결과가 우연이나 확률에 의존할 수밖에 없는 상황에서 이루어지는 의사결정을 말한다.

위험성하에서 이루어지는 의사결정의 핵심은 각 대안이 갖는 확률을 정확하게 아는 것이다. 따라서 의사결정의 질을 높이기 위해서는 각 대안이 갖는 보다 정확한 객관적인 확률을 파악하여야 한다. 이를 위한 현대적 기법에는 위험도분석(risk analysis), 선호이론(preference theory), 확률적인 선형계획법이나 확률제약프로그램, 대기행렬이론(queueing theory), 시뮬레이션모델(simulation model), 완전정보의 기대가치(expected value of perfect information; EVPI), 의사결정수(decision making tree) 등이 있다.

③ 불확실성하에서의 의사결정

대부분의 의사결정은 어느 정도의 불확실성하에서 이루어지며, 일정한 위험을 내포하게 된다. 그러나 그 정도는 매우 다양하며 비교적 확신한 것에서부터 매우 불확실한 상황에서의 의사결정에 이르기까지 다양하다.

일반적으로 불확실한 상황에서는 빈약한 자료기반만을 갖게 되어, 그 자료가 신뢰성이 있는지의 여부도 알 수 없고, 상황이 변화될지 아닐지도 알 수 없다. 그리고 변수 간의 상호작용을 평가할 수도 없다.

이와 같은 불확실성에 대한 의미는 두 가지로 이해될 수 있는데 그 하나는 의사결정자가 너무 많은 정보 또는 대체안을 갖고 있어 그중에서 최적의 대안을 선택하는 일이 어렵다거나 불가능하다는 의미이고, 다른 하나는 행동의 결과를 알 수 없다거나 예측할 수 없음을 의미한다.

마일즈(R. H. Miles)는 불확실성이란 예측의 기반이 되는 미래의 사건에 대한 정보의 부족을 의미하며 그것은 다음과 같은 다섯 가지 요소로 구성되어 있다고 하였다.[35]

① 정보의 활용가능성, 정확성 및 명확성에 관한 불확실성

② 인과간계에 관한 불확실성

③ 결과의 선호에 관한 불확실성

④ 피드백의 시간 폭으로부터 야기되는 불확실성

⑤ 사건이 일어날 확률을 부여할 수 없는 데서 야기되는 불확실성

한편, 밀리컨(F. Milliken)은 불확실성의 개념을 다음과 같은 세 가지 유형으로 구분하였다.

첫째, 상태의 불확실성이다. 이는 환경의 구성요소에 관한 그리고 이들 구성요소간의 관계에 관한 불확실성을 의미한다.

둘째, 결과의 불확실성이다. 이는 환경의 요소가 조직에 미치는 영향에 관한 불확실성을 의미한다.

셋째, 반응의 불확실성이다. 이는 조직이 어떤 반응을 취할 것인가의 선택안에 관한 지식의 결여와 그 선택안의 결과를 예측할 능력이 없음을 의미한다.

35 R. H. Miles, *Macro Organizational Behavior*(Goodyear Publ., 1980), p. 199.

## 토의문제

1. 커뮤니케이션이란 무엇이고 왜 중요한지에 대해 토의해 보자.
2. 커뮤니케이션의 유형을 조직구조와 관련하여 분류해 보자.
3. 커뮤니케이션을 활성화하기 위해 무엇을 해야 하는가? 주체와 객체 입장에서 토의해 보자.
4. 커뮤니케이션 활성화를 위한 제도적 개선에 대해 토의해 보자.
5. 의사결정의 유형별 특성에 대해 토의해 보자.
6. 의사결정의 효율화 방안에 대해 토의해 보자.

Human Behavior 제14장

# 리 더 십

## 1. 리더십의 본질과 기능

### 1) 리더십의 본질

조직이 파멸의 위기에서 벗어나 기사회생을 하였거나 새로운 조직이 출현하여 성공적인 비즈니스(Business)로 주목을 받게 되었을 때 대부분의 사람들은 그 조직의 리더는 누구인가? 그 사람은 어떤 경력을 가지고 있었는가? 비전은 무엇이고 도대체 사업을 어떻게 성공적으로 완수하였을까? 등에 많은 관심을 갖는다.

왜 사람들은 이러한 것들을 궁금해 하고 중요하게 생각하는가? 그것은 바로 현재와 미래의 성공을 약속하는 리더십 때문일 것이다.

한편, 시대와 환경의 급격한 변화가 강대국의 리더들을 어떻게 좌초시켰는지를 우리는 보아왔다. 소련의 고르바초프는 공산혁명 70년 만에 체제를 무너뜨린 위대한 인물로 존경 받았음에도 불구하고 다시는 돌아오지 못할 절벽 밑으로 떨어지고 말았다.

1988년 미국의 대통령 선거에서 민주당 후보였던 게리 하트(Gary Hart)는 스캔들 때문에 대통령 선거에서 도중하차 했어야 했고, 설사가상으로 정계를 영원히 떠나야만 했다. 이탈리아의 민영은행으로서는 그 규모가 제일 큰 앰브로시아노의 총재였던 로베르트토 캘비(Roberto Calvi)는 리더만이 느낄 수 있는 고독과 불안을 견디지 못해 영국여행 중 런던의 블랙 프라이어스(Black Friars)다리 아래서 목을 매고 인생을 마감했다.

그리고 GE사의 잭 웰치나 미국의 부시 대통령과 같은 이들은 그들의 실수에도 불구하고 무엇이 그들을 위대한 리더로 만들었는가? 대중의 인기를 한 몸에 받았던 히틀러나 모택동과 같은 이들은 그들만의 뛰어난 매력에도 불구하고 무엇이 그들을 역사에 기록된 가장 형편없는 리더로 만들었는가?

우리가 알고 싶어 하는 것은 바로 이런 점들일 것이다. 따라서 본 장에서는 리더는 어떤 사람이고, 리더십이란 무엇인가? 어떻게 하면 효과적인 리더십을 발휘할 수 있는가에 논의에 주안점을 두고 보다 구체적인 리더십에 관한 이론적 체계를 확립해 보기로 하자.

### 2) 리더십의 기능

리더십의 주요 기능은 이를 논의하는 의도나 목적에 따라 다양하게 설명할 수 있지만 일반적으로 기업경영에서 논의되고 있는 리더십의 주요기능을 살펴보면 다음과 같다.

첫째는 상황판단의 기능이다. 이는 경영조직뿐만 아니라 모든 조직의 리더에게 필요불가결한 기능이며, 자기 자신을 포함한 조직 내· 외의 상황에 대한 정확한 정보를 획득하여 일정한 효과를 가져올 수 있도록 이를 분석하고 정리하는 것을 말한다. 보다 구체적으로 부하직원의 신상에 관한일이나 의사소통의 경로를 개발하는 일, 급변하는 사회적 여건과 복잡한 심리적 활동을 이해하는 일, 그리고 모든 관계상황에 대해 고려하는 일과 같은 내용들이 포함된다.

둘째는 조직의 통일이나 유지의 기능이다. 리더가 지도적 지위를 확보함과 더불어 경영조직을 개인 및 하위집단의 이해를 조정하여 조직내부에 있을 수 있는 제반논쟁을 사전에 방지하고, 필요에 따라 응분의 조치를 행하고, 조직구성원으로서의 귀속감과 일체감을 조성함으로써 궁극적으로는 조직의 통일이나 질서를 유지 및 강화시키는 것을 말한다.

셋째는 집단목표 달성의 기능이다. 이는 경영조직의 목표를 설정하고, 목표를 달성하기 위한 구체적인 계획을 수립하고, 보다 생산적인 활동에의 참여를 가능케 하는 조직화의 기능은 물론 더 나아가 종업원의 사기앙양을 시도하는 기능을 말한다.

## 2. 리더십의 개념

리더(leader)는 어떤 사람이고, 리더십(leadership)이란 무엇인가? 한마디로 대답하기란 매우 어렵지만, 리더는 글자 그대로 다른 사람들을 앞장서서 이끌어가는 사람을 뜻하고, 리더십은 리더가 갖추어야 할 정신, 자세, 덕목, 자질 등을 포함하여 일컫는 포괄적인 개념적인 말이다.

그러나 이와 같은 리더십(leadership)의 개념은 인류문화와 함께 가장 오래된 어휘이고 조직의 성패를 좌우하는 유일하고 결정적인 요인으로 거론되어 왔다.[1] 그러나 이 개념은 흔히 볼 수 있는 어휘 중의 하나이면서도 가장 이해되지 못한 현상이기도 하다.[2]

이 때문에 많은 논자들이 리더십의 개념을 명확히 하기 위해 많은 노력을 하여 왔다. 그 대표적인 논자들의 정의를 소개해 보면 다음과 같다.

테리(G. R. Terry)는 리더십이란 모든 사람들이 집단목표를 위해 자진해서 노력하도록 사람들에게 영향을 주는 활동[3]이라고 했고, 베니스(Bennis)는 리더가 부하들을 바람작한 방향으로 행동하도록 이끌어 가는 과정이라고 하였다. 쿤츠(H. Koontz) 등은 리더십이란 사람들로 하여금 집단목표를 위하여 자발적으로 노력하

1 B. M. Bass, *Bass and Stogdills Handbock of Leadership*, Free Press, 1990(3rd), p. 8.

2 L. B. Barnes & M. P. Krieger, "The Hidden Side of Organizational Leadership," *Sloan Management Review*, 1986(Fall).

3 G. R. Terry, *Principles of Management*, Homewood, Ⅲ.: Richard D. Irwin, Inc., 1960, p. 493.

그림 14-1 | 리더십 과정의 3대 요인 |

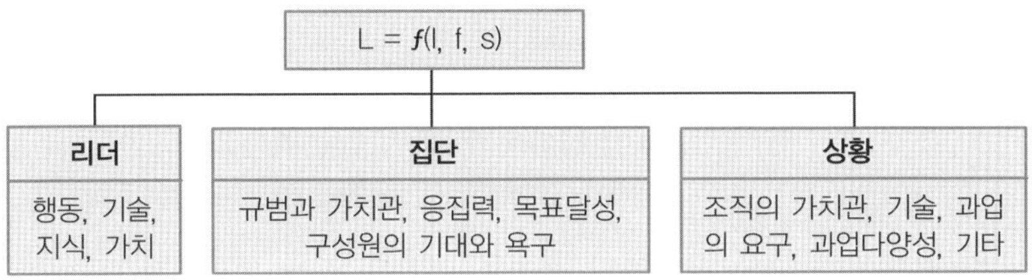


자료: C. R. Milton, *Human Behavior in Organizations,* Prentice-Hall, 1981, p. 292.

도록 그들에게 영향을 주는 기술 또는 과정이라 하였으며,[4] 베스(Bass, 1985)는 부하를 변화시키고, 성취할 수 있는 목표의 비전을 창조하고, 그 목표들을 성취할 수 있는 방법을 명확히 표명하는 것이라 했으며, 캠벨(Cambell, 1991)은 바람직한 기회를 창조하도록 자원들을 집중시키는 행위라고 하였다.

또한, 허시와 블랜차드(P. Hersey & K. H. Blanchard)는 일정한 상황하에서 목표를 달성하기 위하여 개인이나 집단의 활동에 영향을 미치는 과정이며, 리더십의 과정(L)은 리더(leader: l), 추종자(follower: f) 및 상황적 변수(situational variables: s)와의 함수관계인 $L=f(l, f, s)$로 표시할 수 있다고 하였다. 그리고 이러한 요인들의 상호작용을 통하여 리더십의 최종산물인 성과와 직무만족을 얻게 된다고 하였는데 이들 세 가지 요인을 구체화하면 그 내용은 다음과 같다.

이상에서 살펴본 여러 학자들의 정의를 종합해 보면, 리더십의 개념은 시대 흐름과 변화에 상응하여 그 개념을 달리하면서 발전되어 왔는데 리더십의 개념에는 다음과 같은 공통점이 포함되어 있음을 알 수 있다.

첫째, 리더십의 개념은 관계의 개념이다. 리더십은 다른 사람과의 관계 속에서만 존재할 수 있다. 즉 부하가 있어야 리더가 있다. 부하가 없으면 리더도 있을 수 없다. 따라서 리더가 되기 위해서는 부하를 이해하고, 그들을 고무시키고, 그들과 끈끈한 유대관계를 갖는 것이 필요하다. 그러나 이 평범한 원칙을 많은 리더

4 H. Koontz, C. O'Donnell, and H. Weihrich, *Management*, 7th ed., McGraw-Hill Kogakusha, Ltd., 1980, p. 661.

들은 의식적·무의식적으로 잊고 있는 것 같다.

둘째, 리더십은 과정이다. 리더십은 조직구성원들과 계속적으로 상호작용하면서 자연스럽게 형성되어야 한다. 리더십을 발휘하느냐, 발휘하지 못하느냐의 문제는 리더가 비전, 전문성, 열의를 바탕으로 해서 어떤 역할을 보여주는가? 그리고 그런 역할을 조직 구성원들이 인정하는가, 하지 않는가? 그리고 이들의 관계를 긍정적으로 활성화시킬 수 있는 환경조건 등과 관계된다.

셋째, 리더십은 다른 사람들의 행동을 이끄는 것을 의미한다. 리더는 조직 내 권한을 합법화 한다거나, 목표를 설정한다거나, 보상과 벌을 주거나, 팀을 만들거나, 비전을 전달하거나 하는 등의 다양한 방법을 활용할 수 있어야 하며 이를 통해 바람직한 행동을 이끌어 내어야만 한다.

그리고 리더는 비전이 설정되고 나면 구성원들에게 비전을 잘 이해시키고, 이를 기반으로 하여 목표를 달성하기 위한 바람직한 행동을 이끌어야할 의무가 있다.

## 3. 리더십과 기업경영

### 1) 리더와 독재자

리더(leader)란 누구인가? 리더는 다른 사람들을 앞장서서 이끌어가는 사람이고, 영향력을 행사하여 자신이 원하는 방향으로 행동하도록 하는 사람이라고 한다면 독재자와 무슨 차이가 있을까?

많은 사람들이 강력한 리더와 독재를 혼동하고 있다. 독재자는 물리적인 억압이나 힘을 이용하여 다수의 지지가 없어도 자신의 목표에 일치하는 행동을 하도록 강요하는 사람을 지칭하는 말이다. 리더와 독재자가 영향력을 행사한다는 점에서는 공통점이 있으나 리더는 물리적인 억압이나 힘을 사용하지는 않는다. 리더는 영향력을 행사하여 공감대를 형성하고 자발적인 협력과 동참을 이끌어내는 사람이다.

일반적으로 독재자가 제시하는 목표와 비전은 근사하게 포장되어 있어 사람들이 현혹된다. 히틀러는 독일국민에서 장밋빛 미래에 대한 비전을 제시하는 능력을 활용하여 독일인이 전 세계를 지배하는 환상을 심어 주었고, 레닌은 공산주의적인 유토피아에 대한 비전을 추종자들에게 제시하였으며 이를 기반으로 해서 혁명을 성공시켰다. 모택동은 가난과 전쟁에 지친 인민들에게 중국의 자존심을 얼마간이나마 회복시켜주는 듯이 보였다.

그러나 이들 모두는 조직의 이익보다는 자신의 욕망을 위해 리더가 보일 수 있는 속성을 사용했기 때문에 엄청난 비극을 초래했던 것이다.

이러한 역사적 교훈을 통해 진정한 리더는 강제적인 방법과 위협을 사용하지 않고서도 자발적으로 사람들이 원하고 기대하는 행동을 하도록 이끌 수 있는 자질과 능력을 겸비한 사람이라는 것을 알 수 있다.

### 2) 리더십과 경영관리

리더십(leadership)과 경영관리(management)는 모두 특정한 권한을 가지고 있는 공식적 지위가 바탕이 될 때 이루진다는 공통성이 있지만 행사되는 내용과 시가에 따라 그 성격을 달리한다.

현실적으로 리더십의 행사가 경영관리보다 더 중요한 조직이 있을 수도 있고 그 반대의 경우도 있다. 리더십과 경영관리는 어느 한쪽이 다른 한쪽을 대신할 수는 없고 서로가 서로를 필요로 하고 있는 상호보완적인 관계인 것이다.

경영관리는 조직이 복잡하게 되면서 조직을 효율적으로 운영할 수 있게 하기 위해 생겨난 개념이다. 즉, 복잡해진 조직이 일관성 있게 목표를 달성할 수 있게 해주는 처방과도 같다.

이에 반해 리더십은 변화에 대응하기 위한 것으로 조직의 생존을 위협하는 여러 가지 위험 속에서 누구도 앞날을 낙관할 수 없기 때문에 조직이 나갈 바를 제시하고 이끌어 감으로써 조직의 미래를 개척하는 것이라고 할 수 있다.

하버드대학(Harvard University)의 코틀러(John P. Kotter) 교수는 리더십과 경영관리의 차이를 다음과 같이 설명하였다.

첫째, 리더십이 미래의 비전을 제시하고 방향을 설정하는 일이라면, 경영관리는 리더가 제시한 비전과 방향에 따라 계획하고 실행하는 일이라고 하였다. 조직구성원들은 모두 그들 나름대로의 꿈과 이상을 가지고 생활한다. 그러나 그 꿈이 개인 혼자만의 것이 아니라 그가 속한 조직과 많은 사람들이 포함되어 설계된 꿈이고, 그 조직이 나가고자 하는 방향을 표현한 꿈일 때에는 그것이 바로 리더의 비전(vision)이라고 말해질 수 있다.

이처럼 리더의 비전(vision)은 함께 모여 있는 사람들의 이상과 현실을 연결시켜 주는 매개자 역할을 한다. 그리고 이러한 비전과 목표를 달성하기 위해 주어진 기간 동안 계획을 세우고, 계획을 실현하기 위해 자원을 배분하고, 예산을 편성하고, 통제하는 활동을 하는 것을 경영관리(management)라고 말할 수 있겠다.

여기에서 한 가지 유념해야 할 사실은 비전과 유사하게 사용되어지고 있는 방향설정이나 장기발전계획과 같은 용어와의 개념상의 차이를 명확하게 하는 일이다. 경영관리적인 측면에서 방향설정은 비전(vision)과 같은 개념으로 이해할 수 있지만 방향설정과 장기계획은 동일한 의미로 이해할 수 없다. 기업경영에서 리더십의 부족으로 방향설정이 잘못되면 경영관리 과정에서 이루어지는 계획수립은 시간과 에너지의 낭비에 불과할 것이다.

조직구성원들이 조직의 장기발전계획을 조직의 비전으로 잘못 이해하는 경우가 많다. 그래서 조직발전에 대한 장기계획에 있고 그것이 비전을 대신할 것이라고 생각한다. 그러나 그것은 큰 잘못이다. 장기계획이란 상황이 변한다거나 갑자기 예기치 못한 일이 생겼을 때 기업의 목적에 비추어 이를 얼마든지 수정할 수 있지만, 방향설정이나 비전은 그럴 수 있는 성질의 것이 아니다. 즉, 변화된 상황이 방향의 변화를 가져오는 것은 아니라는 것이다. 오히려 확고히 설정된 방향에 상황이 대처해 나갈 수 있도록 계획을 변경시켜야 한다. 그러므로 방향설정은 어떤 계획이 중요하고 필요한지를 판단할 수 있게 한다.

둘째, 리더십은 리더의 비전을 구성원들에게 이해시키고, 비전과 목표에 헌신하도록 솔선하는 것이며, 경영관리는 계획을 달성하기 위해서 필요한 사람들을 조직화하고 충원하는 것이다. 조직의 복잡성이 증가하면 경영관리 목표에 따라 조직을 정비하고, 필요한 인적자원을 충원해서 적절한 곳에 배치하고, 과업을 할당하고, 권한과 책임을 위임해서 목표를 달성하도록 하는 일이 요구된다.

조직이 변화를 추구하거나 위기상황에 신속히 대처하려면 경영관리만으로는 충분치 않고, 조직의 비전을 이해하고 그것을 추구할 수 있도록 구성원들을 이해시키고 설득하는 리더십이 필요하다. 즉 조직구성원들이 비전에 대한 신뢰와 확신을 갖도록 해야 하며, 리더 자신도 비전에 대한 신뢰와 확신을 가져야만 한다.

셋째, 리더십은 구성원들에게 신념을 확신시키고, 동기를 부여하며, 열정을 확산시키는 미래지향적인 노력인 데 반해서 경영관리는 통제 및 문제해결을 통해 계획을 달성하려는 노력인 것이다.

다시 말해 경영관리가 계획과 실제 활동을 비교하여 계획에 맞도록 바람직한 방향으로 실제의 작업과 활동이 이루어지도록 각 부분을 조절해 가는 것이라고 한다면, 리더십은 비전을 달성하기 위해서 사람들의 동기를 유발시키는 것을 뜻한다. 즉, 성취욕구나 인정받고 싶어 하는 욕구, 조직에 소속되어 있다는 소속감, 다른 사람을 통솔하려는 욕구, 자신을 통제하려는 욕구, 자신의 이상대로 살고 싶어 하는 욕구 등을 충족시켜 줌으로써 비전을 실현시키는 데 동참하도록 만든다.

### 3) 리더십은 왜 필요한가?

오늘날 기업경영에서 리더십이 중시되고 있는 이유를 살펴보면 다음과 같다.

첫째, 기술변화, 특히 자동화 기술의 급속한 진전을 들 수 있다. 자동화는 집적회로 반도체소자(IC; Integrated Circuit)의 개발로 이루어진 정보와 커뮤니케이션 기술, 우주탐사, 핵에너지, 로봇공학, CAD(Computer Aided Design), CAM(Computer Aided Manufacturing), CAE(Computer Aided Engineering) 등과 같은 컴퓨터 지원기능, 인체공학부문에서 눈에 띄게 진전되고 있다. 이러한 기술은 인간이 신체를 이용하여 해 왔던 일을 기계로 대체시켜 줄 뿐만 아니라 새로운 대상과 오락에 대한 욕구도 창출시키고 있다. 또한, 육체노동의 비중을 감소시키고, 높은 수준의 교육을 받은 노동력을 필요로 하게 되었다. 따라서 인간은 신속한 적응에 필요한 새로운 능력을 끊임없이 요구받고 있다.

다른 한편에서 이러한 자동화의 진전은 작업상실의 우려, 새로운 기술개발 내용과 그 용도에 대한 무지, 변화에 대한 맹목적인 두려움, 기술로 인한 비인간화의 위협, 인간적 존엄성과 정서를 무시할지도 모른다는 두려움 등에서 저항감을 불러오고 있다.

오늘날 이와 같은 기술의 발전은 경제, 정치, 사회, 문화 등 제반 시스템의 통합을 촉진시키고 있다. 그러나 이러한 기술이 인간생활의 형태를 변화시킨다고 해도 리더십을 보장할 수는 없는 일이다. 리더의 중요한 책임은 인간성에 기초한 리더로서 행동을 보이는 것이지 물리성에 기초한 기계로서 행동하는 것은 아니기 때문에 기업경영에서 리더십의 중요성은 점증하고 있는 것이다.

둘째, 변화의 가속화와 세계화를 들 수 있다. 오늘날에는 통합적인 리더십을 필요로 한다. 즉 오늘날의 리더는 세계시장에서의 경쟁, 시장변동, 조직의 변형, 문화, 인적요소, 가용기술, 국제관계의 다양한 역학관계와 정부, 사업계, 학계, 정보기술계 등에서 표명되는 다양한 견해들을 고려해야만 한다.

셋째, 경제냉전의 심화를 들 수 있다. 경제를 중심으로 세계를 관찰해 보면, 선진국 중심의 WTO협상, 경제블록화의 가속화, 구소련의 해체 및 사회주의 국가들의 시장경제로의 이행과정 등에서 야기되는 불안정성 등이 현실이다.

이처럼 오늘날 세계경제는 다변성과 불연속적인 변화로 무한경쟁을 가속화시키고 있는데 불연속적인 변화의 구체적인 내용을 살펴보면 다음과 같다.

① 새로운 기술이 급속히 발전하고 있으며 그 기술로 인해 새로운 산업과 새로운 기업이 탄생하고, 기존의 주요산업과 기업이 쇠퇴해 가고 있다.

② 국제경제에서 세계경제로의 변화가 일어나고 있다. 지금까지의 국제경제에서는 개별국가 단위로 무역을 통해 서로의 관계를 유지해 왔으나, 세계경제가 출현함에 따라 공통의 정보가 동일한 욕구와 수요를 유발하게 되어 이제 세계는 하나의 시장이 되어가고 있다.

③ 사회생활과 경제생활을 좌우하는 정치 환경이 급격하게 변화되고 있다.

④ 현대사회의 가장 큰 변화는 지식혁명에서 찾을 수 있다. 오늘날 지식은 하나의 산업이며, 경제활동의 중심이고, 사회변화의 원동력이다. 미국의 경우 불황과 맞 물려 채권국에서 채무국으로 전락한 자국의 위기 때문에 대통령이 선두에 나서서 지휘하고 있다. 미국의 상품을 팔기 위해 세계시장에서 세일즈맨으로 뛰고 있으며 다자간협상(FTA)을 가속화시키고 있는 실정이다.

이상에서 살펴본 바와 같이 리더는 조직의 유형이나 규모와는 상관없이 조직의 환경을 통찰력 있게 분석하여 현재의 도전에 잘 대응하여야 하며 앞으로의 방향을 제시해야만 한다. 미래가 과거나 현재와 동일하다면 리더십은 필요 없을 것이다. 닭아오는 미래에는 개인적인 꿈이 담겨있고, 인류의 생존이 달려 있기 때문에 새로운 리더십이 요구되는 것이다.

## 4. 리더의 자질과 효과적인 리더십

### 1) 성공한 리더의 자질

기업경영에서 리더십(leadership)이란 조직을 번영, 존속시키기 위해 달성해야 할 목표 및 우선순위와 규칙을 정하고, 전략을 수립하며, 성취하는 행위라고 할 수 있다. 지금까지 기업을 성공적으로 발전시켜온 수많은 리더들이 지니고 있는 공통적인 특성들을 살펴보면, 그들은 추진력과 풍부한 에너지와 야망을 지녔으며, 목적을 성취하는데 강인하고 능동적이었다. 사람을 지배하기 위해서가 아니라 목적을 성취하기 위해 영향력을 행사하며, 정직하고 성실하다. 또한 그들은 다른 사람들로부터 신뢰를 받을 뿐만 아니라 스스로 다른 사람들을 신뢰하기도 한다. 자신감이 높고 무거운 짐을 떠맡을 수 있으며 스트레스가 많은 상황에서 침착성을 유지하며 창조적이고 상황에 맞게 유연하게 대처하며 때로는 카리스마적인 모습을 보이기도 하였다.

이상에서 살펴본 공통적인 특성들을 통해 우리는 효과적인 리더기 되기 위해서는 반드시 갖추어야 할 중요한 자질이 있음을 알 수 있다.

일반적으로 부하가 따를 수 있는 리더는 비전과 목적을 명확하게 제시하는 리더, 의사소통을 잘하는 리더, 신뢰감을 주는 리더, 정직하고 성실한 리더, 자신감을 보여 주는 리더, 카리스마적인 리더, 창의적인 리더, 융통성을 발휘할 줄 아는 리더, 혁신적인 리더 등일 것이다.

### 2) 효과적인 리더십이란?

성공한 리더의 자질을 중심으로 효과적인 리더십을 발휘할 수 있는 몇 가지 지침을 정리해 보면 다음과 같다.

첫째, 정확한 패러다임(paradigm)을 가지고 비전(vision)과 목표(target)를 제시하는 리더가 되라.

패러다임(paradigm)의 사전적인 의미는 인식, 가정, 이론, 준거의 틀이다. 다시 말해 패러다임은 사물이나 현상을 바라보는 시각을 의미하는 것이다. 그리고 비전(vision)은 지성의 눈으로 자신의 꿈을 실현할 수 있는 가능성을 확인할 수 있을 때 나타난다. 패러다임은 특정 지역이나 도시를 나타내는 지도와도 같은 성질의 것이기 때문에 부정확한 지도를 가지고 목표지점을 찾는 행위는 어리석은 행위가 된다. 왜냐하면 부정확한 지도가 때로는 화를 자초할 수도 있기 때문이다.

그리고 비전(vision)은 길가는 나그네에 있어서 밤하늘의 북극성과도 같은 것이며, 조직의 비전은 리더가 갖는 패러다임(paradigm)으로부터 나타난다. 따라서 조직의 비전은 구성원 모두가 이해할 수 있고 수용할 수 있는 구성원 모두의 꿈이 되어야 한다. 이와 같은 비전이 바로 기업의 철학이기도 하다.

오늘날의 모든 조직에서 강조되고 있는 효과적인 리더십은 조직의 발전이나 성패를 좌우하는 원동력이며 정확한 리더의 패러다임을 전제로 발휘될 수 있다. 리더의 패러다임은 그것이 옳든 그러든 조직구성원들의 태도와 행동의 원천이 되고 궁극적으로는 조직성과나 대인관계의 근본이 되기 때문에 특히 그 중요성이 강조되고 있다.

고대 이집트의 위대한 천문학자인 프톨레마이오스는 "지구가 우주의 중심"이라고 주장했다. 그런데 코페르니쿠스는 태양이 우주의 중심이라고 주장하면서 패러다임의 전환을 가져왔다. 물리학에서의 뉴턴학설은 상당히 정확한 패러다임이었고, 오늘날 공학의 기초가 되고 있다. 그러나 그 후 과학계에서는 자연현상에 대한 정확한 예측과 설명을 가능케 하는 아인슈타인의 상대성이론이 과학계의 혁명을 가져왔다. 또한 헝가리의 제멜바이스와 프랑스의 파스퇴르의 세균이론이 나오기 전에는 산모와 신생아의 사망률이 높았다. 전쟁으로 인해 사망하는 사람보다 질병에 의해 사망하는 사람이 훨씬 많았다. 세균이론이 나온 이후 질병의 원인이 무엇인지를 이해함으로써 의학계의 혁명을 가져왔다.

오늘날 세계를 지배하고 있는 미국의 힘은 어디에서 나왔을까? 수세기 동안 인류는 정부에 대한 전통적 개념은 왕권신수설이었다. 그러나 “국민에 의한, 국민을 위한, 국민의 정부”라는 아브라함 링컨의 패러다임의 변화가 미국을 변화시켰다.

패러다임이 정확하면 그 다음은 성실성과 태도가 중요하다. 리더로서 비전을 제시하고 이를 성실히 수행하려는 노력을 경주하면 효과적인 리더십이 발휘될 수 있을 것이다.

둘째, 의사소통을 잘하는 리더가 되라. 원활한 의사소통은 구성원들에게 비전을 이해시키고, 조직의 역량을 결집시켜 보다 쉽게 비전을 현실화시킨다.

1993년도 포춘지가 선정한 최고기업의 최고의 CEO(Chief Executive Officer)로 선정된 월마트의 최고경영자 데이비드 글래스는 무엇인가 말하고 싶은 사람은 누구나 그가 어디에 있건 아무 때나 통화할 수 있게 하였다. 이러한 그의 경영철학의 단면을 이해할 수 있는 예가 있다.

예컨대 어느 날 출장 중 밤11시에 벨이 울렸다. 부당해고에 대한 불만을 가진 종업원이 글래스의 집으로 전화하였고 부인은 남편이 머물고 있는 호텔 전화번호를 알려주었던 것이다. GE사의 잭 웰치도 글래스의 팬이었고, IBM, GE, Southwest항공사, 프록터 앤드 갬블 등 내로라하는 일류기업들의 중역들도 월마트의 경영회의에 보내 그의 경영철학을 배우도록 하고 있는 실정이다.

데이비드 글래스는 “우리가 영리하기만 하면, 우리가 경험했던 그 이전의 어떤 것보다 많은 것에서 기회를 포착할 수 있다”는 믿음을 사람들에게 심어주고 있는 뉴리더(new leader)의 모범을 보인 사람으로 평가받고 있다.

셋째, 상호간 신뢰를 쌓는 리더가 되라. 리더는 조직에 관한 제반 사항을 구성원들과 공유함으로써 부하들의 자발적인 참여를 이끌어 낼 수 있다. 조직이 처한 상황이 특수할수록, 어떤 목표가 꼭 달성되어야만 하는 중요한 것일수록, 위험요소가 많은 환경일수록 상호간의 신뢰는 더욱 중요하다.

일본의 역사에서 전설적인 위치를 차지하고 있는 도쿠가와 이에야스(1542~1616)는 명장이자, 위대한 정치가요, 우수한 경영자로 잘 알려져 있다. 해도 제일의 무사로서 싸움에서 이기고, 통치에 성공했으며, 많은 재물을 모았던 그가 그렇게 많은 것을 해낼 수 있었던 힘은 부하를 아끼고 그들로부터의 존경과 신뢰를 중시하는 태도와 부하들에 대한 세심한 교육에 있었다고 한다.

어느 날 도요토미 히데요시가 이에야스에게 자신의 보배를 자랑해보라고 하자 “나는 이렇다 할 보배는 없지만 나를 위해서라면 물불을 가리지 않고 목숨을 바칠 부하를 500여 명 정도 거느리고 있다. 나로서는 이것이 최상의 보물이다”라고 대답하였다.

한 번은 이에야스의 적장인 이시다 미쓰나리의 부하인 오바따 스케로꾸란 사람이 미쓰나리의 행방을 찾아 헤매다가 이에야스에게 잡혔다. 그에게 미쓰나리의 행방을 묻자 “나는 미쓰나리에게 대대로 충성을 다해온 신하로서 설령 행방을 안다 하더라도 결코 말하지 않겠다”고 하자 이에야스는 그의 충성심에 감탄하여 그를 살려 보냈다. 전과를 쌓기 위해 충성을 다하는 적군의 부하를 이용하지 않았고, 오히려 그의 충성에 깊은 이해와 존경심을 보여주었다.

이러한 이에야스의 행동에서 “무사는 군주에게 충성을 다해야 한다”는 것이 얼마나 중요하고 가치 있는 일인가를 자신의 부하들이 스스로 깨우치도록 하려는 한 리더의 모습을 엿볼 수 있는 것이다.

조직의 목표를 성취하기 위해 구성원들의 참여는 매우 중요하다. 리더의 성실성과 정직성에 대해 구성원들이 신뢰하지 않는다면, 리더가 어떤 목표를 추구하든지 그들은 당연하다는 듯이 냉담할 것이다.

남가주 대학의 교수인 베니스(Bennis)는 신뢰를 형성하기 위해 리더가 지녀야 할 요소로서 다음과 같은 네 가지를 설명하였다.

① 리더는 자신이 예기치 않은 일을 당하더라도 자기 집단에는 영향을 끼치지 않도록 주의하며, 시종일관된 태도를 갖는다.

② 자기가 말한 대로 행동한다. 진정한 리더는 자신이 신봉하는 이론과 행동 사이에 차이가 없어야 한다.

③ 누군가 도움이 필요로 하는 사람이 있다면 언제나 그 옆에는 자신이 있다는 점을 알리고 중요한 순간에는 지원할 준비를 갖추어 놓는다.

④ 리더는 자신이 공연한 언약이나 약속을 존중한다.

넷째, 정직하고 성실한 리더가 되라. 리더는 조직이 추진하는 일을 분명하게 밝히고, 그것을 구체화시키는 데 노력과 수고를 아끼지 말아야 한다. 무엇이 옳고 무엇이 그른 일인지를 정확하게 판단할 수 있는 능력도 필요하다.

베니스와 나너스는 그의 저서 리더들에서 성실이란 "말과 행동의 일치"를 의미하며, 정직이란 "신뢰할 만하고 속임수나 기만행위를 하지 않는 것을 의미한다고" 하였다. 미국의 백만장자이자 한때 대통령 후보였던 로스 페로(Ross Perrot)는 "당신의 삶을 무엇이 합법적이고, 무엇이 불법적인가에 따라 결정하지 말고, 무엇이 옳고 무엇이 그른가에 의해 이끌어 가라"고 하였다.

최고의 위치에서 성공적인 리더십을 발휘했던 리더들은 모두 개방적인 스타일을 가졌고, 부하들과 진실하게 의사소통하고 있었다. 눈앞의 성공을 위해 잠깐이긴 하지만 거짓말하는 양치기 소년과 같은 역할을 해야만 한다고 생각하는 리더나 험한 환경을 극복하고 조직의 성과를 이루기 위해서는 속임수도 필요하다고 생각하는 리더가 있다면 그는 모래 위에 집을 짓고 성을 쌓는 일이나 다름없을 것이다.

다섯째, 자신감을 보여 주어라. 자신감이란 자신의 이상과 능력에 대해 확신을 갖는 것을 말하며, 이것은 성공적인 리더십을 행사한 리더들에게서 찾아 볼 수 있는 특징이다.

따라서 리더는 많은 양의 정보를 수집·처리해야 하고, 계속되는 문제들을 해결해야 하며, 합리적으로 의사결정을 해야 한다. 또한, 부하들이 특별한 행동을 추구하도록 그들을 확신시켜야 하며, 보상과 처벌을 적절히 실시해야 하고, 불확실한 상황에서 위험을 감수해야 하며, 실패를 극복해야만 한다.

이러한 상황에서 당황하고 자기 불신의 늪에서 허덕이는 사람들은 그 상황에서 진정으로 필요한 행동을 취할 수 없으며, 다른 사람들의 존경을 받을 수 없다.

할리우드에서 만든 영화의 주인공들에게서 우리는 큰 매력을 느낀다. 영화가 실제가 아니고 허구인 것을 알면서도 주인공들이 보여주는 멋진 행동에 자신도 모르게 현혹당하게 된다. 인디아나 존스에 나오는 해리슨 포드나 다이하드에 나오는 브루스 윌리스, 서부 영화의 게리 쿠퍼를 상상해 보라. 그들은 위기 상황에서 허둥대는 법이 없다. 관객들이 불안해하고 있을 때 차분하게 한 치의 흐트러짐도 없이 부드럽게 위기를 벗어난다. 관객들이 그런 영화 속에 배역과 평범한 영화배우로서의 한 사람을 혼동한 나머지 열광적인 팬이 되어가는 과정은 흔히 볼 수 있는 풍경이다.

조직구성원들을 통솔하고 위기 상황을 성공적으로 극복하기 위해서는 자신감을 보여주는 것이 무엇보다 중요하다. 훌륭한 리더가 되려면, 자신이 이끌고 있는 부하들을 위해 무엇을 해야 하고, 무엇을 할 수 있는지에 대해 분명하고 정확한 비전을 갖는 것이 리더십의 핵심이라면, 감정적인 안정이나 강한 정신력은 모든 리더가 소유해야 할 자질인 것이다.

강한 정신력과 자신감이 있는 리더는 스트레스를 유발하는 사건을 흥미롭게 생각하고, 그러한 사건들의 결과에 영향을 미칠 수 있으리라 확신하며, 그러한 위기의 상황을 새로운 발전의 기회로 삼는다.

리더가 갖는 자신감은 리더의 긍정적인 정신자세에서 비롯된다. 부정적인 정신자세가 리더의 자신감에 상처를 입힌다면, 긍정적인 정신자세는 자신감을 북돋는 데 큰 기여를 한다. 칼 왈렌다(Karl Wallenda)는 역사상 가장 위대한 줄타기 곡예사였다. 그는 1978년 곡예 도중에 추락하여 사망하였다. 줄타기 전에 시설과 줄을 직접 조사했는데 그런 행동은 지금까지 전혀 볼 수 없었던 행동이었다. 그날은 곡예할 때 떨어지지 않는 것에만 신경을 쓰고 있는 듯 보였다고 그의 아내는 말했다.

리더로서의 자신감을 키우기 위는 구체적인 방법은 다음과 같다.

① 상황을 살펴보고 자신이 할 수 있을 때에만 리더가 되기를 자청하고 칭찬과 비난에 연연해하지 않는 리더가 된다.

② 일단 훌륭한 충고자로서 다른 사람을 돕는 사람이 되면, 다른 사람들이 지도를 요청하면서 주위에 모여들게 된다.

③ 자신만의 전문기술을 개발하는 것이다. 전문기술은 리더십의 원천이다.

④ 긍정적인 정신자세를 견지한다. 그것은 리더십에 대한 자신감을 증진시킬 것이다.

여섯째, 카리스마적인 리더가 되라. 카리스마는 은사를 뜻하는 그리스어에 기원을 두고 있으며 하나님으로부터 무엇인가를 부여받았다는, 즉 천부적으로 타고난 자질을 의미한다.

존 에프 케네디는 “국가가 여러분을 위하여 무엇을 해줄 것인가를 묻지 말고, 여러분이 국가를 위하여 무엇을 할 것인가를 생각해 보라”(Ask not what your country can do for you, ask what you can do for your country)고 하였다. 마틴 루터 킹 목사는 "나에게는 꿈이 있습니다(I have dreams)라고" 외쳤다.

로버트 하우스(Robert J. House)는 "카리스마적 리더십에 관한 1976년의 이론"이라는 논문을 통해 카리스마적인 리더가 될 수 있게 하는 중요한 요인들로서 다음과 같은 내용을 제시하였다.

① 부하들이 리더의 확신이 갖는 정당성을 신뢰한다.

② 부하들이 확신하는 바가 리더의 신념과 유사하다.

③ 부하들이 의심 없이 리더를 수용한다.

④ 부하들이 리더에 대해 애정을 갖고 있다.

⑤ 부하들이 자발적으로 리더에게 복종한다.

⑥ 부하들이 조직의 임무에 감정적으로 몰입하고 있다.

⑦ 부하들이 점차 향상된 성과목표를 세운다.

⑧ 부하들이 스스로 집단임무의 성공을 위해 공헌할 수 있다고 확신한다.

따라서 하우스는 카리스마적인 리더의 독특한 행동과 특성으로서 ① 넘치는 자신감, ② 자신의 믿음과 이상에 대한 굳은 의지, ③ 다른 사람들에게 영향을 끼치고자 하는 욕구 등을 지적하였다.

카리스마적인 리더는 부하들로 하여금 리더의 비전이나 가치관에 대하여 신뢰감을 갖게 하고, 리더에 대해 열정적인 감정을 품게 하며, 인기 있는 주제에 참여하여 자극적인 언어를 사용하면서 적절한 비언어적 의사표현 방법도 활용한다.

또한, 카리스마적인 리더는 부하의 수준에 맞게 관계를 형성하지만, 그들을 리더의 수준에 맞게, 그리고 리더의 목표를 향해 움직이도록 변화시킨다. 그리고 독립성을 유지하되 고립되지 않으며, 자신의 신념에 몰입하지만 논쟁적이거나 적대적이지 않으려고 부단히 노력한다.

부하들이 자신의 리더에게 카리스마가 있다고 확신할 때 리더의 영향력은 더욱 증대된다. 역사적으로 히틀러, 모택동은 유례가 없는 전형적인 카리스마적인 리더였다. 자신의 민족에게 끝이 없을 만큼 무한해 보이면서 조금은 무모하기 짝이 없는 비전을 심어주었고, 영광스러운 리더였고, 더할 나위없는 완전한 존재로 포장되었었다.

그러나 그들은 모두 도덕심, 의무감, 성실성이 결여되어 있었다. 히틀러는 치명적인 정신적인 결함(과대망상증)을 만인 앞에서 은폐시켰고, 대학살을 저질렀으며, 모택동은 문화혁명이라는 깃발을 내걸고 수많은 동료들을 수용소로 보냈다.

일곱째, 창의력을 발휘하는 리더가 되라. 창의력이란 리더가 문제를 해결하는 데 있어서 독창적인 해결 방법을 찾고, 문제를 통찰력 있게 볼 수 있도록 하는 능력으로 기존에 없었던 것을 제시할 뿐만 아니라, 기존에 존재하는 것도 전혀 새로운 시각에서 볼 수 있게 함으로써 기존의 것을 활용하고 발전시킬 수 있는 능력이기도 하다. 따라서 창의성은 사물을 바라보는 시각을 달리하는 데서부터 나타난다.

특히 오늘날의 기업경영에서는 제도적 장치를 통해 지속적으로 창의력 향상에 자극을 받아야 조직이 생존·발전할 수 있다. 3M에서 직원들이 근무시간의 15%를 자신이 원하는 일에, 특별한 경우에는 50%까지 사용할 수 있도록 제도화하면서 실패의 자유도 보장하였는데 이는 제도적으로 창의성을 고무시키는 좋은 예가 된다.

여덟째, 융통성을 발휘하는 리더가 되라. 오늘날 리더에게는 환경변화에 적응하고, 추진력 있게 변화에 대처해가는 역량, 즉 유연성과 융통성을 필요로 한다.

1991년의 영화 '로빈 후드(Robin Hood: prince of Thieves)'의 케빈 코스트너처럼 자신이 다른 감독의 지시를 받는 배우의 입장이 되었을 때는 자신의 목소리를 철저히 낮춤으로써 감독과 다른 배우 및 스태프들과의 조화를 추구하는 것으로 유명하다. 이는 훌륭한 리더가 된다는 것은 언제든지 부하의 역할도 제대로 해야 한다는 것을 보여 준 좋은 예가 된다.

아홉째, 혁신적인 리더가 되라. 드러커(F. Druker)가 말하는 단절의 시대란 과거에 성공을 가져왔던 황금알을 낳는 거위가 오늘도 얌전히 황금알을 낳아줄 것을 확신할 수 없다는 것을 의미한다.

효과적인 리더가 되려면, 그들이 일하고 있는 현장을 비롯한 수많은 경험에서 얻어진 조직 환경과 산업, 그리고 기술에 관한 포괄적인 지식을 갖추고 있어야 한다. 즉, 의사소통에 관한 기술, 협력체제 구축 및 갈등관리 기술, 자신과 타인과의 문제해결, 의사결정 기술 등 과 같은 리더십이 필요로 하는 다양한 기술을 갖추고 있어야 한다.

따라서 리더는 많은 양의 정보를 처리하고, 통합하고, 거기서 논리적인 결론을 도출할 수 있는 지적인 능력을 갖추고 있어야 한다.

이상에서 효과적인 리더십을 발휘하기 위한 지침에 관한 내용을 살펴보았다. 그러나 리더의 발목을 잡는 함정은 도처에 도사리고 있다. 리더가 빠지기 쉬운 함정은 무엇일까? 일반적으로 나타나는 함정의 대부분은 리더의 자만에서 비롯되지만 함정을 초래하는 핵심요인은 분석해 보면 다음과 같다.

첫째는 리더의 통제욕구이다. 개인적으로는 독립성을 유지하고 싶어 하면서도 조직을 대상으로 할 때에는 계획을 통제하며 정보시스템을 효율적으로 관리하려 한다. 그리고 외부통제나 자신의 의사에 대한 침해에 대해서는 민감하게 반응한다. 특히 규모가 커지면서 통제의 부작용은 심각하게 나타난다. 지나친 간섭은 정보의 흐름을 방해하고, 합리적인 의사결정을 좌절시키며, 유능한 관리자를 떠나게 만든다.

둘째는 불신감이다. 이는 통제욕구와 밀접하게 관련이 된다. 신뢰성은 리더의 일관성과 성실을 기초로 이루어진다. 리더십의 존속은 리더 자신과 자신의 능력, 동료, 미래에 관한 굳건한 상호신뢰감이 바탕이 되어야 할 것이다.

## 5. 리더십의 분류

리더십의 유형은 다음과 같은 여러 가지 기준에 따라 다양한 형태로 분류될 수 있다.

### 1) 제대를 기준으로 한 분류

제대영역의 차이를 기준으로 리더십의 유형을 구분해 보면, ① 소대장 이하의 지휘·통솔, ② 중대장과 영관급 지휘관의 지휘통솔, ③ 장군의 지휘통솔로 구분할 수 있다. 이와 같은 구분에서 상위영역은 하위영역을 모두 포괄하며, 하위영역을 제대로 체득·통달한 뒤에 도달하게 된다는 것을 의미한다. 이와 같은 구분은 기업경영조직에도 적용할 수 있는데, ① 계장·대리급의 리더십, ② 과(課)·부장급의 리더십, ③ 임원급 또는 사장의 리더십으로 분류할 수 있다.

### 2) 권한양식에 의한 분류

이는 권한의 배분양식 즉 위양과 집중을 기준으로 하여 리더십의 유형을 분류하는 방법으로서 그 내용은 다음과 같다.

#### (1) 전제형 리더십과 민주형 리더십

리더십의 유형은 기본적으로 의사결정권의 소재가 어디에 있느냐에 따라 구분된다. 종래에는 대부분 리더십의 유형을 전제형 리더십(autocratic leadership style)과 민주형 리더십(democratic leadership style)으로 구분하였다. 이들 두 유형의 개념을 대비시켜 보면 다음과 같다.

**표 14-1 전제형 리더십과 민주형 리더십**

| 전제형 | 권위주의적 | 독재적 | 리더 중심적 | 생산 중심적 | 구조화 | X이론 |
|---|---|---|---|---|---|---|
| 민주형 | 평등주의적 | 협조적 | 집단 중심적 | 종업원 중심적 | 배려 | Y이론 |

첫째, 전제형 리더십은 주어진 과업을 성취시키는 국면에 역점을 두고 구성원들에게 지시 또는 명령하는 리더십으로 리더가 모든 구성원에 군림하게 되어 지배적인 위치에 서게 되며, 부하의 관리는 공포와 처벌로써 일관한다. 그리하여 전제형 리더들은 과업수행에 필요한 모든 정보를 독점하며 조직 내 의사결정권은 상사 중심적이 된다.

둘째, 전제형 리더십은 리더 중심의 조직운영이므로 부하들의 일에 대한 자발적·능동적인 동기유발이나 사기앙양은 기대할 수 없을 뿐만 아니라 조직 운영에 있어서 부하들의 적극적인 참여와 협동의 길이 차단됨으로써 생산성은 향상되지 못하며 설사 일시적으로 향상된다고 하더라도 지속되지는 못한다.

셋째, 민주형 리더십은 구성원들에게 만족을 주는 국면에 역점을 두고, 구성원의 참여와 자율성을 존중하는 리더십 유형으로 참여제도를 바탕으로 구성원의 자발적이고 목표지향적인 행동을 유인하고 또한 충족시켜줌으로써 팀워크(team work)의 효과를 증대시키는 것이다. 따라서 커뮤니케이션은 하향적으로뿐만 아니라 상향적, 수평적으로도 이루어진다.

이상에서 살펴본 바와 같이 민주형 리더십이 전제형 리더십보다 언제나 바람직한 것이라고 전제하고 있는 고전적이며 전통적인 이 이론은 다음과 같은 문제점과 한계를 지니고 있어 다음과 같은 비판을 받고 있다.

첫째, 이 이론은 너무나 다의적이고 지나치게 포괄적이다.

둘째, 이 이론은 '이것' 아니면 '저것'이라는 양자택일식의 것이며 단일 차원에 있어서 좌·우 대칭적으로 양극화하는 2분법적 발상에 근거하고 있는 경우가 많은데 현실적으로는 절대적인 전제형도 민주형도 존재하지 않는다.

셋째, 이와 같은 개념은 선험적으로 사회적 가치를 민주적이면 선(善)이고 전제적이면 악(惡)이라는 등의 가치개념을 내포하고 있는데 이는 올바른 규범의식일 수 없다. 종래의 유형 개념에는 역사개념과 기능개념이 혼합되어 있다. '봉건적인 리더'라고 말하는 경우가 있음은 바로 이를 말해 준다.

넷째, 이 이론은 전제형보다 민주형이 언제나 바람직하다는 가설에 입각하고 있으나 많은 조사연구는 이 같은 가설을 지지해 주지 못하고 있다. 말하자면 여러

그림 14-2 | 리더십의 전제형과 민주형의 연속체 |

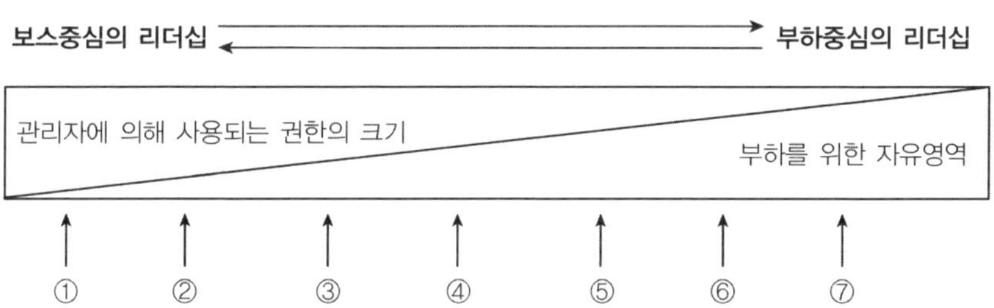


① 관리자가 의사결정을 하고 통보함
② 관리자가 결정사항을 부하에게 납득시킴
③ 관리자가 아이디어를 제시하고 질문을 함
④ 관리자가 변화에 관한 잠정적 결정사항을 제시함
⑤ 관리자는 문제를 제시하여 제의를 받아서 의사를 결정함
⑥ 관리자는 한계사항을 분명히 하고 집단의 결정을 요구함
⑦ 관리자는 상급자에 의해 한정된 범위 내에서 기능을 다하도록 용납함

자료: R. Tannenbaum & W. H. Schmidt, "How to Chose a Leadership Pattern," *Harvard Business Review 36*, March–April 1958, p. 96.

조사연구는 대체로 민주형이 종업원의 만족도는 높으나 생산성을 낮추는가 하면 전제형은 생산성은 높이고 만족도를 낮추는 상반된 경향을 지닌다는 것이다.

이와 같은 문제점 때문에 최근에는 흑백논리에 의한 관점에서 연속선상의 개념으로의 전환이 거론되고 있다.

텐넌바움(R. Tannenbaum)은 〈그림 14－2〉에서와 같이 전제형 리더십에서 민주형 리더십에 이르는 연속선상에서 광범위한 리더십 유형을 제시하고 있다. 그는 전제적인 행동과 민주적인 행동을 부하들에게 허용하는 자유영역의 범위로써 리더십 유형을 구분하고 있다.[5]

### (2) 전제형·참가형·자유방임형 리더십

윌리엄스(J. C. Williams)는 리더십의 유형을 다음과 같이 구분하였다.[6]

첫째, 전제형(authoritarian pattern) 리더십은 공식적 지위와 권력에 크게 의존한 것으로서 주어진 과업의 수행에 높은 가치를 두는 반면 부하의 욕구는 무시하는 유형이다.

둘째, 참가형(participative pattern) 리더십은 집단 내의 의사결정과정에 부하들을 참가시키는 유형으로 조직의 목표달성보다는 구성원의 욕구에 더 많은 관심을 두고 있다.

셋째, 자유방임형(laissez－faire pattern) 리더십은 리더의 역할을 포기하고 부하들 스스로가 자신들을 이끌어 가도록 용납하는 유형을 말한다.

한편, 던컨(W. J. Duncan)은 리더십을 집단구성원의 영향력의 관계로 보고 리더십 유형을 전제형, 민주형, 자유방임형의 세 가지를 제시하면서 이들을 하나의 연속선상에 위치한 것으로 설명하였다.[7]

이러한 세 유형의 리더십은 상황에 따라 제각기 바람직한 것이 될 수도 있고 그렇지 못할 수도 있다는 것이다. 이들 세 유형의 장·단점을 요약하면 다음과 같다.

---

5 R. Tannenbaum & W. H. Schmidt, "How to Choose a Leadership Pattern," *Harvard Business Review* 36, March－April 1958, pp. 95－101.

6 J. C. Williams, *Human Behavior in Organizations*, South－Western, 1978, p. 217.

7 W. J. Duncan, *Organizational Behavior*, Houghton, 1982, pp. 221－224.

**표 14-2** 전제형·참가형·자유방임형 리더십의 장·단점

| 구분 | 전제형 리더십 | 참가형 리더십 | 자유방임형 리더십 |
|---|---|---|---|
| 장점 | ① 단기적으로 목표 달성함<br>② 작업자의 생산성 제고<br>③ 일치된 의사결정 증진<br>④ 강력한 리더라는 인식<br>⑤ 긴급 상황에서 일처리를 잘함<br>⑥ 이윤과 원가의식이 있음 | ① 구성원의 사기를 진작시킴<br>② 부하를 개발함<br>③ 개방적인 커뮤니케이션 촉진<br>④ 부하 교육·훈련 기회제공<br>⑤ 부하의 창의성을 증진시킴<br>⑥ 집단 응집력을 촉진시킴 | ① 부하의 창의성을 촉진<br>② 부하의 자발성을 개발<br>③ 부하의 동기유발을 촉진 |
| 단점 | ① 장기적으로 종업원 좌절초래<br>② 개인성장·발전 기회제공 못함<br>③ 비공식 집단을 형성케 함<br>④ 공포, 압박, 긴장, 불안 조성<br>⑤ 부하의 창의력을 질식시킴<br>⑥ 불평, 불만, 이직률 높아짐 | ① 부하에게 일반적 지침만 제공<br>② 커뮤니케이션의 장애 초래<br>③ 혼돈과 통제결여 초래<br>④ 제국건설(empire building)<br>⑤ 책임의식의 결여를 초래 | ① 경영의 회피로 보임<br>② 부적절한 방향으로 감<br>③ 혼란을 야기함<br>④ 불일치한 의사결정 초래<br>⑤ 책임의식의 결여 초래 |

### (3) 전제형, 온정주의형, 민주형·참가형 및 자유방임형의 리더십

호제트(R. M. Hodgetts)는 리더십의 유형을 ① 전제형 리더십, ② 온정주의형(paternalistic) 리더십, ③ 참가형·민주형 리더십 및 ④ 자유방임형 리더십 등으로 구분하여 이들을 연속선의 개념으로 설명하였으며, 먼디(R. W. Mondy) 등은 리더십의 유형을 ① 전제형 리더십, ② 참가형 리더십, ③ 민주형 리더십 그리고 ④ 자유방임형 리더십 등을 제시하면서 이들 각 유형에 알맞은 종업원의 유형과 대비시켜 설명하였다.

**표 14-3** 리더십 유형과 종업원 유형과의 관계

| 전제형 리더십 | 참가형 리더십 | 민주형 리더십 | 자유방임형 리더십 |
|---|---|---|---|
| 리더가 종업원에게 무엇을 할 것인가? | 리더가 종업원의 참가를 용납하고 기대한다. | 리더는 종업원의 다수결의 원칙을 탐색한다. | 리더는 집단구성원들이 모든 결정을 하도록 한다. |
| X이론적 종업원 | Y 이론적 종업원 | | 전문가로서 종업원 |

자료: R. W. Mondy et als., *op. cit.*, 1990, p. 554.

이를 구체적으로 살펴보면, 인간관에 따라 X이론적인 종업원에게는 전제형 리더십을, Y이론적인 종업원에게는 참가형 또는 민주형 리더십을, 그리고 전문직 종업원에게는 자유방임형 리더십을 발휘하는 것이 효율적이라고 하였는데 이들 이론은 결국 오늘날의 상황적합적인 리더십 이론에 이르게 된다.

### 3) 기타 분류방식

캘라한(R. W. Challahan) 등은 작업지향적인 행동과 종업원지향적인 행동을, 그리고 쉬네이크(M. E. Schnake)는 과업지향적인 행동과 관계지향적인 행동을 각각 축으로 한 매트릭스를 통해 리더십의 유형을 제시하였다.[8]

그림 14-3 | 주요 리더십 유형 |

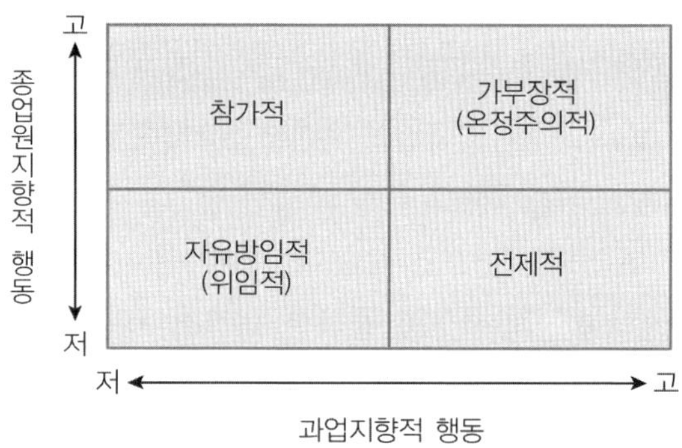


매트릭스를 통해 제시한 이들 각 유형들은 제각기 효과적일 수 있는 조건과 상황이 있으므로 오늘날의 환경적합적인 리더십 이론과 맥을 같이한다.

한편, 머치크(J. P. Muczyk)는 리더가 의사결정 과정에서 부하의 참여를 허용하는 정도에 따라 전제적－민주적 차원과 리더가 부하에게 행동방향을 지시하고

8 R. W. Callahan & C. P. Fleenor, *Managing Human Relations*, 1998, p. 105; M. E. Schnake, *Human Relations*, Merrill Publ., 1990, p. 345.

그림 14-4 | 리더십 유형과 행동 간의 관계 |

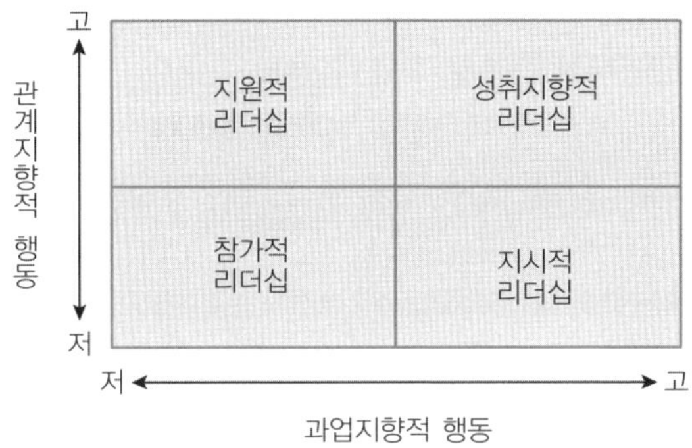


직무를 수행하는 방법을 알려 주는 정도에 따라 용납적－지시적 차원을 중심으로 한 다음과 같은 네 가지 유형의 리더십을 제시하였다.[9]

첫째, 지시적－전제형 리더십(directive－autocrat leadership): 모든 의사결정을 단독적으로 하고 부하의 행동을 일일이 감독하는 유형이다.

둘째, 용납적－전제형(permissive－democrat): 모든 의사결정을 단독적으로 처리하기는 하지만 과업수행 과정에서 부하의 상당한 재량권을 허용한다.

셋째, 지시적－민주형(directive－democrat): 의사결정 과정에 부하의 참여가 허용되나 부하의 행동을 일일이 감독한다.

넷째, 용납적－민주형(permissive－democrat): 의사결정 과정에 부하를 참여시키면서 그에게 주어진 과업을 수행하는 과정에서도 상당한 재량권을 허용한다.

이들 네 가지 리더십 유형은 제각기 장·단점을 지니고 있으며 어느 것도 유일최선(唯一最善)의 것은 되지 못하며 많은 경영자들은 이들 가운데서 자신에게 잘 맞는 유형을 선택하게 된다. 그러고 이 이론도 결국은 오늘날의 환경적합적인 리더십 이론에 이르게 된다.

아지리스(C. Argyris)는 리더십의 유형을 ① 강압적·권위주의적인 리더십, ②

9 J. P. Muczyk & B. C. Reimann, "The Case for Directive Leadership," *Academy of Management Review*, 1987, Vol. 12.

참가적·종업원중심적인 리더십, ③ 현실 중심적인 리더십으로 구분하였고, 유리스(A. Uris)는 리더가 통솔하는 부하직원의 성격, 상황, 집단의 성격에 따라 ① 전문가형 리더십, ② 조정관형 리더십, ③ 문제해결형 리더십, ④ 인간주의형 리더십, ⑤ 목표추구형 리더십 등으로 구분하였다.

에닝스(H. H. Jennings)는 리더십의 유형을 설득형, 지배형, 회장형으로 구분하였고, 테리(G. Terry)는 리더십의 유형을 ① 개인적 리더십, ② 비개인적 리더십, ③ 전문적 리더십, ④ 민주적 리더십, ⑤ 온정적 리더십, ⑥ 자유적 리더십으로 구분하였다.

특히 최근에 이르러 리더의 능력을 중심으로 새롭게 많은 이론들이 제시되면서 다양한 형태의 리더십 유형이 제시되고 있는데 이에는 변혁적 리더십(Bass, 1985), 카리스마적인 리더십(Conger & Kanngo, 1989), 비전적 리더십(Sashikin, 1988), 문화적 리더십(Trice & Beyer, 1991), 자기희생적·봉사적 리더십(R. Greenleaf, 1970), 윤리적 리더십(D. Seiman, 2004), 코팅리더십(coaching leadership), 셀프리더십(self-leadership), 슈퍼리더십(super leadership) 등이 거론되고 있다.

## 6. 리더십이론의 발전과정

리더십의 문제는 매우 중요한 관심사이며 경영학 연구 영역의 중요한 부분으로 간주되어 왔다. 제각기 연구하는 입장과 취하는 관점의 차이에 따라 상당히 다양하게 이해되어 왔으며, 리더십에 대한 개념을 달리함에 따라 접근방법 또한 매우 다양하다.

리더십이론에 관한 주장과 비판에 대한 논쟁점은 아직도 많지만, 고전이론으로서 리더중심의 이론, 이에 대한 반발로 대두한 상황중심이론에 주안점을 두면서 리더십이론에 대한 논의를 전개하고자 한다.

## 1) 특성이론: 리더의 특성과 자질을 중시

### (1) 위인이론(Great Man Theory)

1879년 갈톤(F. Galton)의 위인(great man)연구가 시작된 이래 니체(F. Nitzsche), 썸너(Sumner) 등에 의해 주장된 초창기의 리더십이론이다. 위인이론에서는 역사의 진로를 위인 또는 영웅의 행적으로 설명하고 있으며, 리더의 공통적인 특징을 발견하고자 노력하였다.

천부적인 특성을 타고난 리더의 선천적인 자질의 위대성을 인정하여 위인이야 말로 집단생활을 수행하는 과정에서 완벽한 성공을 거둘 수 있다는 주장을 제시함으로써 당시 우생학적 입장을 고수했던 생물학자들의 견해와 부합하였기 때문에 한동안 리더십 성립이론으로 지배해 왔다. 그 후 유전 만능적인 사고의 모순과 생물학 연구의 모순이 들어나면서 그 영향력이 점차 감소하게 되었다.

리더십 연구의 대표적 논자라 할 수 있는 스톡딜(R. Stogdill)은 리더의 특성으로서 ① 지성, ② 지배력, ③ 자신감, ④ 추진력, ⑤ 실력이 중요하지만, 이러한 특성을 가진 사람 중에서 리더가 안 된 사람도 많다는 것을 발견하였다.[10]

한편, 스톡딜(R. Stogdill)은 리더의 신체적인 특성을 연구하면서 키가 크고 힘이 센 사람이 지배자적인 체질인 것 같다고 하였으나, 나폴레옹, 히틀러, 간디, 박정희 등은 모두 키가 작은 사람들이었다. 또한 나이도 좀 들고 야망이 있어야 훌륭한 리더가 된다고 하였으나 케네디[11]는 아직까지도 미국의 최연소 대통령이며, 간디는 조국독립의 야망은 있었는지 모르지만 개인적인 야망은 하나도 없는 사람이었다. 귀셀리(E. E. Guiselli)는 박력이 있고 두터운 신임을 얻은 사람이 훌륭한 리더가 된다고[12] 하였으나 보통사람 중에 신임을 더 얻고 추진력이 더 강한 사람이 있는데도 리더는 엉뚱한 사람이 되는 것을 흔히 본다고 했다.

---

10 R. M. Stogdill, *Handbook of Leadership*, New York; Free Press, 1974.

11 John Fitzgerald Kennedy는 1917년 5월 29일 출생 1963년 11월 22일 사망, 미국의 35번째(제44대) 대통령이다. 1961년부터 1963년에 암살당하기까지 겨우 2년 동안 대통령직에 있었지만 미국의 자유주의에 대한 상징으로 기억되고 있다.

12 E. E. Guiselli and D. A. Johnson, “Need Satisfaction Managerial Success, and Organizational Structure,” *Personal Psychology*, No. 23, 1976, pp. 569-579.

### (2) 통일적 자질론

리더십을 결정하는 요인이 무엇이며, 누가 지도자이고 누가 지도자가 될 수 있는가에 관한 이론과 가정은 아직도 많은 논쟁의 대상이 되고 있지만, 1940년대에 등장한 자질론(trait theory)은 리더의 개인적 자질과 특성이 리더십의 지위와 기능에 영향을 준다고 간주하고, 그 특성을 해명하고자 하였다. 즉 선천적으로 탁월한 자질을 부여받은 인간이 위대한 인간(great man)이고, 역대의 리더였다는 의미에서 현실적인 자질을 갖추는 것이 리더십의 요건이라고 보는 것이다.

그러나 행동과학적인 관점에서 보면 인간은 학습과 경험에 의하여 후천적인 자질이 형성될 수 있고, 오직 총명(intelligence)만은 오늘날에도 리더십의 요건으로서 보고 있을 뿐이다. 다시 말해 선천설을 지지하고 있는 특성이론에서는 훌륭한 리더는 선천적으로 피지도자들로부터 존경과 신뢰를 받을 수 있는 우수한 자질을 유전적으로 갖고 태어났다고 보는 데 있으며, 이를 찾으려는 데 노력을 집중하였던 것이다.

그러나 리더가 선천적으로 태어난 것인가? 아니면 후천적으로 만들어지는 것인가? 하는 문제는 쉽사리 결론을 내릴 수 있는 성질의 것은 아니다. 위인론을 논의했던 철학자들이 "위인이 역사를 만드는가? 아니면 역사가 위인을 만드는가?" 하는 논쟁을 끊임없이 해왔던 이유도 바로 여기에 있다. 결론적으로 "훌륭한 리더십은 선천적인 특성과 후천적인 환경의 조합(combination)"에 의해서 결정되는 것이 아니겠는가?

바나드(C. I. Barnard)는 인격적 자질과 능력의 측면에서 다음과 같은 것들을 리더십의 특성적 요소로 들고 있다.[13]

① **박력과 지구력**(vitality and endurance): 이는 심신에 넘치는 팽배한 의욕과 정열이며, 어떠한 난관에서라도 목표를 관철시키고야 말겠다는 강한 의지력을 뜻한다.

② **결단력**(decisiveness): 조직의 어려운 문제가 발생하였을 때 우유부단하지 않고 사려 깊게 행동하는 태도를 말한다.

13 C. I. Barnard, *The Functions of the Executive*, Cambridge, Mass.: Harvard Univ. Press, 1938, p. 260.

③ **설득력**(persuasiveness): 조직 내에는 다양한 사고와 행동과 주장이 천차만별로 나타나기 마련인데 이러한 현상을 극복하기 위하여 도리와 성의를 가지고 꾸준히 납득시켜서 합의를 구할 수 있는 능력을 말한다.

④ **책임감**(responsibility): 자신의 판단하에 명령과 지시를 내리고 그 결과에 대해서도 전체적인 책임을 지는 용기와 덕을 가져야 한다는 것을 의미한다.

⑤ **지적·기술적 능력**(intelligence and technical capacity): 올바른 사리판단을 할 수 있는 다방면의 지혜(지식)와 분별력을 뜻한다.

이상에서 살펴본 바와 같이 리더십의 특성론적 연구에서는 첫째, 리더는 선천적으로 리더로서의 자질을 타고난 인물이라는 전제하에서 효과적인 리더십의 발휘를 위한 리더의 일반적인 개인적 특성이 무엇인가에 초점을 두었다.

둘째, 리더십의 특성론적 연구는 다음과 같은 몇 가지 측면에서 이루어져 왔다.

① 신체적 특성(신장, 체중, 연령, 외관, 정열 등)

② 능력(정보, 지성, 유창한 언변, 학력, 지식 등)

③ 성격(Personality: 보수주의와 공격성, 내재론과 외재론, 지배력, 적응력, 정서적 안정, 자신감 등)

④ 기타(학력 등과 같은 사회적 배경, 매력과 재치 및 협동성과 같은 사회적 특성, 탁월해지려는 충동, 책임의 수락 및 결과 지향성과 같은 과업관련 특성)

셋째, 초기 연구에서는 리더로부터 부각된 사람의 특성과 그렇지 못한 사람의 특성을 비교하려 했으며, 또 효과적인 리더와 비효과적인 리더의 특성을 비교하려고 했다.

넷째, 리더십의 특성론적 연구는 아직도 많은 논자들의 관심의 대상이 되고 있는데 다만 강조점이 성격의 특성에서부터 직무에 관련된 기능으로, 그리고 리더십의 효과로 옮겨가고 있다.

카츠(R. Katz)는 효과적인 경영자에게 요구되는 세 가지의 기능(기술적, 인간관계적 및 개념적)을 제시했으며, 유클도 창의성, 조직 설득, 사교적이고 재치 있음, 과업에 관한 지식 및 언어 구사력 등의 기능을 포함시키고 있는데 이들 기능은 중요한 리더를 선발하고 훈련·개발하는 데 있어서 함께 사용될 수 있다.

한편, 리더십에 관한 특성론적 연구는 다음과 같은 점에서 비판을 받고 있다.

① 이는 선천설에 근거하고 있어 선천설이 갖는 문제점을 앉고 있다.

② 리더의 특성으로 제시된 요인들은 리더뿐만 아니라 모든 사람들도 가지고 있는 것으로서 리더 고유의 것으로 볼 수 없으며, 결과적으로 특성론적 연구자들은 리더만이 갖고 있는 특성은 밝히지 못하였다.

③ 특성이론에서 제시하고 있는 우수한 특성과 자질을 모두 갖추기란 불가능하다.

④ 특성의 상대적 중요성에 관한 명확한 검토가 없다는 비판도 있다. 즉 어느 하나의 특성은 어떤 상황에서는 매우 효율적이나 다른 상황에서는 불필요한 것이 될 수도 있다.

⑤ 리더십은 집단과의 관계를 떠나서 이해될 수 없음에도 불구하고 상황 요소의 영향력에 대한 설명이 부족하다.

⑥ 리더의 여러 가지 특성 중에서 어느 것이 리더가 되기 전에 필요한 것이고, 어느 것이 어떤 지위의 리더십을 발휘하는 데 필요한 것이며, 어느 것이 특정 지위를 유지해 나가는 데 필요한 것인지의 구분이 없이 열거되고 있다.

⑦ 특정 상황의 특정 지위에 있는 리더에게 필요한 특성을 어떻게 개발할 것인가에 관해서는 무관심하다.

⑧ 어떤 상황에서 리더십에 관련된 특성이 다른 상황에서의 리더십을 예견하지 못 한다.

이와 같은 많은 한계 및 모순과 문제점에도 불구하고 특성이론은 개인의 특성과 효과적인 리더십 간의 연결은 상황적 요인으로 크게 공헌할 수 있기 때문에 최근 연구의 중요성이 크게 부각되고 있다.

#### (3) 성좌적 자질론

앞에서 살펴본 바와 같이 통일적 자질론에서 주장하는 주요 내용은 리더십을 결정하는 요인은 어떤 상황에서나 똑같은 선천적인 자질이라는 것이며, 리더십 기능의 초점을 리더 개인에게 두었고, 리더로서의 기능수행과 지위확보에 관련되는 Personality 특성을 분석·정리하였는데 이들이 밝힌 공통적인 자질로서는 건강, 성실, 판단력, 인내, 열의, 통찰력, 자제력 등이었다.

그러나 성좌적 자질론을 주장하는 학자들은 이러한 리더십의 통일적 자질이란 존재하지 않는다고 주장한다. 모든 리더들에게는 그에 고유한 능력을 구성하고 있는 자질의 성격이 있다고 주장한다. 즉, 리더십을 결정하는 요인은 자질에 의해 결정되나, 언제나 일정하게 정해진 자질이 요구되는 것은 아니며 주어진 상황에 따라 요구되는 자질은 다르다는 것이다.

### 2) 행동이론: 리더의 행동을 중시

특성이론을 주장하는 학자들이 리더의 특성과 성격에 주된 관심을 두고 있는 데 비해 행동이론을 주장하는 학자들은 리더십 효과를 좌우하는 것은 리더 개인의 특성이 아니라 부하에 대한 리더의 행동이라는 관점에서 리더십의 효과에 주된 관심을 두고 있다. 즉, 행동론적 리더십 연구는 리더의 행동뿐만 아니라 부하의 반응에도 관심을 가지면서 양자의 상호작용에 관한 연구에 주력한다. 이들 두 연구 방법의 차이에 관해서는 다음과 같은 두 가지 측면에서 논의되고 있다.

첫째, 특성론적 리더십 연구는 리더 개인의 특성과 자질에 초점을 두고 있고, 행동론적 리더십 연구는 실제적인 리더의 행동에 초점을 둔다.

둘째, 대부분의 특성론적 연구가 리더와 비리더를 구분하려는 데 초점을 두었으나, 행동론적 연구는 부하와 리더의 여러 가지 특정행동이 부하들의 업적과 만족에 어떠한 영향을 미치는가에 연구의 초점을 둔다.

이처럼 효과적인 리더와 비효과적인 리더의 행동의 차이를 식별하려는 행동론적 리더십 연구의 특징을 요약하면 다음과 같다.

(1) 행동론적 리더십 연구는 리더가 처한 특수한 상황을 고려하지 않고 보편타당성 을 지닌 효과적인 리더의 행동을 찾으려 한다.

(2) 모든 상황에 적용될 수 있는 유일최선(唯一最善)의 리더십 유형을 찾으려 한다.

(3) 행동론적 리더십 연구에서는 리더의 훈련·개발이 주된 연구과제의 하나가 된다. 특히 행동론적 연구는 후천설에 근거하고 있어 바람직한 리더의 행동을 기준으로 하여 리더십을 가르치고 배우며 개발할 수 있다. 이에 관한 대표적인 연구는 다음과 같다.

### (1) 오하이오 주립대학의 연구

경영기능을 중심으로 한 리더십에 대한 일련의 연구가 1945년 오하이오 주립대학의 경영연구실에서 시작되었다. 인접 전공분야인 심리학, 사회학 그리고 경제학자들이 모여서 리더 행동기술 설문지(Leader Behavior Description Questionnaire; LBDQ)를 개발하고 다양한 집단과 다양한 상황 속에서의 리더행동을 연구하였다.[14]

이 연구의 전반적인 목적은 리더 행동의 결정요인을 조사하고 리더십 유형이 작업집단의 성과와 만족에 미치는 효과를 알아보려는 데 있었다.[15]

이들은 공군의 지휘관, 폭격편대의 승무원, 장교, 하사관 그리고 해군성의 민간행정관, 제조업 분야의 감독자, 지방 협동조합의 간부, 대학의 행정가, 교사, 교장 그리고 다양한 민간단체를 대상으로 리더에 대한 연구를 진행하였다.

이들은 LBDQ(리더행동기술설문지)를 사용하여 다양한 상황하에서 리더가 어떻게 반응하는가를 조사하여 인자분석기법으로 연구하였는데 놀랍게도 다양한 상황에서도 리더행동에 대한 연구가 일관성을 갖고 있었다.

그림 14-5 | 오하이오 주립대학의 리더십 유형 |

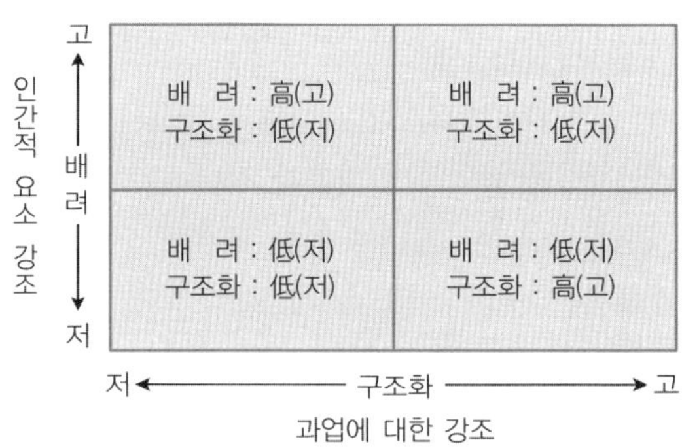


14 Stogdill, *Manual for Leader Behavior Description Questionnaire*, Ohio State University, Bureau of Business Research, Columbus, Ohio(1963).

15 A. D. Szilagyi & M. J. Wallace, *op. cit.*, 1990, p. 392.

초기 연구에서 핼핀과 위너(Halpin and Winer)는 52명의 폭격기 승무원을 조사하였는데 지휘자의 리더행동이 300가지나 기술되었다. 그런데 우호성, 신뢰성, 존경성, 우호적 관계 등과 같은 배려(consideration)인자가 리더행동의 49.6%를 유의성 있게 설명하는 것으로 나타났다. 이와 같은 배려인자 다음으로 중요한 것은 솔선구조(initiating structure)였는데, 이 인자는 리더행동의 공통인자 변량을 33.6% 유의성 있게 설명하는 것으로 나타났다. 여기에서 솔선구조란 리더가 자신과 부하와의 관계를 어떻게 조직하고 정리하느냐 하는 것을 말하는 것으로 리더가 각 구성원에게 기대되는 역할을 한정해 주고 또한 조직유형의 관계를 설명해 주며 의사결정의 채널을 형성하여 그 직무가 수행되도록 하게끔 하는 것을 뜻한다.

이들 두 개의 고려인자와 솔선구조인자가 합쳐서 리더행동의 총 공통인자 변량의 83.2%를 유의성 있게 설명하는 것으로 나타났는데 이들 두 개의 인자로서 리더에 관한 많은 연구를 다양한 상황 속에서 진행하였다.

그리고 부하들에 의해 기술된 1,000여 가지 이상의 차원 중에서 기본적으로 가장 중요한 리더의 행동으로 나타난 구조화와 배려라는 두 가지 차원의 독립변수가 의미하는 바는 다음과 같다.

① **구조화**(initiating structure): 구조화란 목표달성을 위해 리더가 자신과 부하들과의 역할을 정하고 구조화하기 원하는 정도를 의미하는 개념으로서 작업과 작업에 관련된 여러 관계 및 목표의 계획화, 조직화, 통제화 및 협조화를 시도하는 행동을 포함한다. 이는 과업지향적인 리더십 유형과 유사하다.

② **배려**(consideration): 배려란 리더가 상호신뢰, 상호존경, 우애, 지원 및 종업원의 복지에 대한 관심 등을 포함하는 리더의 행동을 의미하는 개념으로서 바람직한 인간관계 형성에 초점을 두고 있다. 이는 종업원중심적인 리더십 유형과 유사하다.

이 연구의 특징은 모든 리더십 행동에서 이들 두 차원을 각각 축(軸)으로 하여 조합으로 나타난 네 개의 범주에 포함시키고 있는데 두 행동차원의 특성은 다음과 같다.

**표 14-4** 배려와 구조화의 행동차원 특성

| 구분 | 특성 |
|---|---|
| 배려 | • 부하가 일을 잘하면 칭찬을 아끼지 않는다.<br>• 부하에게 달성할 수 있는 이상을 요구하지 않는다.<br>• 부하의 개인적인 문제를 도와준다.<br>• 친근감과 동료의식을 가진다.<br>• 부하가 일을 잘하면 보상한다. |
| 구조화 | • 부하에게 구체적인 과업을 배당한다.<br>• 직무업적의 표준을 설정한다.<br>• 부하에게 직무요구에 대한 정보를 준다.<br>• 팀으로 일하도록 작업일정 계획을 세운다.<br>• 일정한 절차에 따라 일하도록 한다. |

자료: D. Hellriegel & J. W. Slocum, *op. cit.*, 1992, p. 478.

연구결과 훌륭한 리더는 두 가지 행동 중의 어느 하나의 행동만을 하는 것이 아니라 이들 두 가지 행동을 평균 이상으로 동원한다는 사실이 확인되었다. 그러나 모형이 너무 단순하고 모든 리더십 상황에서 보편타당하게 적용될 수 없기 때문에 상황요인을 고려하는 것이 필요하다. 이상과 같은 오하이오 주립대학의 연구결과를 도식화하면 다음과 같다.

**그림 14-6** | 오하이오 주립대학의 연구결과 |

| | | 구조화 | |
|---|---|---|---|
| | | 高(고) | 低(저) |
| 배려 | 高(고) | 업적 : 고<br>만족 : 고 | 업적 : 저<br>만족 : 고 |
| | 低(저) | 업적 : 고<br>만족 : 저 | 업적 : 저<br>만족 : 저 |

자료: R. N. Lussier, *op. cit.*, 1993, p. 332.

### (2) 미시간 주립대학의 연구

오하이오 주립대학에서 연구를 시작한 때와 거의 같은 시기에 미시간 주립대학에서 리커트(R. Likert)를 중심으로 구성한 연구팀이 미국 해군성 연구국의 지원을 받아 리더십에 관한 연구를 시작하였다. 그들의 연구목적은 오하이오 대학의 연구목적과도 유사하게 높은 업적을 수행하는 집단과 그렇지 못한 집단과 관련된 리더십 유형에 관한 조사에 있었고, 작업집단의 업적과 만족의 증대를 낳는 리더의 행동유형을 찾는 데 있었다. 1947년부터 시작된 이 연구는 과학적이고 계량적인 연구의 뒷받침이 없다는 비판을 받고 있던 호손연구의 방법론적인 문제를 해결하고자 시도되었다.

이 연구에서는 생산성이 사기에 영향을 줄 수 있는 심리학적인 변인들인 업무유형, 작업조건과 방법에 대한 통제가 이루어졌고, 생산성이 높은 집단과 생산성이 낮은 집단 12개를 짝지어 직무유형이나 방법 등을 각각 고찰하였다. 연구결과 서로 다른 두 가지 유형의 리더십을 발견하였는데 이들은 오하이오 대학의 연구결과와 어느 정도는 유사했고 어느 정도는 상이하였다. 대표적인 유사점으로서는 미시간 주립대학의 연구결과 나타난 '직무중심적인 행동'과 '종업원 중심적인 행동'은 오하이오 주립대학의 연구결과 제시된 '구조화 행동'과 '배려 행동'에 각각 유사한 개념이다. 또한 대표적인 상이점은 전자가 두 가지 행동유형을 하나의 연속선상의 양극에 위치시키고 있는 데 비해 후자는 두 가지 행동유형을 서로 다른

그림 14-7 | 두 대학의 리더행동에 대한 관점 비교 |

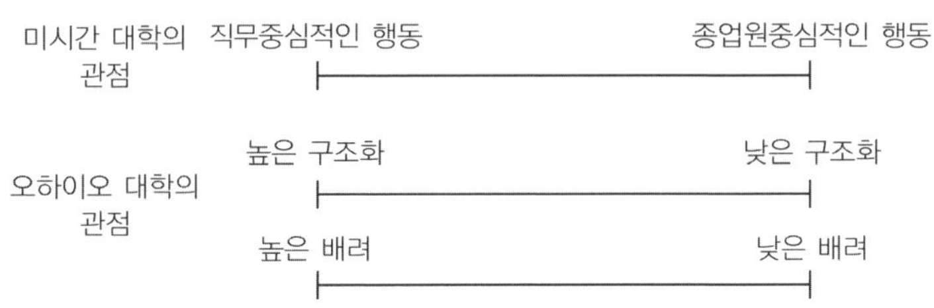


자료: R. W. Griffin, *op. cit.*, 1984, pp. 422–423.

차원의 것으로 보고 매트릭스를 만들어 설명하고 있다.

① 직무중심적인 리더십(job-centered leadership)

생산지향적인 행동(production oriented behavior)이라고도 하는 이 유형은 오하이오 대학의 한 차원인 구조화와 유사한 데 이 유형의 리더는 직무의 기술적·과업적 측면을 강조하는 경향이 있으며 주된 관심은 집단의 과업을 수행하는 데 있고 집단구성원은 이 같은 목적을 위한 수단에 불과한 것이었다.

② 종업원 중심의 리더십(employee-centered leadership)

인간 지향적인 행동을 하는 유형으로서 오하이오 대학의 배려와 유사한데 권한과 책임의 위양, 종업원의 복지, 욕구, 발전 및 개인적인 성장 등에 대한 관심을 강조하며 부하의 욕구에 개인적인 관심을 갖고 구성원간의 개인차를 받아들임으로써 대인관계를 강조한다.

미시간 주립대학의 연구는 리더십 유형과 효과 간의 상관관계를 조사하기 위해 다양한 산업을 대상으로 실시되었으나 일치된 상관성을 발견하는 데는 실패하였다. 그러나 종업원 중심적인 리더가 가장 효과적이고 바람직하다는 결론을 얻을 수 있었다. 다시 말해 높은 생산성을 올리는 집단의 리더는 보다 인간적이고, 생산지향적인(직무 중심적) 리더가 낮은 생산성과 낮은 직무만족에 관련된 반면 종업원지향적인 리더는 높은 생산성(성과)과 높은 직무만족에 관련된다는 것이다.

한편, 미시간 대학의 연구도 오하이오 대학의 연구와 유사한 다음과 같은 비판을 받는다.

첫째, 종업원중심적인 리더십이 때로는 낮은 업적을 낳고, 직무중심적인 리더십도 때로는 높은 업적을 낳는다.[16]

둘째, 종업원중심적인 리더십은 민주적인 것을, 직무중심적인 리더십은 전제적인 것을 의미하므로 민주적인 리더십과 전제적인 리더십이 지니는 문제점을 안고 있는데 이는 민주적인 리더십이 언제나 전제적인 리더십보다 좋은 결과를 가져온다고는 볼 수 는 없다.

---

16 R. Likert, "From Production and Employee－Centeredness to System 1－4," *Journal of Management*, 1979(Vol. 5).

셋째, 종업원에 대한 높은 관심과 직무(생산성)에 대한 높은 관심은 상호 모순되지 않으며 오히려 현명한 리더는 어느 한쪽으로 편중되기 보다는 이들 두 가지 지향성을 모두 병행한다.

넷째, 결론적으로 그 어느 유형도 유일최선의 것이 될 수 없으며 너무 단순하여 모든 리더십 상황에 보편타당하게 적용될 수 없다.

이와 같은 비판에도 불구하고 미시간 주립대학 연구팀의 소장이었던 리커트(R. Likert)는 후속적인 연구를 계속하여 그 결과를 1961년 『경영의 새로운 패턴』(*New Patterns of Management*)이라는 그의 저서에 종합하여 발표하였다. 리커트가 주장하는 시스템4 형의 리더십이론[17]이 바로 이 책에서 소개되고 있다.

오하이오 주립대학이 리더의 차원에서 공식조직의 상황을 고려하여 연구를 진행한 데 비해 미시간 대학은 소집단형에서 시작했고, 또한 만족도와 생산성에 대한 연구에 일관해서 구성원 차원으로 연구를 진행한 데 그 특징이 있다. 이들은 리더의 감독기능과 리더 기능으로 구분하여 접근했다. 즉 조직은 총체로서 광범위한 작업을 통합과 개개 구성원들의 행동을 통하여 집단이나 조직의 목적이 달성된다고 보았던 것이다.

그가 이 같은 착상을 하게 된 것은 여러 개의 조직을 행동과학적으로 연구한 결과였다는 사실은 매우 흥미 있는 일인 데 그가 본 여러 산업조직은 그들의 조직을 X이론에서 Y이론으로, 미성숙한 행동의 조장에서 성숙한 행동의 개발로, 위

그림 14-8 | 참가와 관련된 네 가지 시스템 |

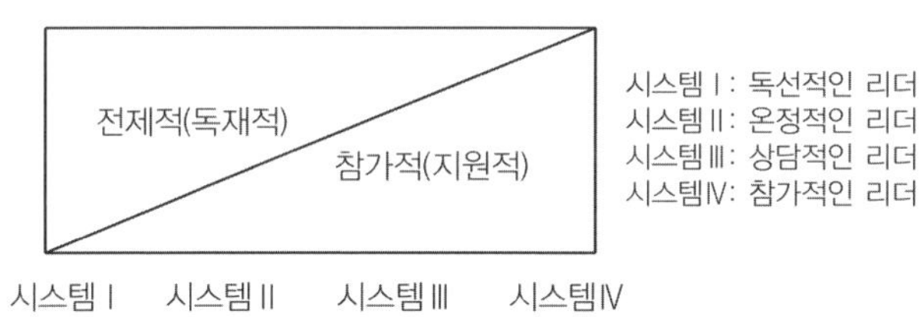


자료: R. Likert, *op. cit.*, 1967, pp. 4–10; R. M. Hodgetts, *op. cit.*, 1986, p. 521.

17 Rensis Likert, *The New Patterns of Management*, McGraw-Hill, New York, 1961, p. 113.

생요인만의 중시에서 동기유발요인의 충족으로 이행할 수 있도록 지원하는 것이 의도되고 있음을 알고 현재 일반적으로 행해지고 있는 관리 형태를 직무중심의 '시스템Ⅰ'에서 종업원중심의 '시스템Ⅳ'에 이르는 하나의 연속선상에 그려내게 되었다.

위에서 보는 바와 같이 '시스템Ⅰ'은 과업지향적·직무중심적인 감독형태로서 매우 구조화된 권위주의적 관리방식인 데 비해 '시스템Ⅳ'는 팀워크, 상호신뢰, 상호작용에 의거한 관계지향적인·종업원 중심적인 관리방식이며, '시스템Ⅱ, Ⅲ'은 X이론·Y이론의 각각에 거의 대응한 양극의 중간적 단계라 하고, 조직의 관리방식이 '시스템Ⅳ'에 접근할수록 생산성이 높고 '시스템Ⅰ'에 접근할수록 생산성이 낮음을 발견하였다.[18]

결과적으로 '시스템Ⅳ'의 리더십 유형이 가장 건전하고 성공적이어서 이상적인 것이라고 제시하고 있는데, 무엇보다도 인간조직을 과학적으로 관리하는 방식으로 네 개의 시스템을 등장시키고 변수의 개념을 도입하여 생산성, 상호 영향작용 등의 다각적인 측면에서 실증적 연구를 거듭하여 종래의 전제주의적인 관리제도 대신에 참가적·지원적인 관리시스템을 주장하고 있음은 특기할 사실임에 틀림이 없다.

### (3) 블레이크와 무턴의 연구

텍사스 대학의 블레이크와 무턴(R. R. Blake & J. S. Mouton)은 직무중심과 종업원중심의 양극적인 리더십 유형을 융통성 있게 조화시키려는 리더십의 유효성 모델로서 관리격자(managerial grid)의 개념을 정립하였다.

그는 두 개의 극(極)을 핵으로 하는 극단론에 빠지지 않고 업무중심의 리더십 유형과 인간중심의 리더십 유형으로 구분한 다음 이들 두 개의 축을 지향하는 정도에 따라 혼합구성의 가능성이 있음을 주장하였다.

이들 두 개의 축(軸)을 보다 구체적으로 설명하자면 생산에 대한 관심(concern for production)은 매출액이나 생산량에 대한 배려를 의미하며, 그 수량뿐만 아니라 방침결정의 질이나 신제품개발이라는 독창적 아이디어에 관한 것도 포

18 J. B. Barney & R. W. Griffin, *The Management of Organizational Behavior*, Houghton-Mifflin, 1992, p. 592.

함된다. 인간에 대한 관심(concern for people)은 주어진 업무수행을 위하여 각자가 얼마나 열중하고 있는가의 정도에 대한 관심이나, 부하의 복종이 아닌 신뢰에 의하여 주어진 책임감이 어떠한가에 대한 관심, 업무의 보장에 관한 심정에 대한 관심 등이 포함된다. 그리고 관심이란 경영자 자신의 기본적 태도로서 그러한 관심의 유무를 말하는 것이다.

생산과 인간에 대한 관심의 쌍방이 최대가 되는 경영자의 태도가 이상형이지만 현실적으로 경영자는 여러 가지 유형의 것들이 있게 된다.

블레이크와 무턴은 생산을 중심으로 한 축과 인간을 중심으로 한 축을 연속선상에서 각각 9단계로 나누고 있을 수 있는 81개 유형 가운데서 논의의 편의상 다음과 같은 다섯 가지 기본적인 모형을 제시하였다.

① (1·1)형

무관심형(impoverished management)으로 인간에 대한 관심(만족, 사기)과 생산(업적)에 대한 관심이 모두 낮은 이 유형의 리더(관리자)는 주어진 과업을 수행하기 위한 최소한의 노력으로 조직구성원의 신분을 지탱하려는 사람에게 적절하다. 이 유형은 리더가 리더십 역할을 포기하고 생존(survival)이 주된 것이므로 때로는 자유방임적인 관리(laissezfaire management)이라고도 한다.

② (1·9)형

인기형(country club management)으로 생산에 대한 관심도는 낮은 반면 인간에 대한 관심도는 높은 상태이다. 이 유형은 관계성의 만족에 관심을 두고 유쾌하고 다정한 분위기를 조성하는 등으로 과업에 대한 관심의 수행을 위해 부하들을 지원하는 일에 초점을 둔다.

③ (9·1)형

과업형(task management)으로 생산에만 관심을 갖고 인간에 대해서는 관심도가 낮은 상태에서 리더십을 발휘하는 관리자상으로 해석할 수 있다. 이 유형은 권한 복종형(authority-obedience type) 또는 권한 순종형(authority-compliance type)이라고도 불리고 있으리만큼 부하의 개발이나 사기에는 관심이 없고 과업을 능률적으로 수행하는 데 모든 관심을 집중한다.

④ (5·5)형

중용형(middle of the road management)으로 인간에 대한 관심과 과업에 대한 관심이 모두 중간 정도인 이 유형은 중간관리자가 상·하 계층의 교량역할을 수행하는 데 효과적인 형태로 볼 수 있으며 과업과 종업원의 만족 간에 균형을 유지하는 데 관심을 둔다.

⑤ (9·9)형

이상형(team management)이라 할 수 있는 이 유형은 생산과 인간에 대한 관심이 모두 높은 형태로서 일과 종업원들의 관계성을 조정하고 통합함으로써 과업능률과 사기의 진작에 관심을 둔다.

〈그림 14-8〉에서 보는 바와 같이 블레이크와 무턴은 (9·9)형을 가장 이상적인 리더십의 모델이라고 생각하여 유능한 관리자의 육성을 위하여 (9·9)형이 타당하고 동시에 관리자 육성의 효과를 증대시키기 위해서 폭넓은 훈련계획을 거친 조직에서는 보다 협동적인 작업관계를 가질 수 있게끔 종업원의 행동이 변화

그림 14-9 | Managerial Grid의 리더십 행동유형 |

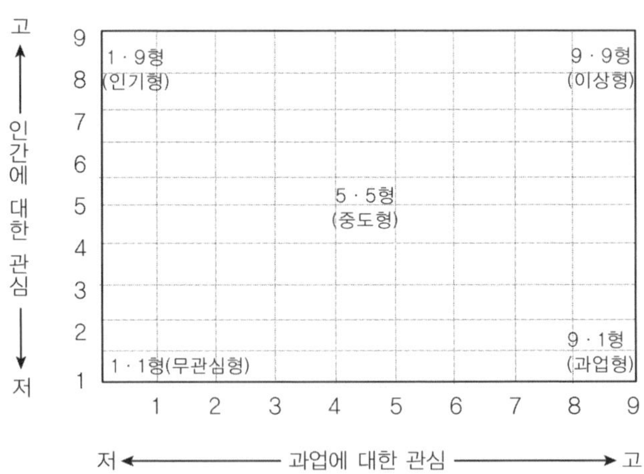


자료: R. R. Blake & J. S. Mouton, *op. cit*, 1991, p. 29.

하고 생산성이 증가한다는 것이다.

그러나 이 이론도 다음과 같은 문제와 한계를 지니고 있다.

첫째, 모든 인간은 이 이론이 제시하고 있는 다섯 가지 기본유형의 성격을 골고루 지니고 있고 다만 사람에 따라 그 구성 비율이 상이할 뿐이다. 비중이 큰 유형이 지배적으로 표출될지라도 나머지 유형은 지원적인 유형으로 되는데 리더십의 효과는 리더가 어떤 리더십 유형을 지배적인 것으로 쓰고 있는가 하는 리더 개인의 특성에만 달려 있는 것이 아니라 조직상황, 가치관, 개성 및 기회와 같은 여러 가지 조건이 조화됨으로써 결정되는데 이를 고려하지 못하고 있다.

둘째, '9·9형'이 모든 상황에서 최선의 것임을 지지할 수 있는 증거가 불충분하다.

셋째, 다른 행동이론에서와 마찬가지로 보편타당성을 지닌 효과적인 리더의 행동을 모색하고 있으나 실패하고 있다.

### 3) 상황이론: 리더가 처한 상황을 중시

리더중심이론이 리더 자신의 자질이나 특성에 의해 효과적인 리더십이 결정된다고 주장하는데 반해, 상황중심이론은 리더십을 결정하는 것은 리더 개인의 자질, 특성이라기보다는 리더를 포함한 상황의 함수로서 결정된다고 보고 있다.

특성이론의 관점에서 보면 실패하는 리더에게는 공통점이 있다. 즉 그들에게는 리더가 갖추어야 할 바람직한 특성들이 결여되어 있기 때문이라고 추론할 수 있다. 그러나 어떤 특성들이 리더십의 실패여부와 관련이 있는가에 관해서는 특성이론의 애매모호한 연구결과를 볼 때 확실하게 결론지을 수 없지만, 대체적으로 창의력과 성취동기의 결여, 사회성과 인지적 역량의 부족, 커뮤니케이션 능력과 인간에 대한 배려 취약, 스트레스 저항력 부족, 자신감 결여 등으로 요약될 수 있다.

이들 변수들은 지금까지의 연구에서 리더십 효과와 매우 높은 상관관계를 갖는 것으로 나타났고, 따라서 이를 갖추지 못한 리더는 실패의 가능성이 보다 높다고 볼 수 있겠다.

그리고 행동이론의 핵심은 성공적인 리더십을 발휘하기 위해서는 리더가 구조주도와 배려의 행동을 동시에 보여줄 수 있어야 한다는 것이다. 행동이론에 따르면 실패하는 리더란 항상 과업만을 중시하거나, 또는 항상 인간관계만을 중시하거나, 또는 둘 중 어떠한 성향도 보이지 않는 부류의 리더라고 할 수 있다.

그러나 환경적응적인 관점에서 보면 성공하는 리더와 실패하는 리더가 따로 존재하는 것이 아니라 주어진 환경 속에서 자기에게 맞는 리더십의 유형을 선택하지 못하면 실패하는 리더가 된다는 것이다. 즉, 리더와 상황이 잘 맞아 떨어지면 성공하는 리더가 될 수 있다는 입장이다. 따라서 이상적인 리더십의 유형이 따로 존재하는 것이 아니라 그것이 상황에 알맞은 것이라면 독재적 리더십도, 방임적 리더십도, 과업중심적인 리더십도, 종업원중심적인 리더십도 높은 성과를 올릴 수 있다는 것이다.

### (1) 피들러(F. E. Fiedler)의 상황적 리더십

리더십 상황이론의 대표적인 학자인 피들러(F. E. Fiedler)는 리더와 상황적인 조화를 강조한다. 그의 연구에 따르면 상황에 따라 과업중심적인 리더가 효과적일수도 있고, 인간중심적인 리더가 더 효과적일 수도 있다고 하였다. 상황이 리더에게 아주 유리하거나 불리할 때에는 과업중심적인 행동이 효과적이지만, 중간정도의 상황일 때에는 인간중심적인 행동이 더 효과적이라는 사실을 발견하였다.

그리고 주어진 상황이 유리한지 불리한지는 과업의 특성이나 리더와 부하간의 신뢰성의 정도 그리고 리더지위의 권력 정도를 통해 판단할 수 있다. 일반적으로 이들 세 가지 요소가 모두 강하면 리더에게 유리한 상황이고, 모두 약하면 불리한 상황이 된다.

피들러의 상황이론은 핵심내용을 요약해 보면, 첫째는 리더십의 유형에 관한 것이고, 둘째는 상황에 대한 정의이며, 셋째는 리더십유형과 상황과의 적합관계이다.

#### ① 리더십의 유형

피들러는 LPC척도를 통해 리더십의 유형을 구분하였다. LPC척도란 리더가 가장 일하기 싫어하는 동료작업자(leader preferred co-worker; LPC)를 선정하고, 그에 대해 어떻게 생각하는지를 물어 보는 설문으로 구성되어 있다. LPC점수는

그림 14-10 | LPC측정의 설문 예 |

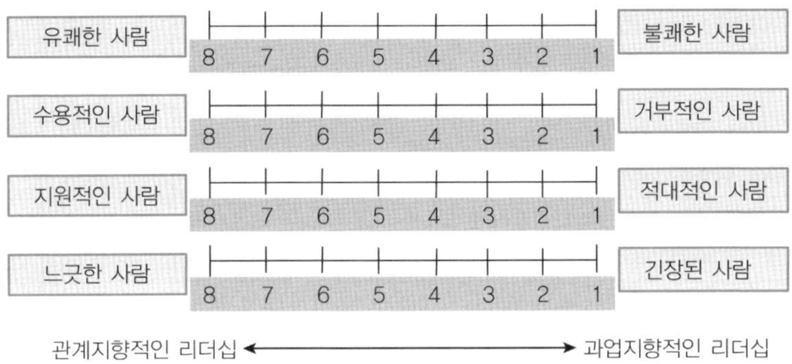


20개 문항을 8점 척도로 측정하여 이를 통계적으로 분석하여 산출했다. 구체적인 설문내용을 보면, 가장 일하기 싫어하는 사람이 쾌활한지, 친절한지, 수용적인지, 여유 있는지, 다정한지, 지원적인지, 흥미를 잘 느끼는지, 남들과 조화하는지, 성실한지 등으로 평가하여 리더십의 유형을 구분하였다.

측정결과 LPC점수가 높으면 관계지향적인 리더로 낮으면 과업지향적인 리더로 구분하였다.

② 리더십의 상황

리더십의 상황은 리더-구성원관계, 과업의 구조화, 리더의 지위권력에 따라 설명할 수 있다.

• 리더-구성원관계(leader-member relation): 이는 집단의 분위기를 의미하는 요소로서 상사를 신뢰하고 존경하며 친밀한 분위기가 조성되어 있는지 없는지를 의미한다.

• 과업의 구조화(task-structure): 이는 과업의 일상성이나 복잡성을 의미하는 것으로서 집단의 과업이 반복적인지 아닌지, 정형화된 일인지 비정형화된 일인지, 단순한지 복잡한지, 과업목표가 구체적인지 추상적인지, 의사결정체계가 잘 정비되어있는지 아닌지를 의미한다. 과업이 구조화되어 있을수록 그 상황은 리더에게 유리하다. 왜냐하면 리더가 무엇을 해야 하고, 누구를 통해, 무엇 때문에 해야 하

그림 14-11 | 피들러의 리더십과 상황의 관계 |

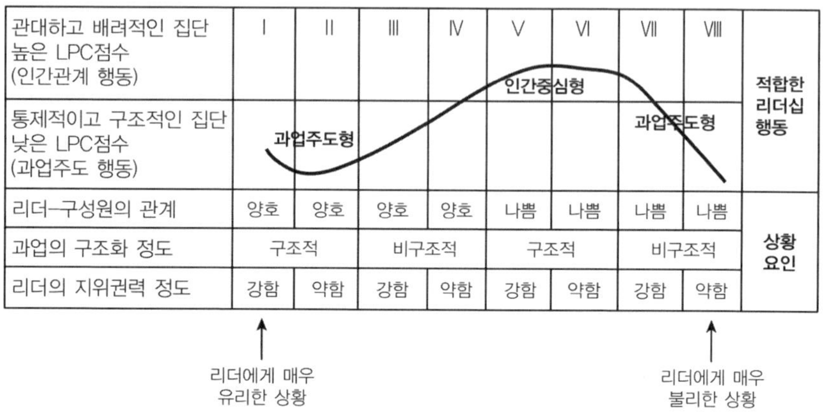


는지를 쉽게 결정할 수 있기 때문이다.

• 리더의 지위권력(position power): 이는 리더가 집단구성원들에게 명령을 수용토록 영향력을 행사할 수 있는 능력으로서 법규나 제도를 통해 리더에게 어느 정도의 공식적인 권한과 권력이 부여되어 있는가를 의미한다.

### ③ 리더십 스타일과 상황의 적합관계

리더십의 유효성은 리더-구성원의 관계, 과업의 구조화, 리더의 지위권력의 상황조건에 따라 달라진다는 것이다. 아주 호의적인 상황에서나 비호의적인 상황에서는 관계지향적인(인간관계 행동) 리더십 스타일이, 아주 호의적이지도, 비호의적이지도 않은 중간 상태에서는 과업지향적인 리더십 스타일이 효과적이라는 것이다. 이를 보다 구체적으로 살펴보면 다음 〈그림 14-11〉과 같다.

위에서 보는 바와 같이 리더-구성원의 관계가 좋고, 과업의 구조화 정도가 높고, 리더의 지위권력이 강할 때에는 리더에게 유리한 상황이, 그렇지 못할 때에는 불리한 상황이 주어지게 된다. 이와 같이 리더-부하의 관계가 호의적인가 비호의적인가, 과업구조화의 정도가 높은가 낮은가, 리더의 지위권한이 강한지 약한지에 따라 나타낼 수 있는 상황은 모두 다를 것이다.

그림 14-12 | 피들러의 리더십 상황이론 |

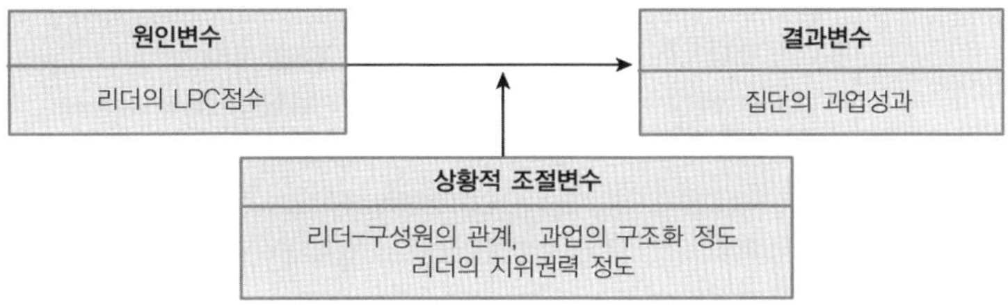


그런데 만약 리더십 스타일과 상황이 적합하지 않을 때에는 어떻게 해야 하는가? 피들러는 리더의 욕구구조는 일정기간 지속적이므로 리더 행동유형은 단기적으로 변화하지 않을 가능성이 많다고 하였다. 따라서 리더십의 스타일을 변화시키기보다는 상황을 변화시키는 것이 바람직할 것이다. 이상에서 살펴본 피들러의 리더십 상황이론을 요약하면 〈그림 14-12〉와 같다.

### (2) 허시와 블랜차드(P. Hersey & K. H. Blanchard)의 모형

허시와 블랜차드(P. Hersey & K. H. Blanchard)는 리더십 차원을 관계행동(relationship behavior)과 과업행동(task behavior)으로 구분하고, 상황변수를 고려한 다음과 같은 리더십 모형을 제시하였다.[19]

이들은 리더와 부하 간의 상호 조화관계를 중시하면서 부하의 성숙도에 따른 적합한 리더십 유형을 제시하였는데 이 이론의 특색은 다음과 같다.

첫째, 리더십의 유형이 부하의 성숙도의 수준에 의해 결정된다는 것이다.

둘째, 리더십의 두 가지 차원, 즉 관계차원(인간중심)과 과업차원(과업중심)은 연속선상에 있는 것이 아니라 상호 별개의 것으로 상호 영향을 주지 않고 두 가지 요소가 공존할 수 있다는 것이다.

셋째, 관계행동(relationship behavior)과 과업행동(task behavior)에 이어 세 번

19 Paul Hersey & Kenneth H. Blanchard, "Life cycle theory of leadership," *Training & Development Journal*, Vol. 23, 1969, pp. 26-34; P. Hersey and K. H. Blanchard, *Management of Organizational Behavior*, 4th ed.(Englewood Cliffs, NJ: Prentice-Hall, 1982).

그림 14-13 | 허시와 블랜차드의 상황적 리더십 모형 |

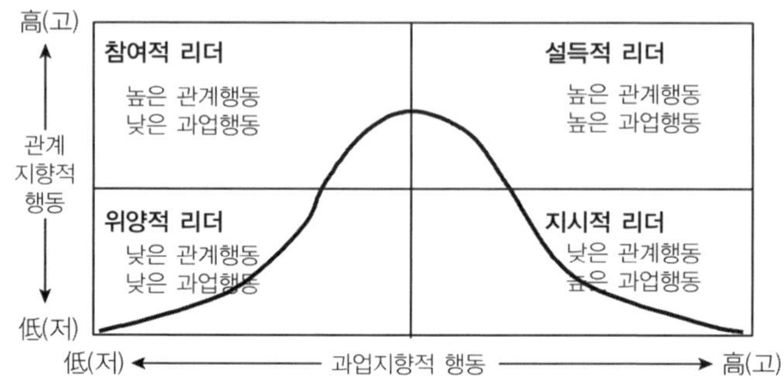


| 부하의 성숙수준 | 성숙수준 (Ⅳ) | 성숙수준 (Ⅲ) | 성숙수준 (Ⅱ) | 성숙수준 (Ⅰ) |
|---|---|---|---|---|
| 부하의 특성 | 능력 있음 동기 강함 | 능력 있음 동기 강함 | 능력 없음 동기 약함 | 능력 없음 동기 약함 |

째 차원인 부하들의 성숙수준(maturity or readiness)은 그들이 얼마만큼 자질과 사기가 있으며 책임의식, 자신감 등을 가지고 있는지의 문제로서 달성 가능한 목표의 설정능력이나 책임의식, 의사소통능력, 교육과 경험 등을 말한다.

부하의 성숙수준은 리더십 유형을 결정하는 유일한 독립변수이기 때문에 리더는 부하의 태도나 행동을 보고 성숙수준을 감지하여 적절한 리더십을 선택하여 발휘하면 되는 것이다.

따라서 이들은 부하의 성숙수준에 따라 다음과 같은 네 가지 유효한 리더십 유형을 제시하였다.

① 지시적인 리더(Telling)

이들은 과업지향성은 높지만 관계지향성은 낮은 리더로써 일방적인 커뮤니케이션을 하고 매사에 리더중심으로 의사결정을 하는 주도적인 리더를 말한다.

② 설득적인 리더(Selling)

이들은 높은 과업지향성과 높은 관계지향성을 지닌 리더로써 부하와 쌍방적인 커뮤니케이션을 하고 공동의사결정을 강조하는 후원적인 리더를 말한다.

③ 참여적인 리더(Participating)

이들은 관계지향성은 높지만 과업지향성은 낮은 리더로써 부하들과의 원만한 인간관계를 유지하고 의사결정시에는 부하의 의사를 존중하여 많이 반영시키는 리더를 말한다.

④ 위양적인 리더(Delegating)

과업지향성과 관계지향성이 모두 낮은 리더로써 이들은 부하의 자율적 행동과 자기 통제에 의존하는 리더를 말한다.

### (3) 하우스의 경로-목표(Path-Goal)모형

하우스(R. J. House)의 경로－목표(path－goal) 모형은 과업주도형·배려형 리더십 유형에 동기이론의 기대이론(expectancy theory)을 접목시켜 리더의 노력→ 성과, 성과→보상에 대한 기대와 유의성의 관계를 중심으로 리더십의 과정을 설명하였다.[20]

즉, 리더의 역할이란 부하가 목적지(goal)에 도달할 수 있는 길(path)과 방향을 가르쳐 주고 따라가면서 어디가 지름길이고 위험이 도사라고 있는지를 알려주고 도와주는 것이라고 하면서 부하의 능력수준이 증가함에 따라 다음 네 가지 리더십 행동이 순차적으로 필요함을 강조하였다.[21]

① **지시적 리더**(directive leader): 부하가 해야 할 일이 무엇인지를 가르쳐 주고 지도해 주는 구조주도형과 같은 유형의 리더를 말한다. 즉 부하의 과업을 계획하고 구체화하여 지시하고, 지원하며 조정해 나간다.

② **지원적 리더**(supportive leader): 친절하게 부하의 심중을 읽고 필요한 것을 마련해 주는 배려형의 리더이다.

③ **참여적 리더**(participative leader): 부하들의 의견을 경청하고 그들의 제안을 반영하여 의사결정을 하는 리더이다.

---

20 Robert J. House, "A Path－Goal Theory of Leader Effectiveness," *Administrative Science Quarterly*, Sept. 1971, Vol. 16, pp. 321－338.

21 Ibid.,; R. J. House and T. R. Mitchell, "Path－Goal Theory of Leadership," *Journal of Contemporary Business*, Autumn 1974, p. 86.

그림 14-14 | 경로-목표 모형 |

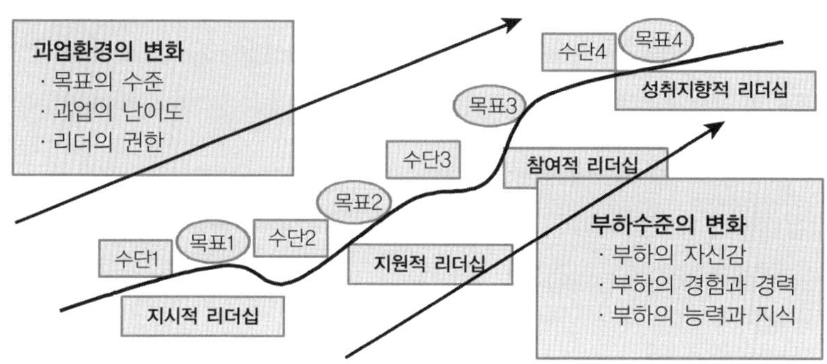


④ 성취지향적인 리더(achievement oriented leader): 도전적인 목표를 제시하고 높은 수준의 목표를 달성할 수 있도록 하는 리더이다.

하우스는 피들러의 주장과는 달리 효과적인 리더십을 발휘하기 위해서는 위의 네 가지 리더십의 유형을 상황에 따라 바꾸어가며 행사하여야 한다고 주장했다. 다시 말해 부하의 수준과 능력, 그리고 집단의 과업과 분위기와 같은 상황에 적합한 것일 때 효과적인 리더십이 발휘될 수 있는 것이지 처음부터 훌륭한 리더십이 존재하는 것은 아니라는 것이다. 따라서 목표가 달성될 때까지 상황은 계속 변화하기 때문에 유효한 리더십도 수시로 변화해 가야 한다는 것이다.

### 4) 최근의 리더십 모형

1980년대 미국 대기업의 종업원과 CEO의 임금격차는 약 20배 정도였으나 2000년대에는 그 격차가 수백 배로 증가하였다. 이에는 여러 가지 이유들이 있겠으나 리더의 중요성이 상대적으로 크게 인식되고 있음을 반영한 결과로 해석될 수 있다. 새로운 세기가 시작되면서 격동하는 환경에 직면한 많은 기업들이 생존을 위해 이제까지의 리더십과는 크게 다른 새로운 유형의 리더십으로의 변화의 필요성을 강조하게 되었다. 새롭게 거론되고 있는 리더십의 모형을 살펴보면 다음과 같다.

### (1) 거래적 리더십과 변혁적 리더십

오늘날과 같은 급변하는 기업환경은 세계 모든 기업들에게 생존의 위험을 가중시키고 있다. 이러한 위기상황을 타개하고 변화와 혁신을 성공적으로 주도해 나갈 수 있는 기업이 되기 위해서는 조직구성원들의 조직에 대한 일체감이나 충성심, 적극적인 참여와 동기유발을 통해 무한한 잠재능력을 발휘할 수 있게 하는 새로운 리더십이 요구된다.

거래적·변혁적 리더십이론은 1978년 번즈(J. M. Burns)에 의해 제시되었으며 그는 정치적 리더십을 거래적 리더십(transactional leadership)과 변혁적인 리더십(transformational leadership)의 두 형태로 나누고 변혁적 리더십의 중요성을 강조했다. 그 후 1985년 바스(B. M. Bass)는 기업의 조직상황에 맞춰 이 이론을 구체화함으로써 널리 알려지게 되었다.

거래적 리더십(transactional leadership)은 부하가 리더에게 복종하는 대가로 리더로부터 임금이나 인정을 얻는 교환적 관계에 토대를 두는 것인 반면, 변혁적 리더십(transformational leadership)은 부하를 전인격적으로 파악하며 부하의 상위 욕구를 자극하고 중시한다.

거래적(교환적) 리더십과 변혁적 리더십에 관한 아이디어를 하나의 리더십 이론으로 구체화시킨 바스(B. M. Bass)는 자신이 개발한 MLQ(multi-factor leadership questionnaire)를 토대로 변혁적인 리더십과 거래적인 리더십의 하위 요인들을 찾아내어 이들 요인들과 효과성 변수들과의 관계를 구명하였으며 보다 구체적인 차이는 다음과 같다.

거래적(교환적) 리더는 부하가 자신과 조직 목적의 달성을 위해 해야 할 일이 무엇인지를 정해 주고, 이들 요건을 분류해 주며 부하에게 필요한 노력을 다하면 목표를 달성할 수 있다는 확신을 얻도록 도와주는 데 반해, 변혁적(혁신적) 리더는 과업의 중요성과 가치의 증대를 통해 팀과 조직을 위해 자신의 이익을 초월하게 함으로써 그리고 욕구를 자아실현의 욕구와 같은 고차원의 수준으로 높임으로써 최초에 기대했던 것 이상의 성과를 나타낼 수 있도록 동기를 부여한다.

따라서 거래적 리더십은 다음과 같은 특징을 갖는다.

① 거래적 리더는 자신과 부하 간의 교환관계로 리더십을 다루고 있다. 즉, 부하의 이익을 자극함으로써 동기부여를 한다. 실제로 대부분의 학자들은 리더십을 보상 또는 인센티브와 같은 어떤 행동을 통해 리더가 부하로부터 바라는 바의 행동을 일으키는 과정으로 보아 왔는데 이는 개인과 조직의 목적을 함께 만족시키는 교환관계를 의미하는 것이다.[22]

② 거래적 리더십은 각종 편익(benefits)과 비용(cost)의 교환에 의해 리더와 부하의 관계를 설명한다. 이는 종래의 행동론적인 리더십이나 환경적합적인 리더십이론과 관련이 되며 또한 유사하다.

③ 거래적 리더십은 경로－목표이론과 깊이 관련되며 이들 관점을 응용한다.

④ 현재의 업적 유지 및 잘 구조화된 문제의 처리에 강조점을 두고 있기 때문에 흔히 일상적인 경영활동과 동의어로 생각된다.

한편, 변혁적 리더십의 특징은 다음과 같다.

① 변혁적 리더십은 특성이론에 크게 의존하고 있는데 이는 효과적인 리더란 부하에게 영향력을 행사할 수 있는 독특한 몇 가지 특성을 지니고 있다는 신념에 근거한다.

② 이는 부하의 신념, 가치관 및 목적에 영향을 미치며 부하로 하여금 거래적(교환적) 리더십에서 기대한 것 이상의 비상한 업적을 달성하도록 하는 영감적인 리더십(inspirational leadership)이다.

③ 변혁적 리더십은 주로 최고경영자에게 요구되며 기업을 혁신시키고 부흥시키는 열쇠이다. 변혁의 수장이 변혁적 리더이고 그만이 현대조직에 필요한 새롭고 중요한 방향전환을 효과적으로 할 수 있기 때문이다.

이상에서 거래적 리더십과 변혁적 리더십의 차이에 관해 살펴보았는데 이들의 차이는 어느 것이 좋고 어느 것이 나쁜 것을 의미하는 것은 아니다. 따라서 조직구성원을 강화하고 높은 업적을 달성하기 위한 바람직한 리더십의 발휘를 위해서는 이들 두 가지가 모두 요구된다.

오늘날 격변하는 환경하에서는 무엇보다도 변혁적 리더가 기업의 성공에 결

22 J. R. Schermerhorn, *Management for Productivity*, Wiley, 1993(4th), p. 425.

정적으로 중요한 요인이 되고 있는데 종래 수단창조의 개념인 거래적 리더십에서 가치창조의 개념인 변혁적 리더십으로의 전환이 절실하게 요청되고 있음은 주지의 사실이다.

변혁적 리더십은 '카리스마적(charismatic) 리더십,' '영감적(inspirational) 리더십,' 또는 '상징적(symbolic) 리더십,' 등의 다양한 이름으로도 불린다.

루시어(R. N. Lussier)는 변혁적 리더가 지녀야 할 특성으로써

① 자신을 변혁의 주체자로 본다.

② 위험을 감수하려는 용기 있는 사람이다.

③ 다른 사람을 믿고 그를 동기부여 한다.

④ 가치 지향성을 갖는다.

⑤ 평생학습자이다.

⑥ 복잡하고 애매하며 불확실한 상황이나 문제를 처리하는 능력 및

⑦ 비전을 지닌 사람 등[23]을 변혁적 리더의 특성으로 들었다.

그리고 셔머혼(J. R. Schermerhorn)은 여러 논자들의 관점[24]을 정리하여 다음과 같은 여러 가지를 변혁적 리더십의 특성[25]으로 들었다.

① **비전**(vision)

② **카리스마**(charisma)

③ **상징성**(symbolism): 영웅(hero)을 식별하고 특수한 보상을 하며 탁월성과 높은 업적을 기념하기 위해 자발적이고 계획적인 행사를 한다.

④ **자격부여**(empowerment): 타인에 대한 발전 지향성을 유지하고 업적 향상에의 장애요인을 제거해 주며 책임을 함께 지고 참으로 도전적인 업무를 위양한다.

⑤ **지적 자극**(intellectual stimulation): 문제의식을 일으키고 높은 수준의 해결방안의 탐색을 자극함으로써 타인들의 정신적인 몰입을 촉구한다.

⑥ **언행일치**(integrity): 정직하고 믿음직스러우며 신뢰를 받을 수 있으며 말한 바를 반드시 실천한다.

---

23 R. N. Lussier, *Human Relations in Organizations*, Irwin, 1993(2nd), p. 220.

24 J. M. Kouzes & B. Z. Posner, *The Leadership Challenge: How to Get Extraordinary Things Done in Organization*, Jessey-Bass, 1987; J. W. Gradner, "The Context and Attributes of Leadership," *New Management*(1988, Vol. 5).

25 J. R. Schermerhorn, *Management for Productivity*, Wiley, 1993(4th), pp. 425-426.

바스 등은 변혁적 리더십이 전개되는 과정을 설명하면서 변혁은 다음과 같은 네 가지 방법 중 어느 하나 또는 몇 가지를 통해 일어난다고[26] 하였다.

① 정해진 보상의 중요성과 가치 그리고 목적을 달성하는 방법에 관한 부하의 의욕수준을 높인다.

② 부하로 하여금 보다 큰 집단 또는 조직을 위하여 직접적이고 단기적인 자신의 이익을 초월(transcend)하도록 한다.

③ 부하의 초점을 사소한 만족에서부터 자기충족(self-fulfillment)으로 높인다.

④ 부하의 욕구수준(또는 범위)을 성취욕구와 자기실현욕구까지 높이고 확장한다.

### (2) 카리스마 리더십

앞에서 살펴본 바와 같이 전통적인 거래적 리더십은(transactional leadership)은 두 가지 기본 전제를 깔고 있는데 하나는 리더가 부하의 동기부여를 위해 응분의 보상을 해야 한다는 것이고, 또 다른 하나는 부하가 목표달성에 실패하는 경우 리더가 고쳐 주어야 한다는 것이다. 그러나 카리스마 리더십은 부하로 하여금 대가 없이, 또는 리더의 구체적인 간섭 없이 자발적으로 조직에 헌신토록 하는 리더십을 말한다.[27]

링컨 대통령, 루즈벨트 대통령, 고르바초프 대통령, 박정희 대통령, 이광요 수상, 킹 목사, 빌리 그레이엄 목사, 맥아더 장군, 아이아코카 사장 등 이루 헤아릴 수 없는 많은 사람들이 각 분야에서 변혁의 주체로서 말과 행동을 통해 세계, 국가 또는 기업의 역사를 변혁해 가면서 크게 공헌한 바 있다.

오늘날 우리는 이 같은 업적을 수행한 개인의 리더십을 '변혁적' 또는 '카리스마적' 리더십이라고 부르고 있으나 여러 가지 이유 때문에 80년대까지는 이들 리더십에 관한 연구는 거의 없었다.

그러나 특정한 리더는 조직의 목적을 달성하기 위해 부하를 동기부여할 수

26 B. M. Bass et als., "Transformational Leadership and the Falling Dominois Effect," *Group and Organizational Studies*, 1987(March).

27 A. T. Christopher, "Max Weber's Charisma," *Journal of Classical Sociology*, vol. 5(2), 2005, pp. 189-204.

있는 예외적인 천부적 자질을 갖고 있다는 착상에서 시작한 '카리스마(charisma)' 라는 어휘는 지금으로부터 약 60여 년 전에 막스 베버가 처음으로 사용하였던 개념이다.

그는 법적인 권한의 기반을 다음과 같은 세 가지로 구분[28]하여 카리스마적 리더십의 근거를 찾고 있다.

① 합리성에 기반을 둔 권한(authority based on rational ground)

② 전통(관습)에 기반을 둔 권한(authority based on traditional ground)

③ 카리스마에 기반을 둔 권한(authority based on charismatic ground)

카리스마적 리더십에 관한 연구는 80년대까지는 주로 종교, 정치운동 및 일반조직에서의 관심사였고 사회학 연구와 심리 분석 등에서의 관심의 대상이었을 뿐 기업의 관심사는 되지 못하였다. 그러나 최근 리더십의 연구로부터 경영학에서 새롭고 중요한 관심의 주제가 되고 있다.

지난날 '카리스마'에 대한 학문적 연구가 활발하지 못했던 이유는 첫째, '카리스마'는 신비적인 것을 내포한 것 같은 착각을 일으키게 하는 개념(illusive concept)이고, 둘째, 연구를 계속하기 위한 시스템적인 개념적 또는 이론적인 기틀(framework)이 없었으며, 셋째는 카리스마적 리더에 접근하기 어려웠기 때문이었다.

이러한 이유들로 인하여 '카리스마적 리더십'은 잘못 정의되고 연구되어 왔으며 곡해되거나 나쁜 선입관을 지니게 되었고, 때로는 지나치게 강조되어 악용되기도 했는데 이와 같은 문제점을 해소하기 위해 그리고 오늘날의 급변하는 환경 하에서 조직이 카리스마적 리더를 찾고 있으므로 이에 대한 보다 철저하고 광범한 연구가 요망되고 있다.

경로－목표이론의 주창자인 하우스(R. J. House)는 다양한 사회과학의 조사결과에 기반 하여 카리스마적 리더십이론을 제안하였는데 그는 일반적인 리더와 구분되는 카리스마적 리더의 특성과 행동을 다음과 같이 제시하였다.

먼저 카리스마적 리더의 특성으로는 첫째, 높은 자신감(self-confidence), 둘째, 자신의 신념과 이념이 도덕적으로 옳다는 강력한 확신을 들었고, 카리스마적 리더의 행동으로서는 다음과 같은 내용을 제시하였다.

---

28 L. L. Steinmetz & H. R. Todd, *Supervision*, Irwin, 1992(5th), pp. 185-186.

첫째, 역할의 모형화를 통해 부하가 수락, 찬성하기를 바라는 가치와 신념을 표명한다.

둘째, 자신이 유능하고 성공적이라는 인상을 심어주기 위해 부단히 노력할 것이며, 모든 행동은 이러한 인상관리에 초점을 맞추게 되고 그러다 보면 과장되거나 거짓된 행동을 삽입하는 경우도 많다.

셋째, 부하에 대한 높은 기대를 알리고 그에게 설정한 높은 목표를 달성할 능력이 있다는 믿음을 나타내 결과적으로 부하가 리더의 목표를 더욱 잘 수락하고 기대에 어긋나지 않도록 노력하게 한다.

넷째, 비카리스마적인 리더와는 달리 사명의 수행에 관련되는 동인을 자극하려 한다. 이 같은 동인(motives)에는 경쟁자를 이기고 자신의 일에서 탁월하려는 성취욕구가 포함된다.

80년대 이전의 하우스의 이 같은 연구업적에 이어 최근에는 콩거(J. A. Conger)[29] 등에 의해 포괄적인 연구가 이루어지고 있다. 이들의 연구를 종합적으로 정리해 보면 카리스마 리더십의 특성은 다음과 같다.[30]

첫째는 자신감이다. 카리스마적 리더는 자신의 판단력과 능력에 완전한 자신을 갖는다.

둘째는 비전(vision)이다. 카리스마적 리더는 미래가 현상(status quo)보다 좋은 이상적인 목표를 지니고 있다.

셋째, 비전을 분명히 할 수 있는 능력이다. 카리스마적 리더는 다른 사람들이 이해할 수 있는 용어로 비전을 명확히 표현할 수 있다.

넷째, 비전에 대한 강력한 확신이다. 카리스마적 리더는 비전을 이루기 위해 강하게 몰입되고 높은 위험을 어떤 희생을 치르고라도 기꺼이 감수하려 하고 자기희생을 각오하는 사람으로 지각된다.

다섯째, 평범하지 않은 행동이다. 카리스마적 리더는 고상하고 비관례적이며

29 J. A. Conger & R. N. Kanungo, "Toward a Behavioral Theory of Charismatic Leadership in Organizational Settings," *The Academy of Management Review*, 1987, Vol. 12.

30 J. A. Conger & R. N. Kanungo, "Toward a Behavioral Theory of Charismatic Leadership in Organizational Settings," *The Academy of Meangement Review*, 1987, Vol. 12.

종래의 규범에 반대된다고 지각되는 행동을 한다.

여섯째, 변혁의 주체다. 카리스마적 리더는 현상을 조심스럽게 유지하려 하는 사람이라기보다는 근본적인 변혁에 주체자(change agent)로 지각된다.

일곱째, 환경의 감수성이다. 카리스마적 리더는 변혁에 필요한 환경상의 제약사항과 여러 자원의 평가를 한다.

여덟째, 의사소통의 주인공(masterful communicator)이다. 카리스마적 리더는 믿음직한 꿈을 설계하고 미래의 비전을 심어 준다.

아홉째, 정력과 행동지향성이다. 카리스마적 리더는 정해진 시간 내에 비전을 잘 완수할 정력을 갖고 행동한다.

이와 같은 특성을 내용으로 하는 그들의 이론은 카리스마 리더십이 높은 업적과 부하의 만족에 긍정적인 상관관계를 지니고 있다는 관점에서 강력히 지지되기도 하고,[31] 사회과학조사의 종합으로서의 그것은 검증이 가능한 일련의 가설로 설명된다는 관점에서 크게 공헌하고 있다고 볼 수 있다.

### (3) 윤리적 리더십(Ethical Leadership)

21세기는 윤리경영의 시대이다. 오늘날의 경제 환경은 급속한 세계화로 인해 세계 모든 기업이 동일한 평가기준을 통해 평가되어지는 '부패라운드'의 등장으로 기업윤리문제가 중요한 이슈로 등장하게 되었다. 그래서 많은 우수기업들이 윤리헌장이나 윤리강령, 구성원의 행동지침 등을 제정하고, 이를 적극적으로 실천에 옮기고 있다.

세계화시대에 필요한 경쟁력의 원천은 기업의 윤리성이며 이것이 국제경쟁력을 높이기 위한 첩경임을 인식하고 무엇보다 기업의 투명성을 제고시켜 나가야만 한다. 미국에서 사상최대 회계부정사건을 일으켜 수만 명의 투자자들을 울린 월드컴의 회장 겸 최고경영자인 버나드 에버스(Barnard Ebbers)는 1990년대 성공신화로 불리며 미국 대형 장거리 통신회사로 급부상했지만, 110억 달러(약 11조원) 규모의 분식회계 사건으로 2002년 파산했으며, 버나드 에버스 자신도 63세의 고령에 25년형의 실형을 선고받았다. 우리나라의 대우그룹, 한보철강 등도 회계부정사건으로 도산했으며, 일본 최대의 우유회사 유키지루시 식품도 식품의 원산

31 A. D. Szilagyi & M. J. Wallace, *op. cit.*, 1990, p. 416.

지와 유효기간을 허위로 표시한 것이 화근이 되어 사건발생 2개월 만에 파산하고 말았다.

이와는 반대로 윤리적인 경영으로 지속적인 성장과 발전을 하고 있는 기업들도 많다. 예컨대 존슨 앤 존슨(Johnson & Johnson), 에보트(abbott), HP, 보디샵, US steel사, 신세계, 삼성의료원 등은 윤리경영으로 정평 있는 기업들이다.

이와 같은 경영환경의 변화로 최근에는 리더십에 윤리성(ethics)을 추가해야 한다는 주장이 제기되고 있다.[32] 이러한 추세는 기업윤리나 환경윤리 혹은 기업의 사회적 책임이 점차 증시되고 있기 때문이기도 하다.

윤리적 리더십을 주장하는 근거는 리더가 정직하고 매사에 떳떳해야 부하들이 리더를 신뢰할 수 있으며, 부하가 리더를 신뢰한다면 리더십의 효과는 클 수밖에 없기 때문이다. 리더가 부하로부터 신뢰를 확보할 수 있는 가장 좋은 방법은 리더는 항상 부하들에게 정정당당하고 자신 있고 털어도 먼지하나 없는 처신을 하는 것이다. 따라서 리더는 효과적인 리더십을 발휘하기 위해 조직이 필요로 하는 정보를 공유하고, 언제나 부하들이 접근 가능토록 기회를 부여하며, 부하들의 말에 귀를 기울이고 역지사지의 심정으로 매사에 공정해야만 한다.

부하로부터의 신뢰는 앞에서 살펴본 카리스마 리더십이나 변혁적 리더십의 경우에도 강조되고 있으며, 비전을 제시하거나 열린 경영으로서도 부하는 리더를 믿고 따르게 된다. 효과적인 리더십의 발휘는 부하로부터 진정한 신뢰를 확보하는 데서부터 이루어질 수 있을 것이다.

### (4) 서번트 리더십(Servant Leadership)

최근 주목을 받고 있는 서번트 리더십(servant leadership)이란 부하들의 자발적인 헌신과 참여를 이끌어 내고, 주인의식과 책임감을 고취시키면서 섬김과 봉사의 정신을 기반으로 하여 발휘되는 자기희생적이고 봉사적인 리더십을 말한다.

이는 1970년대 초에 헤세(H. Hesse)가 쓴 '동방 순례'에 나오는 하인 레오

32 D. Seidman, "The Case for Ethical Leadership," *Academy of Management Executive*, May 2004, pp. 134-138; P. Hoffman, "Define Your Position: Values, Ethics and Leadership," Ezine Articles 21 October 2006, 28 December 2007; M. Segon and C. Booth, "The Concept of Ethical Leadership in Organizations International," *Review of Business Research Papers*, vol. 3(5), November, 2007, pp. 363-381.

(Leo)의 이야기를 통해 서번트 리더십의 개념을 처음으로 소개하였다. 레오는 순례자들의 허드레 일이나 식사준비를 돕고, 때로는 지친 순례자들을 위해 밤에 악기를 연주했다. 레오는 순례자들 사이를 돌며 필요한 것들이 무엇인지를 살폈고, 순례자들이 정신적으로나 육체적으로 지치지 않도록 배려했다. 그러던 어느 날 레오가 사라졌다. 사람들은 당황스러워 했고, 피곤에 지친 순례자들 사이에 분쟁이 잦았다. 그때 비로소 레오의 소중함을 깨닫고 그가 순례자들의 진정한 리더였음을 알게 되었다.

서번트 리더십(servant leadership)이란 레오처럼 다른 구성원들이 공동의 목표를 이루어 나가는데 있어 정신적·육체적으로 지치지 않도록 환경을 조성해주고 도와주는 리더십이다. 인간 존중을 바탕으로 다른 구성원들이 잠재력을 발휘할 수 있도록 도와주고 이끌어 주는 것을 의미한다. 이와 같은 진정한 의미에서의 서번트 리더십은 기독교 정신에서도 찾을 수 있겠다.

자기희생적인 리더십은 부하들로 하여금 리더를 카리스마적이라 지각하게 하여 리더에게 정통성을 부여하고 리더의 행위를 본받아 조직의 목표달성을 위해 자신들도 희생하고자 하는 호혜적 행동의지를 가지게 하며 동시에 부하의 Motivation을 높여서 조직성과에 기여한다.[33] 그러나 리더의 행위가 오로지 자기희생적인 행위로만 구성되어 있는 것은 아니며 자기희생적인 리더는 과업주도, 관계지향, 변화주도 등의 행위와 매일의 일상적인 관리행위를 수행하면서 자기희생적인 행위들을 포함한 리더십을 발휘하는 리더를 지칭하는 것이다. 그리고 자기희생적인 구체적은 행위의 내용은 다음과 같다.

첫째, 업무분장에서의 희생이다. 조직내 다른 업무에 비해 상대적으로 위험하다거나 힘이 든다거나 다른 구성원들에 의해 기피되고 있는 업무나 역할, 순번 등을 자기 스스로 자청하고 자신을 희생하는 것이다.

둘째, 보상배분상에서의 희생이다. 자기에게 정당하게 배분되어야 할 금전적·비금전적 보상, 예컨대 급여, 상여, 승진, 포상, 휴가, 공로에 대한 인정 등을 포기하거나 미룰 때 발생된다.

---

33 E. deVries Reinout, R. A. Roe and T. C. B. Taillieu, "Need for Leadership as a Moderator of the Relationships between Leadership and Individual Outcomes," *Leadership Quarterly*, April 2002, pp. 121–138.; 임창희, 전게서, 2004, p. 394.

그림 14-15 | 서번트 리더의 역할 |

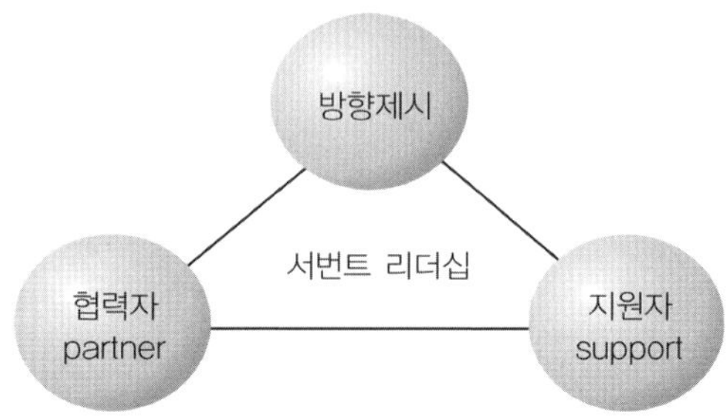


셋째, 권한행사에서의 희생이다. 자신이 임의로 사용할 수 있는 자원과 권한 등을 사용하지 않거나 포기할 때 발생하는 희생이다.

따라서 서번트 리더(servant leader)는 다음과 같은 세 가지 역할에 초점을 두고 구성원들을 이끌어 나가는 특성을 갖는다.

첫째, 방향제시자의 역할이다. 이는 조직의 비전을 제시해주는 역할을 의미한다. 서번트 리더가 섬김과 봉사하는 지원자이면서도 '리더'인 이유는 다른 구성원들이 보지 못하는 미래를 바라보고 비전을 제시할 수 있는 능력이 있기 때문이다.

둘째, 협력자(partner)로서 합의를 이끌어 내기 위해 의견을 조율한다.

셋째, 구성원들이 원활하게 업무를 수행할 수 있도록 지원하고 돕는 역할을 한다. 따라서 서번트 리더는 구성원들이 개인적인 삶에 있어서도 '일과 삶의 균형(work and life balance)'을 이룰 수 있도록 배려한다.

### (5) 셀프리더십(Self-leadership)

셀프리더십(self-leadership)이란 부하들 각자가 모두 리더가 될 수 있게 만드는 방법으로서 훌륭한 리더는 부하들이 스스로 리더가 되어 각자 맡은 바 직무에 책임성을 갖고 자신을 통제해 가면서 스스로 자신을 이끌 수 있도록 여건을 조성하고 지원해 주는 리더이다.

이처럼 부하들을 셀프리더로 만들기 위해서는 리더는 부하들 각자의 목표를 구체적으로 수립할 수 있게 하고 상벌로 바람직한 행동모델을 강조하면서 모범적인 모델을 만들어 몸소 모범을 보여 주어야 한다.

규정이나 강압적인 수단에 의해서가 아니라 자발적이고 능동적인 자세로서 자신을 스스로 통제해 가면서 도전정신이나 책임감을 발휘하고 성취의 보람을 느끼게 함으로서 셀프리더가 되게 하는 것을 말한다.

오늘날 기업경영에서는 팀제가 확산되면서 관리자 한 사람이 모든 팀 구성원들을 관리하기도 어렵고 직무도 전문화되어 지식근로자가 일반화되면서 셀프리더십의 중요성은 더욱 점증하고 있다.

### (6) 슈퍼리더십(super leadership)

슈퍼리더(super leader)란 부하들에게 최대한의 자율권을 부여하고 리더 자신은 지배자나 감독자가 아닌 코치와 상담자로서의 역할만을 수행하는 것을 말한다. 오늘날 팀(team)제도가 확산되면서 슈퍼리더십에 대한 관심과 요구가 증대하고 있는데 팀제도의 궁극적인 목표는 자율경영 팀(self managed team)을 만드는 것이다.

기업경영에서 이러한 자율경영 팀이 활성화되면 리더는 일상적인 관리행위로부터 자유로워지면서 관리자가 아닌 충고자나 조언자로 남게 될 것이다.

슈퍼리더십은 조직구성원들에게 어떻게 생산적이고 효율적인 활동을 할 수 있는지를 깨우치고 용기를 북돋우어 줌으로써 내적 동기수준을 높인다. 이러한 슈퍼리더십은 인간의 권력욕구 때문에 실제 기업경영에서 활성화되지 못하고 있는 것도 사실이지만 조직구성원들의 참여욕구가 날로 증대하면서 이제는 피할 수 없는 상황에 이르게 되었다고 본다.

### (7) 팔로워십(followership)

최근 기업경영에서는 followership에 대한 관심이 집중되고 있다. 효과적인 리더십의 발휘는 부하의 조건과 자질이 결정한다고 보는 견해가 있다. “위대한 리더 밑에는 훌륭한 부하들이 있었다”라는 말이 있지만 최근에는 훌륭한 리더십에 필요한 부하의 조건이 무엇인지에 관심을 가지기 시작했다. 성공하는 조직 속에는 훌륭한 리더가 있어야 하지만 따라 줄 만한 부하가 있어야 함은 더욱 중요

하다.[34]

따라서 켈리(R. E. Kelley)는 훌륭한 부하가 되기 위한 다음과 같은 조건을 제시한 바 있다.

첫째, 리더가 통제하지 않아도 자기관리를 잘하면서 스스로 계획하고 실천해 나갈 줄 아는 부하

둘째, 자신의 이익이나 자신의 일만 위해 행동하는 것이 아니라 동료나 다른 부서 사람들을 위해서도 일을 하면서 협조를 잘하는 부하

셋째, 조직이 필요로 하는 지식, 기술, 능력을 겸비하려고 부단히 노력하는 부하

넷째, 정직하고 신뢰하며 실수를 두려워하지 않고 도전적이며 남에게 의존하지 않고 책임감이 강한 부하

**함께 일하고 싶은 부하 베스트 10**

① 상사의 단점까지도 커버해 주는 부하
② 불평·불만을 속 시원하게 털어 놓은 부하
③ 말보다 행동을 우선하는 부하
④ 실수를 인정하고 상사에게 조언을 구하는 부하
⑤ 상사의 말에 장단을 맞추어줄 줄 아는 부하
⑥ 일을 스스로 찾아서 하는 적극적인 부하
⑦ 정시에 출근하는 부하
⑧ 여유와 유머가 있는 부하
⑨ 책임을 회피하지 않는 부하
⑩ 자기 분수를 지키는 부하

34 R. E. Kelley, "In Prise of Followers," *Harvard Business Review*, November December 1988, pp. 142-148; E. P. Hollander, "Leadership, Followership, Self and Others," *Leadership Quarterly*, Spring 1992, pp. 43-54; 임창희, 전게서, 2004, p. 397.

## 토의문제

1. 조직의 성패를 좌우하는 것은 리더십뿐인가?
2. 리더의 성격과 리더십에 대해 토의해 보자.
3. 리더의 심리상태와 리더십에 대해 토의해 보자.
4. 리더와 조직문화에 대해 토의해 보자.
5. 리더와 경영전략에 대해 토의해 보자.
6. 리더십과 조직문화에 대해 토의해 보자.
7. 리더의 발굴과 양성에 대해 토의해 보자.

Human Behavior

# 제15장 갈등관리

인간의 삶 속에는 언제나 크고 작은 갈등이 존재하여 왔다. 성격이나 가치관, 경험과 태도, 추구하는 목적과 처한 현실이 제각기 다른 개인들이 공통의 목적을 달성하기 위해 상호작용하는 과정에서 나타나는 갈등은 지극히 자연스러운 현상일지도 모른다. 오늘날 대부분의 경영 관리자들은 주어진 시간의 20% 이상을 이러한 관등관리에 열중하고 있다고 한다. 조직생활 속에 존재하는 이러한 갈등은 때로는 순기능적으로 작용하기도 하기도 하지만 때로는 역기능적으로 작용하기도 한다.

여기에서는 갈등의 개념, 갈등의 원인, 갈등의 순기능과 역기능, 갈등에 대한 대책 및 협상을 통한 갈등해결의 방안 등에 대해 논의해 보고자 한다.

## 1. 갈등이란?

갈등(conflict)이란 개인 또는 집단의 지각된 욕구가 좌절되었거나 좌절될 것이라고 생각할 때 나타나는 심리상태로서 정상적인 활동이 방해되거나 애로를 겪는 다음과 같은 상황에서 발생하게 된다.

첫째, 추구하는 가치나 목표가 양립할 수 없는 상황이 될 때

둘째, 의식적으로 목표달성을 방해하는 작용이 있을 때

셋째, 상대에 대한 대립감정이나 적대감이 있을 때

넷째, 대립적인 상호작용이 있을 때

다섯째, 선택 가능한 여러 대안 중에서 최적의 대안을 선택하는 것이 어려울 때 등이다.

이러한 갈등의 개념은 이를 연구하는 학자들의 관점이나 연구목적에 따라 다양하게 정의될 수 있는데, 혹자는 목표달성을 방해하는 과정[1]을 갈등이라고 하고, 혹자는 상호작용하는 과정 속에서 상대적인 손실을 지각한 결과 나타나는 다툼이나 적대감[2]을 갈등이라고 하며, 혹자는 기대나 목표지향적인 행위가 좌절되거나 차단되는 상황[3]을 갈등이라고 하기도 한다.

## 2. 갈등의 특성

갈등은 심리적인 충격이나 좌절을 초래하기도 하고, 조직 활동의 능률성이나 유효성을 저해하기도 하지만, 목표달성이나 자기성장을 자극하거나 도전의식을 일깨워 건전한 조직풍토의 조성이나 성장·발전의 원동력이 되기도 한다.

이와 같은 갈등이 갖는 공통된 특성을 살펴보면 다음과 같다. 첫째, 모든 갈등은 지각(perception)을 통해 나타난다. 갈등은 생각이나 신념, 목표나 행동 등이 양립될 수 없을 것이라는 지각이나 느낌이 있을 때 나타나는 것이므로 갈등의 핵

---

1 S. P. Robbins, *Managing Organizational Conflict: A Nontraditional Approach*, Englewood Cliffs, New Jersey: Prentice-Hall, 1974, p. 23; J. B. Otomar, *Using Conflict Theory*, Cambridge University Press, 202.

2 J. A. Litterer, "Research Department within Large Organizations," *California Management Review*, Vol. 12, 1970, pp. 77-84.

3 R. Miles, *Macro Organizational Behavior, Pacific Palisades*, California: Goodyear Publishing, 1980.

심적인 개념은 어떻게 지각하느냐의 문제임을 알 수 있다.

둘째, 갈등은 적대감을 느낄 때, 양립할 수 없는 상황에 직면할 때, 어떤 형태의 상호작용(interaction)과 상호의존성(inter-dependance)이 있을 때 일어나기 때문에 이들 요소는 갈등과정의 출발점이 되는 조건들을 설정한다.

셋째, 갈등은 상호작용적이며 동태적인 과정(dynamic process)이다.

넷째, 갈등은 공공연하게 나타날 수도 있고, 잠복될 수도 있으며, 합리적·논리적일 수도 있고, 비합리적·비논리적일 수도 있다.

다섯째, 갈등은 실제적(substantive)인 문제와 감정적(emotional)인 문제로 구분할 수 있다. 전자에는 목표, 자원배분, 보상배분, 방침과 절차, 직무배당 등에 대한 불일치가 포함되고, 후자에는 분노, 불신, 공포, 미움 등의 감정 및 성격의 충돌에서 초래된다.

여섯째, 갈등은 물질적인 갈등과 비물질적인 갈등, 드러난 갈등과 숨겨진 갈등, 현재화된 갈등과 잠재된 갈등으로 구분할 수 있다.

일곱째, 갈등은 포함되는 사람을 기준으로 하여 개인 내부의 심리적 갈등(이익과 손실, 선과 악, 양심적인 행동과 비양심적인 행동)과 개인 상호간의 갈등(홍길동과 박미선), 개인과 집단 간의 갈등(김과장과 회사), 집단 상호간의 갈등(영업팀과 생산팀), 조직 상호간의 갈등(노조와 기업, A기업과 B기업) 등으로 구분하여 논의되기도 한다.

이와 같은 갈등은 이를 연구하는 목적이나 관점에 따라 다양하게 접근할 수 있지만, 조직행위론에서는 개인 내부의 심리적 갈등문제에는 관심을 두지 않는다.

## 3. 갈등의 원인

갈등이란 어떻게 발생하는가? 갈등이 발생하는 원인은 다양하다. 이를 개인의 심리적인 원인, 조직적인 원인으로 구분하여 고찰해 보면 다음과 같다.

### 1) 개인적인 심리적 원인

우리가 만나는 수많은 사람들 중에는 호감이 가는 사람이 있는가 하면, 아무런 이유도 없이 싫어지거나 미워하기도 한다. 이는 개인의 성격 탓 일수도 있고, 가치관이나 태도, 습관이 다르기 때문에 나타날 수도 있다.

갈등을 일으키는 개인적인 심리적 요인에는 본능, 욕구좌절, 방어메커니즘, 성격이나 가치관의 차이, 학습 등이 거론되고 있다.

#### (1) 본능

심리학자 프로이트(S. Freud)는 인간의 무의식의 세계에는 삶의 충동(eros)과 죽음의 충동(thanatos)이 끊임없이 충돌되고 있는데, 삶의 충동이 강할 때는 생의 에너지, 즉 쾌락추구 본능과 삶의 본능이 일어나 성장과 발전을 가능하게 만들지만, 죽음의 충동이 우세할 때에는 다른 사람에 대한 공격성이 작동한다고 하였다.

모든 인간은 이러한 동물적인 공격성을 지니고 있으며 또한 이를 통제할 수 있는 메커니즘도 갖고 있다. 공격성을 통제하는 메커니즘이 제대로 작동되지 않을 때 인간은 타인에 대해 공격적이고 비이성적인 행동을 하게 된다는 것이다.[4]

#### (2) 욕구좌절

일반적으로 욕구가 좌절되면 불만이 쌓이게 되고, 이러한 불만은 타인에 대한 공격성을 증대시켜 갈등을 유발시키는 하나의 원인이 된다는 것이다. 흔히 조직생활에서 상사의 욕구좌절이 부하를 공격하여 부하의 욕구를 좌절시키고, 이로 인해 동료에 대한 공격성이 증대하여 갈등의 연결고리가 형성된다.

#### (3) 방어메커니즘

욕구가 좌절되면 사람들은 긴장하거나 불안해하고 초조해 한다. 또한 이러한 긴장이나 불안이 고조되면 인간은 본능적으로 자율통제시스템(방어메커니즘)을 작

---

4 D. G. Amaral, M. D. Bauman, P. Lavenex, W. A. Mason and J. E. Toscono, "The Expression of Social Dominance Following Neonatal Lesions of the Amygdala or Hippocampus in Rhesus Monkeys(Macaca Mulatta)," *Behavioral Neuro Science*, Vol. 120, 2006, pp. 749–760; 임창희, 전게서, p. 448.

동시켜 이를 해소하려는 노력을 하게 된다. 예컨대 날씨가 더워 기온이 오르면 신체는 시원한 곳을 찾거나 냉수를 마시거나 옷을 벗거나 샤워를 하기도 한다. 다시 말해 인간의 신체는 평형을 유지하기 위해 반응하게 되는데 이를 자율통제시스템 또는 방어메커니즘의 작동이라고 말한다.

그리하여 때로는 확실한 사실임에도 불구하고 그것을 부인하기도 하고(부정 메커니즘), 자신의 결점을 타인의 결점으로 여기기도 하며(투사 메커니즘), 자신의 실수를 정당화하기도(정당화 메커니즘) 한다. 이 과정에서 우리는 타인의 지탄을 받거나 그들과의 갈등을 유발시킨다.

#### (4) 성격이나 가치관의 차이

성격이나 가치관의 차이는 귀를 봉쇄하여 원활한 의사소통을 방해한다. 뿐만 아니라 사고나 행동에도 많은 영향을 미친다. 동일한 사건이나 현상에 대해 다른 생각과 행동을 하는 것은 모두가 성격이나 가치관의 차이에서 비롯되는 문제일 것이다. 자신의 삶에서 가장 소중한 것이 무엇인가? 선택의 기준으로서의 0순위는 무엇이며 1순위는 무엇인가? 이러한 차이는 모두 갈등을 유발시키는 원인이 된다.

#### (5) 학습과 경험

학습과 경험의 공통성은 문화적인 동질성을 갖게 한다. 문화적인 동질성은 의사소통을 원활하게 하고 유대감이나 친밀감을 갖게 하며 상호 이해의 폭을 넓혀 준다. 그러나 학습된 내용이나 경험이 서로 다를 경우 문화적인 이질감을 느끼게 되고 공유할 수 있는 의미나 이해가 부족하여 많은 갈등을 유발시키는 원인이 되기도 한다.

### 2) 조직적 원인

조직 속에는 크고 작은 많은 집단들이 존재한다. 이들 집단은 추구하는 목적이나 구조, 집단구성원의 수준이나 특성 등이 모두 다르다. 따라서 상이한 행동패턴이나 준거기준을 갖게 되며 이것이 집단갈등을 유발시키는 중요한 원인이기도 하다.

### (1) 역할과 신분

조직은 목표달성을 위해 구성원 각자에게 역할을 분담시키고 권한과 책임을 확정하며 상호작용관계를 명확하게 규정한다. 이때 조직구성원들은 자신이 맡은 역할이 무엇이냐에 따라 조직 속에서의 신분이나 처우가 다르다. 그리고 조직 내의 역할들은 서로 상충되기도 하고 중복되기도 한다. 이러한 요인들은 모두 구성원간의 갈등을 유발시킨다.

또한, 신분불일치(status incongruence)는 신분갈등을 유발시켜 집단응집력이나 조직유효성에 부정적인 영향을 미칠 수 있다. 예컨대 상사보다 하급자가 나이가 많은 경우라든지, 이사의 책상보다 부장의 책상이 크고 좋다면 신분불일치가 나타나 당사자 간에는 갈등요인이 될 수 있다.

### (2) 목표의 차이

조직 속에 존재하는 각종 집단은 서로의 목적과 기능이 다르다. 따라서 집단목표나 기능이 강조될수록 집단 간의 갈등은 증대할 수밖에 없다. 다시 말해 조직의 규모가 커지고 기능이 다양해질수록 집단 내의 차별화는 확대되고, 상호작용이 복잡해지면서 상이한 집단 간의 목표가 나타나 갈등을 유발시키게 되는 것이다.

### (3) 제한된 자원

조직이 보유하고 있는 인적·물적 자원은 제한적이다. 조직 내의 집단들은 이러한 제한된 자원을 많이 확보하면 할수록 집단의 활동이나 목표달성이 수월해 진다. 따라서 이러한 제한된 자원을 확보하는 과정에서 집단 간의 갈등이 유발된다.

### (4) 과업이나 역할의 모호성

과업이나 역할이 불분명하거나 권한이나 책임성이 명확하지 않을 때, 규정과 규칙이 없거나 해석상의 애매함이 있을 때 이는 갈등을 유발시키는 요인이 된다.

### (5) 보상체계

조직 내의 보상체계가 전체 조직차원에서 결정되지 않고 개별 집단의 성과에 따라 이루어진다면 집단 간의 갈등이 발생한다. 최근 많은 조직들이 성과에 따라 보상하는 능력급이나 팀 중심의 성과제도를 도입하여 개인 간이나 집단 간의 경쟁을 의도적으로 유발시키고 있다. 조직은 이러한 상호간의 경쟁을 통해 건설적인 갈등을 의도적으로 유발시키고 있으나 때로는 이러한 보상체계에 대한 불평이나 불만이 역기능적인 갈등의 원인이 되기도 한다.

### (6) 관리유형

집단이나 조직을 관리하는 유형은 크게 민주적인 유형과 독재적인 유형, 과업지향적인 유형과 인간중심적인 유형, 구조중심의 관리유형과 배려중심의 관리유형 등으로 구분할 수 있다.

이러한 관리유형 중에서 독재적이거나 과업 지향적이거나, 구조중심적인 관리에서는 상대적으로 구성원 간의 갈등이 많이 나타나고 있다. 다시 말해 관리자의 독재성의 정도가 갈등의 원인과 매우 깊은 관련성을 있다[5]고 보는 것이다.

### (7) 상호의존성

상호의존성이란 조직 내의 집단들이 목표달성을 위한 행동을 함에 있어 상호 협조나 정보교환 및 협력적인 활동을 필요로 하는 정도를 의미한다. 하나의 제품이나 서비스가 완성되기까지 다양한 작업들이 어떻게 연결되고 있으며, 이러한 관련 작업들이나 집단들이 어떠한 상호의존관계에 놓여 있는지에 따라 갈등유발과 깊은 관련성을 갖는다. 일반적으로는 상호의존성과 상호의존관계가 많을수록 갈등이 발생할 소지는 많다고 보아야 할 것이다.

### (8) 집단특성

성격이나 가치관, 행동양식 등 서로 다른 개인적인 특성들이 오해나 갈등의

---

5 H. Mintzberg, *Structure and Dynamique des Organizations*, Paris; Edition, d`Organization, 1982.

원인이 될 수 있듯이 집단의 분위기, 전통, 관행의 차이가 갈등의 원인이 되기도 한다.6

## 4. 갈등의 발전과정

갈등이 발생하여 조직에 영향을 미칠 때까지에는 어떤 단계적인 과정을 거치게 되는지를 이해하는 것은 갈등관리를 수행함에 있어 매우 중요하다.

### 1) 제1단계: 원인발생(잠재적 대립) 단계

갈등이 발생하도록 기회를 제공할 수 있는 여러 조건들이 존재하는 상태를 말한다. 갈등을 유발시키는 조건에는 의사소통의 장애, 구조적인 문제, 개인특성의 차이 등이 포함된다. 제1단계는 갈등원인은 출현되었으나 아직 갈등이 표면화된 상태는 아니다. 언제라도 갈등이 유발될 수 있는 원인들이 잠재되어 있는 상태를 의미한다.

### 2) 제2단계: 갈등인지 단계

갈등원인을 인지하게 되면 불쾌감이나 적대감을 느끼게 되는데 이때가 갈등이 발생된 상태이다. 갈등의 원인들이 아무리 많이 잠복되어 있어도 이를 인지하지 못하면 갈등은 유발되지 않는다. 이 단계는 당사자 간의 대립이나 불화가 현실적으로 표면화되는 단계이다.

---

6 M. Sherif, *Common Predicament: Social Psychology of Intergroup Conflict an Cooperation*, Boston; Houghton-Mifflin, 1966.

### 3) 제3단계: 해결의도 단계

이 단계는 일정한 방식으로 갈등을 해결하려고 의도하는 단계로서 사람들이 갈등에 대하여 지각하고 감정이 유발된 상태에서 그 갈등에 대해서 공공연한 행동을 전개하려고 하는 단계이다. 물론 마음먹은 대로 행동에 옮길지는 미지수이나 나름대로 타협을 할 것인지, 복장할 것인지 등 여러 가지 방식으로 대응하려는 의도를 가지게 된다.

### 4) 제4단계: 해결행동 단계

갈등이 표면화 되면서 실제 행동으로 반응하는 단계이다. 이때 본래의 의도와는 달리 과잉반응을 보이게 되면 갈등은 증폭된다. 갈등의 구체적인 행동에는 성명발표, 행동착수, 반응행동 등이 포함될 수 있다.

그림 15-1 | 갈등 정도에 따른 행동변화 |

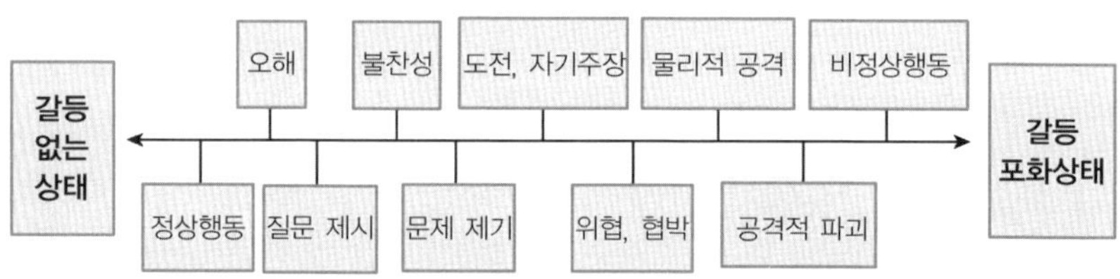

## 5. 갈등의 유형과 인식의 변화

하지(B. J. Hodge)는 갈등의 유형을 역할갈등, 논점(issue)의 갈등, 상호작용 갈등으로 구분하였으나 대부분의 학자들은 갈등의 유형은 갈등이 발생하는 원천에 따라 목표 갈등, 인지갈등, 감정 갈등, 행동 갈등으로 구분하고, 갈등의 수준에 따라 개인적 갈등, 개인 간 갈등, 집단 간 갈등, 조직간 갈등으로 구분하고 있다.

또한, 갈등을 바라보는 시각도 시대적인 흐름에 따라 부정적인 시각에서 긍정적인 시각으로 점차 변화되면서 오늘날에는 갈등의 순기능에 대한 관심이 점증하고 있는 추세다.

### 1) 갈등의 원천에 따른 유형

#### (1) 목표 갈등(goal conflict)

이는 바라는 목표나 결과가 개인, 집단, 조직의 내부 또는 사이에서 양립할 수 없는 동일상황에서 발생하는 갈등을 말한다. 즉 두 개 이상의 상이한 목표를 추구할 때 어느 목표를 추구해야 할지를 선택하는 과정에서 갈등이 발생한다.

#### (2) 인지 갈등(cognitive conflict)

이는 아이디어 또는 사고가 양립할 수 없을 것으로 지각되는 상황에서 나타나는 갈등이다. 즉, 어떤 개인이나 집단이 가지고 있는 아이디어나 의견이 다른 사람이 가지고 있는 것과 일치하지 않을 때 발생한다.

#### (3) 감정 갈등(affective conflict)

이는 감각이나 감정이 양립할 수 없는 상황에서 나타나는 갈등이다. 즉, 개인이나 집단의 감정이나 정서가 다른 사람들의 감정에 부합되지 않을 때 나타나게 된다.

#### (4) 행동 갈동(behavioral onflict)

이는 행동이 양립할 수 없는 상황에서 일어나는 갈등이다. 즉, 어떤 개인이나 집단이 다른 사람이 수용할 수 없는 모욕적인 말이나 행동을 할 때 발생한다.

### 2) 갈등의 수준에 따른 유형

#### (1) 개인적 갈등

이는 개인의 내부에 존재하는 심리적 갈등을 의미하는 것으로서 이에는 좌절에 의한 갈등이나 목표 갈등 및 역할갈등이 있다.

① 좌절에 의한 갈등

개인은 자신이 바라는 목표나 욕구가 차단되거나 불가능하다고 인지될 때 좌절감을 느끼게 된다. 이러한 좌절감은 내면적인 갈등을 유발하게 된다.

② 목표 갈등

개인이 설정한 목표가 서로 상충되거나 경쟁관계에 놓이면 갈등을 유발된다. 이러한 목표 갈등에는 다음가 같은 세 가지 유형이 있다.

첫 번째는 접근-접근 갈등이다. 이는 둘 이상의 목표가 개인에게 긍정적인 결과를 가져다주기는 하나 상호 배타적일 때 나타나는 발생한다.

두 번째는 접근-회피갈등이다. 이는 어떤 목표가 긍정적인 속성과 부정적인 속성을 동시에 지니고 있을 때 발생한다. 즉, 개인이 어떠한 목표로부터 얻어지는 결과에 끌리기도 하지만 그것을 회피하고자 하는 동기가 작용할 때 발생한다.

세 번째는 회피-회피 갈등이다. 부정적인 속성을 갖고 있는 대안 중에서 한 쪽을 선택해야만 하는 경우에 나타난다. 이러한 갈등은 심한 스트레스로 이어진다.

③ 역할 갈등

이는 특정 시점에서 두 가지 이상의 역할을 수행하는 상황에서 나타나는 갈등이다.

#### (2) 개인간 갈등

이는 대인관계에서 개인적인 특성에서 비롯되어 나타나는 갈등을 의미한다. 성격이나 가치관, 태도, 사고방식, 행동양식 등의 차이는 갈등의 주요 원인이 된다.

#### (3) 집단간 갈등

이는 집단과 집단 사이에서 나타나는 갈등을 의미하며 집단의 규모가 커지고 기능이 다양해질수록 집단 간의 관계는 복잡하게 되고 갈등이 발생할 여지도 많게 된다. 집단이 추구하는 목적이나 기능이 상이하면 이러한 갈등은 증폭된다.

#### (4) 조직간 갈등

이는 경쟁기업 간의 갈등, 모기업과 하청기업간의 갈등, 정부와 기업 간의 갈등, 기업과 노동조합 간의 갈등, 국가와 국가 간의 갈등 등이 이에 해당된다.

이는 해당 조직이 처한 환경이나 추구하는 목적과 기능에 따라 갈등의 정도는 다양하게 나타나게 된다.

### 3) 갈등에 대한 인식의 변화

초기 경영학의 연구에서는 갈등의 역기능만을 강조하여 갈등은 나쁜 것으로 인식되어져 왔다. 조직에서의 갈등은 의사소통의 단절이나 신뢰의 부족, 상대방에 대한 무시로부터 나타나고 이러한 갈등이 나타나지 않도록 사전에 예방하는 노력이 관리자의 주요 임무이기도 하였다.

그러나 행동과학이 발전하면서 갈등에 대한 이와 같은 인식은 크게 변화하여 집단 속에서의 갈등은 지극히 자연스러운 현상이고, 어느 정도의 갈등은 필요하기 때문에 갈등을 필요악의 일종으로 이해하고 수용하려는 분위기가 확산되기 시작하였다. 따라서 갈등의 순기능적인 측면과 역기능적인 측면을 제대로 이해할 수 있게 되었다.

**표 15-1** 집단내 갈등의 순기능과 역기능

| 갈등의 순기능 | 갈등의 역기능 |
|---|---|
| • 문제의 발견<br>• 활동력 증가<br>• 충성심 증가<br>• 혁신풍토 조성<br>• 도전적 분위기 상승<br>• 다양성과 창조성 증대 | • 커뮤니케이션 감소<br>• 독재자 출현<br>• 편견의 증가<br>• 파벌의식 고조<br>• 상호경계의식 증가<br>• 융통성 없는 공식화 |

한편, 우리 사회에서는 아직도 갈등은 부정적으로 비춰지고 있으며 다툼과 전쟁은 피해야 하고 협동과 사랑은 어느 조직에서나 강조되고 있는 분위기다.

하지만, 최근에는 이와 같은 통념과는 다르게 갈등은 개인이나 조직의 발전에 도움이 될 수 있으며 다음과 같은 긍정적인 효과를 가져와 조직의 활력소가 될 수 있기 때문에 갈등을 해결하는 것만이 만사가 아니라는 주장이 제기되고 있다.[7]

첫째, 갈등으로 인하여 자신의 취약점을 발견할 수 있다.

둘째, 개인이나 집단이 갈등상태에 놓이게 되면 무사안일을 탈피하여 경쟁에서 승리하고 환경에 잘 적응하려고 하는 충동에너지가 발산하여 환경적응능력이 향상된다.

셋째, 개인과 집단은 갈등을 통하여 욕구불만을 해소할 수 있기 때문에 그만큼 불만은 감소된다.

넷째, 외부와의 갈등은 집단내부의 응집력을 향상시키고 더 많은 정보소통을 통한 효율적 의사결정을 할 수 있다.

### 4) 갈등과 집단구성원의 행동변화

집단 속에서의 갈등은 상호불신과 폐쇄적 경향을 조장하고 구성원들의 심리

7 A. C. Amason, "Distinguishing the Effects of Functional and Disfunctional Conflict on Strategic Decision Making: Resolving a Paradox for Top Management Team," *Academy of Management Journal*, February 1996, pp. 123–148.

적 성장을 저해함으로써 집단성과에도 나쁜 영향을 미친다. 이와 같은 갈등이 집단구성원들의 행동변화에 미치는 영향을 정리해 보면 다음과 같다.

### (1) 집단 내적인 변화

첫째, 독재적 리더십을 조장할 수 있다. 집단 내 갈등이 증가하면 집단의 응집력은 강화되고 혼란과 무기력함이 팽배하여 집단은 생존의 위협을 받게 된다. 따라서 강력한 힘을 가진 자에게 의존하려는 분위기가 확산되면서 갈등해결이나 감소라는 미명 아래 독재적 리더십이 나타나 활성화되게 된다.

둘째, 과업지향적인 리더를 출현시킨다. 집단의 갈등이 증폭되어 집단의 경쟁력이 약화되거나 생존의 위협이 증가하면 조직구성원의 인간적인 대우나 만족감보다는 집단성과나 경쟁력 제고의 필요성이 강조되어 과업지향적인 관리형태가 이루어진다.

셋째, 획일성 및 공식화가 강조된다. 외부와의 갈등은 집단구성원들의 응집력의 제고를 필요로 한다. 따라서 집단은 응집력제고나 경쟁력의 강화를 위해 개인특성이나 개인차를 무시하고 획일적인 집단분위기를 형성하여 충성을 강요하게 된다.

이러한 조직풍토 속에서는 경쟁력제고나 외부의 위협이라는 명문을 앞세워 규정이나 규칙을 보다 엄격하게 적용시키고, 구성원들의 표준행동을 공식화하여 통제를 강화하게 된다.

넷째, 비방과 모함이 난무할 수 있다. 갈등상태에 있는 개인과 조직은 불안을 해소시키기 위해 상대나 경쟁 집단을 모함하거나 비방하면서 상대적으로 자신의 입지를 강화하려 한다.

### (2) 집단 외적인 변화

첫째, 커뮤니케이션이 활성화되지 못한다. 갈등은 조직내 의사소통을 어렵게 만든다. 개인이나 집단 간에 의사소통이 자유롭지 못하면 문제해결이나 성과향상이 어려워지고 규정준수나 제도 및 절차에만 집착하여 목표와 수단의 전치현상이 나타나기도 한다.

둘째, 오해나 불신풍조가 조장된다. 갈등이 존재하는 상황에서는 상대를 부정하거나 비방하려는 경향이 나타나고, 상대의 역할과 기능을 과소평가하고 자신을 과대평가하는 지각상의 오류를 발생시켜 대인관계를 어렵게 만든다.

셋째, 경계와 감시활동이 늘어난다. 갈등은 상대방에 대한 적개심이나 경계심을 갖게 하여 상대의 약점이나 결점을 찾기 위한 감시활동을 강화하게 만든다.

## 6. 갈등관리

오늘날과 같이 기업환경이 격동적이고 불확실한 환경에서는 갈등관리가 무엇보다 중시되어야 한다. 적정수준의 갈등을 유지하는 것이 바람직하다는 현대적인 갈등관리의 관점에서는 파괴적이고 바람직하지 못한 갈등을 해소(resolving) 또는 감소(reducing)시키고, 건전한 경쟁을 유발시키는 건설적인 갈등을 자극(stimulating) 또는 증대(increasing)시키는 관리방법에 관심을 갖는다.

종래에는 갈등관리와 갈등해소가 동일한 의미로 사용되어 왔다. 그러나 현대적인 의미에서의 갈등관리에는 '갈등의 해소'뿐만 아니라 '갈등의 자극'까지도 포함하는 개념으로 이해되고 있다.

그림 15-2 | 갈등관리의 대체 방안 |

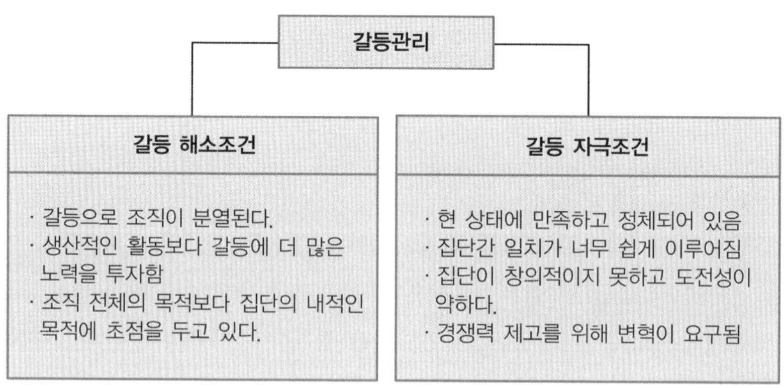

그림 15-3 | 갈등 대처방식의 유형 |

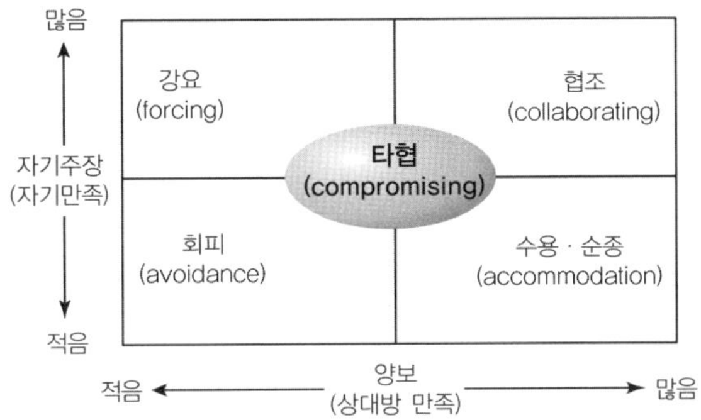


자료: M. A. Rahim, "A Strategy for Managing Conflict in Complex Organizations", *Human Relations*, January, 1985, p. 84; 임창희, 전게서, p. 461에서 재인용.

오늘날 모든 조직에서는 갈등의 해소방법에 많은 관심을 갖는다. 갈등해소를 위한 구체적인 전략을 살펴보기 전에 먼저 갈등상황에 직면한 사람들이 선택할 수 있는 대처방식에는 어떤 것이 있는지를 살펴보면 그 내용은 다음과 같다.

위에서 보는 바와 같이 갈등관리는 자기주장과 양보라는 두 가지 차원의 조합에 의해 다음과 같은 다섯 가지 갈등처리 방식을 제시할 수 있겠다.

① 강요(forcing): 상대방을 압도하여 자기의 주장을 관찰시키는 방법이다.

② 순종(accommodation): 상대방의 주장을 수용하는 방법이다.

③ 타협(compromise): 상호 양보를 위하여 약간씩만 자기만족을 꾀한다.

④ 협조(collaboration): 서로의 관심사를 모두 만족시키려고 한다.

⑤ 회피(avoidance): 갈등현장을 떠남으로써 자신과 상대방의 관심사를 모두 무시해 버린다.

이들 다섯 가지 방법 중 어느 방법을 선택하는 것이 가장 유효한지는 상황에 따라 다르겠지만 크라이트너(R. Kreitner)와 키니키(A. Kinicki)는 이와 관련하여 다음과 같이 주장했다.

• 협조적인 사람은 강요보다 적응으로 해결하려는 경향이 있다. 이는 개인 간 성격차이로 간주된다.

• 협조적인 사람은 과업효율성을 높여주지만 적응적인 사람은 효율성과 무관하다.

• 반대의견은 무조건 부정적으로 인식된다. 그렇기 때문에 표현방법은 갈등의 원인이 된다.

• 자신의 주장을 강요하면 할수록 상대방의 반대의지가 강해진다.

• 협조적인 갈등관리가 회피적인 갈등관리보다 집단구성원들의 만족도를 더 높일 수 있다.

### 1) 개인 간 갈등의 해소전략

#### (1) 패–패(lose-lose) 전략

이는 갈등당사자가 상호 양보하거나 어느 정도의 손실을 감수하는 방법이다. 일반적으로 제3자를 개입시켜 중재하거나 법원의 판결에 의해 해결하려는 접근방법으로서 바람직하지 못한 갈등해소법이다.

#### (2) 승–패(win-lose) 전략

경쟁 상태에 있는 어느 한쪽이 승자가 되고 나면 다른 한쪽은 패자가 되어 갈등이 해소되는 방법이다. 이 경우 어느 한쪽이 승리해야만 문제가 해결되기 때문에 경쟁 또는 순응의 기법이 활용된다. 승–패 전략은 경쟁원리가 지배적인 조직풍토에서 주로 사용된다.

#### (3) 승–승(win-win) 전략

갈등 당사자가 통합함으로써 모두 승자가 되어 갈등을 해소하는 가장 바람직한 방법이다.

### 2) 집단간 갈등의 해소전략

#### (1) 당사자 대면방법

이는 집단당사자를 직접 대면시켜 서로의 입장을 확인하고 관련 정보를 교환하게 함으로써 해결방안을 찾게 하는 방법이다.

#### (2) 상위계층이 개입하는 방법

이는 상위 계층에서 개입하여 경영상의 권한을 이용하여 갈등을 해소시키는 방법이다. 따라서 초기에 갈등을 해소시킬 수 있다는 장점이 있으나 근본적인 해결방안이 되지 않는다는 점에서 갈등의 재발 가능성에 대한 한계를 갖는다.

#### (3) 행동변화를 유도하는 방법

이는 집단구성원의 가치나 태도의 변화를 유도하여 갈등을 해소시키는 방법이다.

#### (4) 설득과 협상에 의한 방법

이는 논리적인 입증이나 사실의 확인을 통해 설득하거나 협상력을 발휘하여 갈등을 해소시키는 방법이다.

#### (5) 중재 및 조정에 의한 방법

이는 협상이나 설득의 방법으로 갈등이 해소되지 않을 경우 통괄자에 의한 중재나 조정을 통해 갈등을 해소시키는 방법이다.

#### (6) 경쟁 집단의 구성원을 참여시키는 방법

이는 갈등이나 편견을 없애기 위해 상대편 집단의 구성원을 참여시키는 방법이다.

#### (7) 재구조화에 의한 방법

이는 조직의 구조를 변화시켜 집단 간의 이해나 협조적인 노력을 용이하게 하려는 갈등해소의 방법이다.

#### (8) 상위 목표의 설정방법

이는 갈등상태에 있는 두 당사자의 개별적 목표를 초월하여 서로 협조할 수 있는 공동목표를 설정하여 단합을 조성하는 방법이다.

### 3) 갈등조장전략

갈등 조장전략은 갈등의 긍정적인 측면을 강조하는 현대적인 갈등론의 관점에서 갈등은 변혁을 일으키는 수단이며, 응집력을 강화시키고, 새로운 수단과 방법을 탐색케 하는 계기가 될 수 있다는 것을 전제로 한 갈등관리 전략이다.

로빈슨(S. P. Robbins)은 집단 내 다음과 같은 징후가 나타나면 갈등조장이 필요하다고 하였다.

① 집단 내 이른바 “yes man”이 많은 경우

② 의사결정에 있어 적장한 타협이 강조되거나 많을 때

③ 다른 사람의 감정을 해치는 이를 두려워할 때

④ 실용성을 강조하기보다는 인기에 영합하려 할 때

⑤ 조직변화에 두려움이나 거부감을 나타낼 때

⑥ 새로운 아이디어가 나오지 않을 때 등이다.

그리고 집단갈등을 조장하기 위한 구체적인 방법은 다음과 같다.

① 개인적인 사고를 고무시킨다. 즉, 의사결정의 과정에서 다양한 주장이나 반대의견까지도 경청한다.

② 개인 간의 경쟁을 강조한다. 매출이나 수익이 줄고 경쟁력이 약화되는 위협적인 정보가 있을 때에는 경쟁적인 분위기가 유도된다.

③ 역할갈등을 창조한다. 건전한 역할갈등은 조직의 활력소가 될 수 있다.

④ 조직구조에 변화를 준다. 조직구성원들의 침체된 분위기를 바꾸기 위해

직무체계를 재편성하거나 인사이동이나 구조변화를 통해 새로운 분위기를 창조한다.

⑤ 커뮤니케이션을 잘 활용한다. 의사소통 구조를 이용하여 갈등을 조장한다.

⑥ 새로운 구성원을 투입시킨다.

### 4) 협상전략

#### (1) 협상전략의 의의

갈등을 해결하기 위한 최선의 전략은 협상이다. 갈등관계가 지속되면 당사자 모두에게 손해가 된다. 갈등의 당사자들은 이를 잘 알고 있기 때문에 서로의 손해를 최소화하기 위하여 타협이나 협상을 하게 된다.

협상(negotiation)이란 당사자가 물질과 서비스를 교환하기 위해 교환율을 약정하는 과정이다. 여기서 교환이란 당사자가 주고받는(give and take) 것일 수도 있고, 상쇄적(trade off)일 수도 있다. 이와 같이 협상은 대화를 통하여 상호간 원하는 무엇인가를 얻어 내는 것을 의미하게 되는데 다음과 같은 상황이 전제되어야 한다.

첫째, 중개자 없이 맞대고 있는 두 주체가 있어야 한다.

둘째, 이해관계가 상충되어야 한다.

셋째, 두 주체가 싸움보다는 타협이 유리함을 인지하고 있어야 한다.

넷째, 타협의 결과로 두 주체의 입장이 변화될 수 있어야 한다.

다섯째, 현실적으로 두 주체는 상호의존적인 관계에 있어야 한다.

#### (2) 협상전략의 유형

협상전략의 유형은 배분적 전략(distributive strategy)과 통합적 전략(integrative strategy)으로 구분할 수 있다.

##### ① 배분적인 협상전략

이는 한정된 파이를 나누어 갖는 Zero-sum이나 Win-Lose 협상을 의미한다. 다시 말해 어느 한쪽이 양보함으로써 다른 한쪽에 이득이 되는 상황에서의 협상을 말한다. 협상을 성공적으로 이끌려면 다음과 같은 주제에 대해 자신의 기준을 정해 놓고 상대의 기준을 파악하면서 협상에 임하는 것이다.

◇ 협상주제

• 목표수준(target level): 이는 협상을 마무리 짓고자 하는 수준을 말한다.

• 저항수준(resistance level): 이는 협상 상대에게 내어줄 수 있는 최고치 또는 최종적인 양보수준으로서 상대에게 알려져서는 안 되며 이는 최후의 보루 점이기도 하다.

• 요구수준(asking level): 이는 상대가 협상에서 요구하는 수준으로서 이를 근거로 상대의 목표수준이나 저항수준을 추측하게 된다.

• 개시수준(starting level): 이는 협상이 시작되었을 때 처음으로 상대에게 제시하는 수준을 의미하며 목표수준과 차이가 많으면 협상의 여지나 시간이 많아 유리한 측면이 있으나 처음부터 거절당하여 협상이 실패할 위험도 높게 된다.

◇ 협상의 핵심요소

• **정보**(information): 성공적인 협상을 위해서는 협상대상에 대한 객관적인 정보(가치, 인지도, 장·단점 등)나, 상대의 목표수준이나 최후 보루점 및 상대가 사용할 수 있는 권력의 크기에 관한 정확한 정보를 확보하면 그만큼 협상은 수월하고 유리하게 전개시킬 수 있다.

• **시간**(time): 상대의 남아 있는 협상시간을 알면, 협상에서 유리한 고지를 선점할 수 있다. 남아 있는 시간이 임박할수록 협상은 불리하기 때문에 이를 노출시키지 않는 것이 매우 중요하다.

• **권한**(authority): 협상 당사자인 상대방이 차지하고 있는 지위와 권한을 알면 협상우위를 점할 수 있다. 권한이나 재량권이 없는 상대와 협상을 아무리 잘 해도 시간만 낭비하는 경우가 있을 수 있다.

• **대체안**: 협상을 할 때 대체안이 있으면 보다 유리한 위치에서 협상을 할 수 있다. 예컨대 노조와의 협상에서 기본급은 낮추고 휴가일수는 증가시키는 방법 등이다.

② 통합적 협상전략

이는 협상당사자 모두에게 이익이 되는 상황에서 이루어지는 협상을 의미한다. 즉, 자동차 판매수량에 따라 수당을 약정할 때나 홈런 횟수에 따라 구단과 연봉을 협상할 때처럼 양쪽 모두에게 이익이 되는 상황에서의 이루어지는 협상을 말한다.

이러한 통합적 협상을 성공적으로 이끌 수 있는 핵심요인은 다음과 같다.

- 경쟁하기보다는 협력하는 것이 모두에게 유리함을 확신할 수 있어야 한다.
- 능력이 있으면 협상에 자신감을 갖는다.
- 상대를 인정하고 존중하는 태도를 가져야 한다.
- 효과적으로 커뮤니케이션할 수 있는 기술이 있어야 한다.
- 상대에 대한 신뢰가 있어야 한다.

### (3) 협상의 절차

일반적으로 협상은 다음과 같은 단계를 거쳐 이루어지게 된다.

① 제1단계: 협상내용과 상황을 파악하기 위해 정보를 수집하고 분석하는 준비단계이다. 이 단계에서는 상대에게 요구할 내용을 정리하고 목표수준이나 보루점도 잠정적으로 결정해 둔다.

② 제2단계: 협상당사자들이 협상방식이나 협상기간 등을 놓고 약정을 하는 단계이다. 이 단계에서는 협상의 기본룰을 결정된다.

③ 제3단계: 협상당사자가 자신들의 요구사항을 전달하고 설명하는 단계이다. 이 단계에서 요구하는 사항을 과정하거나 정치적인 행동을 보이기도 한다.

④ 제4단계: 실제 협상이 이루어지는 단계이다. 협상 당사자들이 주장과 양보를 거듭하면서 동의점을 찾아 최종적으로 협상을 마무리하는 단계이다.

⑤ 제5단계: 협상한 내용을 실제 행동으로 옮기는 단계이다. 따라서 이 단계에서는 협상을 통해 약정한 내용들이 제대로 실천되고 있는지를 관찰하고 감시할 필요가 있게 된다.

이상에서 살펴본 내용을 종합해 보면, 성공적인 협상을 위해서는 다음과 같은 요소에 대한 이해와 준비가 필요함을 알 수 있다.

첫째, 상대가 진정 원하는 것이 무엇인가?
둘째, 원하는 것을 얻기 위한 구체적인 방안들은 무엇인가?
셋째, 협상이 실패할 경우 취할 수 있는 대안은 무엇인가?
넷째, 협상에서 설득력을 가질 수 있는 기준들에는 어떤 것이 있는가?
다섯째, 효과적으로 커뮤니케이션할 준비는 되어 있는가?
여섯째, 협상을 통해 보다 좋은 관계를 이어갈 수 있겠는가?
일곱째, 어느 정도까지 약속을 받아 내거나 줄 것인가?

## 7. 조직 내 정치활동

조직 내에서 발생하는 갈등의 주된 원인의 하나는 조직 내 권력행사나 정치적 행동이고, 갈등의 해결방법 또한 상당부분 권력의 행사나 정치적 행동을 수반하게 된다. 조직 내 갈등의 문제를 보다 심도 있게 접근하기 위해서는 무엇보다 조직 내 권력의 원천과 조직정치에 대한 이해가 선행되어야 한다.

### 1) 조직정치란 무엇인가?

권력을 한 개인이나 집단이 의도적으로 추구할 때 일반적으로 조직에서는 정치가 형성된다. 오늘날의 조직은 그 성격상 다소 정치의 장이 되는 것을 피할 수 없다. 부족한 자원과 이득에 대한 경쟁은 모든 조직구성원에게 자기권익의 보호와 확대를 위해 어떤 형태로든 정치활동을 외면할 수 없게 만들기 때문이다.

그러나 조직에서의 정치활동은 조직합리성을 대체하기도 하고, 유능한 구성원들이 정치에 능한 사람에게 가리게 되는 모순을 초래하기도 한다. 그리고 때로는 정치의 희생물이 되는 사태가 발생하기도 한다. 따라서 조직에서의 정치활동은 조직구성원의 소외나 불만을 야기하여 조직의 화합된 분위기를 깨거나 조직성과를 크게 위협하기도 한다.

이와 같은 조직에서의 정치(organizational politics)란 무엇인가? 정치는 조직에서 인정되지 않는 영향력 수단을 이용하여 조직에서 인정되지 않는 목적을 달성하려고 하는 영향력의 관리라 할 수 있다. 또는 불확실하거나 선택에서 불일치가 있는 상황에서 한 사람이 선호하는 결과를 획득하기 위해 권력이나 기타 자원을 획득·개발·이용하려는 조직 내의 활동이라고 개념을 정의할 수 있다.

이와 같은 조직정치의 개념을 보다 구체적으로 설명해 보면 그 내용은 다음과 같다.

첫째, 권력과 정치의 차이점이다. 권력이 하나의 잠재적 영향력이라는 정태적 개념인 데 반해, 정치에는 그 권력이 발전되고 이용되는 활동이 포함된다.

둘째, 정치적 활동이 조직 전체의 유효성에 반드시 하위적정화를 이룬다고는 생각할 필요가 없다는 점이다. 관리자들은 대개 자신의 부서를 위한 정치적 행동이 실제로 조직 전체의 이익을 위한 것이라고 믿고 있다.

셋째, 정치는 권력도 그렇듯이 기본적으로 나쁜 것만은 아니다. 전통적인 낡은 정책이나 목적에 도전하는 부서나 부서연합에 의해 조직의 생존이 좌우되는 수도 있다. 그 외에도 정치는 변화에 신속하게 대처하게 해 준다든가, 공식적 권한이 작용되지 않는 경우 이를 대신해 준다든가 하는 순기능적 역할을 수행하기도 한다. 상황에 따라서는 경영자가 효과적인 정치인이 되는 것이 장기적으로 보면 개인적으로나 조직 입장에서 적절하다고 주장하는 사람도 있다.

## 2) 조직에서 정치활동을 야기하는 요인

조직에서 정치활동을 야기하는 개인적·환경적 요인들이 있다. 예컨대 경쟁적인 작업환경은 정치적 성향이 별로 없는 종업원이나 관리자들까지도 정치활동에 개입하게 만든다. 여기에서는 조직구성원의 입장에서 정치적 행위를 야기하는 영향요인에 대해 살펴보고자 한다.

### (1) 조직의 계층구조

대부분의 조직이 피라미드(pyramid)구조를 가지고 있다. 계층을 오를수록 승진의 폭은 좁아진다. 이러한 사실은 경제적 자원의 부족과 더불어 인간이 조직에서 권력을 획득하기 위해 경쟁하지 않을 수 없는 상황을 만든다. 권력이 없는 관리자는 필요한 자원을 자신이나 하급자들을 위해 확보할 수가 없기 때문에 조직생활에서 권력을 획득하기 위한 경쟁은 불가피하게 되는 것이다.

### (2) 객관적인 성과기준의 결여

조직에서 성과에 대한 객관적인 측정이 가능할 때에는 정치적 행위가 불필요하다. 예컨대 연구개발부서의 과학자는 과학적 연구결과가 그의 업적을 반영해주므로 자신의 성과를 인정받기 위해 '인상관리'를 할 필요성이 없다. 그러나 전략기획에 참가하는 Staff들은 자기가 잘하고 있다는 증명이 현실적으로 어렵기 때문에 자신의 노력을 인정받기 위해서는 정치활동을 하게 되는 경향이 많다.

### (3) 권력욕구

관리자나 경영자는 자신의 과업을 성공적으로 수행하기 위해서는 권력에 대한 욕구가 어느 정도 있어야 한다. 그러나 권력욕구가 강한 사람은 그것을 쉽게 채울 수 없기 때문에 끊임없이 정치적인 활동을 시도하게 된다. 권력욕구가 강한 사람이 자기절제가 없거나 권력행사의 방향이 조직 밖이 아닌 조직 내부를 향하게 되면 '사단형성' 등으로 조직에는 역기능을 하게 된다.

### (4) 자신감 부족

자신감의 부족으로 나타나는 정서적 불안정은 정치적 행위의 영향요인이 된다. 사람들은 자신의 기술과 능력이 부족하다고 생각할 때 상급자에게 자신을 드러내는 한 방편으로서 정치활동에 의존하게 된다. 때로는 정치적 연합을 구성하여 다수로서 개인적 부족을 메우려고 한다. 우리나라 기업의 경우 혈연·지연·학연 등에 의한 파벌형성은 바로 이러한 요인에 기인되는 경우가 많다.

### (5) 수용에 대한 욕구

조직생활에서 승진이나 권력획득을 위해서라기보다는 단순히 타인에게 받아들여지고 사랑받고자 하는 욕구와 의도에서 정치행위를 하는 경우도 있다. 동료직원들에게 커피나 점심식사를 접대하는 행위나 호의를 베푸는 행위가 여기에 해당된다.

### 3) 조직생활과 권력획득

조직생활에서 다른 사람에게 영향력을 행사하기 위한 것은 모두 권력의 획득 전략 또는 전술이라고 볼 수 있다. 조직생활에서 권력이나 영향력을 행사하기 위해 사용되는 기본전략에는 어떤 것이 있는지 구체적인 내용을 살펴보기로 하자.

#### (1) 유대형성 전략

권력을 획득하기 위한 기본전략 중의 하나는 자신들에게 권력을 행사할 수 있도록 만들어 줄 수 있는 사람과의 유대를 형성하는 것이다. 조직구성원들 때로 고위관리자들과의 친밀한 관계를 형성함으로써 자신의 이미지를 높이려고 하는 경우가 있다.

#### (2) 분할 후 지배 전략

이는 오래된 권력획득 전략으로서 분할 후 지배(divide and rule)하는 전략이다. 이는 반대자들이 자신에게 불리한 연합을 형성하지 못하게 하면서 영향력을 행사하려는 전략이다. 예컨대 엔지니어링 담당부장이 제조부장과 영업부장을 분할해 놓고 세력균형을 유지할 수 있다. 그러나 이 방식은 두 부서의 반목을 깊게 하여 조직에 파국적 결과를 가져올 수가 있다.

#### (3) 점진적 영역확보 전략

전체 프로그램이 수용되지 않을 경우 먼저 작은 부분으로 시작할 수가 있다. 즉 권력행사 자가 저항을 줄이기 위해 점진적으로 권력을 확보하는 경우를 생각할 수 있다. 이를 낙타가 텐트 안에 들어가는 것에 비유하는데 낙타가 텐트 안에 머리부터 들이밀 수 있으면 어느 틈엔가 몸 전체가 들어갈 수 있다는 것이다.

#### (4) 외부전문가 고용 전략

이는 자신들의 입장에 동조하는 외부 전문가를 초정하여 영입하는 방법이다. 컨설턴트 중에는 부탁한 측에서 사전에 어떤 정보나 편견을 주고 이를 회의에서 되뇌어 주기를 바랐던 경험을 이야기하는 경우가 많다.

### (5) 의사일정의 통제 전략

이는 핵심적인 의제를 처음에는 거론하지 않게 만드는 전략이다. 쉽게 해결할 수 있는 의제에 대해 회의 참가자들이 열중하게 만들어 김을 뺀 후 핵심적인 의제를 다루려는 전략이다.

이상에서 논의된 내용 외에도 경영자 측에서는 말 잘 듣는 이사를 선발한다든가, 의사결정을 할 때 자신에게 유리한 결정기준을 선택하게 한다든가, 하는 전략을 구상할 수 있다. 그리고 종업원 편에서는 타인에 대한 칭찬, 아첨, 이미지 구축, 인상관리, 정보의 왜곡, 목표대상과의 공통점 강조, 전문가적 명성의 유포 등 헤아릴 수 없이 많은 전략이 있을 수 있다.

그리고 조직구성원들이 자신들의 직무수행과 관련해서 일상적으로 사용하고 있는 영향력은 하향적으로만 작용되는 것이 아니라 모든 계층에서 수직·수평적

**표 15-2** 조직 내 영향력 증대 전략

| 영향력 전략 | 설명 및 예 |
|---|---|
| 단순한 지시 (assertiveness) | 다른 사람에게 무엇인가 하도록 지시나 요구를 한다. |
| 아첨(비위맞춤) (ingratiation) | 아첨하거나 상대방이 기분 좋게 만든다. |
| 합리화(rationality) | 요청 이유를 조심스럽게 설명하거나 설득 근거로 논리를 이용한다. |
| 상벌(sanctions) | 임금인상을 약속하거나 요구사항을 이행하지 않으면 승진에서 누락시키겠다고 위협한다. |
| 이익 교환 (exchange of benefits) | 호의에 보답이 있으면 무엇인가를 줄 것을 약속하거나 예전에 베풀었던 호의를 생각나게 한다. |
| 상향적 소구 (upward appeal) | 고위층에 공식적으로 후원을 요청한다. |
| 차단(blocking) | 타인을 무시하거나 우호적 태도를 보이지 않는다. |
| 연합(coalitions) | 영향력을 형성하기 바라는 개인이 자신의 요청을 강화하기 위해 동료나 하급자들의 지원을 획득한다. |

자료: D. Kipnis, M. Schmidt and I. Wikison, "Intra-organizational Influence Tactics: Explorations in Getting One s Way," *Journal of Applied Psychology*(Vol. 65, 1980), pp. 440-452.

으로 작용되며, 조직 내에서 영향력을 증대하기 위한 전략은 목표대상의 지위나 영향력 행사의 이유 등과 같은 상황적 요인을 고려하여 선택하게 된다. 그러나 영향력을 증대하기 위한 전략은 권력획득 전략처럼 폭넓고 정교한 방법을 사용하는 것은 아니지만 실제 조사를 통해 나타난 구체적인 방법들을 정리해 보면 그 내용은 〈표 15-2〉와 같다.

### 4) 조직 내 정치활동의 통제

경영자는 조직 내에서 정치활동이 과도하게 만연되는 것을 통제할 수 있어야 한다. 이에 대한 구체적인 방안을 제시해 보면 그 내용은 다음과 같다.

#### (1) 개방과 신뢰의 조직문화

조직생활에서 나타나는 정치지향적인 행위는 부분적으로 볼 때 사람들이 자신에 대한 진실이 밝혀지는 것에 대한 두려움 때문에 나타나는 반응이라 할 수 있다. 예컨대 종업원들은 상사의 제안을 솔직하게 비판하기를 주저한다. 조직구성원들이 진실로 표명했을 때의 결과를 두려워하지 않아야 그들은 더욱 솔직해지고 비정치적이 될 것이다. 조직의 분위기가 개방적이고 신뢰할 수 있다면 정치활동은 그만큼 줄어들게 될 것이다.

#### (2) 성과에 대한 객관적인 기준

성과에 대한 객관적인 평가기준이 없는 경우 이는 정치적 행위를 촉진하는 요인이 된다. 경영자는 모든 영역에서 객관적인 평가의 기준을 명시함으로써 정치적 행위의 필요성을 줄여야 한다. 이런 측면에서 목표에 의한 관리(MBO)는 하나의 선택대안이 될 수 있다.

#### (3) 경영자의 솔선수범

조직 내의 정치적 행위는 최고경영자에 의해 조장되기도 하며 때로는 최고경영자가 하위 종업원들의 정치적 행위의 모델이 되기도 한다. 따라서 관리자나 경영자 집단이 정치적 행위를 최소화하는 것은 조직에 모범을 보이는 것이 된다.

### (4) 개인목표와 조직목표의 조화

개인목표와 조직목표의 조화는 조직 내 정치적 행위에 대한 가장 효험 있는 해독제가 될 수 있다. 자신의 직무수행을 통해서 자신의 욕구와 목표와 기대를 충족할 수 있는 종업원은 정치적 행위보다는 조직의 성장과 생산성 향상을 위해 몰두하게 된다.

개인목표와 조직목표의 조화를 이룰 수 있는 가장 효과적인 관리제도는 경력개발제도이다. 또한 프로젝트 조직이나 매트릭스조직도 정치행위를 구조적으로 해결할 수 있는 하나의 방안이 될 수 있다. 이 같은 조직을 통해 나타나는 조직구성원의 자율성 증대는 조직구성원의 만족감을 증대시켜 정치적 행위에 대한 필요성을 감소시킨다.

### (5) 직무순환(Job Rotation)

조직 내 정치적 활동은 조직 구성원들이 사단을 구축하려는 과정에서 많이 발생한다. 따라서 조직 내 직무를 주기적으로 순환시키게 되면 사단 형성이 어려워진다. 그리고 직무순환을 통하여 다른 직무에 대한 이해와 공감대가 형성되어 조직 내 협조적 분위기가 조성될 수 있다.

이상에서 살펴본 바와 같이 경영자는 조직이 합리성을 대신해서 완전한 정치의 장으로 전락하는 것을 방지해야 할 과제를 지니고 있다. 이와 관련하여 경영자가 해야 할 일은 우선 자신이나 조직구성원의 권력정치활동의 논리적 틀을 마련하는 것이고, 다음은 지나친 정치활동을 통제하는 것이 중요하다.

## 토의문제

1. 갈등의 순기능과 역기능에 대해 토의해 보자.
2. 현대적인 갈등관에 대해 토의해 보자.
3. 집단간 갈등의 원인은 무엇이고, 그 결과는 어떻게 나타나는지에 대해 토의해 보자.
4. 갈등촉진은 어떻게 하며, 갈등해결은 어떻게 하는지에 대해 토의해 보자.
5. 조직정치가 무엇인지를 설명하고, 조직정치를 야기하는 요인에 대해 토의해 보자.

# 제4부

# 조직수준의 인간행동 이해

Human Behavior

# 제16장 조직문화

## 1. 조직문화란 무엇인가?

### 1) 조직문화의 의의

일반적으로 문화(culture)란 사회를 구성하고 있는 모든 사람들이 공동으로 소유하고 있는 가치관, 신념, 이념, 습관, 지식과 기술을 모두 포함한 거시적이고 종합적인 개념으로서 조직구성원과 조직 전체의 행동에 영향을 주는 기본요소이다. 따라서 조직문화(organizational culture)는 조직구성원들의 활동의 지침이 되며, 행동규범을 창출하는 공유된 가치관과 신념체계이고, 이는 조직구성원들이 어떻게 행동해야 할지를 명시해 주는 비공식적인 지침으로서 조직을 통합시켜주는 응집력의 원천이기도 하다.

이와 같은 조직문화(organizational culture)는 인류학이나 사회학에서 연구되어 왔던 문화이론을 조직이론에 접목시킨 것으로서 구미에서는 조직풍토, 조직분위기 등과 같은 개념으로 연구되어 왔고, 일본에서는 사풍이라는 개념으로 연구되어 왔다.

1930년대부터 기업체를 사회문화적인 관점에서 연구하기 시작하면서 태동한 기업문화(corporate culture)에 대한 개념이 경영학에서 사용되기 시작한 것은 1979년 페티그루(A. M. Pettigrew)가 "On Studying Organizational Culture"란 논문을 발표하면서부터이다.[1] 그에 따르면 조직도 사람과 마찬가지로 경직적이고(rigid), 우호적이며(friendly), 온화하고(warm), 보수적(conservative)이라는 등의 여러 가지 특성을 가질 수 있다.

따라서 개인을 이해하려면 개인의 성격특성을 알아야 하고, 사회를 이해하려면 그 사회의 전통과 문화를 알아야 하듯이 조직을 이해하려면 그 조직의 문화를 이해하는 것이 중요하다.

최근 많은 기업들이 "기업문화는 필요하다" "기업문화를 바꿔야 한다" "기업문화를 정립해야 한다"는 등의 말을 많이 하고 있다.

우리는 다음과 같은 질문을 통해 어떤 조직문화를 가지고 있는지를 이해할 수 있다.

**질문사항**

1. 당신은 회사내부의 저항을 극복하는 데 당신의 정력과 시간을 몇 %를 쓰고 계십니까?
2. 만일 현재의 회사가 당신의 것이라면 회사를 어떻게 이끌고 나가겠습니까?
3. 종업원들의 말하는 투가 아래의 둘 중 어느 것입니까?
   ① 회사에 이런 문제가 있다. (3인칭)
   ② 우리에게 이런 문제가 있다. (1인칭)

위의 첫 번째 질문에서는 대부분의 대기업 경영자들은 통상 그들의 정력과 시간의 50~80%를 내부의 저항을 극복하는 데 쓴다고 한다. 이에 반해 정평 있는 선진 중소기업 경영자는 20~30% 정도라고 하다. 경영자의 에너지의 많은 부분을 조직 갈등을 관리하는 데 쓰인다는 것은 결코 바람직하지 않다. 이 비율이 높다는 것은 구성원들이 각자 다른 방향으로 가고 있다는 증좌라고 해석된다. 공유된 가치와 목표를 갖고 있지 않기 때문이다.

1 Andrew M. Pettigrew, "On Studying Organizational Culture," *Administrative Science Quarterly*, vol. 24(December 1979), pp. 570-581.

두 번째 질문에 대한 대답은 다양하게 나왔다. 어떤 보험회사 지점장은 현재의 인원을 절반으로 줄이고도 같은 영업실적을 올릴 수 있다고 하였다. 또 어떤 항공회사 부사장은 현재와 같은 인력으로 더 많은 실적을 올리겠다고 했다. 그러나 그러기 위해서는 몇 가지 인기 없는 조치를 취할 수밖에 없다고 덧붙였다.

실제로 보험회사 지점장은 그 지점을 인수했으며, 인수 후에는 절반의 인원으로 갑절의 영업실적을 올렸다. 항공회사의 경우에는 해당 사업부를 매각하였는데 그 후 사업부의 실적은 훨씬 더 좋게 개선되었다. 이 두 사례가 시사하고 있는 점은 다음과 같다.

① 경영자들의 능력을 충분히 활용하지 않고 있다는 것

② 회사와 개인의 가치체계가 다르다는 것

③ 지금의 조직문화가 개선되어야 할 점이 많다는 것 등을 보여 준다.

세 번째 질문은 종업원들이 회사와 자신을 얼마나 동일시하는가를 알아보기 위한 것인데 여기서도 대답은 가지각색이었다.

하지만 대체로 경영자들은 '어떻게 하면 종업원들이 회사에 대해 느끼는 일체감을 높일 수 있을까'에 대해서는 아이디어가 그다지 많지 않은 듯하다.

기업문화란 무엇인가? 이는 다음 질문들에 대한 대답을 포괄하는 개념일 것이다.

① 우리는 무엇을 추구하는 회사인가?

② 우리는 어디로 가고 있는가?

③ 우리의 원칙은 무엇인가?

④ 우리는 회사와 일체감을 느끼는가? 우리는 신나게 일할 마음이 있는가?

⑤ 우리의 고객·표적시장은 누구인가?

**조직문화(organization s culture)란?**

[사례 I] A기업

사무실에 독사가 들어왔다. 사람들은 재빨리 "독사퇴치위원회"를 구성한다. 위원회에서 논의된 내용을 최고 결정권자에게 보고한다. 이후 위원회는 사장의 지시에 따라 신속하게 행동한다.
※ 문제가 발생할 때마다 위원회를 구성하는 것이 이 회사만의 독특한 전통이다.

[사례 II] B기업

삼삼오오 팀을 구성하여 독사처리의 묘안을 찾는다. 각 팀은 원인을 분석하고, 몇 가지 대안을 찾는다. 회사는 최적안을 선택한 다음 각자의 역할을 할당한다. 그리고 일사불란하게 독사를 잡는다.
※ 합리적이고 조직적인 풍토를 가지고 있다.

[사례 III] C기업

독사처리 방법은 너무 간단하다. 즉, 먼저 독사를 본 사람이 그 자리에서 독사를 잡는다.

[사례 IV] D기업

독사가 사무실에 들어와도 아무도 위험성을 느끼지 않는다. "잘 난 사람이 얼마나 잘하나 보자"라며 수군수군하는 게 전부이다. 동료가 뱀에 물려도 경상이겠거니 하고 모른 체한다. 아니면 헛것을 본 것으로 자기합리화를 시도한다. 사상자가 늘어나고 사태가 심각하게 돌아가면 그때 일제히 일어나 왜 독사를 잡지 않았느냐고 책임소재를 따지기 시작하다.

[사례 V] E기업

독사가 사무실에 들어 왔다는 사실 자체도 모르고 있다가 일부 구성원들이 이를 알 때쯤이면 다른 기업으로부터 "너희 회사 사무실에 독사가 들어갔는데 다친 사람 없어"라는 전화를 받는다. 대부분의 구성원들은 이러한 사실도 모른 채 지나다가 일정기간이 경과하면 사무실에 들어온 것은 독사가 아니라 카멜레온이라는 엉뚱한 소문과 믿음들이 우세하게 난무한다.
※ 이처럼 조직문화에 따라 사람들의 생각과 행동은 천차만별이다.

### 2) 조직문화의 개념

조직문화의 대가인 샤인(E. H. Schein)은 조직을 다른 조직과 구별되게 하는 구성원들의 공통된 가치시스템을 문화라고 하였고, 휴지와 안토니(Hodge & Anthony)는 특정조직과 집단 및 하위집단 등의 구성원들이 함께 가지고 있는 것과 그들이 행동하고 문제해결의 지침으로 사용하는 가치관, 신념, 가설, 의미 및 기대의 혼합물이라고 하였다. 그리고 칼라한(R. E. Callahan)은 조직문화란 조직구성원들에 의해 공유된 가치관, 태도, 신념, 가설, 상호작용, 규범 및 감정의 지배적인 패턴이라고 하였다.

이와 같이 조직문화의 개념은 이를 연구하는 학자들에 따라 상이하게 정의

**그림 16-1** | 조직문화의 공식적·비공식적 측면 |

| 공식적 측면의 조직문화 | 비공식적 측면의 조직문화 |
|---|---|
| 목표/기술<br>조직구조<br>정책과 절차<br>재무상태 | 인식/태도/가치<br>비공식적인 상호관계<br>규범/믿음 |

되고 있으나 크게는 두 가지 유형으로 구분된다. 그 하나는 조직문화를 조직구성원들이 공유하고 있는 가치, 신념으로서의 문화로 정의하는 유형과 다른 하나는 이야기, 언어, 의식, 예식으로서의 문화로 정의하는 유형이다.

따라서 조직문화는 공식적(가시적)인 측면에서는 목표, 기술, 조직구조, 정책과 절차, 재무상태 등을 통해 표출되며, 비공식적(비가시적) 측면에서는 인식, 태도, 가치, 비공식적인 상호관계, 규범, 믿음 등의 요소를 통해 나타나게 된다.

이상에서 논의된 내용을 종합해 보면, 조직문화란 ① 조직구성원들이 공통적으로 생각하고 있는 사고방식, ② 공통적으로 느끼는 감정의 방향, ③ 공통적으로 행동하는 양식체계가 내포된 개념이라고 할 수 있겠다. 이처럼 조직문화란 조직체에 의해 공유되는 규범, 가치, 태도, 믿음과 같은 조직의 마음임을 알 수 있다.

### 3) 조직문화의 중요성

조직구성원은 누구나 조직의 전통이나 규범에 따라 구성원으로서의 역할과 임무를 수행하면서 조직생활을 영위하게 된다. 조직구성원의 행동을 구속하는 규정이나 제도 및 각종 시스템과 같은 공식적인 구조의 틀은 조직생활의 비공식적인 관행이나 조직분위기(organizational climate)에 직·간접적으로 많은 영향을 미친다.

전통적인 경영학에서는 조직의 성과를 제고시키기 위해 전략이나 구조 및 보상체계의 합리성에 많은 관심을 갖고 노력하였으나 현대 경영학에서는 이와 같은 합리성을 이끌어 줄 규범이나 가치, 신념, 행동양식 등과 같은 조직의 문화적인 요소에 많은 관심을 두게 되었다. 그리고 이를 전달하기 위한 수단으로서 영웅이나 상징, 의례, 의식, 전설 등을 창출하고 이를 효과적으로 관리하면서 구성원의 목적과 조직의 목적을 합치시키고 조직몰입을 이끌어 냄으로써 경영성과를 제고시키려는 노력을 강조하고 있다.

오늘날 조직문화는 구성원들이 공유하고 있는 가치관, 신념체계, 행동양식으로서 기업의 장기적인 성장과 발전에 큰 영향력을 행사하기 때문에 중요한 연구과제가 되고 있다. 조직문화는 조직의 궁극적 가치나 수단적 가치를 창출하는 원동력이 되고, 구성원들의 사고나 행동양식을 규정하며, 동시에 그들의 직무만족에 커다란 영향을 미친다. 또한 구성원의 애사심, 일체감, 응집력, 직무만족, 조직몰입, 자발성, 커뮤니케이션 등에 영향을 미쳐 장기적인 조직의 성장발전을 좌우한다.

그림 16-2 | 조직문화의 가치와 영향 |

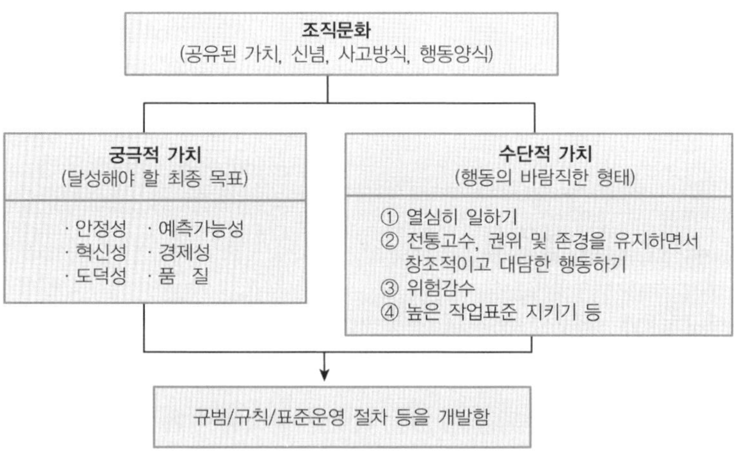

따라서 조직문화의 중요성은 다음과 같은 몇 가지 이유에서 이해될 수 있다.

첫째, 훌륭한 회사와 평범한 회사를 구분 짓는 것은 기계나 공장, 조직구조가 아니라 조직의 문화이다.

일본의 스미토모는 독일과 유럽에 있는 던롭의 타이어공장을 인수한 후 커뮤니케이션과 협동에 역점을 두어 종업원에게 '회사에 좋은 것은 종업원들에게도 유익하다'라는 생각을 심어주려고 노력하였다. 이같이 관리에 많은 노력을 기울인 결과 생산성을 100% 이상 향상시킬 수 있었다.

둘째, 생산성을 좌우하는 것은 기술이나 장비가 아니라 조직의 문화이다.

독일에서는 중소기업에 일하는 사람들이 대기업의 종업원보다 더 많은 일을 한다. 그럼에도 불구하고 중소기업체에서의 결근이나 병가는 대기업의 절반수준이다. 뿐만 아니라 회사에 대한 충성심도 훨씬 높다.

사회 전반적으로 소득수준이 낮을 때 사람들은 일자리를 확보하여 기본욕구를 충족시키려는 경향이 있다. 그러다가 생활수준이 점차 향상되면 보다 안정된 직장, 물리적·심리적인 면에서 좋은 직장분위기를 갖춘 회사를 찾게 된다. 그리고 이 단계를 넘어서게 되면 사람들은 직장생활의 목적을 자아실현에 두게 되고 자아실현이 가능한 조직문화를 가진 직장을 선호하게 된다.

셋째, 조직문화가 중요시되는 또 하나의 이유는 조직변화이다. 최근 조직은 고층조직에서 평탄조직으로 변화되고 있다. 그런데 조직구조가 수평적이고 편평해질수록 통제의 폭이 늘어나 통제에 의한 관리보다는 신뢰와 기업문화에 의한 관리가 요구된다.

그림 16-3 | 소득수준과 욕구변화 |

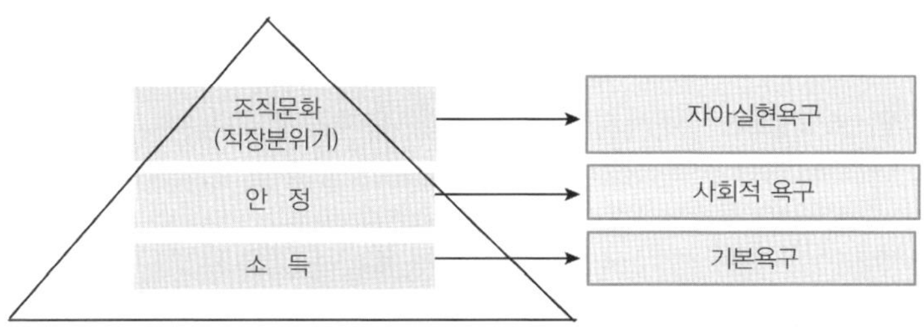

따라서 종업원 스스로가 의사결정을 내릴 수 있도록 하려면 명확하고도 근본적인 가치관, 임무, 목표 등이 주어져야만 가능하다.

### 4) 조직문화의 기능

조직문화는 구성원들의 행위기준을 제시함으로써 그들의 행동을 결합시키는 접착제 역할을 하며 또한 구성원들의 행위나 태도에 강력한 영향을 미치는 기능을 한다. 조직문화에 대한 지금까지의 연구결과들은 어떠한 조직문화가 조직유효성을 높일 수 있는 바람직한 문화인가 하는 것에 대한 합의된 결과는 찾아보기 어렵지만 지금까지 밝혀진 중요한 연구결과들은 공통적으로 '강한 문화'는 조직의 유효성이나 성과에 긍정적인 작용을 하고 있음을 주장한다.

그러나 조직문화가 구성원들의 욕구와 일치하지 않을 때에는 오히려 부채가 될 수도 있다. 따라서 조직문화는 조직의 자산이기도 하고 부채이기도 하다.

#### (1) 조직문화의 순기능

조직문화는 조직에 다음과 같은 순기능적인 역할을 수행한다.

첫째, 의사소통을 경제적이고 쉽게 한다. 공유된 신념과 가치관 문제에 대해서 논의 필요가 없다.

둘째, 자구의 뜻보다 실제 정신으로 협동할 수 있게 한다.

셋째, 조직목표와 일치감을 확인하고 감정적인 유착을 경허마면서 동질성 내지 애착심을 느끼게 한다.

넷째, 조직문화는 구성원들에게 명확한 행동지침을 제공한다. 따라서 신입사원들은 조직문화를 통해 어떻게 생각하고 행동하는 것이 바람직한지를 알고 배우면서 바람직한 조직생활을 익히게 만든다.

다섯째, 조직문화는 뜻하지 않은 어려운 문제를 극복하는 과정에서 나침판의 역할을 한다.

시미르시크(L. Smircich)는 조직문화의 기능과 역할을 다음과 같이 설명하였다.

① 조직문화는 구성원들에게 정체의식을 전달해 준다.

② 조직문화는 구성원들의 조직몰입을 촉진시킨다.
③ 조직문화는 체제의 안정성을 증진시킨다.
④ 조직문화는 구성원의 행동을 이끌고 형성시키는 도구적 역할을 한다.

### (2) 조직문화의 역기능

부정부패, 무사안일, 나태함, 거짓말, 임기응변, 강성노조, 시기, 질투, 모함 등과 같은 조직문화는 조직에 부정적인 영향을 미친다. 물론 이와 같은 문화는 여기서 말하는 역기능과는 성격이 다른 의미이다.

어떠한 문화이든 그것이 강하게 자리 잡고 있으면 좋은 점도 있지만 나쁜 영향도 있을 수 있다. 이는 역기능의 가능성일 뿐 언제나 그런 것은 아니다.

첫째, 조직문화는 조직변화에 저항이 될 수 있다. 강한문화가 형성되어 기존문화에 익숙한 만큼 조직구성원들은 새로운 문화를 수용하고 이에 적응하기가 어렵게 된다.

둘째, 조직문화는 획일성을 지향하는 경향이 있어 신입사원이 조직문화와 다른 특성을 가지고 있을 때에는 적응하기도 어렵고 그가 가진 고유한 장점도 사라질 위험이 있다.[2] 따라서 강력한 문화가 동일하게 형성되어 있는 조직 속에서는 창의적인 아이디어가 나타날 수 없다.

셋째, 강력한 조직문화는 인수나 합병의 걸림돌이 되기도 한다. 최근 조직의 시너지효과를 창출하기 위해 다른 조직을 인수하기도 하고 합병하기도 하지만 조직문화가 이질적이면 인수나 합병은 실패할 위험성이 커지게 된다.

## 2. 조직문화는 무엇으로 구성되는가?

조직의 문화는 구성원의 행동과 행동을 지배하는 가치관, 신념, 규범, 습관, 태도 등 여러 가지 요소로 구성되어 있다.

---

2 T. Cox, Jr., *Cultural Diversity in Organizations: Theory, Research and Practice*, San Francisco: Berrett-Koehler, 1993, pp. 162-170.

파스케일과 에토스(R. T. Pascale & A. G. Athos) 등은 조직문화의 구성요소로서 7'S의 공유가치를 강조하고 있으며,[3] 피터스와 워터만(T. J. Peters and R. H. Waterman)의 연구는 조직문화의 중요요소와 이들 간의 상호관계를 개념화하여 조직문화연구에 많은 도움을 주고 있다. 파스케일과 피터스(R. T. Pascale & T.J. Peters)는 조직문화의 구성요소로서 다음과 같은 7가지 요소(7'S)를 들고 있다.

① **공유가치**(shared values): 7'S 중 가장 중요한 요소로서 이는 조직구성원들이 가지고 있는 전통가치, 신념, 경영이념, 가치관, 사업목적, 등을 포함한다.

② **전략**(strategy): 경영활동의 기본방향과 성격을 결정하는 것으로서 사업목적 달성을 위한 장기계획, 조직체의 자원배분 등을 포함한다.

③ **구조**(structure): 조직구성원들의 역할이나 상호관계를 지배하는 것으로서 전략을 수행하는데 필요한 조직구조, 직무설계, 권한관계, 규정이나 방침, 상호작용관계 등을 포함한다.

④ **시스템**(system): 조직운영과 경영활동의 과정에 관련된 모든 제도와 절차를 의미하는 것으로서 이에는 의사결정, 커뮤니케이션, 경영정보시스템, 보상제도, 인센티브, 목표설정 등 목적과 전략을 실제로 달성하는 데 필요한 모든 제도와 시스템을 포함한다.

⑤ **구성원**(staff): 조직체의 인력 구성과 능력, 가치관, 전문성, 신념, 욕구와 동기, 행동패턴 등을 포함한다.

⑥ **기술**(skill): 조직구성원들이 실제 지니고 있고, 조직운영에 실제 적용하고 있는 경영관리상의 능력요소로서 동기부여, 강화, 통제, 통합과 조정, 갈등관리, 변화관리 및 과업수행상의 구체적인 기술과 방법(각종 기계장치, 컴퓨터 등 각종 Hardware와 Software 기술)이 포함된다.

⑦ **리더십스타일**(style): 조직구성원들의 행동경향과 행동패턴을 말하며, 특히 리더십행동스타일을 포함한다. 구성원의 상호관계, 집단 간의 관계, 리더와 부하의 관계에 있어서 기본성격을 지배하는 요소로서 조직분위기에 직접적인 영향을 미친다.

---

3 Richard T. Pascale and Anthony G. Athos, *The Art of Japanese Management*(New York: Penguin Books 1981), pp. 78–84; Thomas J. Peters and Robert H. Waterman, Jr., *In Search of Excellence*(New York: Harpers and Row Publishers, 1982), pp. 8–13.

**그림 16-4** | 파스케일과 피터스의 조직문화의 구성요소 |

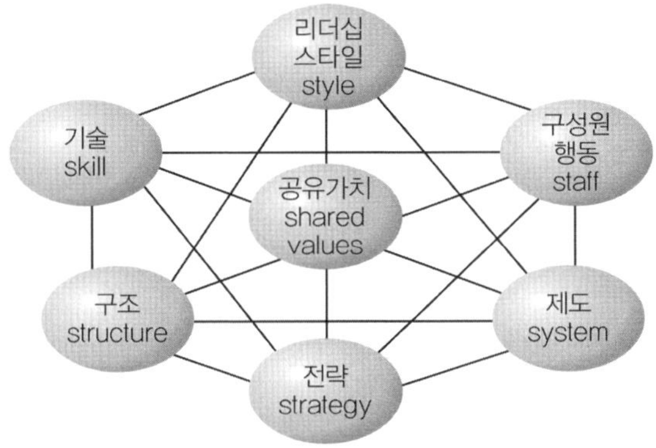


자료: Richard T. Pascale and Anthony G. Athos, *The Art of Japanese Management*(New York: Penguin Books 1981), p.202; Thomas J. Peters and Robert H. Waterman, Jr., *In Search of Excellence*(New York: Harpers and Row Publishers, 1982), p.10.

한편, 딜과 케네디(T. E. Deal & A. A. Kennedy)는 조직문화의 형성요소로서 기업환경, 기본가치, 영웅, 의례와 의식 그리고 문화네트워크를 들고 있다.

① **기업환경**(environment): 조직문화에 가장 큰 영향을 미치는 외적 요소는 기업이 처한 환경이다. 기업이 시장에서 직면하는 상황은 제품, 경쟁회사, 고객, 기술, 법률, 정치, 정부의 영향력 등에 따라 이에 적합한 조직문화를 형성해 나간다. 그리하여 어떤 기업은 마케팅 능력이 강조되고, 어떤 기업은 기술개발이 중요해지며, 또 다른 기업에서는 원가관리나 통제활동이 강조되기도 한다.

우리나라의 삼성이나 현대의 경우 전통적으로 이들 그룹들은 자신들의 고유 업종을 중심으로 영향을 받아온 외적 환경이 달랐고, 이에 적합한 조직 활동을 추구하는 과정에서 각기 다른 조직문화가 형성되었다고 볼 수 있다.

② **기본가치**(value): 이는 조직구성원들이 공유하고 있는 기본적인 사고방식이나 신념으로서 조직문화의 핵심을 이루고 있다. 이러한 기본가치는 파스케일과 피터스 등이 말하는 공유가치에 해당하는 것이며, 조직구성원들의 행동의 기본전제가 되고, 전체 조직행위에 직접적인 영향을 주는 것으로서 고경영자들은 이러

한 신념이나 가치에서 벗어나는 행동을 용납하지 않게 된다. 예컨대 삼성의 완벽주의, 현대의 행동주의, 선경의 패기, LG의 인화·단결, 대우의 합리성, 효성의 안전·온정주의, IBM의 고객서비스, HP의 기술개발, P&G의 품질, 3M의 창의성, 마쓰시다의 마쓰시다정신 등은 이들 기업들이 오랫동안 지켜온 기본가치(전통가치)이며 이들 기업들의 문화적인 자산이기도 하다.

**마쓰시다 전자회사의 7가지 정신적인 가치**

1. 산업부흥을 통한 국가에의 기여
2. 공정성
3. 조화와 협동
4. 개선을 위한 노력과 투쟁
5. 예절과 겸손
6. 조정과 융화
7. 감사와 보은

이러한 가치들은 그것이 사원들의 가슴에 깊이 새겨질 때 커다란 반향을 불러일으키는 정신적 지주 구실을 한다. 그것은 세계의 곳곳에 산재해 있는 마쓰시다의 모든 종업원들에게 일관된 기대를 형성하게 해 주는 것이다. 또한 이러한 가치들은 고도로 복잡하고 분권적인 기업을 만들어 주어, 심지어 구체적인 일부 운영지침들이 적용될 수 없는 상황에서도 회사의 일상적인 경영관리에 커다란 연속성을 부여해 주게 된다.
이 회사의 한 간부는 다음과 같이 이야기 한다. "서양인들에게는 좀 어리석게 보일지 모르지만, 매일 아침 8시에 일본 전역에는 우리 회사의 사훈을 암송하고 사가를 합창하는 87,000명의 사람들이 있습니다. 결국 우리는 모두 하나의 공동체인 셈이죠."

③ 영웅(heroes): 조직체의 기본가치를 확립하는 데에는 오랜 기간을 통하여 이에 중심적 역할을 해온 인물들이 있다. 이들은 주로 그 기업체의 창업자나 전문경영자들인데, 그들은 조직체를 이끌어 가는 과정에서 조직체의 목표나 이념을 설정하고 기본가치를 형성해간다. 그리고 자신의 행동을 통하여 구성원들에게 표준행동을 나타내 보이면서 이를 모방하도록 하는 중요한 위치를 차지한다. 예컨대 삼성의 이병철, 현대의 정주영, GE의 영웅으로 발명가 토마스 에디슨(T. Edison), IBM의 왓슨(T. Watson) 父子(부자), 마쓰시다의 창업주 마쓰시다 고노쓰

게(松下幸之助) 등을 들 수 있다.

④ **의례와 의식**(rites and rituals): 이는 조직구성원들이 일상적인 업무를 수행하는 과정에서 규칙적으로 지켜나가는 관습이나 행동을 말한다. 즉 의례는 조직생활에서 바람직한 행동을 가이드하는 규칙이고, 조직의 기본가치를 극화한 것으로서 습관과 같이 당연한 것으로 간주되는 데 반해, 의식이란 예외적인 것으로서 문화를 전시하고 종업원들이 기억할만한 경험을 제공한다는 점에서 의례와는 차이가 있다.

모든 조직은 문화규범이나 가치를 전달하기 위해 다양하고 특별한 의례와 의식을 개최한다. 예컨대 Southwest항공사는 할로윈 축제를 전후해서는 귀신복장을 하고 근무하게 하며, IBM에서는 사원이 아침커피 시간을 고객과 함께하면서 업무를 시작한다는 의례를 갖고 있다. 또 어떤 회사에서는 매주 금요일 점심에 집단구성원들이 동등한 자격으로 대화(야자타임)를 나누기도 한다. 이와 같은 의례와 의식은 조직의 가치를 행동에 옮기고 이를 강화시키는 요소가 되며 조직내 상존하고 의례의 유형에는 다음과 같은 것들이 있다.

첫째는 통과의례이다. 이는 조직구성원으로서의 출발을 의미하며 신입생, 동아리 새내기, 신병이나 감방에서의 신고식 등을 생각할 수 있다.

둘째는 결속의례이다. 이는 구성원들의 연대를 강화하고 조직 활동의 성공을 다짐하는 엄숙한 행사로서 조직폭력배들의 의형제 결의식과 같은 것이 이에 해당된다.

셋째는 강화의례이다. 이는 저녁만찬을 겸한 보상행위나 승진 등을 통해 공식적으로 보상하는 것을 말한다.

넷째는 파면의례이다. 조직으로부터 제거당하는 본보기 행사가 이에 해당한다.

⑤ **문화적 네트워크**(cultural network): 문화적 네트워크는 조직내 중요한 통신수단으로서 의례나 의식과 같은 공식적인 행동뿐만 아니라 조직이 추구하는 목적이나 영웅이 추구하는 가치 또는 「영웅 신화」를 전달해주는 비공식적인 전달매체를 의미한다. 문화적 네트워크는 영웅의 친근자나 그들을 추종하는 조직구성원들로 구성되며, 이러한 네트워크를 효과적으로 잘 이용할 때 조직문화의 형성에 유리하게 작용할 것이다.

이상에서 살펴본 바와 같이 조직문화의 구성요소는 이를 연구하는 학자들에 따라 약간의 차이를 보이고 있으나 조직구성원과 조직체의 행도에 영향을 미치는 기본전제와 기본가치는 모든 학자들이 공통적으로 강조하는 핵심요소이기도 하다.

딜과 케네디(T. E. Deal & A. A. Kennedy)는 조직문화의 핵심적인 요소로서 이념과 영웅, 그리고 의례를 들었다.

• 제1의 요소: 기업의 성격을 결정하는 이념으로서 보통 슬로건으로 나타난다. 예컨대 코오롱의 경우 "one & only" 지구상에 하나밖에 없는 독창적인 제품개발을 기업이념으로 하여 문화를 만들어 가고 있다.

• 제2의 요소: 기업이념을 재현하고 있는 영웅이다. 슬로건에 의해 상징적으로 존재하고 있는 조직문화를 눈에 보이는 것으로 구체화시키는 것을 말한다. 예컨대 영웅은 창업과 기업역사 속에서 구성원들의 활약이나 성공신화를 전설로 남기게 된다.

• 제3의 요소: 의례이다. 이는 축제나 행사를 통하여 영웅을 가려내기도 하고, 기업이념을 실천하는 팀을 만들기도 한다.

이러한 세 가지 요소에 의해 눈에 보이지 않는 의미공간을 공유해 가게 된다.

## 3. 조직문화는 어떻게 형성되는가?

왜 조직마다 상이한 문화가 존재하는가? 그리고 조직문화는 누가 어떻게 만들까? 어떤 수단을 통해 전파되며 구성원들의 생활 속에 배어드는가? 이에 대한 해답을 통해 우리는 건전한 조직문화를 만들고 이를 확산시킬 수 있는 구체적인 수단과 방법을 배우게 된다.

따라서 조직문화를 형성하는 데 영향을 미치는 요인들과 조직문화의 원천, 즉 조직문화가 어디에서 나오는지에 대해 살펴보기로 하자.

### 1) 조직문화 형성에 영향을 미치는 요소들

#### (1) 창업자 또는 최고경영자의 경영이념이나 경영전략

경영이념이 존재하는 시기는 언제부터일까? 기업이 창업될 때부터인가, 아니면 어느 정도 성장한 후에 발생하는 것인가에 대해서는 논란이 많다. 그러나 창업자나 최고경영자가 조직문화에 지대한 영향을 미친다는 것은 자명한 사실이다. 실제로 창업자의 경영이념이 그대로 기업이 지향하는 가치로 나타나는 경우가 많고, 그가 기업을 설립하여 역경을 헤쳐 나오는 과정에서 생성된 성공신화나 일화들이 조직문화의 핵심을 이루고 있는 것은 흔히 볼 수 있는 일이다.

또한 조직체가 강조하는 문화적 가치가 성장전략과 얼마나 적합성이 있느냐에 따라 다양한 문화개발의 가능성이 결정되기도 한다. 예컨대 조직체가 고도의 성장전략을 추구할 때에는 자율적인 사업개발과 분권경영을 이념화해야 하고, 도전과 창의성 그리고 개발중심의 문화적 가치를 강조해야 한다. 그리고 최고경영자는 조직의 인사권을 가지고 있어 자기가 뜻하는 문화에 걸맞는 사람은 영입하고 반대되는 사람은 탈퇴시킴으로써 문화를 형성 내지는 변경할 수가 있다. 또한 최고경영자의 관리스타일도 문화에 크게 영향을 미친다.[4] 즉, 최고경영자가 강조하는 원칙을 구성원들은 따를 것이며 최고경영자의 칭찬과 높은 보상을 받는 사람은 다른 사람들의 모델이 될 것이기 때문이다. 따라서 조직문화가 개발 정착되려면 경영이념에 일관성 있는 문화적 가치를 모색하는 것은 물론 이를 실천하고 강화시키려는 관리체계가 설계되어야 할 것이다.

#### (2) 조직의 역사와 규모

문화라는 개념 자체가 역사성을 내포하고 있는 만큼 조직문화가 형성되려면 어느 정도의 역사와 규모가 전제되어야만 한다. 일본기업의 경우를 보면 오랜 기업의 역사와 종신고용제라는 특성이 독특한 사풍을 발전시키고 있음을 알 수 있다.

그리고 조직문화를 개발하는 데에는 상위 경영층과 전문 인력의 투입이 요

4 H. M. Trice and J. M. Beyer, "Cultural Leadership in Organizations," *Organization Science*, May 1991, pp. 149-169.

구된다. 특히 조직문화를 체계적으로 그리고 비교적 단기간에 개발하여 정착시키려면, 집중적인 인력투입과 지원투입이 필요한데 이를 감당하려면 어느 정도의 사업규모와 여유자금은 필수적이라고 보아야 할 것이다.

### (3) 대체문화의 존재 여부

오랜 역사와 안정적인 멤버십이 유지되고 상당한 규모를 갖춘 조직이라 할지라도 구성원들이 상이한 대체적인 문화에 노출이 되어 있을 경우에는 조직 특유의 문화가 형성되기 어렵다. 조직 특유의 강한 문화가 형성되려면 조직구성원들이 다른 조직문화에 접한 경험이 없이 입사하여 조직사회화(organization's socialization)과정을 통해 조직 특유의 가치를 몸에 익히는 것이 필요하다. 또한 조직으로서도 가능한 한 동질적 부류의 신규인원을 받아들이고, 초기부터 이들에게 조직 가치를 주입시키려는 노력을 해야만 할 것이다.

### (4) 조직이 속한 사회문화(societal culture)

기업조직은 사회의 한 부분일 뿐 아니라 업종과 산업의 한 부분이기도 하다. 따라서 사회와 산업은 기업체의 상위시스템이고, 기업조직의 문화는 상위시스템으로부터 많은 영향을 받게 된다.

사회문화와 조직문화 간의 관계는 비교문화의 관점에서 사회조직구조체계와 조직 문화적 가치를 중심으로 많이 연구되어 왔다. 일본사회의 전통적인 집단주의와 무사도(사무라이)정신이 대표적인 예가 될 수 있다. 옛날 봉건사회의 역사적 배경은 일본기업의 집단주의와 온정 그리고 신뢰와 충성심을 강조하는 문화적 특성을 설명해 준다.

미국사회의 개인주의와 인권존중 그리고 자유경쟁을 중요시하는 전통적 가치관은 미국기업의 능력주의와 성취지향성 그리고 교섭에 의한 보상제도에 직접적으로 반영되고 있다. 또한 한국의 가부장적 가족제도와 忠(충)·孝(효)·親(친)·愛(애)에 바탕을 둔 전통적·윤리적인 가치는 우리나라 기업의 권위적 위계체계와 연공서열 그리고 인화와 연장자, 상급자에 대한 복종심 등 기업의 특성을 설명해 주는 문화적 기반이기도 하다.

### (5) 산업문화(industry culture)

산업 환경과 산업문화는 기업문화에 많은 영향을 준다. 건설업체, 섬유업체, 반도체업체, 식품업체 등 사업성격에 따라 기업행동과 문화가 매우 다르다. 산업문화는 상품과 고객의 성격, 기술과 기술변화, 산업의 수명주기 등에 의해 문화적 특성이 결정된다.

예컨대 제조업, 서비스업, 금융업, 의료업 등 상품과 서비스 및 고객이 다름에 따라 이들 산업이 추구하는 목적과 행동 등 문화적 특성이 다르게 된다. 그리고 반도체 및 첨단산업의 경우에는 기술변화가 심해서 연구개발, 창의성 등 도전과 모험심을 강조하게 되고, 고정기술에 의존하는 컨테이너(container)나 식품산업의 경우에는 원가절감과 안전 위주의 경영을 강조하게 된다.

### (6) 제품의 수명주기(product life cycle)

기업문화는 그 기업이 생산하는 제품의 수명주기와도 밀접한 관련이 있다. 기업체가 생산하는 제품이 도입기나 성장단계에 있을 때에는 독창적인 문화개발이 용이하지만, 성숙기나 포화기, 쇠퇴기에 있을수록 오랫동안 습관화·체질화된 조직문화를 변경하는 것은 어렵다.

이상에서 조직문화에 영향을 미치는 대내·외적인 영향요인들을 살펴보았다. 이러한 영향요인들은 상호 독립적으로 존재하기보다는 상호 복합적으로 작용하여 조직문화에 영향을 미치고 있다고 보아야 할 것이다.

### (7) 기업정체성(Corporate Identity)

기업문화는 조직구성원들이 기업에 대해 갖는 일체감이나 정체성과도 밀접한 관련이 있다. 일반적으로 기업의 정체성(Corporate Identity; CI)이 전개되는 과정을 보면 다음과 같다.

제1단계는 가시적인 정체성(Visual Identity)의 형성단계로서 기업의 심벌마크나 디자인을 만들어 자사의 존재를 명확하게 하는 것을 말한다.

제2단계는 기업부흥의 단계이다. 이 단계는 기업이념이나 경영방침의 재구축을 바탕으로 한다.

제3단계는 기업풍토 개선단계이다. 조직 내의 의식개혁이나 가치관의 다양화를 업종간 경쟁에 적극 활용한다.

제4단계는 기업정체성을 시장에 대한 경영자원으로 생각하고, 신규개발사업, 사업영역 설정 등에 적극 활용한다.

### 2) 조직문화의 원천

일반적으로 조직의 문화는 다음과 같은 4가지 요인의 상호작용에 의해 발전한다.

#### (1) 사회기술윤리

이는 사회의 법적 테두리 안에서 형성된 도덕적 가치관을 의미하는 것으로 관습, 불문율과 같은 규범, 일상생활 속에서 사람들이 따르는 가치관 등으로 경영자는 자연스럽게 구성원들이 이러한 사회기술윤리에 복종하도록 해야 한다. 조직문화의 기본적인 원천은 조직구성원들의 가치관, 성격, 윤리성이다. 물론 이것은 최고경영자의 가치관이나 성격, 윤리성이 중심축이 되어 구성원 모두에게 확산된 것을 의미한다.

MS의 빌 게이츠는 하루 18시간 일하는 일벌레다. 그는 창조성, 성실성에 근간을 둔 가업가적 문화를 만들어 낸 인물이기도 하다. MS가 지향하는 궁극적인 가치는 우량기업, 혁신성, 고품질이었고, 수단적인 가치는 열심히 일하기, 창조성, 세계적인 표준의 개발 등이었다. 조직구성원들은 시간이 경과하면서 이들 가치에 동질화되어 갔다. 이러한 조직이 바라는 가치를 수용하지 못하면 그는 자연히 퇴출되거나 자진하여 조직을 떠나게 된다.

빌 게이츠의 초기 성공은 프로그래머들을 동기 부여시키는 것으로부터 출발한다. 그는 능력 있는 사람을 선발하고 그에 맞는 직무를 부여하였다. 개인의 창조성을 부여할 수 있는 규범을 제정하였고, 그에 맞는 보상을 제공하여 강한 결속력과 확신을 갖게 하였다. 또한 「팀 정신」을 강조하는 혁신적인 조직문화를 창조하기 위하여 강력한 창조성을 바탕으로 종업원에게 분배와 소유지분을 확대하였고, 복리후생을 통해 능력 있는 종업원들이 이직하는 것을 막았다. 이와 같은 빌 게이츠의 노력은 MS 조직구성원들의 차별화된 특성과 독특한 조직문화를 형성할 수 있는 기반이 되었던 것이다.

### (2) 조직구성원의 윤리성

윤리성은 타인과의 관계에 적용되는 개인적 도덕가치관으로서 친구, 가족, 종교생활, 직업생활 등으로부터 영향을 받게 된다. 조직의 문화는 그 조직의 윤리성이 바탕이 되어 나타나는 것이기 때문에 이에 대한 이해가 필요하다. 일반적으로 조직의 윤리성이란 조직이 당연히 해야 할 일과 하지 말아야 할 일들을 판단하는 기준을 의미한다. 따라서 이에는 사회기술윤리나 직업윤리, 개인윤리 등이 포함된다.

조직은 구성원 각자가 맡은 역할과 책임을 성실히 수행함으로써 목표를 달성하게 된다. 건전한 조직문화를 형성하기 위해서는 무엇보다도 먼저 다음과 같은 윤리성의 확립이 전제되어야만 한다.

첫째, 직분의식이 있어야 한다. 이는 다른 사람들과의 관계 속에서 상대방에 대해 해야 할 일을 자각하고 자기소명으로 받아들이려는 의식을 말한다.

둘째, 책임의식이 있어야 한다. 자유는 사회규범과 질서의 태두리 내에서 누려야 하고, 직장규칙, 사회규범, 인간윤리의 범주 내에서 자신의 직무를 완수할 책임이 있다.

셋째, 장인정신이 있어야 한다. 이는 자신의 일을 통해 자신의 인간됨을 완성시키려는 정신이다.

넷째, 명예심이 있어야 한다. 명예심이란 도덕적 존엄에 대한 자각으로서 이것이 다른 사람들에게 승인되고 존경과 상찬되는 일을 말한다. 현대인들은 이러한 명예심에는 관심을 접어두고 실리만 있으면 수단과 방법을 가리지 않는 비윤리적이고 파렴치한 행동을 선택하는 경우가 많다.

다섯째, 일이나 직업에 대한 귀천의식이 없어야 한다. 일이나 직업에 대한 편견과 차별의식이 존재하는 사회나 조직에서는 바람직한 조직문화가 형성될 수 없다. 자신의 능력과 적성을 고려하여 직업을 선택하고 투철한 장인정신으로 각자의 역할과 임무를 성실히 완수하려고 할 때 건전한 조직문화가 형성될 수 있는 것이다.

여섯째, 금욕정신이 있어야 한다. 오늘날과 같이 서구사회를 발전시킨 자본주의의 정신을 한마디로 표현하기란 어렵겠지만, 일찍이 브렌타노(L. Brentano)는 영리추구에 대한 욕망을, 좀바르트(W. Sombart)는 기업가정신·시민정신·합리주의를, 그리고 베버(M. Weber)는 금욕적 근면을 자본주의의 원동력으로 보았다. 이러한 자본주의 정신이야말로 건전하고 합리적인 직업윤리관을 갖게 하는 토대가 될 수 있을 것이며 건전한 조직문화의 기반이 될 수 있을 것이다.

#### (3) 이해당사자의 권리와 책임(소유 지분)

조직문화는 조직의 소유지분이 어떻게 분배되느냐에 따라 영향을 받는다. 예컨대 경영자가 조직문화에 영향을 미치는 권리행사의 구체적인 내용에는 스톡옵션, 거액의 월급, 낙하산식 인사, 조직자원의 통제, 의사결정의 형태 등이 있을 수 있고, 종업원들의 권리행사의 구체적인 내용에는 해고의 사전 통보, 해직수당, 종신고용보험, 장기고용, 연금, 복리후생, 종업원지주제, 경영참가 등이 있는데 이들은 모두 조직문화에 영향을 미친다.

#### (4) 조직의 구조

이는 조직구성원들의 행동을 통제하기 위해 만든 과업이나 권한의 공식적인 체계를 의미하는 것으로서 경영자들은 조직문화에 적합한 구조를 설계하려고 노력하게 된다. 일반적으로 기계적인 조직은 계층의 수가 많고, 집권화의 경향성이 높고, 직무수행의 방법이나 절차가 표준화되는 등의 측성을 가지면서 조직 활동의 예측성이나 안정성을 제공하게 된다.

이에 반해 유기적인 조직은 수평적인 구조와 분권화의 경향성이 높고, 직무활동의 상호 조정이 요구되며 조직에 혁신성, 창조성, 유연성을 제공하게 된다.

## 4. 조직문화연구의 발전배경

조직문화의 개념은 1930년대에 기업체를 사회학적 관점에서 연구하기 시작할 때부터 주로 조직체연구의 전문적인 연구 개념과 용어로 사용되어 있다. 조직문화는 1970년대까지만 해도 학문적으로만 사용하다가 1980년대에 이르러 일반화되었다.

### 1) 조직체 연구의 관련제학적인 접근

경영학은 경제학에서 파생된 학문이며 1900년대에 이르러 합리적인 경영기법에 경제학이론이나 공학기법이 활용되기 시작하였다. 1920년대에는 사회학, 심리학, 인류학의 개념이 기업경영에 도입되기 시작하였고, 1940년대에는 행동과학의 발달로 시스템이론이 조직체와 경영학 연구에 활용되기 시작하면서 경영학은 종합적인 학문의 성격을 띠게 되었다. 그러다가 1950년대에는 과학기술의 발달, 사회문화의 발전, 기업환경변화의 고도화 등으로 관련제학적(종합과학적)인 접근방법이 경영학에 도입되었다.

따라서 오늘날의 경영학에서는 시스템이론, 각종 계량경영기법을 생산관리 분야에 적용하였고, 마케팅 분야에서는 사회·심리학적 개념과 통계기법을 활용하게 되었으며, 재무 분야에 경제학이론과 경영정보기법이 적용되게 되었고, 인사·조직 분야에는 행동과학이론이나 조직개발기법의 활용이 보편화되기에 이르렀다.

### 2) 일본기업경영에 관한 연구

기업문화의 개념을 증진시킨 또 하나의 요소는 일본기업경영의 연구 결과이다. 주지하고 있는 바와 같이 1950년 한국동란 이후 일본기업들은 고도경제성장을 이룩하였다. 1970년대 2차례의 석유파동으로 세계경제의 침체되고 선진국의 신보호무역이 강화되는 시기에도 일본기업들은 비약적인 발전을 하여 철강, 조선, 전기, 전자, 자동차 등 여러 산업분야에서 세계 1위의 경제 강국으로 발전하였다. 그리하여 1970년대 말 자동차산업은 미국을 압도하였고, 세계시장을 석권하게 되었다. 이와 같은 눈부신 발전은 물질적 생산자원보다는 효율적인 인적자원관리와 조직 관리에 기인된 것으로 볼 수 있다.

### (1) 일본문화의 기초

일본문화는 인간 선(善)에 관한 공자의 가르침과 효심의 경건함과 이타주의에 기초를 두고 있다. 따라서 쾌락은 도덕의 몰락을 가져온다고 믿는다.

일본기업경영에 관한 대표적인 연구는 윌리암 오우치(W. Ouchi), 파스칼(R. Pascale), 에토스(A. Athos) 등의 연구를 들 수 있다. 오우치는 일본기업의 문화적 특성으로 기업구성원들 간의 신뢰와 공동체의식에 바탕을 둔 온정주의적이고 집단주의적인 조직문화를 들었고, 파스칼과 에토스는 일본기업의 문화적 특성으로 온정과 집단, 그리고 합의중심의 공유가치를 지적하였다. 이들 연구에서 나타난 일본문화의 특성은 살펴보면 다음과 같다.

첫째, 일본문화는 파스칼과 불교사상의 영향을 받아 경쟁과 불화보다는 和(화)를 추구해 왔다.

둘째, 동일인종에서 비롯된 평등주의는 종업원에 대한 부드러운 인간관을 갖게 하였다.

셋째, 가부장적 사고가 몸에 베여 있다.

넷째, 위계질서가 분명하다.

다섯째, 대부제도(oyabukobun system)를 통해 윗사람에 대한 충성, 아랫사람에 대한 애정의 교감을 가능케 하였다.

한편, 드러커(P. Drucker)는 일본의 고도 경제성장의 원인을 ① 자원의 빈약, ② 인구의 증대에 따른 생사결단의 생존문제에서 찾을 수 있다고 지적하기도 하였다.

### (2) 일본기업의 문화적 특성

일본기업체의 문화적 특성은 기업체 마다 상이하다. 예컨대 토요타와 혼다는 동일업종에서 모두 우수한 성과를 내고 있는 우수기업이지만 조직문화는 대조적임을 알 수 있다.

토요타는 “Global 10”이라는 슬로건 아래 ① 구성원의 충성심, ② 집단주의, ③ 온정주의에 입각한 철저한 능률통제와 전제적 관리를 적용하고 있는 데 반해, 혼다는 “혼다이즘(Hondaism)” 즉, ① 구성원들의 창의성과 진취성, ② 독창적이고 개방적인 행동, ③ 현장 위주의 자율관리, ④ 자유스러운 옷차림(장발, 청바지, 샌들 착용 등)과 행동을 허용하고 있다.

오우치는 일본의 여러 기업체를 연구하여 일본 기업경영의 특성을 정리하고, 이것을 중심으로 Z이론이라는 명칭으로 효율적인 기업경영방법을 제시하였다.

Z이론에서 제시하고 있는 일본의 우수기업들의 문화적 특성을 살펴보면 다음과 같다.

첫째, 종신고용과 장기평가 및 연공서열제도이다. 이는 일본의 전통적 문화가치와 밀접한 관계를 갖는다. 즉, 기업과 종업원의 관계는 전통적인 주종관계(임금과 백성, 주인과 하인)에서 유지되어 왔던 충성심과 온정이라는 무사도정신을 바탕으로 설명할 수 있으며 이는 일본기업의 중요한 문화적 가치이기도 하다.

둘째, 인화와 집단주의정신이다. 일본기업에서 종업원에 대한 장기평가는 그들의 단기적인 능력발휘보다는 근본적인 인성에 대한 판단과 인화를 중시하고, 연공서열제도는 보상제도의 객관적 기준인 근무연수를 강조함으로써 집단내 위계질서를 확립하고 인화와 집단주의개념의 중요성을 직접 반영하고 있다.

셋째, 개방적인 의사소통이다. 인화를 강조하는 가족적인 집단분위기 속에서 모든 정보와 자료가 공유되고 자유스럽게 의사소통을 하고 있는데, 이는 일본기업의 팀워크, 창의성, 그리고 공동체의식에 따른 집단행동의 기반이 되고 있다.

### 3) 미국우수기업에 관한 연구

미국우수기업에 관한 연구도 조직문화의 개념을 발전시키는 데 크게 공헌하였다. 피터스와 워터만(T. Peters & R. Waterman)은 1960년대의 성장기와 1970년대의 고난기를 거쳐 지속적인 성장을 해온 미국의 우수기업들의 공통된 특징을 다음과 같이 분석하였다.

첫째, 우수기업들은 각기 독특한 고유의 문화적 특성을 지니고 있어 이것이 급변하는 환경변화에 잘 적응하고 시장경쟁에서 우위를 차지할 수 있는 성공요인이 되었다.

둘째, 미국의 우수기업의 연구는 기업문화 개념을 현대기업 경영의 새로운 관점으로 인식시키는 데 크게 공헌하였다. 1970년대의 정치·경제·기술 등 모든 면에서의 큰 변화는 기업경영전략에도 본질적인 변화가 필요하다는 것을 전제하고 기업문화개발의 중요성을 강조하였다.

이들의 연구를 통해 나타난 미국우수기업의 문화적인 특성을 정리해 보면 다음과 같다.

첫째, 우수기업들은 환경변화에 신속히 적응할 수 있는 행동특성을 갖는다. 자유스럽고 개방적인 분위기 속에서 권위적 직위에 영향을 받지 않고, 구성원 간의 유기적인 상호작용과 새로운 아이디어를 모색하는 창의적인 분위기는 우수기업의 성공요인으로 작용하고 있음을 확인하였다.

둘째, 고객과 항상 가까이 있으면서 고객을 존중하는 기본가치를 가지고 있다. 고객에 대한 최우선 가치는 조직 전체의 기본가치이며, 최우선 방침으로써 고객주의 사고방식을 조성하고 있다.

셋째, 우수기업들은 오랜 세월 전통적인 가치를 유지하고 계승 발전시켜 왔다.

예컨대, IBM(International Business Machines)의 고객서비스, TI(Texas Instrument)의 기술개발, 3M의 창의적 아이디어, HP의 배회관리(정해진 시간이나 앉아서 보고를 기다리는 것이 아니라 관리자가 직접 발로 뛰면서 현장의 목소리를 듣는 경영기법), P&G의 우수품질, GE(General Electric)의 연구개발과 신제품개발, DEC(Digital Equipment Corporation)의 실용 기술개발, Tandem의 개방적 상호작용 등과 같은 문화적인 특성이 우수기업의 성장 원동력이라는 것이다.

넷째, 인적자원을 중시하고 구성원의 적극적인 참여와 자발적인 동기부여를 강조하면서 인간중심적인 경영을 통한 생산성 향상에 노력하고 있다. 보다 구체적으로는 안식년제를 도입하여 심신의 피로를 회복하고 에너지를 재충전할 수 있는 기회제공을 제도화한 것이나, 강제직무순환제의 도입을 통해 격무에 시달리는 종업원들에 대한 배려를 제도화한 점 등을 들 수 있겠다.

다섯째, 신제품 개발을 강조하고 새로운 아이디어와 사업개발에 최대한의 자율성과 재량권을 부여하고 적극적으로 지원한다.

여섯째, 조직운영의 단순성이다. 대규모화에 따른 관료화 경향을 배제하고, 지역, 상품, 고객 등 작은 사업 단위를 중심으로 분권조직구조 속에서 자율적으로 움직인다.

일곱째, 방임과 통제를 동시에 적용하는 양면성이다. 미국의 우수기업들은 조직이 추구하는 목적을 중심으로 방임과 통제가 동시에 적용된 혼합된 경영관리 행동을 취하고 있다. 그리고 조직구조와 구성원들 사이에 상호작용에 있어 신축성과 유동성, 개방성과 자율성 등 자유방임적 경영행동을 취하고 있는 반면, 고객서비스, 기술개발, 품질 등 조직체의 우선 목적에 있어서는 차질 없는 전략수행과 철저한 통제행동을 강조하고 있다.

## 5. 조직문화는 어떻게 전수되는가?

### 1) 조직문화의 전수

나라마다 풍습이 다르고 사람들의 사고방식에도 큰 차이가 있다. 조직마다 상이한 문화는 어떻게 전수되고 있는가? 다음의 사례를 통하여 조직문화가 어떻게 전수되고 있는지를 살펴보도록 하자.

[사례 1]

터널공사에서 공사기간을 단축시키기 위해 양쪽에서 동시에 공사를 진행하고 있다고 가정하자.

독일: 처음부터 치밀하게 측량하고 계산해서 한 치의 오차 없이 가운데서 만난다.
중국: 대충 측량하고 계산해서 뚫고 들어가다가 만나지 못해도 그냥 공사를 진행한다. 나중에는 원래 한 개의 터널을 만들려고 했는데 결과적으로는 두 개의 터널을 만들었다고 자화자찬한다.
한국: 어긋나서 만나지 못하면 중간을 잘라 이어버린다. 그렇게 하고는 세계에서 가장 짧은 기간에 터널을 완성했다고 자랑한다.

### (1) 통밥(눈치)문화

한국의 문화를 흔히 통밥(눈치)문화라고도 한다. 그동안 한국의 문화는 과학적이고 체계적인 제도나 방식에 따라 전수되지 못했고, 전통적인 방식에 따라 눈치껏, 적당히 알아서 스스로 익히고 배우면서 전수되어 왔다.

고려청자와 조선백자는 세계경매시장에서 가장 고가로 거래되고 있는 귀중한 문화유산이다. 그러나 과학기술이 고도로 발달한 오늘날에도 이를 재현하지 못한다. 왜 그럴까?

이는 "나만의 비법을 다른 사람들이 알았을 때 내 힘이 약해진다"는 사고가 만연되어 있었기 때문일 것이다. 전통가문의 「장 담그는 법」「김치 담그는 법」 등 맛의 원조가 후대에 이어지지 못하고 끊길 판이다. 노하우(know-how)와 비법은 며느리에게도 쉽게 전수하지 않으려고 하는 것이 한국인의 정서다. 장인들이 보유한 기술을 전수하기까지에는 너무나 긴 시간이 소요되었고 핵심기술은 죽음을 목적에 두고 그때야 비로소 전수하겠다는 생각들이 팽배했었다.

물론 이것은 통밥(눈치)문화가 지배적이었던 시대의 이야기다. 중요문화재 제32호로 지정된 조선시대 마지막 상궁이 그의 제자에게 부엌문을 열어 주기까지 30년의 세월이 흘러야 했었다. 당시 상궁들은 궁중요리의 비법을 어떻게 익혔을까? 대충 눈치로 어림잡아 배우면서 익혀왔던 비법들이었기에 그것을 전수하는 데도 그만큼의 많은 애로가 있었던 것이다. 아마도 눈썰미 있는 탁월한 재능을 가진 제자를 만나지 못한다면 핵심기술이나 비법의 전수는 불가능하였을 것이다.

### (2) 기록문화

이와는 반대로 일본 사람들이 한국의 역사를 기록·정리해 놓은 것을 보면 기가 막힐 정도이다. 서양의 TV요리 프로그램을 보면 누구나 그대로 따라만 하면 동일한 맛을 낼 수가 있다. 일례로 외국의 경우 호텔주방장이 되기까지 소요되는 기간은 약 10년 정도라고 한다. 그런데 우리나라의 경우에는 평균 20년이 걸린다. 이것이 바로 통밥(눈치)문화와 기록문화의 차이가 아닐까 생각된다.

독일 주재 한국대사관의 한 참사관이 업무협조를 위해 독일 경제부 담당자를 찾았다. 명함을 교환하고 보관실을 향했다. 한국관련 파일을 꺼냈을 때 참사관은 놀라지 않을 수 없었다. 그동안 이곳을 다녀갔던 한국인들의 명함이 보기 좋게 정리되어 있었고, 누구 어떤 자료를 받아갔는지 깨끗하게 적혀 있었다. 그는 "당신의 방문사실도 이렇게 파일로 정리될 것입니다"라고 했다.

이와 같은 기록문화는 자율경영시대의 전제조건이 된다. 코페르니쿠스의 기록이 있었기에 뉴턴이 있었고, 뉴턴의 기록이 있었기에 아인슈타인이 나오지 않았겠는가?

## 2) 조직문화의 기본원칙

조직문화가 조직구성원들에게 쉽게 전파되고 수용되기 위해서는 조직문화는 다음과 같은 기본원칙에 부합되는 것이어야 한다.

첫째, 조직문화는 단순해야 한다. 비록 현실은 복잡하지만 기본원칙은 단순하고 이해하기 쉬워야 한다.

둘째, 본질적인 것이 집중되어야 한다. 잡다한 내용을 늘어놓기보다는 중요한 원칙만 몇 가지 확실히 해 두는 것이 좋다.

셋째, 조직문화는 현실에 맞아야 한다. 기본원칙들은 회사의 역사, 종업원의 능력, 기업환경 등과 양립할 수 있어야 한다.

넷째, 개방적인 커뮤니케이션이 필요하다. 조직문화를 전파하고 확산시키려면 무엇보다 개방적인 커뮤니케이션을 통해 기본원칙들을 잘 알고 이해하고 있어야만 그들의 행동에 영향을 미칠 수 있다.

## 3) 비전과 조직문화

### (1) 비전과 조직문화의 의의

비전(vision)은 조직이 어디로 가고 있고, 미래에 어디에 있어야 하는가를 알려준다. 이렇게 해서 비전은 모든 구성원들이 상호 협조하고 시너지효과(synergy effect)를 창출할 수 있는 밑바탕이 되는 것이다. 비전이야말로 조직문화의 주춧돌이다.

[사례 1]

1983년 2월 삼성그룹의 이병철 회장은 반도체사업을 삼성의 주력업종으로 하겠다는 내용의 사업구상을 발표했다. 당시 한국은 이 분야에서 선진국에 비해 10년 이상 뒤떨어진 상태였다. 또한 연구개발과 첨단공장의 건설에 계속해서 엄청난 돈을 쏟아부어야 하는 위험성이 큰 모험적인 사업이었다. 이병철 회장 주변의 사람들은 모두 삼성이 반도체사업에 뛰어드는 것을 반대했다. 그러나 오늘날 한국경제의 견인차 역할을 하고 있지 않은가?

[사례 2]

Apple컴퓨터를 설립한 스티브 잡스가 각 개인마다 컴퓨터를 갖게 하겠다는 자신의 꿈을 실현하려고 애쓰기 시작한 것은 1970년대 중반이었고 모두들 그를 비웃었다. 최초의 PC가 나오고 1년이 지난 1977년에도 Digital Equipment사의 회장인 캔 올센은 “각 개인이 집에 컴퓨터를 가지고 있어야 할 이유는 없다”고 말했다. 그 후 잡스의 꿈은 어떻게 되었는가?

[사례 3]

1980년대 초반 빌 게이츠가 세계적인 소프트웨어 회사를 만들겠다는 자신의 비전을 이야기했을 때 그를 주목하는 사람은 많지 않았다. 그때는 IBM이나 DEC과 같은 대형 컴퓨터 회사들이 정보기술업계를 지배하고 있었던 시대였다. 그러나 오늘날에 MS(Microsoft)는 세계최고의 시가총액을 자랑하고 있다. 그야말로 원대한 비전의 실현이라 할 수 있다.

[사례 4]

제프 베조스(Jeff Bezos)가 내걸었던 목표도 이에 못지않게 대담했다. 자신의 인터넷회사 아마존(Amazon.com)을 세계에서 가장 성공한 인터넷 소매상으로 만들겠다고 한 것이다. 오늘날 가장 잘 알려진 인터넷 상표 가운데 하나가 되었으며 매우 빠른 성장을 하고 있다.
조직에는 삼성의 이병철 회장이나 애플의 스티브 잡스, MS의 빌 게이츠, 아마존의 제프 베조스와 같은 비전이 반드시 필요하다.
모든 조직에는 단순하고 일관성 있는 목표가 있어야 한다. 이 목표는 이해하기 쉽고, 도전해 볼 만한 내용이어야 하며 이것으로 인해 구성원 모두가 공통의 비전을 갖게 되어야 한다.

### (2) 비전(vision)이란 무엇인가?

한마디로 말해 비전은 “이성의 눈으로 실현가능성을 확인하는 것”이라고 할 수 있다. 비전은 목표지향성과 방향성을 갖고 있으며, 시간적으로나 질적인 면에서 일상의 업무를 넘어서는 것이어야 하며, 비전이 제시된 다음에는 그것이 널리 전파되어야 하고 행동으로 이어져야 한다. 비전은 환상 속에 존재하는 것이 아니고 5년 후 10년 후의 조직의 모습을 보여주는 것이다.

어떤 성공적인 창업자가 다음과 같이 말했다. “나는 보통 10년 단위로 생각을 합니다. 그래서 근시안적인 경쟁사들이 하는 것과는 다르게 의사결정을 하게 됩니다. 오늘날 우리 회사의 지도적인 위치는 20년 전에 놓은 기초에 바탕을 두고 있으며, 이제 우리는 2015년에 우리가 있어야 할 위치를 향해 걸어가고 있습니다.” 회사의 전략적 자원은 회사가 어디로 가고 있는지를 확실히 알 때만이 목표에 맞게 투입될 수 있다. 그럴 때만이 회사는 제대로 의사결정을 내리고 종업원들은 같은 곳을 향해 가며, 하나의 통일된 주제로 자신 있게 움직일 수 있다.

이처럼 비전은 방향감각을 주는 동시에 종업원들의 강한 동기를 유발하고 에너지를 분출시키는 힘도 갖고 있다. 만일 당신이 배를 만들고 싶으면, 사람들을 불러 모아 목재를 가져오게 하고 일을 지시하고 일감을 나눠주는 등의 일을 하지 말고, 당신은 그들에게 저 넓고 끝없는 바다에 대한 동경심을 키워주라. 그러면 최상의 배가 탄생할 것이라고 하였다.

비전은 시간적으로나 질적으로 현실과는 어느 정도 거리가 있어야 한다. 너무 빨리 다가오는 비전은 힘이 없고, 까마득 먼 훗날 이야기가 되면 현실행동에 영향을 주기 어렵다. 질적으로 비전은 오늘의 상황과 상당히 다른 상태를 보여주어야 함과 동시에 그 내용은 보다 구체적이어야 한다. 그렇지 않으면 황당무계하고 우스꽝스러운 것이 되고 있다.

### (3) 비전에는 어떤 내용을 담고 있어야 하는가?

비전에는 다음과 같은 구체적인 내용들을 포함할 수 있어야 한다.

첫째, 비전은 미래의 신기술이 중심내용이 되어야 한다. 컴퓨터, 약품, 멀티미디어, 텔레커뮤니케이션, 등의 산업에서는 미래의 신기술을 지전의 중심내용으로 할 수 있다.

둘째, 인터넷회사 설립자들은 기술 그 자체보다는 새로운 시장의 창출과 제품, 지식을 위한 혁신적인 유통경로의 확대에 더 초점을 맞추고 있다.

셋째, 비전의 핵심은 미래의 크고 웅장한 모습이어야 한다. 특히, 기업이 ① 새로운 세분시장에 진출하려고 할 때, ② 시장의 주도권을 장악하려고 할 때, ③ 여러 계열사를 거느린 기업그룹으로 변신하고자 할 때, ④ 광고대행사가 종합커뮤니케이션 회사로 탈바꿈하고자 할 때, ⑤ 청량음료 회사가 종합식품회사로 변신하고자 할 때, ⑥ 항공회사가 종합운송 그룹으로 변신을 하고자 할 때에는 성장이 바로 비전의 핵심이 되어야 할 것이다.

넷째, 최고의, 가장 훌륭한, 최고급의, 가장 친절한, 가장 빠른 등의 말로 사용하는 목표는 어느 업종에서나 좋은 비전의 바탕이 될 수 있다.

다섯째, 경쟁사를 꺾으려는 싸움만큼 조직구성원들의 강한 동기를 유발하는 것도 드물다. 예컨대 펩시콜라가 코카콜라를 이기려는 시장쟁탈전이나 BMW가 벤츠를 꺾으려는 강한 투지 등은 모두 이런 관점에서 이해할 수 있다.

여섯째, 종업원의 복지와 능력개발을 뼈대로 하는 비전은 특히 그들로부터 환영을 받고 사기를 북돋워준다. 평생직장을 강조하고 복지와 교육훈련에 과감히 투자하는 회사는 이 범주에 속한다. HP는 이러한 종업원의 비전을 중시하는 회사로 유명하다.

일곱째, 환경보호, 인류의 건강 등의 윤리적 가치를 비전의 내용으로 하는 회사가 점차 늘어가고 있다. 드러커(P. Drucker)는 이러한 비전이야말로 종업원들의 마음을 사로잡는 데 효과적이라고 했다.

이상에서 살펴본 훌륭한 비전은 미래에 대한 꿈과 현실감이 적절한 균형을 유지하고 있을 때 나온다. 즉 비전은 해볼 만하고 해낼 수 있는 것이어야 한다. 비전은 조직문화의 핵심이며, 조직의 장기적인 성공을 거두는 데 있어서 매우 중요하다. 또한 비전은 방향을 제시해 줄 뿐만 아니라 임직원들의 강한 동기를 유발하고 그들의 에너지를 분출시킨다. 따라서 비전은 성장뿐만 아니라 여러 가지 다른 내용을 담을 수 있으며, 그것은 카리스마가 있는 지도자에 의해 설득력 있게 구성원 모두에게 전달되어야 한다.

## 6. 조직문화의 변화를 어떻게 관리할 것인가?

과거의 경험은 현재의 생각과 행동에 많은 영향을 미친다. 특히 나이가 들수록 과거 경험에 의존하는 경향이 강하다. 오랜 역사를 가진 조직일수록, 경험이 풍부한 조직일수록 "새로운 방식으로 무엇을 시도해 보려는 노력"은 사라지게 된다.

오늘날과 같이 기업의 환경이 급변하는 시대에서는 과거의 경험이 오히려 기업에게 부담으로 작용할 가능성이 높다. 새로운 기술, 예기치 못한 경쟁사의 출현, 변해가는 소비자 행동 등에 대해 단순히 과거의 방식과 전략으로 대응하는 것은 매우 위험하다.

과거의 성공이 경영자들의 눈을 멀게 하고 변화를 가로막는다. 잘 되고 있는 회사일수록 변화에 더욱 신경을 써야 한다. 특히 오늘날과 같이 변화가 극심한 조직 환경 속에서는 현상을 유지하려는 경영자보다는 무엇인가 변화를 지향하고 있는 경영자가 더욱 바람직하다. 그리고 변화지향적인 경영자와 현상유지지향적인 경영자가 갖는 특성을 정리해 보면 다음과 같다.

**표 16-1** 변화지향형 경영자의 특성과 현상유지형 경영자의 특성

| 변화지향형 경영자의 특성 | 현상유지형 경영자의 특성 |
|---|---|
| • 끊임없이 새로운 방식을 찾는다.<br>• 공격형 사고방식을 갖는다.<br>• 변화 속에서 기회를 본다.<br>• 실험을 좋아한다.<br>• 생각의 틀이 개방적이다.<br>• 직관을 중시한다.<br>• 불확실성을 기꺼이 받아들인다.<br>• 기업문화에 충격을 주는 과감한 인사정책(발탁인사 등)을 두려워하지 않는다. | • 과거에 경험했던 방식을 고수한다.<br>• 방어형 사고방식을 갖는다.<br>• 변화를 위협으로 느낀다.<br>• 경험에 의존한다.<br>• 생각의 틀이 고정되어 있다.<br>• 주로 분석에 의존하다.<br>• 안전을 추구한다.<br>• 기업문화에 충격을 주지 않기 위해 가능하면 보수적인 인사정책을 추구한다. |

### 1) 왜 조직구성원들은 변화에 저항하는가?

조직의 변화를 시도했던 많은 조직들이 계획적인 조직변화에 실패하고 있는 근본적인 원인은 무엇일까? 변화를 수용하지 못하는 수많은 이유들 가운데에는 개인적인 이유들도 많지만 그것보다는 조직의 체질상의 구조적인 문제로 인해 저항하는 경우가 대부분이다.

### (1) 개인적인 저항이유

사람은 누구나 변화를 싫어하고 안주하려는 타성(inertia)을 갖는다. 이와 같은 타성들은 다음과 같은 여러 가지 이유에서 비롯된다.

첫째, 지각상의 문제이다. 사람들은 자신에게 유리하고 친숙한 사실만을 선택적으로 지각하려는 경향성이 있어 친숙하지 못한 새로운 것은 수용하기가 어렵다.

둘째, 성격상의 문제이다. 일반적으로 독단적인 성격이나 의존적인 성격의 소유자는 오직 한 가지만을 고집하려는 경향성이 있고, 의존적인 사람은 변화에 대한 두려움을 갖기 때문에 변화에 저항하려는 경향성이 높다.

셋째, 불확실성에 대한 공포를 느끼기 때문이다. 변화의 결과는 누구도 예측하기 어렵고 경험한 바가 없기 때문에 변화 자체가 공포의 대상이 된다.

넷째, 기득권을 상실할 수 있다는 생각 때문이다. 조직에 변화가 오면 기득권을 가진 구성원들은 변화로 인해 기득권을 포기해야 하거나 상실하게 된다. 따라서 기득권을 많이 가진 구성원들일수록 변화에 저항하는 경향이 많다.

다섯째, 변화는 새로운 지식과 정보, 기술을 요구한다. 따라서 조직구성원들은 변화가 요구하는 능력과 자질을 갖추어야 하기 때문에 변화를 두려워하고 싫어하게 된다.

### (2) 조직적인 저항 이유

실제로 많은 조직들은 다음과 같은 조직 자체의 구조적인 문제로 인해 변화에 저항하는 경우가 많다.

첫째, 안정적이고 보수적인 조직문화가 변화의 저항 원인이 된다. 일반적으로 조직구성원들은 조직의 문화 속에서 이미 사회화(socialization)되어 있기 때문에 현실에 안주하려 하며 새로운 변화를 싫어하게 된다.

둘째, 정형화된 조직구조가 저항의 원인이 될 수 있다. 새로운 조직은 구성원들에게 새로운 행동양식을 요구하게 된다. 따라서 기존 행동양식에 익숙한 구성원들은 구조변화에 저항하게 되는 것이다.

셋째, 자원의 한계가 변화의 저항 원인이 되기도 한다. 조직을 변화시키려면 많은 시간과 자본 그리고 변화가 요구하는 능력과 자질을 갖춘 숙달된 인력이 필요하다. 이러한 자원이 부족할 경우 조직은 변화의 필요성을 느끼면서도 변화를 추진하기가 어렵게 된다.

넷째, 변화로 인한 이해관계가 대립하는 경우에는 그것이 저항의 원인이 되기도 한다. 예컨대 조직을 변화로 인해 이익이 되는 부서와 손해가 되는 부서, 변화를 수용할 수 있는 여건이 마련되어 있는 부서와 그렇지 못한 부서 간에는 갈등과 불협화음이 변화를 어렵게 만든다.

이상에서 살펴본 바와 같이 조직의 변화는 여러 가지 개인적·조직적인 이유로 인해 저항을 받게 된다. 특히 관료적인 조직구조나 과도한 중앙집권적인 조직, 위험을 회피하려는 집단분위기나 파벌주의, 부서이기주의 등이 팽배한 조직에서는 지속성이 높은 가치와 목표를 건드릴 수 없기 때문에 변화에는 많은 어려움과 저항을 수반하게 되는 것이다.

### 2) 조직문화를 어떻게 변화시킬 수 있는가?

조직문화를 변화시키는 방법에는 점진적으로 서서히 조직의 문화를 변경시키는 방식과 문화충격요법을 사용하여 급진적으로 변화시키는 두 가지의 방식이 있다. 일반적으로는 환경변화가 심하고 위기상황에 직면한 조직에서는 문화충격요법을 사용하여 조직의 문화를 급진적으로 변화시키는 방법이 더욱 효과적이다.

문화충격요법을 사용하려면 경영자의 강력한 지도력이 요구되며 경영자는 종업원들을 설득하고, 동기를 유발하고, 그들의 마음을 진정으로 살 수 있어야 한

그림 16-5 | 조직문화, 경영전략, 조직구조의 상호관계 |

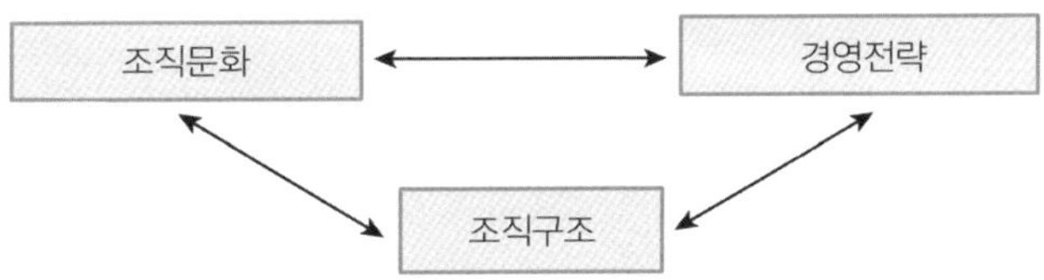

다. 또한 조직문화의 변화를 관리하기 위해서는 경영자는 조직문화, 경영전략 및 조직구조는 근본적으로 분리될 수 없다는 사실을 염두에 두어야 한다. 조직문화에 맞지 않는 경영전략은 성공할 수 없으며, 조직문화도 경영전략을 잘 수행할 수 있도록 정비되어야만 한다. 또한 조직문화와 경영전략이 양립할 수 있는 조직구조를 구축하여 시너지효과를 창출할 수 있어야 한다.

### 3) 조직문화는 어떻게 개발되는가?

경영자가 의사결정을 하고 또 각종 문제를 해결하는 과정에서 접하게 되는 환경들은 매우 동태적으로 변화하고 있기 때문에 의사결정과 문제해결이 용이하지 않다. 경영자는 의사결정이나 문제해결 과정에서 가치관이나 지향성을 분명히 함으로써 개성 있는 조직문화를 만들게 된다.

#### (1) 조직문화개발의 의의와 방법

조직이 변화하는 환경에 적절히 대응하고 조직의 비능률을 제거하기 위해서는 조직구성원들의 의식구조, 행동양식, 규범, 가치관 등을 바람직한 방향으로 변화시킬 수 있는 조직문화의 개발이 절실히 요구된다. 킬만(R. H. Kilmann)은 문화가 조직을 통제하기보다는 조직이 문화를 통제해 나갈 수 있다고 말하고 있다. 조직문화는 구성원의 행동지침이 되고 행동을 결속시키는 접착제의 역할을 하기 때문에 조직은 문화적 특성을 변경함으로써 관리적인 효과를 얻을 수 있다. 조직문화의 틀을 바꾸기 위해서는 개인, 집단, 그리고 조직의 차원에서 변화를 모색해야 하는데, 이를 위해서는 다음과 같은 방법으로 변화의 필요성을 먼저 확인해야 한다.

첫째, 외적인 환경변화를 진단해야 한다. 기술개발, 경쟁격화 등 환경변화가 심할 때 기업은 새로운 경영전략을 강구하여야 한다. 이를 위해서는 조직의 분위기 특성과 문화적 특성을 고쳐나가야 한다. 일반적으로 조직이 외적인 환경변화를 정확하게 읽지 못하면 그 조직은 도태하게 된다.

둘째, 내적인 변화를 진단해야 한다. 기업이 성장하여 규모가 확대될 때 새로운 구조설계와 권한배분을 통해 조직을 변화시켜야 한다. 또한 변화에 적응할

그림 16-6 | 조직문화의 개발방법 |

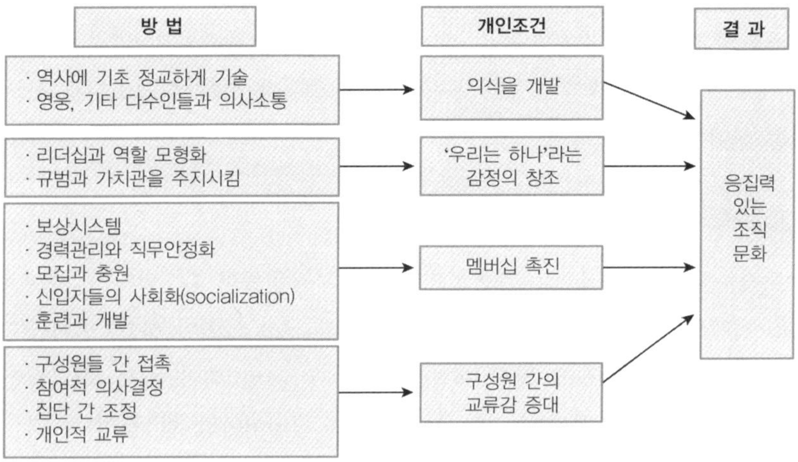


수 있도록 구성원의 가치관과 사고의 틀을 바꾸어야 한다.

그리고 조직문화의 개발방법을 구체적으로 제시해 보면 다음과 같다.

### (2) 조직문화의 개발과정

조직문화의 개발과정은 조직이 선택한 변화의 방향에 따라 우선 기존문화를 파악하는 것으로부터 시작되고, 그 다음에 새로운 문화를 모색함으로써 기존문화와의 마찰을 줄여 나가는 것이 일반적인 개발방식이다. 따라서 조직문화는 다음과 같은 개발과정은 거쳐 개발되어진다.

제1단계: 신조직문화의 탐색

현재의 조직문화에 대한 진단을 통하여 내외적인 환경변화를 예측하고 그에 맞는 적응 방안을 모색해야 한다. 이때 조직의 개방성, 창의성, 자율성을 강조할 수 있어야 한다.

제2단계: 새로운 전략의 구상

조직을 변화시키기 위해서는 변화의 폭, 내용, 속도, 기간 등을 설계하여야 하고 또 변화의 담당자가 담당할 몫도 결정해야 한다.

제3단계: 행동계획과 개입활동

변화의 담당자는 유인행동을 계획하여 구성원을 자극하고, 관리적 활동계획으로 새로운 문화의 개발을 추진하며, 창의적 행동을 통해서 성원에게 신문화적 특성을 심어 주어야 한다.

### (3) 조직문화 개발의 성공요인

조직문화를 성공적으로 개발하려면 조직구성원들이 내·외적인 환경변화의 압력을 위기의식으로 발전시켜 응집력을 강화시킬 수 있어야 하며, 변화담당자와 구성원 전체가 변화과정에 적극 개입할 수 있게 준비시켜야 하고, 최고경영자의 문화개발에 대한 적극적인 의지와 노력이 뒷받침되어야만 할 것이다. 지금까지 조직문화를 성공적으로 개발한 우수기업들의 특성을 살펴보면 다음과 같다.

첫째, 조직구성원들이 성과지향적인 문화가치를 갖도록 하였다. 전통적으로 개인의 권리와 능력을 존중하는 서구문화에서는 개인의 창의성과 능력발휘를 중시했고, 개인보다 집단과 위계질서를 강조하는 동양문화에서는 인화와 성실을 중시해 왔다. 따라서 우수한 조직문화를 가진 기업체들은 대체로 이러한 기본가치를 경영전략과 경영방침 그리고 관리제도에 반영해 왔고, 교육훈련을 통하여 기본가치를 구성원들에게 의식화 내지 강화시키면서 구성원들의 규범화된 행동으로까지 연결시켰음을 알 수 있다.

둘째, 창업주를 비롯한 조직체의 중심인물들의 이념이나 신념이 조직문화의 특성에 반영되었다.

셋째, 조직구성원들은 모두가 조직체의 문화망을 형성하면서 제각기 조직문화 개발의 역할을 하고 있다. 문화망의 관점에서 보면 실무부서는 문화가치개념에 적극적으로 따르는 신봉자와 이에 긍정적 태도를 보이는 동조자, 좋은 아이디어를 제공하는 조언자와 소문전파자, 그리고 구성원들 간에 여론을 조성하는 자와 전설·일화·중요사건 등 문화적 상징을 동료들에게 설명해 주는 문화 전달자 등 여러 가지의 역할담당자로 구성되어 있다. 따라서 이들이 얼마나 협조적인 역할을 수행하느냐에 따라 조직문화개발의 성패는 좌우되는 것이다.

넷째, 변화담당자들의 개입역할도 조직문화개발의 성패에 중요한 역할을 한다. 조직문화의 개발에는 주도적 역할을 담당하고 있는 중심인물과 실무관리자들뿐만 아니라 조직문화의 문제점을 분석·진단하고, 조직문화개발의 전략을 구상하고, 구체적인 행동계획을 수립하고, 교육훈련을 실시하는 전담부서의 조직개발요원들도 변화담당자로서 성공적인 조직문화개발에 중요한 역할을 한다.

이와 같이 조직문화는 조직구성원들의 행동과 조직분위기에 중요한 요소로 작용하면서 조직체 성과에 많은 영향을 주고 있다.

## 7. 조직에는 어떤 유형의 문화가 존재하는가?

조직문화를 이해하고 바람직한 조직문화를 개발하려면 무엇보다 먼저 현존하는 조직문화의 유형을 총체적으로 진단하여야 한다. 일반적으로 조직문화는 조직체가 지닌 문화적 특성을 중심으로 표현할 수 있는데 보수적-혁신적인 조직문화, 개방적-폐쇄적인 조직문화, 인간중심적-과업중심적인 조직문화 등으로 구분한다.

### 1) 딜과 케네디의 문화유형

딜과 케네디(T. E. Deal & A. A. Kennedy)는 조직 활동과 관련된 위험성의 정도와 의사결정전략의 성공 여부에 관한 피드백의 속도라는 두 가지 차원에서 조직의 문화를 분류하였다.[5]

5 T. E. Deal and A. A. Kennedy, "Corporate Cultures, Reading"(MA: Addison-Wesley, 1982).

표 16-2 딜과 케네디의 조직문화 유형

| 위험 \ 피드백 | 빠름 | 느림 |
|---|---|---|
| 많음 | 거친 남성문화 | 사운을 거는 문화 |
| 적음 | 열심히 일하고 노는 문화 | 과정문화 |

### (1) 거친 남성문화(the tough guy, macho culture)

① 모험형 문화로서 사업성격이 고도의 모험성을 띠고 있다.

② 성공 여부를 바로 확인할 수 있다.

③ 성패의 차이가 분명하다.

④ 강력한 지도자를 중심으로 조직 활동을 전개한다.

⑤ 이러한 문화 속에서는 지도자의 경영이념과 행동특성이 조직문화에 강하게 반영된다.

### (2) 열심히 일하고 노는 문화(work hard/play hard culture)

① 어느 한 사업에 큰 모험을 걸지 않고, 일상 업무를 충실히 그리고 열심히 수행한다.

② 결과에 따라 적절히 대응해 가는 유형이다.

③ 팀워크가 좋은 결과를 가져올 수 있기 때문에 친절하고 우호적인 사람이 영웅으로 등장한다.

### (3) 사운을 거는 문화(bet your company culture)

① 투자형으로 사업성격이 고도의 모험성을 띤다.

② 성패를 알려면 오랜 시간이 걸린다.

③ 성공 여부가 기업의 성패를 좌우한다.

④ 업적의 장기평가를 중시하고 상급자의 경험을 중시한다.

#### (4) 과정문화(the process culture)

① 관료형으로 성과보다는 과정을 중시한다.
② 모험이 없고 비교적 안정되지만 사업의 결과를 잘 알 수 없다.
③ 업무처리의 정확성과 객관성 그리고 완벽주의를 강조한다.
④ 공식적 위계질서를 중시한다.
⑤ 직무가 세분화되어 있고 의사결정은 집권적이다.

### 2) 해리슨의 조직문화

해리슨(R. Harrison)은 조직구조의 핵심변수인 공식화와 집권화의 두 차원에서 조직문화의 유형을 구분하였다.6

**표 16-3** 해리슨의 조직문화 유형

| 집권화 / 공식화 | 높음 | 낮음 |
|---|---|---|
| 높음 | 관료 조직문화 | 행렬 조직문화 |
| 낮음 | 권력 조직문화 | 핵 조직문화 |

#### (1) 관료조직문화(Bureaucracy culture)

① 집권화, 공식화 정도가 모두 높다.
② 구성원들의 역할이 구체화되어 있다.
③ 업무처리는 과학적 방법에 의해 기계적으로 움직인다.
④ 직무소외가 심하고 조직몰입도가 낮으며 이기적인 행동이 많다.

6 Roger Harrison, "Understanding Your Organization's Character," *Harvard Business Review* (May-June), 1972, pp. 119-122.

(2) 권력조직문화(power-oriented culture)

① 집권화는 강하지만 공식화 정도는 약하다.
② 직무수행절차가 구체화되어 있지 않고 명확하지 않다.
③ 조직내 실력자 및 측근들이 상황에 따라 역할 배정을 한다.
④ 구성원 간이나 계층 간에 갈등이 심하다.

(3) 행렬조직문화(matrix culture)

① 집권화의 정도는 약하지만 공식화는 강하다.
② 전문가를 중심으로 팀을 구성하여 과업을 수행한다.
③ 구성원 간에 상담, 교섭, 포섭이 많이 이루어지고 창의력도 발휘된다.

(4) 핵 조직문화(atomized culture)

① 집권화, 공식화 모두 낮은 대신 분권화 및 비공식성이 높다.
② 공동목표를 중심으로 자발적 협조가 이루어진다.
③ 참여와 상담이 업무의 중요한 부분을 차지한다.

한편, 데니슨(D. R. Denison)은 조직문화 형성에 영향을 주는 요소로 작용하는 기업환경과 이에 대한 기업의 적응행동을 중심으로 조직문화의 유형을 집단문화, 위계문화, 개발문화, 합리문화로 구분하였다.[7]

### 3) 윤리적인 조직문화

21세기는 윤리경영의 시대다. 최근 윤리성의 문제는 국내·외적으로 중요한 관심사가 되고 있다. 조직문화가 조직구성원들의 의사결정과 행동에 커다란 영향을 미치고, 따라서 윤리수준 결정에 중요한 요소로 작용하기 때문에 윤리성이 높은 조직문화를 형성하는 것이 바람직하다. 다시 말해 윤리적이고 도덕적인 측면

7 D. R. Denison, and G. M. Spreitzer, "Organizational Culture and Organizational Development: A Competitive Value Approach", *Research in Organizational change and development*, Vol. 5, JAI-Press, 1991.

이 강한 조직문화가 형성되어 있을수록 윤리수준은 높아지기 때문이다.

조직윤리수준의 높고 낮음을 결정하는 것은 조직구성원 개개인의 도덕성이라기보다는 조직의 분위기 또는 조직문화라고 주장되기도 한다. 그러므로 모든 구성원들이 공감하고 공유할 수 있는 가치기준이나 행동규범이 정립되고, 윤리성이 높은 조직문화를 조성하는 것이 중요하다고 하겠다.

윤리성이 높은 조직문화를 형성하기 위해서는 첫째, 실제 기업에서 활발히 전개되고 있는 문화운동에 윤리적 가치관을 강력히 반영시켜 조직윤리가 조직문화로 정착되도록 하는 방안과 둘째, 조직구성원들의 교육훈련에서 윤리문제를 심도 있게 다루는 방안을 들 수 있을 것이다.

여기서 바람직한 조직문화를 형성하고 조직의 윤리수준을 제고시킬 수 있는 방안을 제시해 보면 다음과 같다.

### (1) 최고경영자의 윤리의식 제고

조직윤리수준을 결정하는 중요한 요소의 하나가 최고경영자의 도덕성과 경영이념 그리고 그의 태도라고 할 수 있다. 최고경영자의 윤리·도덕성은 그가 내리는 모든 의사결정과 행동에 큰 영향을 미치고, 그 결과가 바로 조직의 윤리수준 결정에 커다란 영향을 미치고 있기 때문에 무엇보다 먼저 최고경영자의 윤리의식을 제고하도록 노력하여야 한다.

최고경영자가 의사결정을 내릴 때에는 그 결과가 대내외적으로 미칠 파급효과를 고려하여 윤리·도덕적인 측면에 보다 깊은 관심을 가지고 임해야 할 것이다.

또한, 최고경영자 자신의 생각과 말과 행동이 조직전체의 분위기에 미치는 영향은 매우 크다는 사실을 깊이 인식하여 윤리수준의 양상에 솔선수범하여 모범을 보여야 한다. 경영자가 아무리 윤리성을 강조한다 하더라도 그가 먼저 말과 행동으로 모범을 보이지 않는다면 조직구성원들은 윤리적인 측면에서 잘 호응하지 않을 것이고, 따라서 조직윤리수준은 앙양될 수 없다.

### (2) 종업원의 윤리의식 제고

종업원들은 고객이나 이해관계자 집단을 직접 상대하고, 그러한 대외적 대인관계에 있어서의 성실성과 친절이 바로 기업의 신뢰성과 사회관계성 형성에 영향을 미친다는 측면에서 대외적 윤리성을 지니며, 산업생활의 현장에서 핵심 역할을 담당한다는 측면에서 대내적 윤리성을 지닌다고 할 수 있다. 그러므로 기업윤리수준의 앙양과 기업성과 제고를 위해서는 종업원의 윤리의식수준의 향상과 직업윤리의 확립이 중요한 과제가 된다고 볼 수 있다.

치열한 국제경쟁 속에서 기업이 존속·발전하기 위해서는 생산성과 품질의 향상이 무엇보다 중요하다는 관점에서 볼 때, 종업원의 책임의식 및 윤리의식을 높이는 일은 매우 종요한 과제가 아닐 수 없다. 종업원의 윤리의식 수준을 높이기 위한 구체적인 방안으로는 첫째, 종업원교육훈련과정에 윤리문제를 포함시켜서 그들의 윤리의식을 확립하고 고취시켜 주는 방안과 둘째, 그들의 근로의욕이 향상되도록, 즉 신명나게 일할 마음이 생기고, 기업을 자기들의 보람찬 삶의 터전으로 여기고 애착을 갖도록 동기를 유발하고 사기를 북돋을 수 있는 제도적 뒷받침을 해 주는 방안, 그리고 셋째, 구성원에 대한 평가와 보상에 있어서 윤리성이 충분히 반영되도록 하는 방안이 있을 수 있다.

### (3) 종업원 복지후생의 향상

기업의 윤리수준을 제고시키려면 종업원의 복지후생을 향상시키는 것이 바람직하다. 기업윤리수준에 영향을 미치는 개인적 차원의 영향요인 중에서 사회생활이나 직장생활에서 모든 의사결정이나 행동을 할 때 가족을 염두에 두는 것이 일반적이다. 그러므로 기업윤리수준을 향상시키기 위해서는 구성원의 가족에 대한 각별한 배려를 생각하지 않을 수 없다.

### (4) 평가시스템의 개선

조직구성원의 평가시스템에서 윤리적 측면이 경시되고, 다만 가시적 성과에 관한 것만이 중시되는 경우, 기업구성원은 그러한 가시적·경제적 성과달성에만 몰두하게 되고 윤리적 측면은 자연히 소홀히 하게 될 것이다. 그러므로 기업구성원에 대한 평가 보상체계를 기업윤리수준을 제고시킬 수 있는 방향으로 개선해야 한다.

### (5) 경영자 윤리의 가이드라인 설정

조직윤리수준의 향상을 위해서는 경영자들이 의사결정을 하는 과정에서 윤리적 책임으로서 항상 기억해야 할 다음과 같은 지침을 마련하여 제시해 두는 것이 조직윤리수준의 향상을 위해 필요하다.

① 법규를 준수하라. 경영자 윤리성의 기본원칙은 법규를 준수하는 것이다. 그것은 문자화된 법규일 수도 있고, 법 정신에 해당하는 것일 수도 있다.

② 사실만을 말하다. 사실만을 말하는 것은 이해관계자와의 신뢰구축에 있어서 매우 중요한 일이다.

③ 사람을 대할 때 배려하는 마음을 보여라. 대인관계에 있어서 상대방을 존중해 준다는 것은 윤리에서 가장 기초적인 사항이다. 한 개인에 대한 존중이나 배려는 다양성을 중시하는 사회의 중요한 일면이라 할 수 있다.

④ 황금률을 지켜라. 이는 다른 사람들이 당신에게 해주기를 바라는 만큼 다른 사람에게 해주라는 것이다. 성서에 "남에게 대접을 받고자 하는 자는 먼저 남을 대접하라"고 하였다. 상대편이 도와 준 만큼 나도 돕게 되는 것을 호혜의 법칙(reciprocity principle)이라고 한다. '이에는 이, 눈에는 눈'이라는 말이 있다. 그러나 황금률, 즉 "대접을 받으려면 먼저 대접하라"는 것은 호혜의 규칙으로 이해하기 보다는 공감의 규칙으로 이해되어야 할 것이다. 다시 말해 경영자는 입장을 바꿔 생각하고 서로가 공감할 수 있는 여건과 환경을 조성할 수 있어야 한다는 것이다.

⑤ 무엇보다 해를 끼치지 말아라. 이 원칙은 의학윤리의 첫 번째 규칙으로서 조직에도 쉽게 적용할 수 있는 최소한의 윤리적 고려라 할 수 있다.

⑥ 온정주의를 배격하고 참가하라. 이해관계자들을 위해서 최선이라고 생각되는 것을 선택하기보다는 이해관계자들의 욕구를 지각하는 데 목표를 두어야 한다.

⑦ 당신에게 책임이 있을 때는 항상 행하라. 경영자는 어떤 조치를 취할 수 있는 능력이나 자원을 가지고 있을 때는 그 조치를 취해야 할 책임이 있으며, 또 그러한 조치가 필요한 것이라면 경영자의 조치가 더욱 중요하게 된다.

### (7) 윤리헌장의 제정

조직구성원들의 행동이나 의사결정의 기준과 지침이 되는 윤리헌장이나 윤리요강, 종업원의 행동준칙 등을 제정함으로써 다음과 같은 효과를 기대할 수 있다.

첫째, 구성원이 실제의 문제해결방안을 보다 건전하고 윤리적인 방향에서 찾을 수 있게 해 준다.

둘째, 구성원이 동료나 상사로부터 비윤리적인 행동을 강요받을 경우에 이를 거부할 수 있는 근거 내지 명분을 제공해 줄 수 있다.

셋째, 구성원들의 비윤리적 행위를 발견하여 시정할 수 있게 해 줄 수 있다.

#### 토의문제

1. 조직문화의 기능과 중요성에 대해 토의해 보자.
2. 조직문화의 구성요소에 대해 토의해 보자.
3. 조직문화의 변화단계와 변화의 성공조건에 대해 토의해 보자.
4. 문화개발 전략에 대해 토의해 보자.
5. 조직문화 개발과 경영자의 역할에 대해 토의해 보자.

Human Behavior 제17장

# 조직혁신과 변화

## 1. 조직혁신(Organizational Innovation)

### 1) 조직혁신의 의의

조직이 변화하고 있는 환경 속에 존재하고 있음은 주지의 사실이다. 법률, 정부규제, 기술, 경쟁, 시장, 소비자의 기호와 소비패턴 등은 끊임없이 변화하고 있다. 최근 격화되고 있는 기업환경으로 인해 조직변화에 대한 필요성은 더욱 강조되고 있다. 조직은 생존을 위해 환경에 적응해야만 한다.

최근 개방화·세계화의 진전과 지구촌시대의 개막으로 급변하는 기업환경에 적응하기 위해 기업들은 변화하고 혁신되지 않으면 안 되게 되었다. 환경적응적인 관점에서 현재의 많은 기업들은 기본적이고도 근본적으로 그리고 극적으로 파괴하고 거듭나려 하며 혁신하려는 경영의 르네상스 운동을 전개하고 있다.[1]

과거에는 경영혁신이나 개혁이 중요한 패러다임이었으나, 이제는 종래(20세기)의 옷을 벗고 경영혁명(management revolution)을 해야 한다는 주장까지 제기

1 W. P. Anthony, *Organization Theory*, Allyn & Bacon, 1991, Chapt. 16.

되고 있는 실정이다.

이와 관련하여 드러커(D. F. Drucker)는 그의 저서 『자본주의사회』(*Post-Capitalist Society*, 후기 자본주의사회, 1993)에서 역사적으로 몇 단계의 중요한 혁명이 있었다고 전제하고 이를 산업혁명, 생산성혁명, 경영혁명의 도식으로 설명하면서 지식사회인 탈산업사회에서의 조직혁신의 중요성을 강조한 바 있다.

시대적으로 요청되는 이들 개념은 현상을 창조적으로 타파함을 강조하는 개념이며, 과거의 경험에서 성공한 안정 상태를 크게 마음먹고 파괴해야 함을 의미한다.

이상에서 살펴본 바와 같이 조직혁신(organizational innovation)이란 조직을 어떤 상태에서 보다 나은 바람직한 상태로 변경시키는 것을 의미한다. 따라서 조직혁신은 새로운 아이디어를 창출하여 이를 도입·실천하는 과정을 의미하게 된다.

사폴스키(H. M. Sapolsky)는 "혁신이란 중요한 과제에 있어서 기본적인 변화이다"[2]라고 하였고, 세파드(H. A. Shepard)는 "과거에 어떻게 하는가를 알지 못하였던 것을 할 수 있도록 알게 되는 것"[3]이라고 하였다.

조직은 변화하는 환경 속에서 존재하는 동태적 체제로서 여건의 도전을 극복하지 못하거나 또는 거기에 적응하는 노력을 경주하지 않으면 정체되거나 소멸한다. 따라서 조직은 바람직한 방향으로 변화하기 위한 노력을 끊임없이 해야 하는 것이다.

### 2) 조직혁신의 대상

슘페터(J. A. Schumpeter)는 기업가정신(entrepreneurship)을 경제발전의 원동력으로 보고, 창조적 파괴활동(creation destruction)으로서의 혁신(innovation)을 기업가정신의 과정으로 강조하였는데, 최근에는 '수(修)·파(破)·이(離)의 개념으로 이해되는 창조적 파괴의 사상이 널리 보급되고 있다.

2 H. M. Sapolsky, "Organizational Structure and Innovation," *The Journal of Business* (Univ. of Chicago Press, 1967), ll. 497-510.

3 H. A. Shepard, "Innovation Resisting and Innovation Producing Organizations", *Journal of Business*(University of Chicago Press, Oct. 1967), pp. 470-477.

그림 17-1 | 혁신의 관련성 |

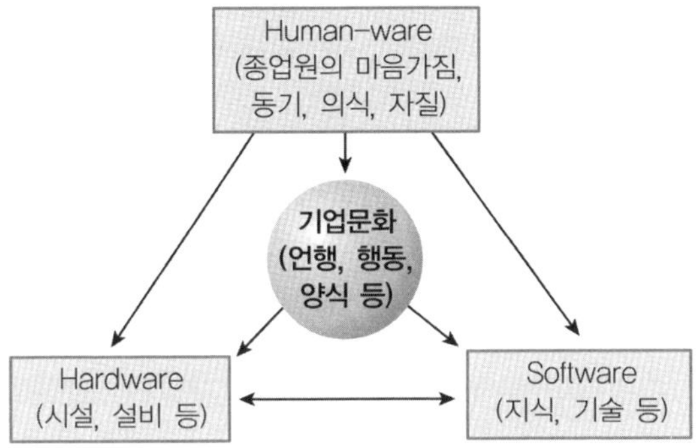


이때 '파괴' 또는 '혁신', 더 나아가 혁명의 대상으로는 여러 가지를 들 수 있는데 삼성그룹의 이건희 회장은 『삼성을 '2류'라고 말할 수 있는 삼성맨 이건희』라는 저서를 출간하면서 "자식과 마누라를 빼고는 모두 바꾸어야 한다"고 선언하였다.

모두가 파괴되고 혁신되고 혁명되어야 할 대상이다. 그러나 이들을 구분하여 보다 구체적으로 살펴보면 다음과 같다.

本多哲夫는 기업문화를 중심으로 혁신의 대상으로서 하드웨어(hardware), 소프트웨어(software), 휴먼웨어(human-ware)를 들었고, 로베이(D. Robey)는 신제품, 기술혁심 및 경영혁신을, 바톨(K. M. Bartol)은 기술, 조직구조, 인적자원 및 문화를 변혁의 대상으로 생각하였다.

최근에는 리엔지니어링(re-engineering)을 강조하는 모리스(D. Morris) 등은 혁신의 대상으로 공정(process), 기술(skill) 및 사람(human) 등의 세 가지를 들고 있다.

이상에서 살펴본 바와 같이 조직 활동의 모두가 변혁, 재구조화 또는 혁명의 대상이 되고 있지만, 이들 중 가장 중요한 대상은 사람이다. 왜냐하면 그것은 다음과 같은 이유 때문이다.

첫째, 기업의 성공은 기술적 기능(technical skill)과 함께 일하는 기능

(collaborate skill), 즉 대인관계기술(interpersonal skill)의 함수인데 후자가 더욱 중요시 되고 있다.

둘째, 가장 중요한 것은 인적자원이다. 이는 유일한 동태적인 자원이기 때문이다.

셋째, 모든 기업들의 하드웨어와 소프트웨어는 비슷한 수준이지만, 대인관계기능을 의미하는 휴먼웨어는 향후 기업의 우열을 좌우하는 핵심요인이 될 것이다.

넷째, 의식변화가 조직변화의 주류를 이루고 있다.

다섯째, 가장 결정적인 문제는 사물(things)의 세계에 있는 것이 아니라 사람(people)의 세계에 있다. 인간존재로서의 최대의 실패는 다른 사람들의 협동을 이끌어 내지 못하는 것이고, 그들을 이해하는 능력의 부족에서 초래된다.

한편, 레비트(H. J. Leavitt)는 조직 내에 존재하는 과업(task), 인간(human), 기술(technology), 구조(structure) 등과 같은 핵심변수를 기준으로 조직혁신을 설명하고 있는데,[4] 이들 변수의 구체적인 내용은 다음과 같다.

① **업무**(task): 이는 기업의 존재 목적이라고 할 수 있는 상품이나 용역을 생산하는 활동을 의미하며 이에 부수되는 제반 활동들이 포함된다.

② **인간**(human): 조직 구성원을 의미하며, 이들의 행동의 범위는 물론 인간영역에 한정되는 것은 아니다.

③ **기술**(technology): 문제해결을 위해 사용되는 수단과 방법을 모두 포함한다.

④ **구조**(structure): 의사전달, 권위와 역할, 업무의 흐름 등의 제 체제를 의미한다.

이들 네 가지 핵심변수는 상호 밀접하게 관련되며 어느 한 가지 변수에 대한 변화는 다른 변수들의 변화를 수반하게 된다.

조직혁신이란 위의 변수 중 어느 하나를 목적으로 변화시키든지, 아니면 다른 변수의 변화를 실현하기 위한 수단으로서 어떤 변수의 변화를 도모하게 된다.

---

4 Harold J. Leavitt, "Applied Organizational Change in Industry: Structural, Technical and Human Approaches," in W.W. Cooper, et al.(eds.), *New Perspective in Organizational Research*(New York: John Wiley and Sons, 1964), pp. 55-71.

**그림 17-2** | 조직혁신 대상변수의 상호관계 |

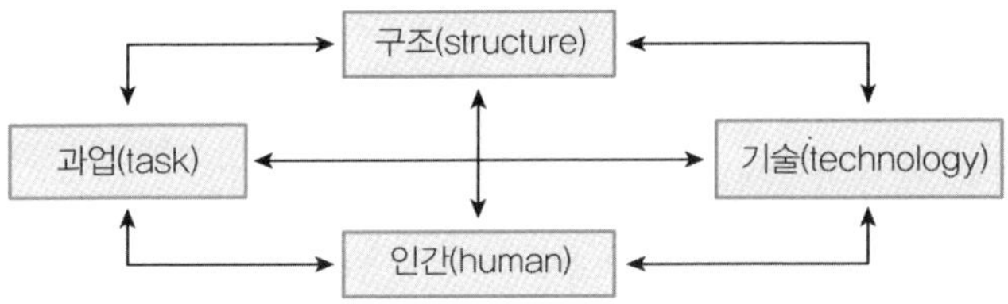


예컨대 업무수준을 향상시키기 위해 분권화를 실시하면, 이를 통해 조직구조 변수가 변화되고, 이는 동시에 기술의 변화를 초래하며, 조직구성원의 성질, 수, 동기, 태도 등에도 영향을 미친다.

### 3) 조직혁신의 접근방법

우리가 조직혁신의 대상을 과업, 구조, 기술, 인간이라고 한다면, 어떤 변수를 지렛대로 사용하여 조직을 혁신시키든지 혁신이 추구하는 궁극적인 목표가 업무변수의 변화를 의도하는 것이라면 조직혁신의 접근방법은 나머지 변수를 중심으로 ① 구조적인 접근방법이나 ② 기술적인 접근방법, 그리고 ③ 인간적인 접근방법을 생각해 볼 수 있을 것이다.

그러나 이와 같은 접근방법은 모두 혁신의 시발점이나 지렛대의 문제이고 상대적인 강조점의 차이를 의미하는 것이며, 각 접근방법의 가치관을 나타낸다는 점을 잊지 말아야 한다.

그라이너(L. E. Greiner)는 조직혁신의 접근방법으로 다음과 같은 방법들을 제시하였다.[5]

① **훈령적 접근법**(the decree approach): 이는 높은 공식적인 권위를 가진 자

5 L. E. Greiner, "Organization Change and Development," unpublished Ph. D. Dissertation, Harvard University, 1965, in Louis B. Barness, "Organization Change and Field Experiment Method," Victor, H. Vroom, *Methods of Organizational Research*(Univ. of Pitteburgh Press, 1965), pp. 61-63.

가 부하에게 명령하는 방식을 말한다.

② **대치방법**(the replacement approach): 이는 중요 직위의 사람들을 교체하는 것을 의미한다.

③ **구조적 접근법**(the structural approach): 이는 직위 간의 관계, 즉 구조를 변화시킴으로써 행동의 변화를 도모하고자 하는 방법이다.

④ **집단적 의사결정방법**(the group decision approach): 이는 다른 사람이 결정한 대안을 집행하는 과정에 구성원들이 참여하여 결정하는 것으로써 이는 결정된 기존 지침에 대한 동의획득에 주안점을 둔다.

⑤ **자료검토접근법**(the data discussion approach): 이는 조직 내의 변화역군의 역할을 하는 사람이 조직 내의 타부서 또는 구성원들에게 유관자료를 제시하고, 이를 토론하고 분석하는 과정에서 변화를 유발시키는 것을 말한다.

⑥ **집단간 문제해결접근법**(the group problem solving approach): 이는 조직 외부의 상담역의 도움을 받아서 집단토의를 하는 과정에서 문제를 발견하고 해결하는 것을 말한다.

⑦ T-Group접근법: 이는 피훈련자로 하여금 개인이나 집단행동에 대한 감수성을 증가시키고 이를 통하여 대인관계의 변화를 유도하는 데 목적이 있다.

## 2. 조직개발

### (1) 조직개발의 의의와 목적

조직개발(Organizational Development)이란 조직과 구성원들이 함께 만족하고 보람을 느낄 수 있도록 조직의 목적과 구성원개인의 목적을 통합하려는 일련의 조직변화전략이다. 따라서 조직개발은 조직변화를 계획하고 관리하는 과정을 나타나는 개념이며, 이는 조직구조의 변화, 조직이 사용하는 기술의 변화 및 조직 내 인간의 변화가 서로 상호작용하게 된다는 것임을 알 수 있다.

베니스(W. G. Bennis)는 조직개발이란 변화에 반응하고 새로운 신념과 태도 그리고 가치관을 형성함으로써 새로운 기술, 시장 그리고 도전에 보다 잘 적응하려는 노력이라고 하였다.[6] 이와 같은 조직개발의 개념은 1960년대 조직 내의 범시스템적인 변화의 촉진을 설명하기 위해 널리 사용되었으나 오늘날에는 이러한 용어가 여러 가지 다양한 변화지향적인 활동에 사용되고 있다. 그래서 혹자는 조직개발(OD)은 1950년대에 인기가 있었던 감수성훈련(sensitivity training)이나 소집단토의법(small group discussion methods) 등에 붙여진 새로운 이름에 불과한 것이라고 생각하기도 한다. 이와는 반대로 혹자는 조직개발이란 조직의 전반적인 관리과정을 포괄하는 것으로써 규정하여 조직개발이란 조직구성원들이 조직문화를 관리할 수 있는 능력과 창의적으로 문제를 해결하고 조직이 외부환경에 적응할 수 있도록 조력할 수 있는 능력을 증진시키는 사건들의 복잡한 연결망[7]이라고 설명하고 있다.

그런데 왜 조직을 개발하려고 하는가? 조직을 개발하려는 일차적인 목적은 조직의 유효성(effectiveness)과 조직구성원들의 만족을 증진하려는 의도일 것이다. 이와 같은 추상적인 개념을 보다 구체적으로 제시해 보면 다음과 같다.

첫째, 조직 내 구성원들의 상호신뢰를 증진시키고 지원수준을 높이는 것이다.

둘째, 조직 내 존재하는 집단 내의 문제나 집단 간의 문제를 합리적으로 해결하는 것이다.

셋째, 각 직무에 할당된 역할권한이 지식이나 기술에 기반을 둔 권한에 의해 증가될 수 있는 환경을 조성하는 것이다.

넷째, 조직 내의 커뮤니케이션을 활성화시키는 것이다.

다섯째, 조직 구성원들의 조직에 대한 충성심이나 만족수준을 높이는 것이다.

여섯째, 공동노력과 협력을 통해 문제해결의 대안을 찾기 위함이다.

---

6 W. G. Bennis, *Organizational Development: Its Nature, Origins and Prospects*(Reading, Mass.: Addison-Wesley Publishing Company, 1969), p. 2.

7 Wendell French, *The Personnel Management Process*, 3rd ed.(Boston: Houghton Mifflin, 1974), p. 56.

### (2) 조직개발의 추진단계

조직개발의 추진과정이나 방법은 대상조직의 여건과 문제의 성격에 따라 상황적합적인 관점에서 결정되어야 하는데 일반적으로 조직개발은 대상조직에 대한 적합한 진단, 처방, 실행의 과정을 통해 추진된다. 백카드(R. Beckhard)는 조직개발의 과정을 다음과 같은 5단계로 설명하였다.[8]

제1단계: 진단(diagnosis)

이는 조직개발의 필요성과 조직의 상태를 파악하는 단계로서 대상조직의 기본속성과 현재의 상태에 관한 정보를 충분히 확보하여야 한다. 일반적인 조사대상의 요소는 조직풍토와 조직과정의 문제가 중심이 되고, 조사방법으로서는 자료에 의한 사전조사, 현장 및 관찰조사, 관계자와의 면접조사 및 질문지에 의한 설문조사 등의 방법이 사용된다.

제2단계: 전략계획을 수립(strategy planning)

이 단계는 조직개발의 실시대상, 실시순서, 매개활동의 내용 등 조직개발활동전개를 위한 계획수립을 한다. 이때 조직개발의 전략목표는 일반적으로 팀의 효율성 향상, 부문 간의 관계개선, 목표설정 및 계획수립방법의 개선, 각 구성원의 지식(knowledge), 기술(skill), 능력(ability)개발을 목적으로 하는 교육훈련과정에 두어진다.

제3단계: 교육(education)

조직개발 활동을 원활하게 수행하기 위해 분위기를 조성하고 전문가들로부터 지도와 교육을 받는다.

제4단계: 상담 및 훈련(consulting and training)

이 단계는 조직이 안고 있는 기존의 문제나 새로운 문제점들을 해결해 나가는데 직·간접적으로 기여할 수 있도록 교정적인 행동(corrective actions)을 취하는 단계이다. 즉 변화담당자가 직접적으로 문제해결에 개입하든지, 아니면 대상조직

---

8 R. Beckhar, *Organization Development: Strategies and Models Reading*(Mass. Addison-Wesley Publishing Co., 1969), pp. 105-106.

그림 17-3 | 조직개발의 추진단계 |

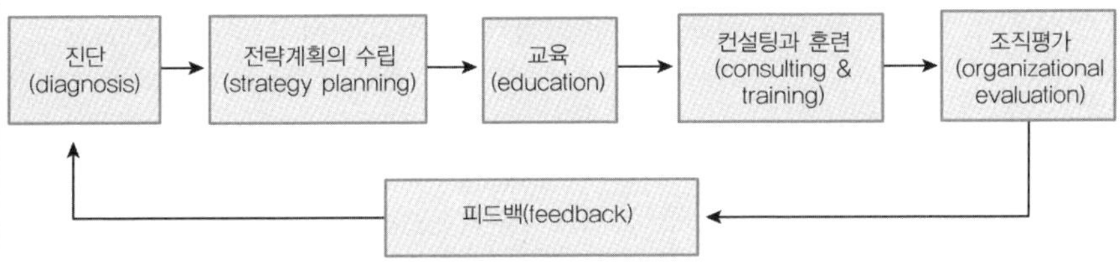


자료: R. Beckhar, *Organization Development: Strategies and Models Reading*(Mass. Addison-Wesley Publishing Co., 1969), pp. 105-106.

스스로가 문제해결을 할 수 있도록 도와주는 것을 말한다.

제5단계: 조직평가(organizational evaluation)

이 단계는 조직개발 프로그램의 효과를 분석하고 평가하는 단계이다. 자료의 수집, 분석, 평가를 통해 향후 조직개발프로그램이 보다 합리적이 되도록 하기 위한 피드백을 말한다.

### (3) 조직개발의 한계

조직개발에는 다음과 같은 본래적 제약성이 존재한다.[9]

첫째, 구조적·기술적 요인을 간과하거나 소홀히 하는 경향이 있다. 조직의 인간적·사회적인 행동이나 태도에 집착하여 임무·구조적 배열, 기술 등을 등한시한다. 따라서 조직개발의 안목은 불균형적이고 포괄적인이지 못하다.

둘째, 인간모형에 관한 성장이론에 바탕을 두고 사랑과 신뢰, 협동을 가치기준으로 삼는 규범적 처방을 하는 경향이 있다. 다시 말해 협동적 모형을 이상적인 것으로 처방하고, 권력·강제 또는 경쟁을 내포하는 처방모형을 배척하기 때문에 이종의 문화적 편견에 사로잡힌 접근방법이다. 상황에 따라서는 협동적 모형보다도 권위적·강제적 또는 경쟁적 모형이 효율적일 수가 있다.

9 W. French and C. H. Bell, Jr., *Organization Development: Behavioral Science Interventions for Organization Improvement*, 2nd ed.(Englewood Cliffs, N.J.: Prentice-Hall, 1978), pp. 194-197.

셋째, 많은 시간과 비용이 요구되는 접근법이다.

넷째, 조직개발 후에 형성되는 문화와 환경적 연계의 문화가 적합하지 않으면 어려움이 야기된다. 단기적으로는 문화적 갈등이 발생하고 조직효율성이 떨어지게 된다.

다섯째, 문제해결에 동일한 태도를 갖기 쉽다. 즉, 특정 조건하에서 어떤 기법의 타당성이 검증되었다면 이를 발견한 조직개발상담자는 같은 기법은 상황이 다른 조직에도 무차별적으로 적용하려는 위험이 있다.

### (4) 조직개발의 성공조건

조직개발에 대한 노력이 성공하려면 다음과 같은 조건을 갖추어야 한다.[10]

첫째, 조직구성원들이 조직개발에 대한 필요성을 강하게 인식하고 있어야 한다.

둘째, 최고경영자의 적극적인 지지와 지원이 있어야 한다.

셋째, 유능한 조직개발 전문가가 확보되어 있어야 한다. 변화담당자로서 역할을 하게 될 조직 내의 조직개발전문직원이 확보되어 있어야 한다. 그리고 조직구성원과 조직개발전문가 사이에 긴밀한 협력관계가 형성되어 있어야 한다.

넷째, 조직구성원들이 조직개발에 능동적으로 참여할 수 있어야 한다.

다섯째, 조직개발의 목적은 특정 문제해결에 두지 말고, 전체 조직의 환경적 응력을 강화하기 위한 조직분위기를 개선하려는 시스템적인 입장을 취해야 한다.

여섯째, 조직개발의 결과에 따라 적절한 인사처우가 있어야 한다. 보수 제도에 상여제도가 수반되지 않고서는 조직개발은 소기의 목적을 달성하기 어렵다.

## 3. 조직변화

현대사회의 특성은 다변성과 급변성이며 조직에 있어서는 더욱 그러하다. 베니스(W. G. Bennis)는 조직에는 계획적인 변화 이외에도 교화변화, 기술적 변화,

10 *Ibid.*, pp. 147-157.

강요적 변화, 교호적 변화, 사회적 변화, 모방적 변화, 자연적 변화 등과 같은 다양한 변화형태가 존재하며 이들은 변화과정에서 권력배분, 목표의 결정방법, 집행방법 등에서 차이가 있다고 하였다.[11] 이러한 모든 조직의 변화는 다음과 같은 외부세력과 내부세력에 의해 이루어진다.

### 1) 조직변화의 외부세력

조직이 변화할 수밖에 없도록 영향을 미치는 외부세력에는 다음과 같은 것들이 있다.

첫째, 경쟁적인 판매시장이다.

둘째, 빠르게 가속화되고 있는 기술진보율이다.

셋째, 물리적·사회적 환경에서 일어나고 있는 고도로 변덕스러운 변화들이다.[12]

조직이 경쟁력을 확보하려면 이러한 세 가지 세력에 끊임없이 도전해야만 한다. 오늘날과 같은 무한경쟁 시대에는 머물거나 후퇴하게 되면 경쟁할 수 없게 된다. 그리고 새로운 기술의 출현은 그 자체만으로도 조직변화의 큰 압력이 된다. 또한, 급속히 변화하는 물리적·생태적·사회적 환경은 앞으로 조직에 더욱 큰 영향을 미치게 될 것이다.

### 2) 조직변화의 내부세력

오늘날 가장 일반적이 조직내부의 변화는 기계나 설비, 방법과 절차, 직무의 기준, 조직구성원, 권력·권한·지위·책임을 가진 사람들 간의 상호 관련성 등과 관련하여 나타나고 있다.[13] 이러한 내부세력들은 조직변화를 촉진시키고 조직과 인간의 변화 모두에 영향을 미친다. 따라서 변화의 내면을 이해하기 위한 가장 좋

11 W. G. Bennis, *Changing Organization*(New York: McGraw-Hill, 1966), p. 85.

12 J. H. Donnelly, Jr., J. L. Gibson, and J. M. Ivancevich, *Fundamentals of Management* (Austin, Tex: Business Publications, 1971), pp. 234-235.

13 Edgar G. Williams, "Changing Systems and Behavior," *Business Horizons*, Vol. 12 (August 1969), p. 54.

은 방법은 변화의 동태와 변화에 대한 조직구성원들의 저항을 고찰하는 것이다.

### (1) 변화를 위한 조직의 동력

변화는 공식조직의 하위체제인 구조·과정·기술에 영향을 주고받는다. 구조적인 관점에서 보면 고전적 조직연구, 신고전적 조직연구, 현대적 조직연구 모두에서 변화와 필수적으로 관계하고 있다. 변화의 고전적 연구는 명령의 통일, 권한과 책임의 평형, 제한된 통제의 범위, 일상반복적인 활동의 위임 등의 원리에 근거했다.[14]

조직 내의 권한과 책임을 재정의하고, 의사결정, 의사전달 방식을 재설계함으로써 조직의 문제를 해결하려는 것은 오늘날에도 흔히 볼 수 있는 현상이며 조직계획부서나 전문가들의 지배적인 경향이기도 하다.

### (2) 변화에 대한 구성원들의 저항

변화에 대한 저항의 역할은 갈등의 고찰에 있어 개인의 역할과 유사하다. 변화에 대한 인간의 저항은 개인이 갈등의 동력을 형성하는 부분인 것과 똑같이 변화의 부분적 동력이다. 그러므로 변화에 대한 구성원들의 저항은 조직이 활동하고 있음을 반증하는 것이며 다음과 같은 여러 가지 형태로 나타나고 있다.

① 조직의 산출물을 제한하려는 꾸준한 노력

② 이직률의 증가, 보직변경의 요청

③ 만성적인 반목과 음산한 적대감

④ 태업과 파업

⑤ 변화가 제대로 이루어지지 않을 것이라는 비논리적 이유표명 등의 형태이다.

이러한 형태의 저항을 줄이고 조직구성원과 조직의 변화에 잘 적응할 수 있도록 하려면, 첫째, 관계자의 경제적 요구를 만족시키는 방법을 개선해야 하고, 둘째, 이익이 될 수 있는 것을 증가시켜야 하며, 셋째, 인간을 위한 인간의 할 일을 증진하고, 넷째, 개인의 만족과 사회의 복리에 공헌하는 것 등이다.

---

14 윤우곤, 조직원론, 법문사, 1982, pp. 588-589.

## 3) 변화압력

조직을 관리에서 피할 수 없는 당면과제는 변화의 문제다. 조직은 생존을 위해 끊임없이 변화되어야 하고 이러한 변화는 조직의 성과에도 큰 영향을 미친다. 그러나 변화과정에서는 구성원들의 많은 저항을 받을 수밖에 없다. 조직 속의 모든 변화는 시간적인 과정을 통하여 변화를 요구하는 압력(pressure)과 이를 저항하는 요소들 사이의 복잡한 균형(equilibrium)을 형성하고 있다.[15] 이 균형관계를 어떻게 변화방향으로 잘 유도하느냐에 따라서 변화의 효율성이 결정된다. 따라서 변화의 과정을 효율적으로 계획하고 집행하려는 것이 조직변화의 목적이기도 하다. 조직변화과정에서 작용하는 압력과 저항요소를 살펴보면 다음과 같다.

### (1) 조직의 변화요인

조직이 변화하는 환경에 적응하기 위해 요구되는 변화요인에는 여러 가지가 있다. 첫째는 환경적인 변화요인으로써 조직은 경제, 사회, 문화, 정치, 법규, 기술 등 일반 환경으로부터 많은 영향을 받고 있으며, 이들 환경에서의 변화는 조직변화에 압력요인으로 작용하게 된다. 특히 기술 환경의 변화는 조직의 다변화

그림 17-4 | 변화압력과 저항의 균형 |

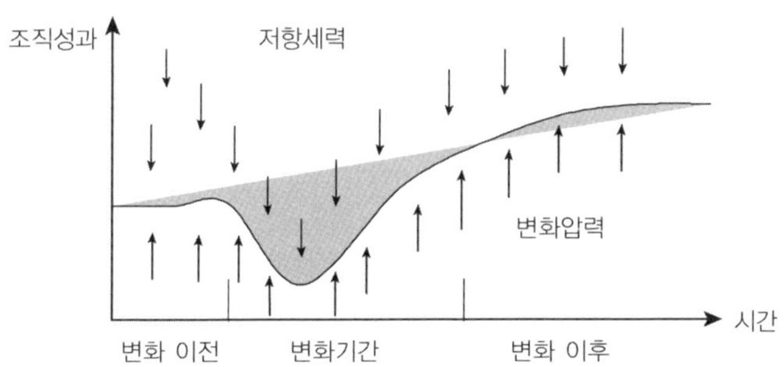


자료: 박운성, 현대조직행위론, 박영사, 1988, p. 423에서 재구성.

15 Kurt Lewin, "Frontiers in Group Dynamics," *Human Relations*. Vol. 1(1947), pp. 5-41.

그림 17-5 | 조직변화 요소와 압력 |

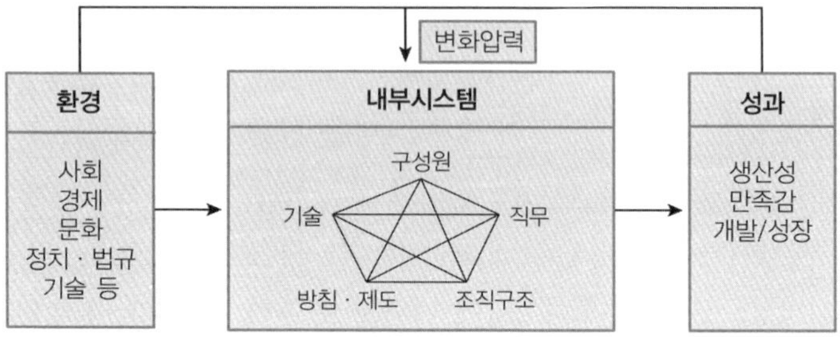


자료: 박운성, 전게서, p. 424.

환경의 중요한 부분을 차지한다. 정보기술이나 통신기술의 발전은 사회, 경제, 문화 발전에도 큰 자극을 줌으로써 전체적인 일반 환경에 매우 중요한 역할을 하고 있다.

드러커(P. Drucker)의 단절의 시대(*age of discontinuity*), 토플러(A. Toffler)의 제3의 물결(*the third wave*), 베니스(W. Bennis)의 유기적-적응적 조직(*organic-adaptive organization*) 등은 모두 환경적 변화와 이에 대한 조직의 적응을 강조하는 상징적 표현들일 것이다.[16]

오늘날에는 새로운 정보기술이나 통신기술을 활용하여 신제품 개발의 촉진은 물론 작업의 기계화, 자동화, 전산화가 가속화되고 있고, 이에 따라 다변화 환경에 적합한 신축적이고 창의적인 경영조직의 설계와 관리가 요구되고 있다. 따라서 조직은 환경적 변화에 대응하고 효율성을 높이기 위한 기술, 구조, 시스템제도, 인력관리 등 조직체 내부의 모든 경영분야에 많은 변화를 요구받게 되었다.

16 Peter F. Drucker, *The Age of Discontinuity: Guidelines to Our Changing Society*(New York: Harper & Row, 1969); Alvin Toffler, *The Third Wave*(New York: William Morrow and Company, Inc., 1960); P. Slater an W. Bennis, "Democracy is Inevitable," *Harvard Business Review*, Vol. 42, No. 2(March-April, 1964), pp. 51-59.

### (2) 조직변화의 압력요인

조직의 변화는 직무 자체나 직무수행 방법과 절차, 조직구조, 시스템이나 제도, 구성원의 가치나 태도 등 다양한 영역에 영향을 미친다. 즉, 직무가 자동화·기계화되면 생산직이나 사무직의 업무를 전문화, 세분화, 표준화시켜 일상적이고 반복적인 내용으로 변화시킴으로써 직무에 대한 소외감이나 권태감, 지루함, 무의미감, 무력감 등을 유발시키는 결과를 초래하게 된다. 뿐만 아니라 조직구조도 전문화된 직무구조로부터 시작하여 전문기능의 증가와 이에 따른 각종기능의 구조화 및 권한의 집권화 등 조직구조상의 통제적이고 관료적인 경향성이 증대된다.

특히 오늘날과 같이 물질문명이 고도화된 사회에서는 개인의 욕구수준과 기대수준이 매우 향상되어 있기 때문에 이러한 기계화·관료화된 조직 속에서는 심각한 갈등이 유발된다.

이와 같이 조직 환경의 변화는 많은 문제들을 야기하면서 조직성과에 직접적인 영향을 미칠 뿐만 아니라 조직변화에 대한 압력요인으로 작용하게 되는 것이다. 다시 말해 조직 환경의 변화되어 산업이 고도화되고 업무가 전문화, 기계화되면서 조직구성원들의 사기는 저하되고, 무관심, 무사안일의 태도, 갈등유발, 조직방침에 대한 비협조적인 태도, 경영관리 층에 대한 반항행위, 고의적인 태업이나 파업 등 여러 가지 문제를 발생시키고 있다. 물론 이러한 문제들은 결근율이나 이직률, 사고발생률의 증가를 초래하는 원인이 되기도 하며, 조직성과나 조직발전에도 부정적인 영향을 미친다.

이처럼 오늘날과 같이 급변하는 조직 환경은 조직 내의 구조적, 행동적 변화를 자극하게 됨으로써 변화를 요구하는 강력한 압력으로 작용하게 되는 것이다.

### (3) 조직변화의 저항요인

변화는 새로운 사고와 행동, 새로운 지식과 기술 및 능력을 요구하게 된다. 조직구성원들이 변화에 저항하는 것은 그들의 과거경험을 통해 변화는 자신의 직무와 지위, 근무환경을 위협하는 요소라고 지각하고 있기 때문이며 지극히 자연적인 반응이라고도 볼 수 있다. 조직구성원들이 저항하는 근본적인 이유는 다음과 같다.

첫째, 지위상실에 대한 불안이나 위협을 느끼고 있기 때문이다. 조직구조가 변화되고 직무내용이 달라지면 이로 인해 자신들의 안정된 지위나, 인사처우 등에서 불리할 것이라고 예측하는 경우나 변화로 인해 나타나는 새로운 지위나 직무 및 역할이 자신의 경력관리나 진로에 도움이 전혀 되지 않는다고 판단되면 구성원들은 저항감을 갖는다.

둘째, 직무수행상의 불편함이 증가하기 때문이다. 기존의 직무환경에 익숙한 구성원들이 새로운 직무환경에 적응하려면 새로운 지식과 기술이 필요하고, 보다 향상된 자질과 능력을 요구받게 된다. 따라서 구성원들은 이로 인한 불편함을 예측하여 저항하게 되는 것이다.

셋째, 상호작용이나 대인관계에 대한 불안감 때문이다. 오랫동안 함께 생활하면서 서로에 대한 이해 폭이 넓어졌고, 원활한 감정교류로 서로가 편안함을 느낄 수 있는 생활환경이 조직변화로 인해 와해되면서 새로운 직무, 익숙하지 못한 상사와 동료, 새로운 방식으로 상호작용을 해야 하는 생활환경이 주어짐에 따라 예견할 수 있는 대인관계에 대한 불안이나 생활환경에 대한 불확실성과 불안이 구성원들로 하여금 저항감을 갖게 하는 것이다.

### 4) 변화의 과정

이미 우리는 제8장 태도와 조직행위에 관한 내용을 고찰하면서 레윈(K. Lewin)이 제시한 3단계 변화모형에 대해 살펴보았다. 조직변화는 변화대상이 되는 조직이 처한 환경이나 문제의 성격에 따라 조직이 변화하는 방향이나 내용이 결정되어야 하지만, 여기서는 행동변화의 관점에서 레윈의 3단계 변화과정을 중심으로 조직변화의 공통된 과정상의 특징을 살펴보기로 하자.

#### (1) 제1단계: 해빙(unfreezing)

이 단계에서는 조직구성원들이 변화를 준비하고 수용할 수 있도록 변화에 대한 동기를 부여하고, 변화의 필요성을 인식시키기 위해 구성원들의 마음속에 작용하고 있는 힘들을 재편성하여야 한다. '얼음이 녹듯이' 변화에 대한 두려움이나 저항감을 완화시키고, 변화에 저항하는 태도나 감정을 누그러지게 하는 것이 중요하다.

샤인(E. H. Schein)은 해빙이 요구되는 상황에서 나타나는 다음과 같은 공통적인 요소를 제시한 바 있다.[17]

첫째, 변화의 대상이 되고 있는 개인을 그가 지금까지 관여해 온 일상 업무, 정보원, 사회관계로부터 격리시켜야 할 경우

둘째, 사회적 지지가 감소하거나 붕괴되는 경우

셋째, 변화대상이 되고 있는 구성원들이 지금까지의 자신의 행동과 태도가 무가치한 것이라고 느끼는 불쾌하고 굴욕적인 경험을 하게 되어 변화에 대한 저항을 처벌로 일관해서 결부시키고 있는 경우 등이다.

이와 같이 해빙과정은 조직구성원들의 몸에 배인 낡은 풍습, 습관, 전통을 무너뜨리고 새로운 행동양식을 받아들이기 위한 준비를 하는 과정이다. 힘의 장에 대한 분석의 관점에서 보면 해빙은 추진력이 증대하든가 아니면 변화에 저항하는 억제력이 감소하는 경우에 일어나게 된다.

### (2) 제2단계: 변화(changing)

변화에 대한 동기가 유발되고 나면, 구성원들은 새로운 행동을 수용할 준비 자세를 취하게 된다. 이 단계는 변화를 실제로 주입시키는 활동적인 단계인데 일반적으로 변화는 동일시(identification)와 내면화(internalization) 중 어느 한쪽에 의해 일어날 가능성이 높다.[18]

동일시(identification)는 개인이 변화모델을 발굴하여 그 모델과 자신을 동일시하여 그 모델이 갖고 있는 특성을 하나하나 모방하면서 새로운 행동패턴을 학습할 때 나타나는 변화를 의미한다. 한편, 내면화(internalization)는 개인이 주어진 상황에서 성공적으로 대처하기 위해 요구되는 새로운 행동패턴을 학습하면서 나타나는 변화를 의미한다. 여기서 요구되는 새로운 행동패턴이란 생존의 필수조건

17 E. H. Schein, "Management Development as a Process of Influence," in David R. Hampton, *Behavioral Concepts in Management*(Belmont, Calif,: Dickinson Publishing Co., Inc., 1968), p. 110.

18 The Mechanism are taken from H. C. Kelman, "Compliance, Identification and Internalization: Thee Processes of Attitude Change," *Conflict Resolution*, Ⅱ(1958), pp. 51-60.

이 되기도 하고, 새롭게 나타나는 높은 욕구를 반영하기도 한 것이다.

따라서 내면화는 개인의 의지에 따라 변화의 방향이 설정되는 경우가 일반적이다. 예컨대 금연프로그램, 건강원의 단식프로그램, 종교적인 수양회 등에서 일어나고 있는 감화력이나 교육적인 효과는 내면화를 통해 일어나는 경우가 대부분이다.

변화를 불러일으키는 또 하나의 메커니즘으로 강제 혹은 맹종(force or compliance)을 생각해 볼 수도 있다. 예컨대 강력한 지위나 권력을 가진 자가 상벌을 조작하여 개인의 행동변화를 강요하는 경우가 있다. 이러한 경우에는 변화를 강요하는 자가 직접 개입을 하고 있는 동안에는 행동의 변화가 나타나지만, 감시가 사라지면 그 변화된 행동은 사라지게 된다.

이러한 관점에서 강제는 변화의 메커니즘이라기보다는 해빙을 위한 하나의 도구로 생각하는 것이 좋을 것이다.

#### (3) 제3단계: 재동결(refreezing)

이는 새롭게 습득한 행동패턴이 정형화 되는 과정이다. 즉 새로운 행동이 학습을 통해 내면화되면 개인의 퍼스낼리티(personality)와 자연스럽게 조화를 이루어 재동결이 촉진된다. 그러나 새로운 행동패턴이 동일시를 통해 학습된 경우에는 새로운 행동패턴에 대한 사회적인 지지나 강화가 없으면 지속되기 어렵다. 따라서 최고경영자는 적극적인 의지를 가지고 강화를 위한 적절한 조치를 강구해야만 한다.

이 과정에서 충분히 배려해야 할 것은 새로운 행동패턴이 시간이 경과해도 약화되거나 소거되지 않게 하는 것이다. 일반적으로 새로운 행동패턴에 대한 최고 경영자의 계속적인 강화행위가 뒷받침되면 새로운 행동패턴은 조직구성원들에 의해 빠르게 학습되고 확산된다. 그러나 이에 대한 관심이나 지지가 약화되거나 사라지면 새로운 행동패턴은 비교적 빠르게 소거된다.

### 5) 조직변화의 저항관리

조직에서 변화에 대한 저항을 관리하는 중요한 방법으로는 다음과 같은 것들이 있다.

### (1) 교육과 커뮤니케이션

변화가 있기 전에 조직구성원들을 교육하거나 그들이 변화의 이유를 알 수 있도록 하기 위하여 1 : 1토론이나 강연회 개최, 보고서, 사례 제시 등을 이용하는 방안을 고려할 수 있다.

### (2) 참여와 몰입

조직변화의 설계와 시행을 돕도록 변화 대상자를 참여시키거나 아이디어나 충고를 하도록 요청하거나, 조직변화에 대한 업무를 담당할 태스크포스 팀이나 위원회를 구성한다.

### (3) 촉진과 지원

조직변화에 따른 문제점에 대한 사회적·정신적 지원을 제공하는 것을 생각할 수 있다. 문제와 불평에 대해서 경청하고, 성과압력의 극복에 대한 조력을 하며, 새로운 방식으로 훈련을 제공한다.

### (4) 협상과 동의

저항 관리를 위한 하나의 방안으로서 실질적 또는 잠재적 저항자에게 유인을 제공하는 방안을 고려할 수 있다. 관리자는 작업방식의 변화를 실시하는 조건으로 노조에 임금인상을 제시할 수가 있고, 정년퇴직을 앞당기고 그 대신 연금의 증액을 제시할 수도 있다.

### (5) 조작과 호선(互選)

이는 다른 사람들에게 영향력을 행사하기 위해 은밀하게 노력하는 것을 의미한다. 정보를 선택적으로 제공하거나 의도적으로 사건을 구성해서 변화에 최대한의 지지가 주어지게끔 조작하는 것이다. 이 조작의 일반적인 행태로 호선이 있다.

조직변화에 지나치게 반발하는 특정 개인에게 적당한 지위를 부여하는 것은 대개 변화의 설계나 실시에서 그에게 바람직한 역할을 부여하는 것이 될 수 있다.

### (6) 명시적·묵시적 강압

변화를 수용할 수밖에 없도록 힘을 사용하는 것이다. 조직변화에 저항하는 구성원들에게 변화를 하지 않으면 여러 가지 바람직하지 못한 결과가 뒤따를 것이라고 위협을 하는 방법이다.

이러한 여러 가지 방법을 이용하는 관리자는 변화에 대한 저항이 꼭 피해야만 하는 것이 아니라 건설적인 측면이 있을 수 있음을 먼저 이해하여야 한다. 저항이 있다는 것은 변화와 상황 그리고 피변화자 사이에 좀 더 나은 적합관계가 있을 수 있음을 제시해 준다. 따라서 관리자는 피드백을 경청하고 이를 고래해서 행동해야 한다.

이상에서 논의된 조직변화의 저항관리에 대한 내용을 적용상황과 장단점을 중심으로 요약해 보면 그 내용은 다음과 같다.

표 17-1 조직변화에 대한 저항관리 기법

| 기법 | 적용상황 | 장점 | 단점 |
|---|---|---|---|
| 교육과 커뮤니케이션 | 정보가 전혀 없거나 부정확한 정보와 분석이 있을 때 | 피변화자가 일단 설득이 되면 변화시행에 도움을 준다. | 다수의 사람이 관련되는 경우 시간의 소비가 많다. |
| 참여와 몰입 | 변화의 주도자가 변화에 필요한 정보가 없거나 다른 사람들이 저항할 수 있는 상당한 힘을 가지고 있을 때 | 참여한 사람이 변화에 대해 일체감을 가지고 정보를 제공한다. | 참여자들이 변화를 잘못 설계하면 시간이 많이 소요된다. |
| 촉진과 지원 | 변화 적응문제로 사람들이 저항할 때 | 변화 적응문제에는 가장 성공적이다. | 시간과 비용이 많이 든다. |
| 협상과 동의 | 어떤 사람이나 집단이 변화에서 손해를 보는 것이 명확한데 그 집단이 상당한 저항의 힘을 가지고 있을 때 | 중요한 저항을 피하는데 비교적 손쉬운 방법일 경우가 많다. | 이것이 다른 사람들에게도 협상을 하도록 일깨우게 되면 비용이 크다. |

| | | | |
|---|---|---|---|
| 조작과 호선 | 다른 전술이 전혀 안 먹혀들거나 비용이 너무 많이 소요될 때 | 신속하고 비용이 별로 들지 않는다. | 조작되었다고 느낄 경우에 추가적인 문제를 야기할 수 있다. |
| 명시적·묵시적 강압 | 신속한 변화가 필요하고 변화의 주도자가 상당한 파워를 가지고 있을 때 | 신속하고 어떤 저항도 극복이 가능하다. | 주도자에 대한 반감으로 위험이 따른다. |

## 6) 성공적인 조직변화의 전제

조직변화의 궁극적인 목표는 강한 조직을 만드는 것이다. 어떻게 하면 강한 조직을 만들 수 있을까? 성공적인 조직변화의 전제는 무엇일까?

지금까지 경영실무에서는 조직의 경쟁력을 높이고 조직을 활성화시켜 강한 조직을 만들기 위해 다음과 같은 많은 노력들을 경주해 왔다. 예컨대 유능한 경영자나 리더를 영입하거나 교체하기도 하였고, 때로는 관료적인 조직을 수평조직, 학습조직, 정보조직, 고객지향적인 조직, 프로젝트 조직, 팀 조직, 글로벌조직 등 동태적인 새로운 다양한 형태의 조직구조를 설계하거나 리더십의 스타일이나 관리방식에 변화를 주어 보기도 하였다. 또한 경쟁의 핵심요소에 극적인 변화를 주어 조직이나 경영을 혁신시키기 위한 많은 노력도 하였다.

이와 같은 노력에도 불구하고 조직혁신기법을 도입하여 조직변화를 시도했던 조직들의 70%가 성공적인 변화에는 왜 실패하였을까? 그것은 이전에 조직을 지배하였던 Mind-sets, 즉 구태의연한 관행이나 정치적 형태를 함께 혁신시키지 못했기 때문일 것이다.

그동안 우리는 성공적인 변화를 위해 조직구조를 바꾸고, 관리방식이나 경영방식을 바꾸고, 새로운 규정을 제정하고 직무수행 방법이나 절차나 수단을 변화시키기 위해 노력을 하면서도 근본적인 변화의 동력인 조직의 풍토(문화)를 바꾸는 일에는 크게 관심을 기울이지 못했었다.

그러나 변화의 핵심은 기존의 일상과 실제를 떠받치고 있는 조직구성원들의 Mind-sets, 비전(vision), 패러다임(paradigm), 이미지, 신념, 공유하고 있는 의미체계를 변화시키지 않고서는 그 어떤 변화도 성공을 기대하기란 어렵다는 사실

그림 17-6 | 인간과 동물의 차이 |

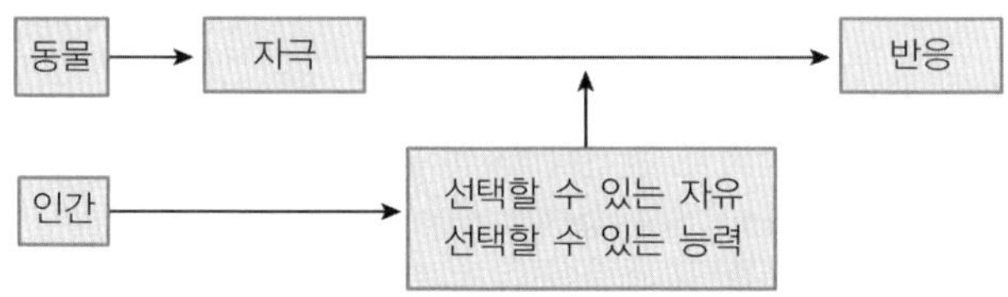


이다.

피터스와 워터만(T. Peter & R. Waterman)은 "초우량기업을 찾아서"라는 명저에서 성공한 기업은 "핵심규범, 가치, Idea"를 중심으로 응집력이 강한 조직문화를 만드는 기업들이라고 했다.

응집적인 조직분위기는 사업추진의 원동력이 되고 길잡이 역할을 한다. 인간은 다른 동물과 달리 외부의 자극에 단순히 반응하는 것이 아니라 선택할 수 있는 자유와 힘(능력)을 가지고 있다.

인간은 삶의 방향을 선택할 수 있는 자유와 힘(능력)을 통해 스스로를 확신시키고, 창조적 활동을 하며, 변화를 주도하게 된다. 인간은 올바른 선택을 통해 자신의 삶의 방향을 결정되기 때문에 이는 매우 중요한 일이 된다. 인간만이 향유하고 있는 이러한 자유선택의 능력을 올바르게 사용되려면 무엇보다 패러다임(paradigm)의 전환이 필요하다. 다시 말해 가시적으로 보여지는 사물 자체가 아니라 그 사물을 보는 시각이 달라야 하고 사고와 견해가 그리고 기본적인 가정이 먼저 변화되어야 한다. 인간만이 가지고 있는 능력에는 다음과 같은 요소들이 있다.

### (1) 지적능력(intelligence ability) — 지성

이는 사물을 분석하고, 추론하고, 추상적으로 생각하고, 언어를 사용하고, 마음속으로 그려보고, 이해하는 능력을 의미한다. 비전(vision)이란 가능성을 지성의 눈으로 보는 것이다. 즉, 지성이 가능성을 인식할 때 비전이 나타나게 된다.

### (2) 신체능력(physical ability) — 신체

인간의 신체는 호흡기계통, 순화기계통, 신경계통, 기타 생명활동시스템을 움직인다. 신체는 환경을 감시하고, 죽은 세포를 제거하고, 생존을 위해 싸운다. 또한 인간의 신체는 의식적으로 노력하지 않아도 활동한다. 그런데 여기에는 규율이 있다. 적당한 양의 영양을 규칙적으로 섭취해야 하고, 적당한 운동을 해야 하며, 적당한 수면과 휴식이 필요하고 배설을 해야 한다. 규율을 지키기 못하면 신체활동에는 이상이 발생한다.

규율이란 보다 큰 미래의 즐거움을 위해 현재의 즐거움을 포기하는 것을 의미하며, 규율이란 비전을 실현하기 위해 수반되는 희생이며 대가이다. 즉, 꾸준하게 운동하는 노력의 대가를 지불함으로써 건강을 유지하게 되는 이치다.

### (3) 감성능력(sensitivity ability) — 감성

이는 자기인식, 자아의식, 사회성, 감수성, 공감, 의사소통능력 등을 의미한다. 직장생활에서 감성능력은 밖으로 드러난 능력보다 2배나 중요하다는 주장이 있다. 오늘날 성공한 리더들의 성과의 2/3는 모두 감성능력이 좌우한 것으로 드러나고 있다. 이와 같은 감성능력은 대개는 열정으로 나타나게 되는데 열정이란 에너지, 욕구, 신념의 힘이며, 이는 비전을 실현시키기 위해 규율을 지속시키는 추진력인 것이다.

### (4) 영적 능력(spiritual ability) — 영성

이는 지성, 신체, 감성의 안내자 역할을 하는 것으로서 무한한 것과의 연결과 삶의 의미를 추구하며, 양심의 한 부분을 이루고, 미래를 꿈꾸며 노력하게 만든다.

간디는 양심이란 '비전, 규율, 열정을 지배하는 힘'이라 하였다. 양심의 명령에 따라 세상에 필요한 존재라는 의식을 가지고 일할 때 내면의 소리를 들을 수 있고, 영혼 속에 숨겨진 소망이 나오게 되는 것이다.

지금까지 성공적인 조직변화의 전제로서 Mind-sets, 비전(vision), 패러다임(paradigm)에 관한 내용을 살펴보았다.

그림 17-7 | 조직생활의 균형과 갈등 |

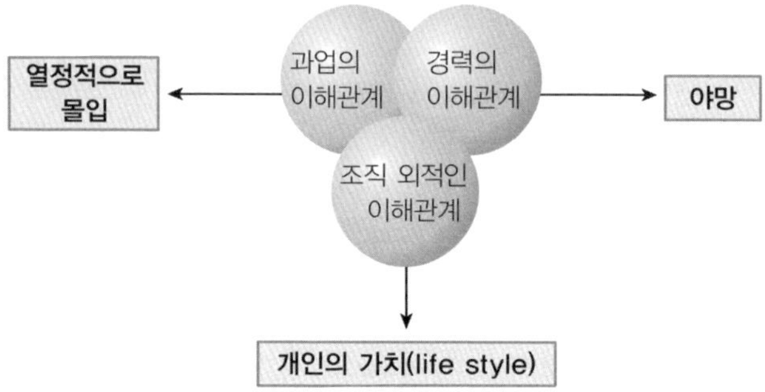


다음은 성공적인 조직변화의 전제로서 조직구성원들의 균형 잡힌 조직생활에 대한 내용을 살펴보기로 하자. 성공적으로 조직이 변화되고 나면 조직의 유효성이나 생산성이나 향상되어야 하고 조직구성원들의 심리적 만족이 증가하며 강한 응집력을 가진 건전한 조직풍토가 조성되어야 한다. 개인의 만족이나 조직문화에 부정적인 영향을 미치는 심리적 요인으로서 구성원들의 갈등의 문제를 해결하는 것은 매우 중요하다. 조직내 갈등의 대부분은 다음과 같은 세 가지 측면의 이해관계가 상호 균형을 이루지 못함으로써 나타나고 있다.

대부분의 조직구성원들은 자신이 맡은 직무를 완벽하게 수행하여 상사로부터 자신의 과업수행 능력을 인정받고 싶어 하고, 자신의 야망을 실현하기 바라며, 다른 한편에서는 자신의 행복된 삶이나 가치 있는 삶을 위해 노력하게 된다.

모든 직장인들은 이러한 세 가지의 목표가 모두 달성되기를 희망한다. 어떤 사람은 자신이 하고 있는 일을 최우선 목표로 삼고 여기에 몰입하기도 하며, 또 다른 사람들은 경력관리 지향적으로 자신의 야망을 위해 처신할 수도 있다. 그리고 어떤 사람들은 직장생활을 가능한 한 자신의 취향에 맞도록 만들어서 편안한 직장생활을 하기를 바란다.

그러나 세 가지 요소의 목표를 모두 달성하기란 현실적으로 불가능하다. 양립할 수 없는 이러한 목표들은 조직생활의 갈등요인이 되며 개인의 특성을 결정짓는 요인이 되기도 한다.

개인마다 세 가지 요인들의 균형점은 다를 수 있겠지만 제각기 나름대로의 균형 잡힌 생활이 이루어질 수 있을 때 조직구성원으로서의 바람직한 자세와 태도도 확립될 수 있을 것이라 생각된다.

### 토의문제

1. 왜 조직을 개발하려고 하는가에 대해 토의해 보자.
2. 조직변화의 개념과 접근방법에 대해 토의해 보자.
3. 조직변화의 과정에 대해 토의해 보자.
4. 조직변화에 대한 저항의 원인과 결과에 대해 토의해 보자.
5. 조직변화에 대한 저항관리의 기법에 대해 토의해 보자.

# 찾아보기

ㅇ

ㅈ

**ㅊ**



**ㅋ**



**ㅌ**



**ㅍ**

저자 약력

윤 대 혁

경영학 박사 · 경영지도사

[교수활동]

부산외국어 대학교/동아대학교/경북대학교

[사회활동]

전, (사)한국인적자원관리학회 회장(현, 이사장)
(사)동남지식서비스산업연합회 이사장
(사)부산메세나진흥원 이사장
(사)부산포럼 상임대표
(사)선진통일건국연합 부산 상임대표
전국포럼연합회 공동대표

[저서]

직업윤리(교육과학기술부)
기업윤리론(도서출판 탑북스)
경영학원론(도서출판 탑북스)
노사관계론(피앤씨미디어)
인적자원관리(도서출판 삼영사)
경영조직론(도서출판 탑북스)
조직행동론(도서출판 무역경영사)
인간관계와 커뮤니케이션(도서출판 탑북스)
외 다수



글로벌시대
**인간행동의 이해**

초판인쇄 2016년 8월 20일
초판발행 2016년 8월 30일

지은이 윤대혁
펴낸이 박노일

총괄기획 김중용
편 집 심성보 · 김인숙

펴낸곳 pnc publishing and culture 피앤씨미디어

경기도 고양시 일산동구 강송로 153 310-1501
등록 제396-2012-000203호

전 화 070)7550-3758 팩 스 02)718-8554
홈페이지 www.pncmedia.co.kr 이메일 pnc@pncmedia.co.kr
ISBN 979-11-5730-361-8 93320





정 가 25,000원